KB154957

러시아 영화

문화적 기억과 미학적 전통

SLAVICA 슬라비카 총서 05

Russian Cinema

by David Gillespie

© Pearson Education Limited 2003

The right of David Gillespie to be identified as author of this work has been asserted by him in accordance with the Copyright, Designs and Patents Act 1988.

Korean translation copyright © 2015 by Greenbee Publishing Company.

This translation of RUSSIAN CINEMA 01 Edition is Published by arrangement with Pearson Education Limited through Shinwon Agency Co.

슬라비카 총서 05

러시아 영화 : 문화적 기억과 미학적 전통

초판1쇄 펴냄 2015년 11월 10일
초판2쇄 펴냄 2021년 09월 30일

지은이 데이비드 길레스피
옮긴이 라승도
펴낸이 유재건
펴낸곳 그린비
주소 서울시 마포구 와우산로 180, 4층
대표전화 02-702-2717 | **팩스** 02-703-0272
홈페이지 www.greenbee.co.kr
원고투고 및 문의 editor@greenbee.co.kr

주간 임유진 | **편집** 홍민기, 신효섭, 구세주, 송예진 | **디자인** 권희원 | **마케팅** 유하나
물류유통 유재영, 한동훈 | **경영관리** 유수진

이 책의 한국어판 저작권은 신원에이전시를 통해 저작권자와 독점 계약한 (주)그린비출판사에 있습니다.
저작권법에 의해 한국 내에서 보호를 받는 저작물이므로 무단전재와 무단복제를 금합니다.
책값은 뒤표지에 있습니다. 잘못 만들어진 책은 구입처에서 바꿔 드립니다.
ISBN 978-89-7682-791-3 93680

學問思辨行: 배우고 묻고 생각하고 판단하고 행동하고
독자의 학문사변행을 돕는 든든한 가이드 _그린비 출판그룹

그린비 철학, 예술, 고전, 인문교양 브랜드
엑스북스 책읽기, 글쓰기에 대한 거의 모든 것
곰세마리 책으로 통하는 세대공감, 가족이 함께 읽는 책

러시아 영화

문화적 기억과 미학적 전통

데이비드 길레스피 David Gillespie 지음 | 라승도 옮김

SLAVICA 슬라비카총서 05

그린비

머리말

이 책은 러시아 영화 산업이나 영화 발전을 역사적·사회학적으로 개관하려는 의도에서 나온 것은 아니다. 그런 연구는 영어나 러시아어로도 이미 나와 있고, 그 훌륭한 사례들(Taylor, Lawton, Youngblood, Paraday 등)은 이 책의 참고 문헌과 추천 도서 목록에서 찾아볼 수 있다. 여기서 내가 의도하는 바는 그런 연구가 아니라, 20세기 초부터 말까지 러시아 영화를 내가 중요하다고 생각하는 주요 장르별로 고찰하는 것이다. 그리고 역사적·정치적 요인들은 영화의 생산과 수용에 영향을 미치는 범위 안에서만 논의할 것이다. 또 일부 장을 연대순으로 배열해 놓기는 했어도 장르들이 수십 년 동안 어떻게 발전하고 진화했는지를 보여 주려고만 하지는 않았다. 그보다는 러시아 영화의 발전과 위상 제고에 이바지한 주요인들로서 문화적 동력과 미학적 가치를 보여 주려고 했다.

따라서 이 책은 영화 텍스트로 고찰한 러시아 영화 미학 연구로서, 러시아에서는 영화가 항상 주요 실천가들에 의해 예술 형식으로, 다시 말해 19세기 문학과 예술이 낳은 문화적 전통의 연장선으로 간주됐다는 전제에 근거해 있다. 특히 영화를 통제했던 정치인들도 영화가 교육과 정치적 계몽(다른 말로 하자면, 선전)에서 갖는 잠재력에 대해 물론 알고 있었고, 영화 제작자들이 국가를 위해 봉사하도록 촉구하며 그들을 회유하기도 강요하기도 했다. 영화 제작자 대다수는 이런 요구에 기꺼이 순응했다. 관객을 즐겁게 할 수 있다면, 그들을 교육하는 일은 그보다 훨씬 더 수월하다.

이 책은 [러시아 영화가] 구소련의 비러시아 국가들에서 제작된 영화들과 주고받은 영향이나 그들과 겹치는 부분에 관해서도 적절한 곳(예를 들면, 그루지야[현 '조지아']의 텐기즈 아불라제가 만든 영화와 그루지야-아르메니아의 세르게이 파라자노프가 만든 영화들)에서 논의하지만, 주로 러시아 영화의 각기 다른 장르를 연구하는 장들로 구성돼 있다. 1장에서는 미학적 틀(즉 영상과 음향)을 제시하고, 그다음 장들에서는 문학적 전통과 각색의 역할, 코미디와 웃음과 유머의 기능, 역사와 러시아의 '운명', 영화 속(에서 재현돼 있거나 재현하고 있는) 여성, 영화 속에서 변화하는 이념들, 러시아 전쟁 영화에 나타난 대결과 투쟁에 관한 인식변화, 사생활의 측면들(개인적 관계, 청년 문화, 도시와 농촌의 삶)을 차례로 논의한다. 불가피하게도, 일부 영화가 여러 장르에 걸쳐 있어도 응집력을 위해 상호 참조는 최소화했다. 또 일부 영화가 그들의 '해당' 영역처럼 보이는 곳에서 빠진 채 다른 곳에서 논의된다는 사실에 놀랄 사람도 있겠지만, 대체로 나는 어느 영화에서든 내가 보기에 가장 현저한 측면이라고 생각하는 것을 드러내 보여 주려고 했다.

마지막 장에서는 장르 분석에서 탈피하여 스탈린 사후 시대에, 어쩌면 20세기 전체를 통틀어서도 가장 중요한 러시아 영화감독인 안드레이 타르콥스키의 작품을 다룬다. 타르콥스키는 러시아 영화에서 누구와도 다르게 개인적 기억과 인식 경험으로 현실과 역사를 탐구하며 작가주의 원칙을 구현했다. 이 책의 후기는 소비에트 시대에 만들어지지 않은 영화들을 위해 따로 마련해 두었다. 여기서 '비존재'는 승인된 '존재'와 동등하게 러시아 영화의 본질을 규정한다.

이 책을 집필하면서 나는 여러 친구와 동료에게서 의견과 조언, 실질적 도움을 받았다. 배스 대학교University of Bath의 웬디 에버렛Wendy Everett과 브라이언 니브Brian Neve, 어니 햄슨Ernie Hampson, 브리스톨 대학교University of Bristol의 버깃 부머스Birgit Beumers, 서리 대학교University of Surrey의 스티브 허칭스Steve Hutchings와 피터 바르타Peter Barta, 그레이엄 로버츠Graham Roberts, 선덜랜드 대학교University of Sunderland의 프랭크 비어도Frank Beardow가 그런 사람들이다. 나는 특히 맥클린 출판사The Mclean Press의 알렉스 발린저Alex Ballinger가 보여 준 무한한 지원과 열정에 감사한다. 이 책에서 논의한 영화는 삼백 편이 넘는다. 부정확이나 잘못된 설명이 있다면 무엇이든 내 부주의 탓이다.

러시아어 인명과 단어의 음역은 미국의회도서관 체계를 따랐다. 단순미를 위해 다음과 같이 일관성 있게 표기했다. Tarkovskii(타르콥스키), Paradzhanov(파라자노프), Gorkii(고리키)와 기타 이름의 철자 표기가 처음에는 낯설게 보일지도 모른다. 하지만 일반적으로 선호되는 일부 낯익은 이름의 철자를 사용하기도 했다. 예를 들면 Yeltsin(옐친), Chechnya(체치냐), Yalta(얄타)가 그렇다. (보통 로마자 부호 '로 표시되는) 연음 부호는 (Pyrev[피리예프], Eldar[엘다르], Mosfilm[모스필름] 등에서처럼) 러시아어 인명에서 생략했고, (Alexandrov[알렉산드로프], Alexei[알렉세이] 등에서처럼) 키릴 문자 ks를 영문자 x로 바꿨다.

이 프로젝트가 진행되는 동안 내내 보여 준 인내와 관용, 적극적 지원에 대해 나타샤와 안나에게 특별한 감사의 말을 전한다.

이 책의 일부는 선덜랜드 대학교(문학적 각색, 2000년 5월), 노팅엄 대학교University of Nottingham(웃음과 코미디, 2000년 7월), 뱅거 대학교University of Bangor(역사, 2001년 1월), 옥스퍼드 브룩스 대학교Oxford Brookes University(포스트 소비에트 코미디, 2001년 11월)에서 열린 학술대회에서 발표했다. 이 책의 최종본에 도움이 된 의견과 제안을 보내 준 동료 모두에게 특히 감사한다.

이 책을 나의 어머니께 바친다.

사진 목록

1장 / 러시아 영화의 영상과 음향

1. 『대지』(알렉산드르 도브젠코, 1930)에서 표트르 마소하

2장 / 문학적 공간

2. 『바싸』(글레프 판필로프, 1983)에서 발렌티나 야쿠니나, 올가 마시나야, 야나 포플랍스카야
3. 『카탸 이즈마일로바』(발레리 토도롭스키, 1994)에서 블라디미르 마시코프와 인게보르가 다프쿠나이테
4. 『캅카스의 포로』(세르게이 보드로프, 1996)에서 올레크 멘시코프와 세르게이 보드로프 2세

3장 / 러시아 코미디 영화

5. 『볼셰비키 나라에서 웨스트 씨가 겪은 특이한 모험』(레프 쿨레쇼프, 1924)에서 포르피리 포도베드
6. 『볼가-볼가』(그리고리 알렉산드로프, 1938)에서 모스크바 경연 대회로 떠나는 시골 배우들

4장 / 역사의 과정과 저주

7. 『코미사르』(알렉산드르 아스콜도프, 1967)에서 혁명 정의를 수행하는 논나 모르듀코바
8. 『시베리아의 이발사』(니키타 미할코프, 1999)에서 줄리아 오몬드, 리차드 해리스, 알렉세이 페트렌코, 올레크 멘시코프
9. 『황소자리』(알렉산드르 소쿠로프, 2000)에서 마리야 쿠즈네초바와 레오니드 모즈고보이

5장 / 여성과 러시아 영화

10. 『어머니』(프세볼로드 푸도프킨, 1926)에서 알렉산드르 치스타코프와 베라 바라놉스카야
11. 『세 가지 이야기』(키라 무라토바, 1996)에서 레나타 리트비노바

6장 / 영화와 이데올로기

12. 『베진 초원』(세르게이 에이젠시테인, 1935~1937)에서 집단화를 선도하는 비탸 카르타쇼프
13. 『이별』(엘렘 클리모프, 1982)에서 마초라 엑소더스를 이끄는 마야 불가코바

7장 / 러시아 전쟁 영화

14. 『사막의 하얀 태양』(블라디미르 모틸, 1969)에서 아나톨리 쿠즈네초프
15. 『베를린 함락』(미하일 치아우렐리, 1949~1950)에서 미하일 겔로바니와 막심 시트라우흐

8장 / 사적 삶과 공적 도덕

16. 『침대와 소파』(아브람 룸, 1927)에서 니콜라이 바탈로프와 류드밀라 세묘노바
17. 『형제』(알렉세이 발라바노프, 1997)에서 세르게이 보드로프 2세

9장 / 자서전, 기억, 정체성: 안드레이 타르콥스키의 영화

18. 『거울』(안드레이 타르콥스키, 1974)에서 올레크 얀콥스키와 이그나트 다닐체프
19. 『향수』(안드레이 타르콥스키, 1983)에서 올레크 얀콥스키와 얼랜드 조셉슨
20. 『희생』(안드레이 타르콥스키, 1986)에서 얼랜드 조셉슨

저작권 자료 사용 허락에 대해서는 아래 기관들에 감사드린다.

『코미사르』, 『이별』, 『거울』, 『향수』와 『희생』에 대해서는 아티피셜 아이 영화사(Artificial Eye Film Company Ltd)에, 『어머니』와 『바샤』에 대해서는 현대영화사(Contemporary Films Ltd)에, 『캅카스의 포로』에 대해서는 메트로 타르탄 배급사(Metro Tartan Distribution Ltd)에, 『베진 초원』, 『베를린 함락』, 『볼가-볼가』, 『사막의 하얀 태양』에 대해서는 모스필름(Mosfilm)에, 『세 가지 이야기』에 대해서는 엔티브이(NTV)에, 『시베리아의 이발사』와 『형제』에 대해서는 에스티브이(STV)에 감사한다.

사진은 모두 영국영화연구소(BFI), 코발 컬렉션(Kobal Collection), 데이비드 길레스피와 비탈리 예렌코프가 친절하게 제공해 줬다. 사진 이미지를 제공하고 저작권 허가를 받는 데서 보여 준 값진 도움에 대해서는 키노 키노!(Kino Kino!)의 예렌코프와 버깃 부머스에게 특히 감사한다.

저작권 자료의 소유주를 찾고자 백방으로 노력했지만, 일부는 불가능했다. 소유주를 찾을 수 있는 정보를 갖고 있다면 누구든 연락해 주시면 고맙겠다.

차례

머리말 4

사진 목록 8

1장_러시아 영화의 영상과 음향 14

2장_문학적 공간 30

3장_러시아 코미디 영화 65

4장_역사의 과정과 저주 105

5장_여성과 러시아 영화 142

6장_영화와 이데올로기 176

7장_러시아 전쟁 영화 210

8장_사적 삶과 공적 도덕 245

9장_자서전, 기억, 정체성 : 안드레이 타르콥스키의 영화 281

저자 후기 311

추천 도서 315

참고 문헌 319

찾아보기 326

옮긴이 후기 338

| 일러두기 |

1 이 책은 David Gillespie, *Russian Cinema*, Pearson Education Limited, 2003을 완역한
   것이다.

2 본문 중 인용부(인용단락 및 큰따옴표 안)에 쓰인 대괄호([ ])는 지은이가 사용한 것이고, 서술
   부에 쓰인 대괄호는 옮긴이가 독자의 편의를 위해 추가한 것이다.

3 영화·단행본·정기간행물은 겹낫표(『 』)로, 단편·회화·노래·시 등의 제목은 낫표(「 」)로 표
   시했다.

4 외국어 고유명사는 2002년에 국립국어원에서 펴낸 외래어 표기법을 따르는 것을 원칙으로
   하되, 러시아어의 현지 발음과 국내에서 관례적으로 통용되는 표기를 고려하여 폭넓게 예
   외를 두었다.

5 키릴문자는 라틴 알파벳으로 전사하여 썼다. 이 경우 미국도서관협회/미국의회도서관 제
   정 표기법(ALA-LC)을 따르되, 고유명사의 경우 폭넓게 예외를 인정하였다.

Russian Cinema

나는 시네-아이다. 나는 기계 눈이다.

나 기계는 여러분에게 오직 나만 볼 수 있는 세계를 보여 준다.

그러므로 나는 인간적 부동성으로부터 나 자신을 이제 영원히 해방한다.

나는 부단한 운동 속에 있다.

1장

러시아 영화의 영상과 음향

우리는 언제나 음악을 가질 수 있을까, 텍스트여?
(Barthes, 1997, p. 77)

세계 어디서나와 마찬가지로 러시아에서도 영화는 20세기나 그 이후에
도 지배적 예술 형식이었다. 영화는 영상과 음향이라는 쌍둥이의 힘으
로 강력한 영향력을 행사하고, 감각 중에서 가장 직접적인 이 두 감각을
통해 흥분과 쾌락을 선사한다. 하지만 러시아 영화는 진공 상태에서 발
전하지 않았다. 소비에트 영화감독들이 발전시킨 이미지와 주제들은 19
세기 '고전' 시대의 주요 모티프와 가치들로 매우 두드러졌고, 이는 오
늘날에도 계속 이어지고 있다.

러시아와 유럽의 영화

민족 영화란 무엇일까? 러시아 영화를 '민족적'인 것으로 만들어 주는
것은 무엇일까? 러시아 영화에서 독특한 것은 무엇이고 러시아 영화 발
전을 특징짓는 문화적 특성은 무엇일까? 이 책의 과제는 이런 질문들을
제기하면서 러시아와 소비에트 문화 담론의 총체성 안에서 러시아 영
화의 미학적 정체성을 확인해 보는 것이다. 러시아 미술과 문학에서 특

별하게 발전한 몇몇 미학적 가치는 영화로 이동하여 영화 내용과 양식에 영향을 미쳤다. 하지만 대화적 측면에서 볼 때, 영화도 러시아 '예술'로 폭넓게 명명할 수 있는 것을 이해하는 데 역으로 영향을 미쳤거나 그것을 변화시켰다.

포스트 소비에트 러시아의 혼란과 분열 속에서 영화 산업은 과거에 누리던 국고 지원이 사라지고 때로는 수상쩍기까지 한 개인적 재정 후원자들을 찾아 나서지 않을 수 없는 상황에서 간신히 버텼다. 그 결과 영화 제작 편수가 급격히 줄어들었다. 하지만 제작된 영화들——그중 일부는 세계적으로 큰 명성을 얻었다——은 러시아의 비전을 반영했고, 십 년 전 미하일 고르바초프의 글라스노스트Glasnost[개방] 시대에 나온 영화와도 사뭇 다른 방법과 양식으로 민족적 경험과 집단적 정체성을 탐구했다. 우리는 '유럽' 영화를 할리우드의 강력한 힘에 대항하는 문화적 보루로 정의하는 데 익숙하다. 그런데 수십 년 동안 주류 담론에서 단절된 러시아 영화는 이런 유럽 전통의 일부라고 할 수 있을까? 최근에 유럽 영화를 정의하려는 시도는 유럽인들이 자신들의 문화적 정체성에 대해 갖고 있는 의식과 국가에 대해 품고 있는 감정에 집중됐다.

> 민족 문제는 물론 다른 누구보다도 영화감독들이 더 예리하게 느끼지만, 그럼에도 이 문제는 유럽 영화에서 하나의 항수로 일정 범위 내에서 표현된다. 한편으로는 이탈리아 스파게티 웨스턴, 프랑스 범죄영화나 폴라polar 채널, 또는 독일 로드무비에서 볼 수 있는 것처럼, 미국 특유의 것으로 느껴지는 장르들의 개작이나 재활용이 일어난다. 다른 한편으로는 민족사를 재정의하려는 시도가 존재하는데, 이는 독일이나 러시아에서 특히 예민한 문제다. (Forbes and Street, 2000, pp. 40~41)

이 점에서 러시아 영화는 확실히 유럽 영화 문맥의 일부로 볼 수 있다. 하지만 러시아 영화는 자체의 독특한 정체성과 에토스가 있다. 이는 지난 백 년의 경험으로만 아니라, 무엇보다도 러시아 문학이 전수한 '러시아적' 문화 가치들로도 추동되고 두드러지는 요소다.

외부 관찰자가 러시아 영화를 바라볼 때 인상적인 대목은 러시아 영화의 상당 부분이 다른 영화 문화의 흐름과 사상들에 큰 영향을 받지 않았다는 점——이런 침투의 부재는 소비에트 시대 거의 내내 존재했던 강요된 고립을 고려한다면 이해할 만하다——만이 아니다. 이보다 더 인상적인 것은 많은 주제가 백여 년 전과 마찬가지로 오늘날에도 유효하다는 사실이다. 러시아 영화감독들은 1920년대와 마찬가지로 오늘날에도 오락보다는 교육을 최고의 사명으로 간주하고 있고, 당대의 격렬한 논쟁들을 전달하려는 열망에서 19세기 러시아 문학의 선배들과 닮았다. 혁명 이전의 영화에서 많은 영화감독과 제작자는 자신들이 오락만을 제공한다고는 생각하지 않았다. 그들은 고전 문학 작품들을 각색하고 역사적 주제들에 입각한 영화들을 제작하면서 공명심을 추구하기도 했다.[1] '황금시대'(대략 1924년에서 1930년까지)의 많은 영화감독은 아주 치밀하게도 영화를 혁명의 '최고' 예술로, 다시 말해 정치적 이상들이 최대한의 (시각적) 효과와 함께 표현될 수 있는 고도로 지적인 매체로 확립했다. 그러나 러시아 예술 유산은 러시아의 자존심뿐만 아니라, 역사적 숙명의 관념들, 개인의 운명, 러시아의 중대한 도덕적 문제들까지도 전수해 주었다. 또한, 러시아가 한 나라로서 주는 느낌을 고취해

---

1 드니스 영블러드(Denise Youngblood, 1999)는 1917년 이전 영화에 관해 탁월한 개관과 분석을 보여 준다. 역사 영화와 문학 각색 영화에 관해서는 pp. 115~127을 참고하기 바람.

주기도 했는데, 이 느낌은 러시아가 단순히 다양한 드라마를 위한 배경으로만 머물지 않고 실제로 어떻게 보이고 느껴지고 냄새나는지를 거의 인지할 수 있는 수준의 감각을 의미한다. 러시아의 자연 지형으로 대표되는 풍경은 그러한 과정에서 특히 적절한 역할을 담당했다.

풍경: 미술과 문학

미술과 자연 세계, 문화적 기억에 관해 쓴 획기적 저서에서 역사학자이자 방송인인 사이먼 샤마는 학자와 미술가, 경세가들이 수 세기에 걸쳐 자연의 기본 성분, 특히 나무와 물, 바위에 얼마나 깊이 매혹되었는지를 추적한다. 샤마에 따르면 이런 매혹은 미학적 이상으로, 심지어는 정치적 선언문으로도 자주 옮겨졌다.

> (……) 우리가 물려받은 풍경 신화와 기억들은 두 가지 특징을 공유하고 있음이 분명하다. 수 세기에 걸친 놀랄 만한 지속력과 우리가 여전히 갖고 사는 제도들을 형성시키는 힘이 바로 그것이다. 가장 확연한 예를 한 가지 들자면, 민족 정체성은 특별한 풍경 전통이 없다면, 다시 말해 하나의 조국으로 그려진 세련되고 풍요로운 지형학의 신비로운 매력이 없다면 그 엄청난 황홀경에서 많은 것을 상실하게 될 것이다. (……) 셰익스피어가 죽어 가는 가운트의 존John of Gaunt의 입을 빌려 표현한 '왕홀의 섬'에 바치는 유명한 찬가는 기암절벽으로 둘러싸인 섬의 지형을 애국적 정체성으로 환기하지만, 신세계의 영웅적 운명은 '아름다운 아메리카'의 풍경 시에서 대륙적 광활함과 동일시된다. (Schama, 1995, p. 15)

풍경화는 시각적으로만 두드러지는 것이 아니다. 그것은 집과 존재에 관한 심오한 감정적 관념들에 호소력을 발휘하기도 한다. 풍경화는 피할 수 없는 어떤 문화적 개념들을 구축한다.

> 회화 속의 풍경은 우리에게 말을 걸거나 우리가 어디에 속해 있는지 생각해 보라고 요구하기도 한다. 정체성이나 방향 설정과 같은 중요한 문제들은 풍경에서 의미를 해석하고 기쁨을 이끌어내는 일과 불가분의 관계에 있다. 이런 근본 문제들과 자연 세계이 인식 사이에 놓인 관계가 서방에서 지난 오백 년 동안, 특히 최근 이백오십 년 동안 풍경 이미지가 무수히 쏟아져 나온 주된 이유였다. (Andrews, 1999, p. 8)

이처럼 어느 민족의 영화 문화에서도 풍경은 매우 중요하다. 풍경은 관객과 감독이 만나는 최초의 접촉 지점이다. 우리는 초창기 소비에트 영화에서 일부 선구자가 미술에 깊은 관심을 두고 있었음을 잘 알고 있다.

> 무대 화가 코로빈과 골로빈의 미술은 풍부함과 현란함, 흥겨움과 당당함으로써 그 무엇보다도 더 내 영혼 속에 각인됐다. 그래서 나는 극장 화가가 되기로 했다. (……) 미술——연극과 회화——은 정말 도도하게 나를 전율시켰다. (Kuleshov and Khokhlova, 1975, pp. 16-17)

레프 쿨레쇼프는 미술을 독학으로 공부했다. 고갱, 반 고흐, 피카소, 툴루즈-로트렉, 르누아르, 세잔, 세로프, 브루벨, 코로빈과 수리코프가 포함된 데서 알 수 있듯이 그의 취향은 절충적이었다.(Kuleshov and

『대지』(알렉산드르 도브젠코, 1930)의 표트르 마소하

Khokhlova, 1975, p. 20). 달리 말해, 쿨레쇼프는 흔히 그랬듯이 연극에서 쌓은 어떤 배경을 통해 영화에 입문한 것이 아니라 미술을 접하면서 영화에 입문했다. 알렉산드르 도브젠코 역시 영화에 입문하기 전에 미술 관련 일을 했다. 도브젠코의 영화 『대지』(1930)는 신비한 자연미와 자연 속 인간의 이미지로 가득 차 있다. 그는 어느 글에서 이삭 레비탄의 풍경이 "표면상 유사하게 보이는 수천 개의 평범한 사물들과는 구별되는 숭고한 특질의 예술적" 풍경이라고 말했다(Dovzhenko, 1967, p. 234).[2]

　게다가 러시아 미술은 특히 19세기에 유명한 풍경 전통이 있었는데, 이 전통은 집, 정체성, 애국주의 개념들을 자연미의 이미지로 옮겨

---

2 도브젠코와 동시대를 살았던 그리고리 코진체프는 도브젠코의 자연 세계 인식이 그 자연 세계가 "범신론적이고, 신화적인 자연"이었다는 점에서 "지주의 것도, 심지어 화가의 것도 아닌 민중의 것"이었다고 말한 바 있다(Kozintsev, 1983, II, p. 420).

놓았다. 소비에트 비평가들은 사실적 인물과 사건, 사회적 정의를 강조하는 19세기 말 20세기 초 '이동전람파'Peredvizhniki의 비판적 사실주의를 중시했다. 레핀, 야로센코, 마콥스키, 막시모프 등의 그림은 고난과 실의의 거칠고 생생한 이미지들을 담아 '진보적,' '민주적'이라고 칭송받았다. 그러나 풍경 회화는 하나의 교정책으로 볼 수 있다. 다시 말해 거친 사회적 현실에서 벗어나 더 심미적이고 시적이기까지 한 주류 회화로 나아가는 하나의 운동으로 간주할 수 있다. 레비탄, 쿠인지, 클로트, 시시킨, 키셀레프와 같은 19세기 풍경 화가들의 작품과 사상은 풍경 전통의 백미였다. 즉 그들의 작품과 사상은 평화, 자연과 인간의 조화, 러시아 땅의 웅장한 위대함을 전달했는데, 여기서 러시아 땅은 하늘과 대지가 만나 저 멀리 영원으로 뻗어 나가는 그런 곳이었다. 나무와 풀잎이 미풍에 살랑거리고, 강은 러시아의 대동맥과도 같아서 자연이 마치 살아 있는 듯했다.

푸시킨, 레르몬토프, 톨스토이, 페트, 튯체프, 투르게네프 등 19세기 러시아의 위대한 작가들도 러시아의 자연 풍경에만 아니라 러시아 제국 변방의 자연 풍경에도 황홀감을 표했다. 서정시는 어머니 러시아의 깊은 숲 속이나 이슬 맺힌 초원에서 만족감을 찾을 수 있었다. 더 모험적이었던 사람들은 유럽 러시아European Russia가 끝나고 전대미문의 아시아가 시작되는 캅카스 산맥의 장엄함에 흥분을 느끼고 경외심을 품었다. 그러나 19세기가 저물어 갈 무렵 체호프의 벚꽃동산이 잘려 나가고 현대화가 추진되면서 자연은 위험에 빠진다.

풍경과 영화

러시아와 소비에트 영화감독들이 그들의 문화적 조상이 탐구한 상징적 의미를 자연 이미지에 부여했음을 뒷받침해 주는 증거는 1920년대에서 포스트 소비에트 시대까지 나온 영화에 풍부하게 존재한다.[3] 도브젠코의 하늘을 담은 1920년대 화폭들은 위풍당당함과 숭고함을 나타내며 자연과 인간의 본질적 통일성을 전달한다. 십 년이나 이십 년 뒤 '낙천적' 코미디 영화들에서는 위에서 내려다본 햇볕 그을린 들판, 산들바람 일렁이는 강과 함께 우리 앞에 펼쳐지는 러시아 전원의 화창한 여름 경치가 이오시프 스탈린의 자비로운 눈길 아래서 진정으로 번성하는 위대한 러시아를 보여 준다. 그리고리 알렉산드로프의 『볼가-볼가』(1938)는 레비탄이 그린 볼가 강을 영화 속에 옮겨 놓았다고 할 수 있다. 여기 스탈린의 러시아에서 볼가 강은 진정한 위업이 달성되고 인정될 수 있는 권력의 중심 모스크바로 도도하게 흘러간다.

역사로서의 강이라는 주제를 좀더 수정론적으로 바라보는 관점은 스탈린이 죽고 나서야 비로소 가능했다. 미하일 칼라토조프의 『충직한 친구들』(1954)은 야우자 강을 따라 내려가는 뗏목 여행을 통해 자신들

---

3 일례로, 페트로그라드를 기반으로 한 펙스(FEKS) 그룹(그리고리 코진체프, 레오니드 트라우베르크, 세르게이 유트케비치, 게오르기 크리지츠키로 구성된)이 1922년에 발표한 오만방자하고 자신만만한 '편심주의' 선언문을 참고하기 바람. 이들은 '과거의 회화는 죽었다'고 말하고 있는지 모르지만, 그럼에도 기존의 시각 형식에 진 빚을 다음과 같이 인정하고 있다. "세잔에서 피카소까지 제재의 물질화. 정물과 풍경들, 기호들을 모사하기, 원재료를 모방하기, 대상들을 붓의 표면에 붙여 놓기. 그림들은 존재하지 않는다. 당신이 프레임에서 맞닥뜨리는 것은 바로 각도, 움직임, 제재 그리고 색깔이다"(Christie and Taylor eds., 1994, p. 62). 세르게이 에이젠시테인은 특히 레핀과 수리코프의 풍경들에 일관된 찬사를 보인 바 있다. 그의 연설문 「소비에트의 역사 영화」는 다음을 참고하기 바람(Taylor ed., 1998, p. 154).

의 어린 시절 가치와 우정을 재발견하는 세 명의 옛 친구를 보여 준다. 1970년대와 1980년대 초 러시아 농촌은 현대화 물결 속에 상실한 것으로 보였던 가치들의 보고로 이상화됐다. 문학만 아니라 영화도 캐슬린 파트가 말한 '거꾸로 가는 시간,' 즉 시간의 역류에 눈길을 돌렸는데, 여기서 시간의 경과와 옛 가치의 소멸은 자연 세계와 깊이 관련된 생활 양식의 사멸을 의미한다(Parthé, 1992, pp. 48~63).

러시아 예술의 발전, 특히 영화의 발전에서 문화적 기억이 담당한 역할과 관련하여 흥미로운 점은 자연으로부터의 이탈——도시화, 집단화——이 진정한 러시아의 상실, 즉 러시아의 오래된 가치 체계들과 정체성 자체의 상실로서 부정적으로 간주됐다는 사실이다. 구성주의는 1920년대 기계 시대에 인간과 기술의 완전한 융합으로서, 공간의 통제와 활용으로서 환영받았지만, '시간, 앞으로!'는 1960년대 이후로 조금씩 잊히고 미덥지 못한 구호가 됐다. 전기라는 형식을 띤 진보가 농촌을 통합하고 불요불굴의 광활한 러시아 공간을 제압했지만, 20세기 후반의 러시아에서 그러한 진보는 반합리주의, 반현대주의 세력의 저항에 부딪혔다.

러시아의 광활한 자연 공간, 그 형세와 지형은 이처럼 신화와 이념의 형성에 문화적 공간을 제공한다. 풍경은 이념화된다. 러시아 영화감독들은 작가들과 마찬가지로 특히 19세기에 자신들의 문화적 선배들이 확립한 전통 안에서 작업하고 있고, 심지어 선배들의 이미지들과 똑같은 것들을 직접 재생산할 수도 있다.[4]

---

4 영화에 끼친 미술의 영향에 관해 마지막으로 한마디 더 하자면, 니키타 미할코프의 영화 『시베리아의 이발사』(1999)에서 미할코프 자신이 연기한 황제 알렉산드르 3세의 복장과 물리적 신체 모습이 모스크바 트레티야코프 미술관에 전시된 일리야 레핀의 그림「황제 알렉

음악의 소리

영화에 소리가 들어오자 가장 혁신적인 소비에트 영화감독 가운데 일부(예컨대 에이젠시테인과 푸도프킨)는 소리와 음악이 단순히 영화 서사의 배경으로만 머물지 않고 그 이상이 될 수 있게 하는 복안을 내놓았다. 영화 예술에 대한 고매한 인식은 영화가 소리 도입 초창기부터 고전 음악에 많이 의존했다는 사실에 예증돼 있다. 드미트리 쇼스타코비치와 세르게이 프로코피예프는 1930년대와 1940년대에 영화 음악을 많이 작곡했다. 쇼스타코비치는 1920년대부터 『새로운 바빌론』(1929)을 시작으로 『햄릿』(1964)과 『리어 왕』(1971)에 이르기까지 그리고리 코진체프를 위해 작업했다. 1934년과 1938년 사이에 쇼스타코비치는 그리고리 코진체프와 레오니드 트라우베르크가 감독한 '막심 삼부작'(『막심의 청년 시절』, 『막심의 귀환』, 『비보르크 방면』)에, 1949년에는 미하일 치아우렐리의 『베를린 함락』과 알렉산드로프의 『엘베 강에서의 만남』에 악곡을 제공했다. 특히 세르게이 프로코피예프의 음악은 고상한 배경을 제공했을 뿐 아니라, 이 시기와 그 이후에도 주제 발전과 성격 묘사를 도와주는 영화 서사의 일부가 되기도 했다(프로코피예프와 에이젠시테인의 공동 작업은 4장에서 논의할 것이다). 비단 프로코피예프의 음악만이 아니라, 1930년대 영화에서 사용된 음악도 (예를 들어 '막심 삼부작'에서처럼) 노동 계급이 부르는 노래든 서정적 발라드(『키제 중위』(1934))든 디제시스diegesis[영화의 이야기 세계]의 일부가 됐다는 점에서 더욱더 혁

산드르 3세의 십장 볼로스트 접견』(1884~1885)에 나오는 황제와 거의 같다는 점은 매우 의미심장하지 않을 수 없다.

신적이었다. 작곡가 알프레드 슈니트케는 1970년대에 열두 편의 영화 음악을 작곡했다. 슈니트케는 후에 교향곡으로 개작되는 악곡들을 제 공하기도 했고(엘렘 클리모프의 1975년 영화 『고뇌』는 슈니트케의 가장 유명한 공헌작일 것이다), 혁신적이고 파격적인 리듬과 화음의 사용이 보수적 음악계에서 거부됐을 때도 봉급을 꼬박꼬박 받았다.

소비에트 영화에서 초창기 음악은 '뮤지컬 코미디'로도 알려진 스탈린주의 뮤지컬, 특히 그리고리 알렉산드로프와 이반 피리예프가 감독한 뮤지컬이 지배했다. 이에 관해서는 3장에서 논의할 것이다. 러시아 영화는 소리 도입 초창기부터 이미 대중음악, 다시 말해 민중의 음악에도 매료됐다. 더욱이 대중음악은 서사와 의미의 구축을 도와주면서 시종일관 전면에 드러났고, 풍경과 마찬가지로 문화적·이념적 가치를 부여받았다. 서구 영화, 특히 영미 영화에서 음악과 대중가요는 향수와 상실감을 전달하는 데 매우 효과적이다. 이것은 연상이 풍부하거나 지난 시절의 기억을 환기하는 특별한 음조나 선율을 관객이 알아들을 수 있는 자전적 영화에서 특히 효과적이었다(Everret, 2000).

이처럼 대중가요를 전경화하는 데서 러시아는 유럽 영화 문화 가운데서 어쩌면 독보적일지 모른다. 코진체프와 트라우베르크의 '막심 삼부작'을 돋보이게 하는 노래들과 기타 반주는 잊을 수 없을 정도로 감미롭게 연주되지만(특히 미하일 자로프에 의해), 동시에 이념적 목적에도 봉사한다. 그것은 노동 계급 문화의 정통성을 긍정하고 러시아 프롤레타리아를 위한 혁명의 개척을 돕는다. 이런 식으로 관객은 노동자의 대의가 승리하는 모습을 단지 바라보는 데 그치지 않고, 그 모습을 경축하는 소리를 듣기도 한다.

감성적·애국적 호소력을 발휘했던 1960년대와 1970년대 영화, 특히 농촌 생활 관련 영화에 특징적이었던 것은 민속적 주제들, 그중에서도 기타와 발랄라이카 음악이었다. 니콜라이 모스칼렌코의 『러시아 들녘』(1971)에서는 처음부터 전통적 모티프가 두드러진다. 농촌의 감성적 드라마들과 외국의 소련 침략 위협을 배경으로 하는 이 영화 속에는 끝이 없을 것만 같은 러시아 농촌을 담은 장면들이 나온다. 다시 말해 강과 들, 나무와 하늘, 지정학적 중요성으로 강조되는 국토의 자연스러운 형세가 끝없는 파노라마로 제시된다. 어머니 러시아를 보여 주는 이 장면들에는 천사들이 부르는 듯한 합창 소리와 발랄라이카 선율이 항상 뒤따른다. 애국적 주제(대본은 극렬 보수주의자 미하일 알렉세예프가 썼다)는 시각적 장관을 이루는 농촌 풍경, 애국심을 고취하는 소련군의 무용담, 민속음악 사운드트랙을 통해 삼중으로 표현된다.

가공되었든 그렇지 않든 민요는 바실리 슉신이 또 다른 효과를 위해 사용했다. 그의 1969년 영화 『당신의 아들과 형제』는 봄철의 강을 보여 주는 장면들에 깔리는 낭만적 오케스트라 선율과 함께 시작한다. 이 장면들은 긴 겨울 동안 얼음 속에 갇혀 있다 풀려나는 자연의 모습을 알리는 부빙浮氷들을 보여 준다. 여인들과 새들, 자연 세계를 보여 주는 장면들에서는 민요가 인간과 자연의 통일성을 노래하는 찬가로 흘러나온다. 어떤 대화나 서사가 펼쳐지기 전에 처음 몇 분 동안 나오는 이런 장면들은 삶의 한 단면을 정확히 묘사한 다큐멘터리로서, 다시 말해 실제적 삶으로서, 아니면 적어도 영화감독이 우리가 보도록 바라는 그 무엇으로서 촬영됐다.

슉신 영화는 러시아 사람들이 그들의 땅, 집, 근원과 맺고 있는 관계를 찬미한다. 영화의 디제시스에서 민요, 아코디언, 익살맞은 차스투시키chastushki(흔히 암시가 많은 민속적 소곡小曲), 춤을 사용하는 것은 농촌 러시아의 본질적 소박성과 정직성을 보여 주는 한 편의 그림을 구성하는 데 도움이 된다. 농촌 러시아에서는 처녀들이 흰옷을 입고 다니는데, 이는 도시 생활의 비인간성과 느슨한 인간관계들(재즈의 불협화음으로 특징지어지는)에 정면으로 대립한다. 그리고 삶이 물 흐르듯 계속되는 가운데 오케스트라 음악이 연주된다.

슉신은 후기 영화에서도 농촌의 목가를 계속 보여 준다. 『낙천적인 사람들』(1972)은 발랄라이카의 부드러운 선율과 기복이 완만한 들판을 배경으로 옛날처럼 한 손에는 손잡이가 긴 큰 낫을 들고 서 있는 영화 주인공이자 감독인 슉신의 모습을 담은 장면과 함께 시작한다. 이것은 시간 밖의 세계다. 여기서는 교통 수단으로 자동차보다는 말을 더 선호한다. 아코디언, 민요, 춤을 망라한 모든 것이 러시아의 광활함을 찬미하는 가운데 들판과 강과 하늘을 배경으로 설정돼 있다. 마흔다섯 살로 세상을 떠나기 불과 몇 달 전인 1975년 초에 개봉된 슉신의 가장 유명한 영화 『칼리나 크라스나야』는 그와 같은 신화적 러시아의 그림을 계속해서 발전시키고 있다. 이 영화는 "영화라기보다는 멜로디"로, 배우-작가-감독의 "종합적 사유"의 일부로 묘사됐다. 이러한 사유에서 슉신은 "다양한 매체 — 말, 소리, 이미지, 음악 — 를 하나의 의미 있는 전체 속에 매끈하게 짜 넣을 수 있었다"(Givens, 1999, pp. 273~274). 영화의 음악은 전통적 민요와 현대식 민요, 발랄라이카 선율, 대중가요, 악단의 연주 음악, 범죄자들이 부르는 노래가 뒤섞여 있다. 이 모든 것은 주인공-순교자가 천사들의 합창 소리에 맞춰 천상으로 올라갈 때 도시와 농촌의 대비, 그 이후 러시아의 역사적 운명에 관한 성찰을 강조하는 데 이바지한다.

도시 노래의 특징은 음유 시인들, 다시 말해 1960년대와 1970년대에 선풍적 인기를 끌었던 '통기타 시인들'에게서 찾을 수 있다. 블라디미르 비소츠키(1938~1980)는 1960년대와 1970년대 영화에서 자작곡을 부를 기회가 몇 번 있었다. 이를 통해 그는 당국의 제약을 받은 자신의 재능을 소비에트 영화 관객에게 감질나게나마 보여 줄 수 있었다(가령 키라 무라토바의 1967년 영화『짧은 만남』과 이오시프 헤이피츠의 1975년 영화『나의 유일한 그녀……』에서 그랬다). 또 다른 통기타 시인 불라트 오쿠자바(1924~2000)는 엄청난 인기를 끈 블라디미르 모틸의 1969년 영화『사막의 하얀 태양』을 위해「황공하옵니다, 이별 아씨」라는 노래를 불렀다. 내전 시대의 타는 듯이 뜨거운 중앙아시아 사막을 배경으로 하는 이 영화는 지방 토호 압둘라의 하렘을 해방하는 적군赤軍 장교 수호프('건조한')에 관한 이야기다. 감미로운 기타 선율과 감상적 서정시는 삭막한 풍경에 위안이 되는 대위 선율을 제공한다. 오쿠자바의 노래는 태양이 이글거리는 중앙아시아 사막에서 러시아의 문화적 메트로폴리스로, 내전 시대에서 브레즈네프 시대로 서사의 시간과 장소를 전치하여 서사를 혼란스럽게 한다. 오쿠자바는 향수와 상실감을 다뤄 많은 인기를 끈 영화『벨로루스키 기차역』(1970)에도 음악을 제공했다.

러시아와 서구의 재료를 사용하는 에두아르드 아르테미예프의 전위적이고 때로는 기발한 공명을 불러일으키는 주제들에 관해서도 한마디 해야 한다(그의 일부 악곡에는 핑크 플로이드에 대한 암시 그 이상이 있다). 타르콥스키의 영화들에서 전자 음악은 부분적으로 알레고리이기도 하고, 철학적 논구이기도 하고 존재론적 절망이기도 한 주제에 미래주의 차원을 덧붙여 준다.[5]

요컨대 러시아 영화감독들은 음악을 분위기를 고양하고 감성적 이해를 돕는 배경으로만 아니라, 영화의 디제시스 안에서 성격 묘사와 서사의 설명을 도와주는 것으로도 사용했다. 포스트 소비에트 시대의 많은 영화는 서구 문화와의 접촉을 부모들보다 더 즐기는 젊은 세대 관객의 환심을 사기 위해 창조적 영감을 찾아 외국으로 눈길을 점점 더 돌렸다. 알렉세이 발라바노프의 영화『형제』(1997)와 속편『형제 2』(2000)에서 시끄러운 록 음악은 배경 음악일 뿐 아니라, 힘차게 전개되는 서사의 흥분과 긴장을 유지해 주기도 하고 더 나아가 디제시스의 일부를 이루기도 한다. 일례로 다닐라의 가슴에 총알이 날아들지만, 휴대용 CD 재생기에 맞는 바람에 그는 목숨을 건진다. 이처럼 록 음악의 사용은 서구 모델(예컨대 쿠엔틴 타란티노의 1994년 영화『펄프 픽션』)을 분명히 능가하지만, 러시아 록 음악은『형제』영화들의 오만한 민족주의적 폭력을 고양해 주기도 한다.

소비에트 시기 이전 영화든, 소비에트 시기 영화든 혹은 소비에트 시기 이후 영화든, 러시아 영화는 자체의 문화 전통과 문맥이 있다. 영화감독들은 영화를 무엇보다도 예술 형식으로 보고 교육과 도덕적 가치의 추출을 직업적 과제로 여기면서 자신들을 고결한 민족 전통의 일부로 시종일관 간주했다. 게다가 그들은 자신들이 만든 영화의 영상과 음향에 모두 특별한 주의를 기울였다.

---

5 바다 T. 존슨과 그레이엄 페트리는『솔라리스』에서 "전자 음향들이 우주 정거장의 낯선 배경을 상기시키는 것으로 사용되는 한편, 의상과 세트, 대화, 행동은 등장인물들이 지구와 맺고 있는 피할 수 없는 관계를 강화시킨다"고 말한다.『스토커』에서 타르콥스키는 아르테미예프의 첫번째 사운드트랙을 거절했다. "그들이 영화 전체의 지적 체계로서 논의했던 동서양 문화의 종합을 바로 아르테미예프 자신이 달성했다고 생각했을지라도 말이다(아르테미예프는 중세적인 선율을 채택하여 이것을 동양의 악기들에 맞게 편곡했다). …… 마지막으로, 아르테미예프는 인도 음악에서 한 곡조 빌려 와 이것을 전자 음악으로 개작했다"(Johnson and Petrie, 1994, p. 57).

영화 목록

- 『고뇌』*Agoniia*(엘렘 클리모프, 1975)
- 『벨로루스키 기차역』*Belorusskii vokzal*(안드레이 스미르노프, 1970)
- 『짧은 만남』*Korotkie vstrechi*(키라 무라토바, 1967)
- 『형제』*Brat*(알렉세이 발라바노프, 1997)
- 『형제 2』*Brat dva*(알렉세이 발라바노프, 2000)
- 『대지』*Zemlia*(알렉산드르 도브젠코, 1930)
- 『베를린 함락』*Padenie Berlina*(미하일 치아우렐리, 1949)
- 『햄릿』*Gamlet*(그리고리 코진체프, 1964)
- 『낙천적인 사람들』*Pechki-lavochki*(바실리 슉신, 1972)
- 『리어 왕』*Korol Lir*(그리고리 코진체프, 1971)
- 『키제 중위』*Poruchik Kizhe*(알렉산드르 파인침메르, 1934)
- 『충직한 친구들』*Vernye druzia*(미하일 칼라토조프, 1954)
- 『막심의 청년 시절』*Iunost Maksima*(그리고리 코진체프와 레오니드 트라우베르크, 1934)
- 『엘베 강에서의 만남』*Vstrecha na Elbe*(그리고리 알렉산드로프, 1949)
- 『나의 유일한 그녀……』*Edinstvennaia...*(이오시프 헤이피츠, 1975)
- 『새로운 바빌론』*Novyi Vavilon*(그리고리 코진체프와 레오니드 트라우베르크, 1929)
- 『펄프 픽션』*Pulp Fiction*(쿠엔틴 타란티노, 1994)
- 『칼리나 크라스나야』*Kalina krasnaia*(바실리 슉신, 1974)
- 『막심의 귀환』*Vozvrashchenie Maksima*(그리고리 코진체프와 레오니드 트라우베르크, 1937)
- 『러시아 들녘』*Russkoe pole*(니콜라이 모스칼렌코, 1971)
- 『볼가-볼가』*Volga-Volga*(그리고리 알렉산드로프, 1938)
- 『비보르크 방면』*Vyborgskaia storona*(그리고리 코진체프와 레오니드 트라우베르크, 1938)
- 『사막의 하얀 태양』*Beloe solntse pustyni*(블라디미르 모틸, 1969)
- 『당신의 아들과 형제』*Vash syn i brat*(바실리 슉신, 1969).

2장
문학적 공간

연극은 '그럴 듯하게 보이는 것'이지만, 영화는 '존재하는 것'이다.
(Romm, 1994, p. 128)

문학 작품의 영상 '번역'은 전 세계 영화 산업에서 늘 인기 있었다. 세계의 위대한 영화 중 일부도 문학 작품에, 특히 소설에 바탕을 뒀다. 그런데 문학 작품을 각색하고자 하는 영화감독은 역사 영화를 만드는 사람의 딜레마와 비슷한 딜레마에 빠진다. 다시 말해 원작에 얼마나 충실해야 하고 원작을 얼마나 '새롭게 해야' 하느냐, 또는 동시대 관객을 위해 얼마나 적절하게 각색해야 하느냐는 딜레마에 빠진다. 실제로 '각색'은 원작에서 얼마나 벗어나는 걸까? 또 각색은 정말 좋은 걸까, 그렇지 않은 걸까? 초창기 영화감독들이 고전 정전——몇 편만 꼽아보자면, 푸시킨의 「스페이드의 여왕」(1910년과 1916년 판이 있음)과 「역참지기」(1918), 도스토옙스키의 『백치』(1910), 톨스토이의 「신부 세르기」(1917)——을 각색하면서 쏟아부은 열정은 분명히 영화를 더 다채롭고 도전적인 것으로 만들고자 했던 강한 욕망을 증명해 준다. 각색은 대부분 문맹이었던 러시아 사람들이 고전 문학 작품에 더 쉽게 접근하게 해주었을 뿐 아니라, 새로운 매체가 지적으로 어느 정도 존중받을 수 있게 해주기도 했다.

그러나 소비에트 영화에서는 다른 문제와 기준이 필요했다. 문학 작품, 특히 혁명 이전의 문학 작품을 영화로 각색할 때 영화감독은 완성된 영화에 이념의 광택을 덧붙여야만 했다. 일반 문학은 물론이고, 심지어 고전 문학조차도 분명한 정치적 메시지를 담아야만 했다.

영화 예술로서의 문학

혁명 이전에 문학 각색은 "교양이 부족한 관객에게 예술적 기념비의 중요성을 소개하는 교육적 기능만 담당하지는 않았을 것이다". 그중에서 최고작은 "러시아 영화 예술 발전에 진정으로 이바지하기도 했다"(Youngblood, 1999, p. 127).

야코프 프로타자노프의 영화 『신부 세르기』가 바로 그랬다. 이반 모주힌(1920년 망명 이후 '모주킨'으로 알려짐)이 결혼 전날 자기 약혼녀가 황제의 애첩이라는 사실을 알고 수도원에 들어가 버리는 카사츠키 공작을 연기했다. 카사츠키는 하룻밤 재워 달라고 찾아온 길 잃은 젊은 여자에게 유혹을 받지만, 동정 맹세를 엄숙히 지킨다. 그는 육욕을 억누르려는 고행으로 손가락 하나를 절단한다. 몇 년 후 그는 또 다른 여자의 유혹에 마침내 굴복하고만 자신을 혐오하여 수도원을 떠나지만, 신분증이 없다는 이유로 경찰에 붙잡혀 시베리아로 유배된다. 『신부 세르기』는 황제의 무도회에서 마주르카를 추는 수백 명의 출연진을 비롯하여 굉장히 세밀하고 화려한 의상들을 동원한, 작품 가치가 매우 큰 영화다. 영화에는 술에 빠지고 관능을 탐하는 방종의 순간과 외설적 암시(프로이트식 암시는 아님)가 많다. 또한, 모주힌은 운명과 내면의 악마에 동시에 고통당하는 사람(영화의 삽입 자막이 설명해 주듯이, '정신과 육체의 투쟁'), 궁핍과 좌절을 피할 수 없는 불운한 인간을 연기했다.『신부 세르기』는 1978년에 또다시 영화로 각색됐다. 타이틀롤은 경직된 인상의 세르게이 본다르추크가 맡았고 수도승의 신념을 시험하는 관능적 유혹이 특히 많이 강조됐다. 이념적 측면에 관해 말하자면, 종교 조직의 은밀한 비행과 구성원들의 위선이 낱낱이 드러나 있다.

러시아에서는 영화가 고급 예술이라는 점을 고려한다면, 19세기 주요 작가들이 유달리 시선을 끌었다는 사실, 다시 말해 톨스토이, 푸시킨, 투르게네프, 고골, 알렉산드르 오스트롭스키, 레르몬토프, 체호프 등이 모두 좋은 대우를 받았다는 사실은 놀라운 일이 아니다. 자세한 각색 목록은 이 장 끝에 나온다. 그러나 영화감독들이 원작에 경의를 표했음에도 이들 영화 대부분은 문학 원작을 단순히 영화화한 것으로 본질상 연극적이어서 아주 중요한 영화적 상상력도 없었고 영화 관객을 거의 고려하지도 않았다.

당대에 큰 반향을 불러일으킨 영화로는 막심 고리키의 1910년 희곡『바싸 젤레즈노바』를 각색한 글레프 판필로프의『바싸』(1983)가 있다. 영화는 파산 직전에 있는 어느 자본가 집안과 이를 지켜 내려는 안주인의 노력에 관한 이야기다. 세기 전환기의 가정생활을 사실적으로 묘사하고 있고 타이틀롤을 맡은 인나 추리코바가 뛰어난 연기를 선보이고 있는『바싸』는 원작과 마찬가지로 20세기 초 러시아에서 일어난 자본주의의 내적 타락과 최종 소멸을 상징한다. 영화는 전문 노동자 또는 가사 노동자로서 여성의 역할과 위치를 둘러싸고 벌어진 당대의 논쟁, 다시 말해 1980년대의 논쟁에 가세하고 있기도 하지만, 소비에트 시대를 지배한 이념적 요구에 순응한다.

다른 영화들도 이와 비슷하게 문학 재료를 새롭게 만들어 내려고

『바쌰』(글레프 판필로프, 1983)에서 발렌티나 야쿠니나, 올가 마시나야, 야나 포플랍스카야

했다. 1969년에 안드레이 미할코프-콘찰롭스키는 투르게네프가 1859년에 쓴 두번째 장편소설 『귀족의 둥지』를 영화로 만들었다. 그는 기지와 재능이 있어도 이를 사회에서 충분히 발휘하지 못하는 러시아 문학의 '잉여인간' 라브레츠키와 도덕적이고 순결한 젊은 처녀 리자 사이의 불운한 사랑 이야기를 그리고 있는 투르게네프의 원작에 충실하면서, 자연 그대로 보존된 러시아 농촌의 수려한 풍광과 파노라마를 카메라에 고스란히 담아낸다. 또한, 남녀관계 묘사는 분명하고도 대담한 에로티시즘을 보여 준다. 이로부터 일 년 후 『바냐 아저씨』에서 미할코프-콘찰롭스키는 인노켄티 스모크투놉스키, 세르게이 본다르추크, 신예 이리나 쿱첸코와 블라디미르 젤딘 등 당대 최고의 배우들을 기용했다. 『바냐 아저씨』는 내면에 도사린 정열과 해결되지 않은 개인적 딜레마를 안고

있는 여러 등장인물의 상호작용에 초점을 맞췄고, 대부분 실내에서 촬영됐다. 영화는 국제 무대에서도 큰 찬사를 받았다.

이 모든 각색이 포스트 소비에트 시대로 계속 이어진다는 사실은 러시아 영화감독들이 자신들의 문학 유산을 변함없이 사랑하고 있음을 단적으로 말해 준다. 게다가 문학 각색은 코스튬 드라마Costume Drama[일정한 역사 시기를 배경으로 그 시대의 사회상을 반영해 만든 영화나 텔레비전 드라마]와 자주 중복될 수 있다. 영화감독들은 대체로 문학 원작의 플롯과 성격 묘사, 심지어 대화까지도 충실히 유지했지만, 대담하고 혁신적인 각색도 일부 존재한다.

차파예프

소비에트 각색 예술의 모델은 프세볼로드 푸도프킨, 그리고리 코진체프와 레오니드 트라우베르크가 확립했다. 푸도프킨은 1926년에 고골의 소설 「외투」를 실루엣과 그림자를 자의식적으로 사용해 영화로 각색했고, 코진체프와 트라우베르크는 '황금시대'에 고리키의 소설 『어머니』를 영화로 만들었다(이 책의 5장을 참고하기 바람). 두 영화는 각색 영화 장르의 고전으로 많이 모방되고 널리 칭송받았다. 이는 푸도프킨이 보여 준 교훈주의와 분명한 상징주의, 두 영화에 담긴 놀라운 영화 이미지와 강력한 서사 전개 덕분이었다. 그러나 각색 영화 최고의 인기작은 1934년에 세르게이와 게오르기 바실리예프 형제가 드미트리 푸르마노프의 소설 『차파예프』를 각색한 영화였다.

푸르마노프의 소설은 1923년에 처녀 출판됐다. 작가는 1919년에 전직 농부였던 바실리 이바노비치 차파예프가 이끄는 제4군 24사단에서 정치위원으로 근무했고 이후 동부 전선 전투에 참가했다. 1926년에 서른네 살로 사망한 푸르마노프는 소설에서 차파예프를 단호한 행동가로, 부하의 사랑과 존경을 한 몸에 받는 진정한 영웅이자 위풍당당하고 두려움 없는 지휘관으로 묘사한다. 푸르마노프의 설명에 따르면 차파예프는 살아 있는 전설이다.

> 알다시피, 그의 행동에 영웅적인 것이라곤 눈곱만큼도 없었는데도 병사들은 그가 영웅주의를 체현했다고 생각했다. 그가 개인적으로 했던 일은 다른 많은 사람도 했다. 그러나 다른 많은 사람이 했던 일은 아는 사람이 아무도 없었다. 반면 차파예프가 했던 일은 모든 사람이 알았다. 매번 윤색하고 전설처럼 자세하고도 멋지게 꾸며 내면서 말이다. (Furmanov, 1966, p. 201)

푸르마노프의 소설은 내전의 영웅을 '긍정적 주인공'으로 내세운 최초의 소설 가운데 하나였는데, '긍정적 주인공'은 1930년대 초에 명문화된 사회주의 리얼리즘의 핵심 특징이었다. 카테리나 클라크는 다음과 같이 두 중심인물의 상호작용을 '자발성/의식'의 변증법 안에 굳게 위치시킨다.

> 교양은 있으되 사심은 없는 노동 계급 출신의 당 관료 클리치코프는 더 견실하고 '의식적'이며 유능한 지도자다. 클리치코프는 차파예프보다 기세는 약해도 그보다 더 믿음직해서 결국 더 가치 있다. 반면 차파예프는 반半문맹의 농민 지도자로, 농민 반란자의 전통적 '자발성'을 보여 주는 예로 아주 명백히 드러난다. 그는 당원인데도 당 이념과 정책들에 혼란을 느낀

다. 그는 무정부적이고 이기적인 데다 성미도 급한 지휘관이다. 그는 논리 없이 오직 '가슴으로'만 말할 수 있는 대중 연설가다. (Clark, 2000, p. 85)

이처럼 소설이 진행되는 동안 (푸르마노프 자신을 반영하는) 정치위원 클리치코프의 지도를 받으면서 차파예프는 이후 참가하는 전투 그 너머 사회에서 벌어지는 더 큰 투쟁에 관해 조금씩 알게 된다. 차파예프는 바로 이런 투쟁을 위해 마지막에 가서 순교자가 된다. 클리치코프 역시 혁명은 오직 사상만을 통해 이뤄지는 것이 아니라는 점을, 감정과 재빠른 사고도 그만큼 중요하다는 점을 차파예프에게서 배운다.

바실리예프 형제의 영화에서는 당시 무명이던 보리스 바보치킨이 주연으로 발탁되어 유명해졌다. 하지만 나중에 그는 이렇다 할 만한 것을 딱히 하지 못했고 과거 명성도 되찾지 못했다. 그가 연기한 차파예프는 푸르마노프의 차파예프처럼 전설적 영웅이자 민중의 인간이며, 엄청난 정력과 박력의 소유자다. 바보치킨의 완전한 육체적 풍모는 남자의 원초적 힘이 주는 의미를 배가한다. 그러나 정치적 스승의 역할은 약화되어 스승은 영화 후반부에 등장하지 않는다. 푸르마노프(이 이름은 소설의 저자로 되돌아간다)는 일단 차파예프에게 훈육 필요성을 느끼게 하고 더 큰 쟁점들에 관해 생각해 보게 하자마자 영화 서사에서 사라지고 영화의 나머지 부분은 차파예프와 그의 조수 페트카 이사예프의 관계에 집중된다. 두 사람이 전사하는 마지막 장면은 감성적 음악을 배경으로 비극적 차원이 더해지면서 신파조로 강력한 인상을 심어 준다.

적당히 나쁜 악한들이 존재하고 백군을 물리치러 언덕을 올라오는 기병대가 마지막에 등장한다는 점에서 이 영화는 한 편의 할리우드 서부극처럼 만들어졌을지 모른다. 그러나 영화는 커다란 비평적 성공을 거두기도 했다. 같은 해 11월 당 신문은 "온 나라가『차파예프』를 볼 것"이라고 선언했다.[1] 영화는 소비에트 최초로 진정한 순교자-영웅을 창조하는 데 어쩌면 소설보다도 더 많이 봉사했고 시각적 흥분을 자아내는 내전의 맥락 안에서 민중이 지난 십 년 동안 무엇을 위해 싸우다 죽었는지를 '온 나라'에 보여 줬다.

두 영화:『개를 데리고 다니는 여인』과『전쟁과 평화』

1917년 이후에 나온 문학 각색 영화들, 특히 사회주의 리얼리즘 명령에 순응하는 각색 영화들은 원작의 플롯과 이념적 취지에 충실해야 했다. 그런데 이보다 더 흥미로운 사실은 영화감독들이 1917년 이전에 나온 문학 작품들에 이념적 설명을 덧붙여서 원작에는 없는 사회·정치적 경향을 각색 영화에 부여했던 방식이다. 예를 들면, 푸시킨의 (미완성) 소설『두브롭스키』를 각색한 알렉산드르 이바놉스키의 1935년 영화는 두브롭스키가 포함한 지주 트로예쿠로프에 맞서 일으킨 봉기에 가담하는 농민 대중을 보여 주는데, 이들은 주인공이 죽은 뒤에도 봉기를 계속하면서 사회적 불의를 바로잡는다. 이런 식으로 푸시킨은 스탈린주의 이념에 포획된다. 원작에서는 두브롭스키가 죽지 않고 살아남아 외국으로 탈출하고 그가 사라진 후에야 비로소 약탈도 멈추기 때문이다.

---

1 "『차파예프』는 소비에트 예술의 역사에서 위대한 사건이다.『차파예프』는 당과 대중 사이의 연결 고리를 눈에 보이지 않게 강력하게 증강시킨다. 질적으로 우수한 예술 작품인『차파예프』는 당의 조직적 역할을 확실하고도 분명하게 증명해 주고 당이 어떻게 자연력을 제압하여 혁명과 승리의 길을 따라 움직이게 하는지를 보여 준다." Christie and Taylor, 1994, pp. 334~335.

『개를 데리고 다니는 여인』(1960)은 체호프의 1899년 드라마를 매우 충실하게 '옮겨 놓았다'. 영화의 특징은 두 주연 배우(이야 사비나와 알렉세이 바탈로프)의 탁월한 연기에서 나온다. 한편으로, 평화롭고 서정적인 흐름과 감미로운 음악, 감성을 일깨우는 크림Crimea의 배경이 복잡한 인간관계들을 묘사하는 체호프의 냉소적 이야기를 현대 관객의 취향에 맞도록 생생하게 재창조하는 데 일조한다. 다른 한편으로, 일부 배경 장면에서 영화는 세기말 러시아의 사회적 질병(빈곤, 절망, 상류 계급의 도덕적 타락)을 암울하게 보여 준다. 이오시프 헤이피츠가 만든 이 영화는 체호프의 원작 텍스트에 (대화까지도) 가깝지만, 제정 러시아 사회의 묘사에서는 영화 나름의 비평적 해설을 덧붙인다. 여기서 구세계는 도덕적으로 타락한 데다 해결하기 어려운 사회 문제들로 가득 차 있어서 결국 파멸할 수밖에 없다.

러시아 문학을 각색한 가장 유명한 영화는 세르게이 본다르추크가 1965년과 1967년 사이에 만든 일곱 시간짜리 사부작 영화 『전쟁과 평화』다. 이보다 십 년 전(1957~1958)에는 세르게이 게라시모프가 『고요한 돈 강』을 서사시의 파노라마에 담아 삼부작으로 각색했는데, 이 영화에서는 전설적 인물들과 시종일관 팽팽한 긴장감이 돋보인다. 본다르추크의 영화는 대규모 출연진(십이만 명의 엑스트라 포함), 광대한 국토와 역사로 훨씬 더 웅대하다. 1805년에서 1812년까지의 시간을 아우르는 톨스토이의 소설은 보로디노 전투와 긴 겨울에 걸친 나폴레옹의 러시아 철수 장면에서 절정을 맞이한다. 이 역사적 화폭 안에는 나타샤 로스토바, 피에르 베주호프, 안드레이 볼콘스키 등의 중심인물들, 나폴레옹에서 사려 깊고 현명한 농민 플라톤 카라타예프까지 수백 명은 아니어도 수십 명은 족히 되는 사소하거나 부차적인 인물들까지 망라하는 허구적 인물들의 삶이 뒤섞여 있다.

본다르추크는 톨스토이의 콘셉트에 담긴 웅장한 본질에 충실하다. 영화는 적절한 애국적 음악을 배경으로 러시아 시골을 보여 주는 공중 트래킹 쇼트로 시작하고 또 끝난다. 제작 수준은 확실히 높다. 의상, 인테리어, 현지 촬영 등 모든 것에 신빙성이 있기 때문이다. 평화 시에는 무도회가 열리고 수백 명의 손님이 참석한다. 전시에는 수천 명의 엑스트라가 싸움을 벌이고 감독은 군대 이동을 보여 주는 공중 쇼트에 코앞에서 경험하는 것과 같은 확실한 전투 느낌을 덧붙여 톨스토이의 전쟁관 표현에 가까이 다가간다. 이런 식으로 매우 혼미하고 황폐한 전장의 느낌이 확실하게 재현된다. 그러나 본다르추크는 소설의 대화들을 그대로 되풀이하기도 하는데, 이는 영화적 경제 감각 없이 연극식으로 이뤄진다. 관객에게 은막 위에서 펼쳐지는 사건들의 중요성을 알려 주기 위해 걸핏하면 사용되는 보이스 오버 해설은 우리가 '위대한 예술'을 눈앞에 두고 있다는 사실을 상기시킨다.

하지만 영화는 문학적 주제만 아니라 애국적 주제도 담고 있다. 러시아 군대가, 그들의 노고에 맞춰 합창과 관현악이 흘러나오는 가운데 교회를 배경으로 촬영됐는데, 나폴레옹을 물리친 것은 진실하고 소박한 러시아 사람들의 노고 덕분이었다. 나타샤 로스토바는 민중과 혼연일체가 된다. 그녀는 발랄라이카 음악에 본능적으로 반응하고 농부農婦들은 그녀가 춤추는 모습을 흡족하게 지켜본다. 여기서 모스크바는 '성스러운 수도'고, 러시아는 프랑스인의 침입만 아니라 더 나아가 '서유럽 세력'의 침입도 받은 나라다.

엄청난 규모는 별개로 하더라도 『전쟁과 평화』는 대부분의 시간이 나타샤 로스토바, 피에르 베주호프와 안드레이 볼콘스키, 아나톨 쿠라

긴과 니콜라이 로스토프처럼 미발전 군소 인물들에게까지 할애됐다는 점에서 불균형을 드러낸 영화다. 게다가 이 영화에서도 헤이피츠의 영화에서처럼 이념적 손질이 엿보인다. 영화에서 러시아와 오스트리아 병사들(이들의 장교들이 아니라)은 아우스터리츠 전투가 벌어지기 전에 프롤레타리아적인 연대감을 보여 준다. 반면 피에르가 외국 교의와 접촉한 일이 그의 기독교식 이름에도 불구하고 그가 가진 러시아성의 일부를 손상하기라도 할까 봐 초기에 피에르가 프리메이슨 운동에 가담했던 일은 영화에서 언급되지 않는다. 본다르추크의 『전쟁과 평화』는 영화 촬영 역사에서 가장 장렬하고 대규모인 전투 장면 중 일부를 포함하고 있으며, 러시아 군대의 위용과 러시아 '영혼'의 위력에 바치는 찬가로 남아 있다.

톨스토이냐 도스토옙스키냐?

특히 1960년대에는 19세기의 '서사시적 작품들'이 영화로 많이 제작됐는데, 이런 각색 영화의 상영 시간은 보통 수 시간에 달했다. 도스토옙스키의 『죄와 벌』(1968), 『백치』(1958), 『카라마조프가의 형제들』(1968)이 그런 작품들이었다. 톨스토이의 『부활』은 1961년에 영화로 제작됐다. 이 소설은 상류 계급의 타락과 어린 매춘부를 감옥으로, 그런 다음 시베리아로 보내는 러시아 사법 체제의 부적합성을 신랄하게 공격한다. 그런데 영화는 흐루쇼프의 탈스탈린화 정책 기간에 만들어졌다는 점에서 알레고리로도 읽혔다. 영화감독 알렉산드르 미타는 다음과 같이 논평했다. "『부활』에서 감옥과 강제 노역 여행에 나오는 끔찍한 장면들 말인가요? 러시아의 무법성에 대해 그렇게 공개적으로 또 격렬하게 울부짖은 것은 영화에서 처음 있는 일이었습니다"(Mitta, 2000, p. 14). 소비에트 관객은 당혹스러운 예를 가까운 스탈린 시대에서 어렵지 않게 발견했을 것이다.

이 영화들에서도 여전히 이념은 표면에 드러나 있었다. 이반 피리예프의 『카라마조프가의 형제들』은 도스토옙스키가 소설을 끝낼 때 사용한 주제인 아이들과 미래에 대해서는 언급하지 않음으로써 혁명 전 러시아에 우울과 절망을 덧붙인다.

그럼에도 이 영화들은 브레즈네프 시대를 규정하는 데 사용된 용어인 '발전한' 사회주의 혹은 '진보한' 사회주의로 불리는 시기에 나왔다. 사회주의와 공산주의 사이의 중간 지점으로 생각된 이 시기에 국가는 자신만만하게도 낙관적·공격적 대내외 정책을 장려했다. 그런데 이 영화들은 인간은 내면이 의혹으로 가득 차 있어서 자신이 소중하게 여긴 것을 파괴하는 일 말고는 삶에서 아무것도 달성하지 못한다는 분명한 메시지를, 그것도 특별히 19세기 러시아식 메시지를 관객에 전달했다. 이처럼 러시아의 문학적 과거에서 가져온 메시지, 혹은 악에 의해 전복되고 파괴되는 미의 지속적 패러다임은 당대의 실증주의적 에토스를 잠식하는 데 봉사했다.

고르바초프의 글라스노스트가 선사한 새로운 자유 속에서 영화감독들은 더 대담해져 혁신도 더 많이 보여 줄 수 있었다. 또 이들은 러시아 고전 문학을 다룸으로써 검열에서 해방되는 새로운 가능성을 발견했다. 1987년에 미하일 시베이체르는 톨스토이의 1890년 소설 「크로이처 소나타」를 영화로 제작했다. 이 영화는 사랑 없는 결혼에서 생기는 가정 폭력을 고통스럽고도 단호하게 기록하고 시대의 세목에 주의를 깊이 기울이며 남녀 간 질투를 강렬하게 묘사한다는 점에서 원작의 플롯에 충실했다. 또한, 시베이체르의 영화는 동성애를 비교적 솔직히 논의하는데, 이는 결국 소련에서 동성애 합법화 요구로 이어졌다(동성애는 포스트 소비에트 시대 이전까지 불법이었다). 영화는 관객이 분명히 알아들을 수 있게 한 (원작 텍스트에도 들어 있는) 외설적 말들을 포함하여 언어적 타부에 도전하기도 했다. 이런 내용은 영화 개봉 당시 나도 가서 봤던 영화 상영관을 온통 충격과 분노로 몰아넣었다.

외국 고전의 각색

외국 문학을 가장 빼어나게 각색한 영화는 그리고리 코진체프의 각색 영화들일 것이다. 코진체프는 말년에 세 편의 영화를 감독했다. 이들 영화는 그가 만든 1930년대 사회주의 리얼리즘 고전들보다도 그의 위대한 명성을 어쩌면 더 많이 설명해 줄 수 있을 것이다. 니콜라이 체르카소프가 타이틀롤을 맡은 『돈키호테』(1957), 인노켄티 스모크투놉스키가 주연을 맡은 『햄릿』(1964), 유리 야르베트가 왕으로 나오는 1971년 그의 마지막 영화 『리어 왕』이 바로 그와 같다. 이들은 모두 그 자체만으로도 기억할 만하며, 당대 최고의 고전 배우들이 펼치는 강렬한 연기가 특징적이다. 또한, 외국 고전 작품의 번역에 나타난 소비에트 미학 가치들에 관해 많은 것을 말해 주기도 한다.

　여기서 의미심장한 사실은 코진체프가 『햄릿』과 『리어 왕』 모두에 보리스 파스테르나크의 러시아어 번역본을 사용했다는 점이다. 파스테르나크는 1940년대 말과 1950년대 초에 셰익스피어 희곡(뿐만 아니라 괴테의 『파우스트』와 실러의 『마리아 스튜어트』)을 번역하며 많은 시간을 보냈다. 이 번역은 지금도 여전히 시적 번역의 걸작으로 간주된다. 이러한 사실은 파스테르나크의 소설 『닥터 지바고』(1957)에 햄릿형 인물이 부각돼 있다는 점에서 더욱더 중요하다. '햄릿'은 파스테르나크가 지은 가장 유명한 시 가운데 하나의 제목이기도 하다. 이 시는 지바고가 쓴 시 중 한 편으로 소설 속에 포함됐다. 파스테르나크의 햄릿은 운명에 내몰리고 시대에 의해 그리스도 역을 떠맡을 수밖에 없는 사람이다. 이런 식으로 그는 다른 사람들의 마음속에 영원히 살아남는다. 또한, 파스테르나크가 셰익스피어의 17세기 영어를 20세기 러시아어 구어로 번역하여 현대 러시아 독자가 이 언어를 즉시 사용하고 이해할 수 있도록 했다는 점도 주목할 만하다.

많은 장면이 지면에 가까운 카메라로 촬영되어 인물들과 건축물에 모두 인상적 높이를 부여한 데서 알 수 있듯이, 코진체프의 『햄릿』은 장대한 규모로 두드러진다. 엘시노는 거대한 내리닫이 격자문이 있고 흐릿한 그림자들이 어른거리는 금단의 절벽 가운데 산산이 부서지는 파도를 맞으며 서 있다. 흉벽 위에서는 바다로 곧장 뻗어 나갈 것처럼 보이는 물결치는 망토를 둘러 입은 유령이 거대한 모습을 드러낸다. 이것은 운이 다한 세계로, 영화는 무엇보다도 타락과 배신, 죽음에 관한 이야기다. 이념적 유사성의 측면에서 본다면, 영화는 낡은 귀족적 습속의 죽음, 즉 사회적 변화의 대리인인 햄릿과 함께 시대에 뒤진 질서가 소멸한다는 이야기다. 오필리아의 순수성은 비하되고, 조롱받고, 결국 파괴된다. 그녀의 아버지 폴로니어스조차도 여기에 공모하는데, 그는 햄릿에 관해 더 많은 것을 알아내려고 딸을 이용한다. 클로디어스는 셰익스피어가 일말의 후회도 암시하지 않는 시종일관 흉악무도한 악당이다.

그러나 희곡과 마찬가지로 영화도 '긍정적 주인공'의 많은 특질을 가진 햄릿의 성격에 좌우된다. 햄릿은 유령에게서 자기 아버지가 살해된 사건의 전모를 알기도 전에 세계의 비천함("잡초를 뽑지 않은 정원")에 대해 알고 있다. 곧이어 그는 단호한 행동의 인간이자 근엄하고 목적 의식이 뚜렷한 사람이 되어 부정을 바로잡는다. 따라서 의미심장하게도 '사느냐 죽느냐'는 햄릿이 실제로 내뱉은 말이 아니다. 이것은 그의 행동 과정을 정당화하기 위해 사용된 햄릿의 내적 독백이다. 그에게 해당하는 것은 자기 의심과 동요가 아니라, 오히려 전횡과 악에 맞서는 적극적 저항이다. 햄릿은 끝에 가서 죽기는 하지만, 봉건주의와 동일시되는 타락하고 퇴폐적인 질서가 제거될 때 사회적으로 부활한다.

코진체프는 나름대로 몇 가지 사상을 견지하기 시작한다. 그중 어느 것도 영화의 완벽한 이념적 적격성에서 벗어나지 않는다. 첫째, 햄릿은 과연 미쳤을까? 분명히 그의 히스테리성 웃음소리는 엘시노의 복도 전체에 울려 퍼진다. 햄릿의 슬픈 마음속에 유령의 관념을 불어넣는 사람은 희곡이 끝날 때 유일하게 살아남는 그의 막역한 친구 호레이쇼다. 호레이쇼와 그의 패거리(와 햄릿 앞에 있는 모든 사람) 외에는 누구도 유령을 보지 못한다. 희곡에서와는 다르게 유령이 거트루드의 침실에서 두번째로 나타나지도 않고 다시 말도 하지 않는다는 점은 인상적이다. 그렇다면 유령은 단순히 햄릿의 혼미한 정신이 빚어낸 것이 아니라 교활한 호레이쇼가 그의 정신 속에 불어넣은 것이 아닐까? 둘째, 외국 땅의 침략이 무의미하다는 노르웨이 선장의 말에서는 반제국주의 주제가 드러난다.

『햄릿』의 계급 갈등은 『리어 왕』에서 한층 더 발전한다. 코진체프의 햄릿이 역사와 진보의 궁극적 승리 세력을 체현했다고 한다면, 『리어 왕』에서 감독은 부당한 취급을 받은 주인공이 그의 국민과 혼연일체가 된다는 점을 강조한다. 영화의 첫 장면들에서 대중은 내분과 외국의 침입에 희생되는 사람들로, 이들은 찍소리도 못하고 고통만 당하는 모습으로 묘사된다. 대중의 비참한 운명은 리어 왕이 왕국을 딸들에게 분할해 주는 과정에서 코딜리아를 거부하다 일어난 궁중 음모로 더 악화된다. 『햄릿』에 나타난 이미지의 묵시적 본질은 여기서 궁중의 탐욕성과 냉혹성을 상징하는 늑대와 사나운 개들을 찍은 장면들로 이어진다. 의미심장하게도 리어 왕의 구원은 그의 광기를 통해 이뤄지지 않는다. 그의 구원은 먼저 그가 폭풍우를 피하는 오두막집에서, 그런 다음 그와 코딜리아가 체포되는 마지막 전투에서 고통받는 민중과의 유대를 다시 주장하고 나설 때 일어난다. 오직 어릿광대만이 살아남지만, 그는 황폐한 세계에서 외롭고 슬프다. 코진체프의 『리어 왕』은 광기와 맹목, 배신과 죽음이 가득한 셰익스피어 드라마를 정치적 갈등으로 다룬다. 마지막에 승리하는 에드거조차도 그의 눈먼 아버지의 광명을 통해서가 아니라 전쟁을 피해 달아나는 고통당하는 민중을 통해서 정의와 평화를 가져오기 위해 쫓겨나기도 한다. 리어 왕과 코딜리아는 민중과 함께할 때 체포되지만, 그들이 매장될 때 민중은 똘똘 뭉쳐 나와서 그들에게 경의를 표한다.

순수하게 미학적 측면에서 두 영화는 서사시적 차원을 띠는 풍경과 건축으로 웅대하다는 점을 덧붙여 말해야 할 것 같다. 이 밖에도 두 영화는 광기를 강조하고 평화와 안정을 파괴한다는 점에서 서로 연결된다. 광기의 주제는 코진체프가 『돈키호테』를 각색한 영화에서도 뚜렷이 나타나지만, 여기서는 코믹하고 풍자적인 경향도 분명하게 드러나 있다.

세르반테스의 피카레스크 소설은 슬픈 용모의 기사가 자신이 사회적 불의의 교정자이자 약자와 억압받는 자의 옹호자임을 주장하고 나설 때 익살극과 정치적 풍자가 뒤섞여 나타난다. 하지만 그의 순박성과 순수성은 지배 귀족층과 교회에 위협이 된다. 그래서 대공은 돈키호테의 순수성과 충실성, 고결한 행동이 우스꽝스러운 것이며, 그의 사랑 관념이 흥분한 상상력으로 빚어진 것에 불과하다고 말한다. 산초가 짧으나마 지사로 통치한 일은 기본 상식과 품위에서 나오는 정의의 척도가 된다. 그러나 잠시나마 누리던 관직에서 쫓겨나면서 산초는 자신을 둘러싼 환경에 대해 사회적·정치적으로 인식한다. 산초는 귀족의 하인들을 가리켜 '기생충들'이라고 공격하고 자신의 정체성에 대해서는 노동하는 순박한 민중 가운데 한 사람이라고 긍정한다.

세르반테스의 소설은 당대의 문학 관습들을 조롱하고 풍자하고자 했다. 코진체프는 정신적 가치나 사랑은 냉소적으로 무시하며 천박함만 좇는 타산적이고 냉담한 사회에 의해 희생되고 매도되는 미치광이 노인에 관한 영화를 리얼리즘과 코미디를 섞어 만들었다. 게다가 산초는 사회주의 리얼리즘의 긍정적 주인공에게서 보이는 사고방식에 걸맞은 정치적 의식을 어느 정도 획득한다. 이런 식으로 이념적 명령과 미학적 관심이 다시 한 번 나란히 섰다.

포스트 소비에트 시기

포스트 소비에트 시대에는 문학 유산이 경제적 혼란과 사회·정치적 무질서가 만연한 가운데서도 확실성과 민족 정체성을 지키는 몇 개의 보루 중 하나로 남아 있었다. 문학의 재해석은 사면초가에 빠진 민족에게 그들의 풍부한 문화유산을 상기시켜 주는 데 봉사했다. 또 현대적 관습이나 사회·정치적 환경에 관해서도 말해 줄 수 있었다. 포스트 소비에트 러시아의 상업적 현실 한복판에서도 여전히 작가와 영화감독들은 러시아 문화의 발전 과정 전체를 특징지었던 시민 정신의 인력引力을 강하게 느꼈다.[2]

영화에서 1917년 이전 러시아 문학은 직접적·축자적 각색을 통해 어느 정도 다뤄졌다. 그러나 일부 영화감독은 원작 텍스트를 가져다가 현대에 걸맞게 다양한 방식으로 '변형시켰다'. 게다가 이들은 사회·정치적 관점을 시정하라는 정치적 요구에도 지배되지 않았다. 원작 텍스트는 러시아의 역사적 운명 탐구에서 하나의 암호가 될 수 있었다. 정치적 문맥이 필요 없게 된 각색 영화들은 영화감독들이 원작 자료를 각색할 수 있는 여러 가지 대담하고 도전적인 방식을 예시해 주었고 영화가 문학보다 더 직접적·효과적으로 포스트 소비에트 러시아의 새로운 도전들에 반응하는 데 얼마나 능수능란한지를 보여 주기도 했다.

포스트 소비에트 시대 초기에 문학을 각색한 영화 중에는 표도르 솔로구프의 동명 소설을 각색한 니콜라이 도스탈의 『작은 악마』(1995), 미하일 불가코프의 1925년 풍자소설을 각색한 세르게이 롬킨의 『운명의 알』(1995), 세르게이 가자로프가 두번째로 각색한 『검찰관』이 있다.[3] 이 마지막 영화는 타이틀롤로 예브게니 미로노프를 내세우고 니키타 미할코프, 올레크 얀콥스키, 마리나 네엘로바 등 1990년대 호화 배우들

---

2 그럼에도 소비에트 영화 최고작 가운데 일부가 『고요한 돈 강』 등 러시아 문학을 각색한 영화였다는 사실은 언급해야 한다. 마르크 돈스코이의 '막심 고리키 삼부작'(1938~1940)은 이념적 내용이 확실하게 나타난 사실주의의 탁월한 예를 보여 주지만, 1917년 이후 문학과는 부분적으로만 관련돼 있다.

3 한 영화 조사에서 프리툴렌코는 문학 고전들을 각색하는 최근 경향을 '새로운 도피주의'로 규정했다. 여기서 영화감독들은 "현실에서 벗어나 또 다른 리얼리티로, 문학이라는 구원의 품속으로 비상한다." Pritulenko, 1996, p. 71.

을 일부 기용해 화제가 됐고, 원작의 인물과 주제, 모티프를 충실히 전달했다. 그런데 영화는 징벌이 전혀 나오지 않는 데다 고골 원작에 담긴 코믹한 가능성을 살리지도 못해 재미가 없어 실패하고 말았다. 하지만 여기에는 시사적 차원이 존재한다. 정부 관리들의 부패와 뇌물수수에 관해 고골이 보여 준 신랄한 풍자는 혼란과 범죄로 얼룩진 옐친 시대 러시아에도 적절했던 것이다.

체호프의 소설『결투』(1891)를 원작으로 하는『말들은 나를 실어가고……』는 1996년에 블라디미르 모틸(『사막의 하얀 태양』으로 명성을 얻었음)이 감독했다. 영화는 상업주의에 영혼을 판 현대 러시아 인텔리겐치아의 도덕적 타락을 증명이라도 하듯이 섹스, 남녀 간 질투, 배반 등 체호프의 주제와 인물들을 포스트 소비에트의 현대적 배경으로 가져온다. 세르게이 스네즈킨의『금잔화의 색깔』은 체호프 작품을 각색한 또 다른 영화로, 포스트 소비에트 시대를 배경으로 체호프의 희곡『벚꽃동산』과『세 자매』를 결합한 야심작이다. 영화에서 과거 가치들은 현재 횡행하는 상업주의에 위협받고, 몽상가들은 끝내 탈출구조차 찾지 못한다. 영화는 생생한 천연색과 꿈과 부조리를 많이 사용해 시각적으로도 괄목할 만하다(영화 제목은 세르게이 파라자노프와 그가 풍부하게 사용한 천연색 스크린을 떠올리게 한다). 스네즈킨은 체호프 텍스트들에 담긴 복잡성을 섬세하게 의식하고 그것들을 '새로운' 러시아에 알맞게 적용하여 탐욕과 배반, 이기주의를 다룬 심란한 느낌의 공상적인 영화를 만들었다.

영화적 완숙미가 꽤 높은 각색 영화로는『모스크바 근교의 야화』로도 알려진 발레리 토도롭스키의『카탸 이즈마일로바』(1994)를 들 수 있다. 영화는 니콜라이 레스코프의 소설『므첸스크의 맥베스 부인』을 원

『카탸 이즈마일로바』(발레리 토도롭스키, 1994)에서 블라디미르 마시코프와 잉게보르가 다프쿠나이테

작으로 한다. 레스코프의 1865년 소설에서 카테리나 이즈마일로바는 나이가 자신보다 훨씬 더 많고 집 밖에서 많은 시간을 자주 보내는 부유한 상인의 따분한 아내다. 그녀는 영지 청지기 세르게이와 눈이 맞아 억누를 길 없는 격정의 정사를 벌이기 시작한다. 어느 날 남편이 집을 비운 사이에 세르게이와 정사를 벌이다 시아버지 보리스 티모페예비치에게 발각되자 그녀는 곧 시아버지를 독살한다. 그런 다음 두 사람은 집에 돌아온 그녀의 남편도 살해한다. 이들의 연쇄 살인에 희생되는 다음 피해자는 보리스 티모페예비치의 조카로 유산 상속인이 되는 어린 소년 표도르다. 레스코프는 카테리나와 세르게이가 서로 품고 있는 걷잡

을 수 없는 욕정과 욕망을 시종일관 강조하면서도 당시 유행하던 민주적 이상들도 뒤집어엎는다(귀족과 하인 사이에 밀통은 있을 수 없다!). 결국, 이들은 경찰에 체포되어 시베리아 수용소로 유배된다. 그런데 유배지로 가는 도중에 세르게이는 또 다른 여자 죄수 소냐와 눈이 맞아 정사를 벌이고 다른 죄수들이 보는 앞에서 카테리나를 향해 욕설을 퍼부으며 모욕한다. 그러자 카테리나는 강을 건널 때 소냐를 붙잡아 안고 함께 배에서 뛰어내린다. 이들은 모두 얼음물에 빠져 죽는다. 레스코프의 소설은 상인 계급의 물질주의 세계를 배경으로 탐욕과 성욕, 살인에 관한 쓸쓸하고도 비정한 이야기를 들려준다. 로만 발라얀의 1989년 영화 『므첸스크의 맥베스 부인』은 레스코프 원작의 섹스와 에로티시즘은 물론이고 잔인성과 냉소주의까지도 전면에 내세우면서 원작을 있는 그대로 자연주의식으로 옮겨 놓는다. 영화는 두 살인범 주인공이 애오라지 돈과 섹스만 탐닉하다 결국 파멸하고 마는 19세기 러시아 지방을 배경으로 확실하게 내세우면서 부패하고 비열한 세계를 보여 준다.

하지만 토도롭스키의 영화에서 무대는 현재로 더 옮겨와 부와 멋진 옷, 자동차와 최신 가구, 호화 인테리어로 가득한 '새로운 러시아' 세계를 배경으로 한다. 카테리나는 자신의 시어머니이자 연애소설가인 이리나 드미트리예바의 비서로 일한다. 어느 날 그녀는 자기 집 목수 세르게이와 눈이 맞아 정사를 벌이기 시작한다. 그런데 이리나 드미트리예바도 세르게이와 정사를 갖는 관계였다. 이런 시어머니에게 세르게이와 자신의 정사가 들통나자 카테리나는 시어머니를 살해한다. 남편 미탸도 이들의 정사를 곧 알아채지만, 세르게이에게 살해되어 숲 속에 묻힌다. 그런 다음 카테리나와 세르게이는 이리나 드미트리예브나의 마지막 소설에 그들 자신의 이야기로 대미를 장식하기 시작하지만, 소설은 지역 출판업자에게 거부된다. 이들의 관계는 한시도 가만히 있지 못하는 세르게이가 간호사 소냐에 관심을 두기 시작하면서 파경을 맞이한다. 이를 앙갚음하기 위해 카테리나는 자신과 소냐가 함께 타고 있던 자동차를 다리 밖으로 몰아 추락한다.

이처럼 영화 속에는 특히 카테리나의 인격을 중심으로 19세기 원작 텍스트에서 벗어나는 중요한 분기점이 몇 가지 존재한다. 첫번째 분기점은 카테리나가 밉살스러운 시아버지 대신 시어머니를 살해한다는 점이다. 사실 살인은 레스코프의 냉혹한 여주인공이 계획적으로 벌인 것이 아니라, 순간의 충동 속에서 거의 우발적으로 일어났다. 영화에서 카테리나는 이리나 드미트리예브나의 창작 권위와 명성을 획득하려고 애쓴다. 더욱이 카테리나와 세르게이는 이리나 드미트리예브나의 원작 텍스트에 담긴 행복한 결말을 카테리나가 세르게이와의 관계에서 이루고 싶어 하는 것과 똑같은 행복한 결말로 바꿔 놓으려고 한다. 이처럼 삶은 문학을 모방해야만 한다. 하지만 그러한 낙천적 결말은 출판업자에게 거부당한다. 이와 마찬가지로 카테리나의 삶도 행복하게 끝나지 못한다.

두번째 중요한 분기점은 카테리나 자신에게서 나온다. 토도롭스키의 영화에서 카테리나는 레스코프 텍스트에 나오는 열정적이고 고집센 팜므파탈이 아니다. 그녀는 오히려 냉정하고 쌀쌀맞고 타산적이다. 그녀의 자살도 순간의 충동으로 비롯된 것이 아니라 미리 생각하고 계획한 행동이다. 그녀는 통속 연애소설의 '행복한 결말'이 지배하는 문학 전범에 자신의 삶을 끼워 맞추려고 한다. 문학으로서의 삶이 영화의 중요한 주제고, 세르게이의 최초 유혹이 카테리나가 이리나 드미트리예브나의 텍스트를 타자하고 있을 때 일어난다는 점은 의미심장하지 않을 수 없다. 카테리나는 이렇게 말한다. "나는 글을 쓰고 있지 않아요. 다시 타자하고 있는 거예요."

세번째이자 가장 현저한 분기점은 레스코프 텍스트에 없는 경찰서장 로마노프라는 인물이다. 카테리나는 로마노프에게 범죄를 자백한다. 하지만 로마노프는 증거가 더 필요하다고 말하며 그녀의 자백을 기각한다. 로마노프는 도스토옙스키의 『죄와 벌』에서 살인범 라스콜리니코프의 자백을 마침내 받아 내는 형사 포르피리 페트로비치에서 나왔음이 분명하다. 토도롭스키는 이 인물을 자신의 플롯에 끌어들일 뿐만 아니라 플롯을 뒤집어엎기도 한다. 도스토옙스키의 소설에서 포르피리 페트로비치는 라스콜리니코프가 유죄라는 것을 이미 알고 그가 자백하기만을 기다린다. 하지만 토도롭스키의 영화에서 로마노프는 카테리나의 자백이 불충분하다며 거부한다. 문학 전통의 일부가 되고 싶어 하는 카테리나의 욕망은 또다시 실패한다. 작가가 되고 싶은 그녀의 열망도 성공하지 못한다. 도스토옙스키식으로 심중을 털어놓는 것도 좌절된다. 끝으로, 카테리나가 애인이 변덕스럽고 천박하다는 사실을 깨달으면서 그녀 자신의 '행복한 결말'도 틀어진다. 토도롭스키의 카테리나는 자기 자신의 열정과 야심으로 말미암아 파멸의 운명을 맞이하는 맥베스 부인이 아니다. 그녀는 지적·문화적 야망에 차 있는 자의식 강한 현대 여성으로, 자신의 주변 세계 현실에 의해 파멸한다.

그렇다면 토도롭스키는 19세기 문학 전통에 경의를 표하는 영화 그 이상을 만든 셈이다. 토도롭스키는 이 전통을 참고하고 효과적으로 전복한 다음 그것을 다시 썼다. 그는 원작 텍스트를 상당 부분 개작해 각색했다. 특히 원작 텍스트에 새로운 러시아에 적합하게 참신한 요소 몇 가지를 덧붙였다. 레스코프 이야기의 뼈대가 남아 있긴 하지만, 감독은

20세기 말에 걸맞게 사뭇 다른 내러티브를 새롭게 창조했다. 문화적·도덕적 준거점으로 자랑거리가 되곤 했던 과거 러시아 고전 문학은 현대 세계에 적절하지 못하다. 그것은 이제 '어떻게 살아야 하는지'를 지도해 주거나 가르쳐 주지도 못한다. 영화와 같은 현대적 예술 형식들 역시 개인들의 삶을 프레임에 넣어 빛으로 밝혀 줄 수 있기는 해도 더 이상 해법을 제시해서는 안 된다.

그러므로 『카탸 이즈마일로바』가 아마도 세계 최고의 영화 국가가 틀림없는 미국과 프랑스 영화를 직접 인용한 것은 우연이 아니다. 영화의 기본 플롯은 할리우드 영화로 두 번 제작됐고 루키노 비스콘티의 1942년 영화 『강박관념』에도 기초를 제공한 제임스 M. 케인의 소설 『우편배달부는 언제나 벨을 두 번 울린다』에서 따왔다. 미탸의 시신 매장과 발굴은 앙리-조르주 클루조의 1954년 영화 『디아볼리크』을 연상시킨다. 발레리 토도롭스키의 영화는 19세기 문학이 아니라 20세기 메인스트림 영화를 자의식적으로 인용한다. 다시 말해 그것은 과거의 지적 침체에서 벗어나 현재의 대중문화 품에 안긴다.

「캅카스의 포로」는 19세기 초 알렉산드르 푸시킨과 미하일 레르몬토프의 시 제목이기도 하고, 레프 톨스토이의 단편소설 제목이기도 하다. 푸시킨의 서사시(1822)에서는 캅카스에서 근무하는 러시아 귀족이 캅카스 사람들에게 생포된 뒤 현지 소녀와 관계를 맺는다. 푸시킨의 주인공은 자신을 생포한 사람들이 보여 주는 위엄과 위력에 감탄과 존경을 가득 품는다. 소녀는 포로와 사랑에 빠지고 그의 탈출을 돕는다. 레르몬토프의 시(1828)는 푸시킨의 시를 되풀이한다. 하지만 이 시는 러시아 사람이 아군이 지켜보는 가운데 살해되고 소녀가 테레크Terek 강에 빠져 죽으면서 비극으로 끝난다. 레르몬토프는 캅카스 산맥의 웅장함

『캅카스의 포로』(세르게이 보드로프, 1996)에서 올레크 멘시코프와 세르게이 보드로프 2세

과 아름다움을 강조하려고 애썼다. 그의 가장 유명한 작품인 1840년 소설 『우리 시대의 영웅』도 캅카스 군사 원정을 배경으로 한다.

톨스토이 소설은 19세기에 캅카스에서 근무하는 러시아군 장교 질린에 관한 이야기다. 그는 근무하던 요새를 떠나 러시아 본토로 돌아가는 길에 타타르인들에게 생포된다. 타타르인들은 질린을 석방해 주는 대가로 그의 가족에게서 몸값을 받아 낼 목적으로 그를 외딴 산악 마을에 억류한다. 곧이어 질린은 역시 인질로 붙잡혀 있던 아군 장교 코스틸린을 만난다. 두 사람 모두 디나라는 어린 딸을 두고 있는 압둘-무라트의 감시 아래 놓인다. 질린과 코스틸린은 탈출을 시도하다 붙잡힌다. 이후 타타르인들은 더 잔인하고 단호해진다. 마을의 한 노인은 러시아인들과 맞서 싸우던 아들 중에서 일곱 명을 잃었고, 러시아 쪽으로 넘어간 여덟번째 아들은 자기 손으로 직접 총살했다고 말한다. 그는 질린과 코스틸린을 즉각 사살해야 한다고 말한다. 한편, 질린과 디나 사이에서는 미묘한 관계가 싹튼다. 질린은 디나에게 진흙 인형을 만들어 주고 디나는 질린의 두번째 탈출을 돕는다. 이번에는 탈출이 성공한다.

보드로프는 플롯과 인물을 그대로 유지했다. 하지만 배경은 더 가까운 시대의 체첸 전쟁[4]으로 옮겨왔다. 톨스토이의 내러티브도 중요한 변화를 거쳤다. 질린과 사샤(코스틸린이 아니라)는 정기 정찰에 나섰다가 반군의 매복에 걸려 생포된다. 압둘-무라트는 포로들의 몸값을 받아 내는 대신 러시아군 주둔지에 포로로 잡혀 있는 자기 아들과 이들을 맞바꾸려 한다. 첫번째 탈출 시도에서 사샤는 현지인 두 명을 살해한다. 하지만 사샤는 반군에게 다시 붙잡혀 처형된다. 압둘-무라트의 아들도 탈출을 시도하다 총살된다. 그러나 압둘-무라트는 결국 자비를 베풀어 질린을 풀어 준다.[5] 마지막 장면은 프랜시스 포드 코폴라의 『지옥의 묵시록』(1979)에서 빌려 온 것이 분명하다. 여기서 러시아군 무장 헬기는 질린이 막 풀려나온 마을을 파괴하기 위해 그의 머리 위로 날아간다.

러시아군은 영화 내내 시종일관 잔인하게 묘사된다. 점령군은 아무 생각 없이 현지인들에 총을 난사하는가 하면 총을 팔아 보드카를 사기도 한다. 올레크 멘시코프가 연기한 사샤는 현지인들을 총알받이나 다름없는 사람들로 간주하고, 언젠가는 마을로 꼭 돌아가 주민을 모조리 죽여 버리고 싶다고 말한다. 작은 도시 출신의 신병인 질린만이 자신을

4 보드로프는 사실상 체첸 전쟁이 발발하기 전에 대본 작업을 시작했음을 인정했다. Bodrov, 1996a. 더 자세한 논의는 다음을 참고하기 바람. Gillespie and Zhuravkina, 1996; Graffy, 1998.
5 톨스토이 소설에서는 명백히 부재하지만, 푸시킨 서사시에서는 그렇지 않은 산악의 '고상한 미개인' 주제는 1978년 소비에트 TV영화 『캅카스의 포로』에도 나타나 있다. 이 영화는 게오르기 칼라토지시빌리가 감독했고 유리 나자로프와 블라디미르 솔로드니코프가 포로로 붙잡힌 러시아 병사들을 연기했다.

붙잡고 있는 사람들에게 경의를 표하고 그들을 이해하려고 한다. 냉소적인 직업 군인인 사샤는 제국주의 러시아의 공격성과 억압성을 대표한다. 반면 질린은 온화와 겸손, 존중의 가치를 대변한다.

압둘-무라트가 베푼 자비의 몸짓은 위엄과 용서를 보여 주는 행위다. 여기서도 역시 보드로프는 톨스토이 원작을 개작한다. 톨스토이는 타타르인들이나 그들의 문화를 이해하려고 노력하지 않지만, 보드로프는 반군의 문화와 세계를 상세히 보여 주고 그들이 당하는 부당한 대우에 동정심을 표한다.

『캅카스의 포로』는 러시아가 자국 국경 내 소수 민족과 문화를 침해하는 짓을 공격하는 영화이므로 비단 체첸 전쟁에 관한 영화만은 아니다.[6] 이것은 전쟁 일반에 관한 영화이자 전쟁이 일으키는 증오에 관한 영화이기도 하다. 하지만 『캅카스의 포로』는 그 이상이기도 하다. 『지옥의 묵시록』에 표하는 경의는 『캅카스의 포로』에 상호텍스트적 준거점을 제공한다. 보드로프의 영화는 기본적으로 공동체의 고통과 파괴만을 불러오는 불관용과 증오심에 관한 영화다. 탈제국주의 세계에서 러시아의 정체성 탐색에 관한 영화이기도 하며, '타자'라는 이질적 문화와의 대면을 통한 러시아의 자기 인식에 관한 영화이기도 하다. 수전 레이튼은 19세기 러시아 문학의 캅카스 재현이 러시아의 민족 정체성 구축에 어떻게 조력했는지를 다음과 같이 설명한다.

문학적 캅카스는 주로 남자들이 기획한 것으로, 그들의 심리적 욕구 충족

---

6 보드로프 자신도 처음에는 보스니아에서 영화를 찍고 싶었다고 한다. Bodrov, 1996a. 또 다른 인터뷰에서 보드로프는 이 영화가 러시아의 제국주의적 태도를 비판하고 있다는 것도 숨기지 않았다. Bodrov, 1996b.

에 확실히 봉사했다. 그러나 낭만주의 시대 엘리트 독자 사이에서는 남녀 모두 내적으로 다양한 오리엔트를 깊이 숙고하면서 그들의 민족적 평판을 높일 수 있었다. 여자처럼 유약한 그루지야는 러시아가 아시아에 대해 느끼는 유럽적 위상과 우월감을 만족시켜 주었다. 그러나 특히 티플리스 [현 '트빌리시'] 주재 프랑스 영사나 상트페테르부르크를 방문한 마르키스가 차르들의 '무례하고 야만적인 왕국'을 혹평하려고 했을 때 러시아 자체의 아시아적 근원이 알려지면서 영원한 억압은 도전을 받았다. 이런 상황에서 러시아 사람들은 캅카스 부족들을 자신들이 서구보다 문화적·지적으로 지체되어 있다는 부정할 수 없는 사실을 보상해 주는 의미들로 탈바꿈시켰다. (Layton, 1994, p. 288)

보드로프 영화는 톨스토이 텍스트를 새롭게 만들었을 뿐 아니라, '진정한' 러시아를 찾아 '타자'로서 캅카스를 탐구했던 19세기 작가들이 한결같이 제기한 똑같은 문제를 소개하기도 했다. 비러시아인들과의 관계를 통한 러시아의 정체성 탐색은 특히 다른 비러시아 문화의 준거점에 의지할 때 놀라울 정도로 새롭고도 시사적이다.

『캅카스의 포로』는 반전 메시지 외에도 그 자체의 문학 유산을 의식하는 영화다. 설사 우리가 눈치채지 못했더라도 원작의 제목과 저자는 질린의 어머니가 나오는 장면에서 학교 교실 칠판 위에 휘갈겨 쓰여 있다. 사샤는 처형된 후에 질린에게 '다시 나타난다.' 망자가 되살아나 산자와 대면하는 모티프는 러시아 문학에서 흔하다. 이것은 19세기에는 푸시킨, 고골, 오도옙스키와 같은 작가들이 사용했고, 20세기에는 불가코프가 사용했다.

토도롭스키와 보드로프는 모두 '신성한' 19세기 문학 텍스트들을 가져와서 현대에 걸맞게 개작하고 재고해 재발명했다. 하지만 이런 시도가 항상 성공한 것은 아니었다. 유리 그리모프의 『무-무』(1998)는 1852년에 이반 투르게네프가 쓴 단편소설을 원작으로 한다. 영화는 19세기 러시아 농노제 환경의 측면에서 볼 때 원작의 플롯에 가깝지만, 현대적 모티프를 추가했다. 분명히 이 영화는 냉혹한 여지주의 강압에 못 이겨 무-무——게라심이 낼 수 있는 유일한 발성이다——로 불리는 자신의 귀여운 강아지를 물에 빠뜨려 죽이는 벙어리 농노 게라심에 관한 이야기로, 자위, 여성 동성애, 기발한 복장도착 등 지주 계급의 성적 방탕을 강조한다. 감독은 러시아 문학 유산을 검열 시대 이후 일어난 현대 러시아의 자유방임과 확실하게 결부시키려 한다. 하지만 조야한 자연주의 이미지들——남근을 닮은 오이, 피, 벽을 따라 천천히 흘러내리는 정액과 같은 액체, 머리가 잘린 물고기, 천천히 클로즈업되는 날고기——에도 불구하고, 농민들을 어리석고 유순한 사람들로 묘사한 일 외에는 새로운 점이라곤 아무것도 없다. 그래서 농노제의 잔혹성과 사악성에 관해 우리가 알고 있는 지식은 진지하게 고양되지 않는다.

현대적 취향에 맞추려고 하면서 당대의 세목도 포착하려고 갖은 노력을 기울였는데도 대실패로 끝난 또 다른 각색 영화로는 푸시킨의 역사소설 『대위의 딸』을 충실히 옮겨 놓은 알렉산드르 프로시킨의 『러시아 봉기』(1999)를 들 수 있다. 막대한 예산을 들여 웅장한 세트피스 전투 장면을 찍을 수 있었고 1990년대의 스타 배우도 몇 명 기용할 수 있었던 이 영화는 1773~1774년에 예멜리안 푸가초프가 예카테리나 여제에 맞서 일으킨 농민봉기를 다룬다. 폭력과 관능이 난무하고, 예카테리나 여제가 푸시킨 소설의 관대한 군주와는 사뭇 다르게 방탕하고 변덕스러운 모습으로 묘사되는 가운데서도, 이 영화가 신빙성 있게 보이기 위해 기울인 진지한 노력은 무절제를 정당화하는 것처럼 보이는 영화의 모더니즘을 몰아내는 경향이 있다.

문학적 전기 영화는 하위 장르로, 그것이 보여 준 것보다는 경시한 것 덕분에 더 흥미롭다. 아르카디 나로디츠키가 만든『시인의 청년 시절』(1937)은 푸시킨에 경의를 표하는 영화로, 시인의 유년 시절과 학창 시절에 초점을 맞춘다. 러시아 초창기 영화 가운데 하나인『위대한 노인의 서거』(1912)가 레프 톨스토이의 최후를 집중적으로 다루긴 했지만, 러시아 영화감독들은 위대한 작가들의 삶을 탐구하는 일에 인색했다. 그리고리 코진체프의『벨린스키』(1951)는 푸시킨, 게르첸, 고골, 네크라소프를 카메오로 내세우며 급진적 비평가의 혁명적 업적을 강조한다. 세르게이 게라시모프의『레프 톨스토이』(1984)는 작가의 만년을 오랫동안 애써 바라보지만, 이것도 역시 영화적 영웅 숭배에 불과했다. 그러나 몇 명만 꼽아보자면, 도스토옙스키, 투르게네프, 고골, 불가코프 또는 파스테르나크와 같은 문학 '거인들'에 관한 전기 영화는 하나도 없다.

이 영역에 손을 댄 아주 흥미로운 사례는 알렉세이 우치텔의 영화『그의 아내의 일기』(2000)다. 이 영화는 프랑스 망명 시기, 특히 1933년 노벨문학상 수상 때부터 1953년 사망 때까지 이반 부닌을 살피고 있지만, 그렇다고 그에 아첨하는 영화는 아니다. 안드레이 스미르노프가 연기한 이반 부닌은 레즈비언과 주정뱅이들로 둘러싸인 이기적이고 야비한 간통자로, 소비에트식 해석과 일치하는 퇴폐적 망명자상을 반영한다. 우치텔의 영화는 러시아의 정신적·도덕적 가치의 보고인 '위대한' 작가 신화를 해체했다. 우치텔은 당돌하게도 우상 파괴적이고 불손할 정도로 재기 발랄한 영화를 만들었다.

문학 유산은 단조롭고 연극적인 각색이 판을 치는 가운데서도 때때로 개성이 보석처럼 빛나고 영화적 상상력이 활짝 나래를 펴는 러시아 영화 발전에서 중역을 담당했다. 문학 작품과 작가의 신성한 완전무결성이 대체로 준수되고 유지되는 가운데 포스트 소비에트 시대에 와서야 비로소 영화감독들은 정전을 재고해 보며 새롭게 재창조할 수 있었다. 문학은 과거 속에 남아 있어도 영화는 그런 문학을 앞으로 밀고 나간다.

영화 목록 이 영화 목록은 이 장에서 논의하지 않은 각색 영화들까지 포함하고 있다

- 『목에 걸린 안나 훈장』*Anna na shee*(이시도르 안넨스키, 1954)
- 『안나 카레니나』*Anna Karenina*(블라디미르 가르딘, 1914; 타티야나 루카셰비치, 1953; 알렉산드르 자르히, 1967)
- 『지옥의 묵시록』*Apocalypse Now*(프랜시스 포드 코폴라, 1979)
- 『아샤』*Asia*(이오시프 헤이피츠, 1977)
- 『나쁜 선인』*Plokhoi khoroshii chelovek*(이오시프 헤이피츠, 1973)(체호프의 『결투』를 원작으로 함)
- 『벨라』*Bela*(스타니슬라프 로스토츠키, 1966)
- 『벨린스키』*Belinskii*(그리고리 코진체프, 1951)
- 『보리스 고두노프』*Boris Godunov*(세르게이 본다르추크, 1986)
- 『약혼녀』*Nevesta*(그리고리 니쿨린과 블라디미르 스트렐델, 1956)
- 『카라마조프가의 형제들』*Bratia Karamazovy*(이반 피리예프, 1968)
- 『대위의 딸』*Kapitanskaia dochka*(유리 타리치, 1928; 블라디미르 카플루놉스키, 1959)
- 『차파예프』*Chapaev*(세르게이와 게오르기 바실리예프, 1934)
- 『수선화의 색깔』*Tsvety kalenduly*(세르게이 스네즈킨, 1998)
- 『카자크 사람들』*Kazaki*(바실리 프로닌, 1961)
- 『괴상한 돈』*Beshenye dengi*(예브게니 마트베예프, 1981)
- 『죄와 벌』*Prestuplenie i nakazanie*(레프 쿨리자노프, 1969)
- 『잔혹한 사랑』*Zhestokii romans*(엘다르 랴자노프, 1984)(알렉산드르 오스트롭스키의 『지참금 없는 여자』를 원작으로 함)
- 『귀여운 여인』*Dushechka*(세르게이 콜로소프, 1966)
- 『죽은 혼』*Mertvye dushi*(레오니드 트라우베르크, 1960; 미하일 시베이체르, 1984)
- 『위대한 노인의 서거』*Ukhod velikogo startsa*(야코프 프로타자노프와 엘리자베타 티만, 1912)
- 『디아볼리크』*Les Diaboliques*(앙리-조르주 클루조, 1954)
- 『그의 아내의 일기』*Dnevnik ego zheny*(알렉세이 우치텔, 2000)
- 『돈키호테』*Don Kikhot*(그리고리 코진체프, 1957)
- 『두브롭스키』*Dubrovskii*(알렉산드르 이바놉스키, 1935)
- 『디칸카 근교의 야화』*Vechera na khutore bliz Dikanki*(알렉산드르 로우, 1961)

- 『운명의 알』*Rokovye iaitsa*(세르게이 롬킨, 1995)
- 『신부 세르기』*Otets Sergii*(야코프 프로타자노프, 1917; 이고리 탈란킨, 1978)
- 『아버지와 아들』*Ottsy i deti*(아돌프 베르군케르와 나탈리야 라솁스카야, 1958; 뱌체슬라프 니키포로프, 1983)
- 『첫사랑』*Pervaia liubov*(바실리 오르딘스키, 1968; 로만 발라얀, 1995)
- 『숲』*Les*(블라디미르 벤게로프, 1953; 블라디미르 모틸, 1980)
- 『베짱이』*Poprygunia*(삼손 삼소노프, 1955)
- 『죄 없는 죄인들』*Bez viny vinovatye*(블라디미르 페트로프, 1945)
- 『햄릿』*Gamlet*(그리고리 코진체프, 1964)
- 『말들은 나를 실어가고……』*Nesut menia koni…*(블라디미르 모틸, 1996)(체호프의『결투』를 원작으로 함)
- 『백치』*Idiot*(표트르 차르디닌, 1910; 이반 피리예프, 1958)
- 『검찰관』*Revizor*(블라디미르 페트로프, 1952; 세르게이 가자로프, 1996)
- 『카탸 이즈마일로바』*Katia Izmailova*(발레리 토도롭스키, 1994)
- 『리어 왕』*Korol Lir*(그리고리 코진체프, 1971)
- 『크로이체르 소나타』*Kreitserova sonata*(미하일 시베이체르, 1987)
- 『므첸스크의 맥베스 부인』*Ledi Makbet Mtsenskogo uezda*(로만 발라얀, 1989)
- 『개를 데리고 다니는 여인』*Dama s sobachkoi*(이오시프 헤이피츠, 1960)
- 『레프 톨스토이』*Lev Tolstoi*(세르게이 게라시모프, 1984)
- 『작은 비극들』*Malenkie tragedii*(미하일 시베이체르, 1979)
- 『산송장』*Zhivoi trup*(표도르 오체프, 1929; 블라디미르 벤게로프, 1952/1968)
- 『상자 속에 든 사나이』*Chelovek v futliare*(이시도르 안넨스키, 1939)
- 『오월의 밤 또는 익사녀』*Maiskaia noch i utoplennitsa*(알렉산드르 로우, 1952)
- 『어머니』*Mat*(프세볼로드 푸도프킨, 1926)
- 『무-무』*Mu-Mu*(아나톨리 보브롭스키, 1959; 유리 그리모프, 1998)
- 『나의 다정하고 사랑스러운 짐승』*Moi laskovyi i nezhnyi zver*(에밀 로티아누, 1978)(체호프의『사냥 파티』를 원작으로 함)
- 『귀족의 둥지』*Dvorianskoe gnezdo*(안드레이 미할코프-콘찰롭스키, 1969)

- 『코』*Nos*(롤란 비코프, 1977)
- 『강박관념』*Ossessione*(루치노 비스콘티, 1942)
- 『외투』*Shinel*(그리고리 코진체프와 레오니드 트라우베르크, 1926; 알렉세이 바탈로프, 1959)
- 『작은 악마』*Melkii bes*(니콜라이 도스탈, 1995)
- 『우편배달부는 언제나 벨을 두 번 울린다』*The Postman Always Rings Twice*(타이 가넷, 1946; 봅 라펠슨, 1981)
- 『캅카스의 포로』*Kavkazskii plennik*(세르게이 보드로프, 1996)
- 『스페이드의 여왕』*Pikovaia dama*(표트르 차르디닌, 1910; 야코프 프로타자노프, 1916)
- 『고요한 돈 강』*Tikhii Don*(세르게이 게라시모프, 1957~1958)
- 『공작의 딸 메리』*Kniazhna Meri*(이시도르 안넨스키, 1955)
- 『부활』*Voskresenie*(미하일 시베이체르, 1961)
- 『루딘』*Rudin*(콘스탄틴 보이노프, 1976)
- 『루슬란과 류드밀라』*Ruslan i Liudmila*(알렉산드르 프투시코, 1972)
- 『러시아 봉기』*Russkii bunt*(알렉산드르 프로시킨, 1999)
- 『갈매기』*Chaika*(유리 카라시크, 1970)
- 『그 일발』*Vystrel*(니콜라이 트라흐텐베르크, 1966)
- 『역참지기』*Stantsionnyi smotritel*(알렉산드르 이바놉스키, 1918; 세르게이 솔로비요프, 1972)
- 『초원』*Step*(세르게이 본다르추크, 1977)
- 『뇌우』*Groza*(블라디미르 페트로프, 1934)
- 『눈보라』*Metel*(블라디미르 바소프, 1965)
- 『타만』*Taman*(스타니슬라프 로스토츠키, 1959)
- 『세 자매』*Tri Sestry*(삼손 삼소노프, 1964; 세르게이 솔로비요프, 1994)
- 『바냐 아저씨』*Diadia Vania*(안드레이 미할코프-콘찰롭스키, 1970)
- 『공석』*Vakansiia*(마르가리타 미카엘리얀, 1981)(알렉산드르 오스트롭스키의 『이익이 되는 자리』를 원작으로 함)
- 『바싸』*Vassa*(글레프 판필로프, 1983)
- 『비이』*Vii*(콘스탄틴 예르쇼프, 1967)
- 『전쟁과 평화』*Voina i mir*(세르게이 본다르추크, 1965~1967)

- 『결혼』*Svadba*(이시도르 안넨스키, 1944)
- 『지참금 없는 여자』*Bespridannitsa*(야코프 프로타자노프, 1936)
- 『시인의 청년 시절』*Iunost poeta*(아르카디 나로디츠키, 1937)

3장
러시아 코미디 영화

모두가 알고 있듯이, 웃음은 위조할 수 없다. 웃음보다는 눈물을 자아내기가 더 쉽다.
말을 물가로 끌고 갈 수는 있어도 말에게 억지로 물을 먹일 수는 없다.
(Genis, 1999, p. 22)

이론적 서문

웃음과 코미디는 영화 탄생 이래로 영화의 주성분이었다. 영화가 재미
있다면, 대중을 불러들일 수 있다. 영화가 코미디와 교육을 결합할 수
있다면, 유용한 사회적 기능에도 봉사하고 오락에도 봉사할 수 있다. 진
정한 웃음은 개인과(또는) 집단의 감정을 유쾌하게 표현한다. 또 그것은
사회적 계층과 배경이 다양한 사람들을 통합하고 단결시킨다는 점에서
민주적이다. 더 나아가 웃음은 단순히 오락의 순수한 예술 형식으로서
즐거움을 줄 수 있다. 또는 지배적 관습이나 이념을 비웃음으로써 전복
적일 수 있다. 그러므로 웃음은 자유의 위험한 표현이 될 수도 있다. 다
시 말해 웃음은 웃음의 대상이 일시적이기 때문에 재미있다는 인식, 더
큰 진리가 존재한다는 인식이 될 수도 있다. 따라서 세계에 '민주주의'
개념을 제공한 나라——고대 그리스——가 시각 예술로 최초의 예술적
미소를 세계에 선사했다는 것은 우연이 아니다. 고대 이집트인과 인도
인, 메소포타미아인들은 오직 그들의 신들에만 미소를 허용했다. 그러

나 미소가 신들이 아니라 보통 사람들에게 최초로 부여된 것은 그리스 예술, 특히 기원전 4~5세기의 조각에서였다. 이는 그리스 예술이 '인간적인 것에, 인간 세계에서 차지하는 신들의 적절한 위치(그 반대보다는)에' 심취해 있었음을 예증한다(Boardman, 1986, p. 309).

문화에서 웃음이 담당한 기능을 분석한 선구적 연구는 앙리 베르그송이 1990년에 처녀 출판한 『웃음: 코믹의 의미에 관한 에세이』다. 베르그송은 웃음에 대한 집단적 요구가 악을 반대하는 사회적 힘이라고 주장한다. 그러나 베르그송은 비교적 차분한 시대에 글을 썼다. 「소설에서 시간과 크로노토프의 형식들」이라는 에세이에서, 특히 『라블레와 그의 세계』(1940년에 쓰였고 1968년에 출판됐음. 여기서는 1984년 편집본을 사용함)에서 미하일 바흐틴은 웃음이 폐쇄적이고 권위적인 담론에 대한 민중의 반응, 즉 민중의 진실에 관한 삶을 긍정하는 진술이라고 설명한다. 바흐틴은 민중의 웃음이 해방의 큰 힘이며, 민속 유머의 생동적 메커니즘으로 미래가 과거에 대해 거두는 승리이자 굳어진 위계질서들의 패배라고 확증한다. 더욱이 바흐틴은 1930년대 암울한 시절에 연구서를 집필했다. 논평자들은 스탈린 러시아와 가톨릭 프랑스의 교조적 억압 사이에 분명하고도 의도적인 유사점이 있음을 놓치지 않았다. 바흐틴은 라블레의 웃음에 관해 다음과 같이 말한다.

라블레에게서 웃음의 엄청난 힘, 웃음의 급진성은 무엇보다도 웃음이 민속적 근원에 깊이 뿌리 내리고 있고 고대의 복합 요소들——죽음, 새로운 생명의 탄생, 비옥과 성장——과 연결되어 있다는 것으로 설명할 수 있다. 이것은 진정으로 세계를 끌어안는 웃음, 이 세계의 모든 사물——가장 사소한 것에서 가장 위대한 것까지, 멀리 있는 것들에서 손에 가까이 있는 것들까지——을 가지고 놀 수 있는 웃음이다. 한편으론 삶의 근본적 현실들과 맺고 있고, 다른 한편으론 그런 현실들을 왜곡하고 분리한 모든 그릇된 언어적·이념적 껍데기들을 가장 과격하게 파괴하는 것과 맺고 있는 이러한 관계는 라블레의 웃음을 그로테스크, 유머, 풍자, 아이러니를 실천한 여타 사람들의 웃음과 확연히 구별해 준다. (Bakhtin, 1981, p. 237)

드미트리 리하초프는 바흐틴의 라블레 연구를 중세 러시아 문화에 적용했다. 리하초프에게 웃음은 파괴적인 동시에 창조적이다. 웃음은 억압하고 모욕하는 몰상식하고 부조리한 사회적 법칙들을 전복하며, 인간이 내적으로 자유롭고 모든 사람이 평등한 세계의 진실을 재언명한다. 여기서도 역시 그는 본디 민주적인 웃음의 속성을 강조하는데, 질서와 안정, 경건함과 기존 지배 체제의 세계는 빈곤과 알코올 중독, 허기와 무질서의 '반反세계'와 대립한다. 반세계는 뒤집힌 진정한 세계로서, 여기서는 바보들이 진실을 말하고 벌거벗음이 꾸밈없는 현실을 대표한다.

웃음의 기능은 진실을 벌거벗겨 드러내는 것이다. 웃음은 특정 사회의 예의, 의식, 인위적 불평등과 기호체계 전체의 겉옷을 현실에서 벗겨 내는 것이다. 이러한 탈의는 사람들을 평등하게 한다. (……) 어리석음은 모든 인습, 모든 형식과 습성을 스스로 해방하는 정신이다. (Likhachev, 1987, pp. 356~357)

이 장에서 나는 이러한 가르침으로 돌아갈 것이다. 안드레이 타르콥스키의 『안드레이 루블료프』(1965)는 저항으로서의 웃음을 분명하게 긍정한다. 영화가 시작할 때 (루블료프를 포함한) 몇몇 수도승과 농민은 선술집 안에서 바깥에 내리는 비를 피하는 가운데 광대가 부르는 외설적이고 불경스러운 노래를 접한다. 리하초프의 반세계에서 선술집은 교회에, 음주는 금욕에, 광대는 수도승에 대립한다. 대공과 그의 세속 권력은 광대가 하는 많은 농담의 표적이 된다. 광대는 그 후 수도승 중 한 명에게 비난을 받고 대공의 수행원들에게 붙잡혀 끌려가 매를 맞고 고문을 당한다. 이때 그의 혀 절반이 잘린다. 이는 권력이 말의 힘에 대해 느끼는 두려움을 가리키는 확실한 기표다.[1]

수세기에 걸쳐 문화에서 웃음이 담당한 역할을 분석한 바흐틴과 리하초프의 연구는 니콜라이 고골에서 안톤 체호프에 이르기까지, 20세기에는 미하일 불가코프, 베네딕트 예로페예프, 블라디미르 보이노비치, 세르게이 도블라토프까지 러시아 문학의 위대한 코믹 작품들이 사회의 지배 엘리트가 옹호하는 가치들과 관료들을 겨냥한 폭발적이고 풍자적인 예리함을 담고 있다는 점에서 우리의 연구에 적절하다. 여기서도 역시 웃음은 전복적이다. 웃음은 민중의 진실만이 아니라, 권위적 담론에 대한 거부와 그로부터의 해방도 긍정하기 때문이다. 물론, 불가코프, 예로페예프, 보이노비치, 도블라토프가 소비에트 정권과 대결했던 작가였고 그들 작품이 글라스노스트 시절까지 인정받지 못했거나 출판되지 못했다는 점은 언급해야만 한다.

혁명 이후 영화감독들에게 제시된 특정한 이념적 요구를 고려한다면, 코미디 장르는 특히나 어렵다. 소비에트 비평가들은 특히 1920년대

---

1 "어릿광대는 민중의 예스러운 창조적 정신과 그들의 세속성, 그리고 권력의 위선과 오만에 맞선 그들의 본능적 저항을 체현한다." Johnson and Petrie, 1994, p. 87.

에 코미디 영화를 무시하거나 비웃는 경향이 있었다. 그들이 보기에 코미디 영화는 이념적 내용이 불충분했다. 그러나 비평가들이 코미디 영화를 정신적 양식이나 도덕적 통찰을 거의 제공하지 않는 '저속한' 싸구려 오락물로 치부한 일이 비단 소련에서만 있었던 것은 아니다.

소비에트 코미디 영화감독들은 한편으론 사람들을 웃게 하고 다른 한편으론 날카로운 비평가들에게 이념적으로 수용되는 것 사이에서 절충점을 찾을 필요가 있었다. 전적으로 계급 대립에 기반을 둔 코미디 영화를 위한 이념적 토대는 1924년 인민계몽위원 아나톨리 루나차르스키가 마련했다.

> 사람은 자신의 적 앞에서 힘이 없을 때 그 적에 대고 웃지 못하고 그를 증오한다. 가끔씩이나마 신랄하고 증오에 가득 찬 미소가 그의 입술에 떠오르기도 하는데, 그렇다면 이것은 분노를 품은 웃음이자 불확실하게 들리는 웃음이다. 하지만 그 후 억압이 증폭되면서 웃음도 더 크고, 더 가열차게 울려 퍼진다. 이것은 더 격렬한 웃음이다. 이것은 아이러니이자 쓰라린 풍자다. 이 점에서 웃음은 채찍을 획획 휘두르는 소리처럼, 때로는 임박한 우레 같은 전투에서 나오는 굉음처럼 들린다. 이것이 두 눈에 여전히 눈물을 머금고 고골이 웃기 시작한 방식이며, 살티코프가 분노에 치를 떨며 웃기 시작한 방식이다.
>
> 그런 다음은?
>
> 그런 다음에 웃음은 새로운 질서가 그 힘을 느낄 때 점점 더 경멸적이게 된다. 위에서 아래로 향하는 이러한 경멸적 웃음은 유쾌하다. 승리를 이미 알고, 이완을 미리 알리는 이러한 웃음은 아주 훌륭한 무기만큼이나 필수적이다. 이것은 최근에 죽었지만, 무덤으로부터 되돌아올 준비를 하는 어

두운 마법사의 몸을 겨누는 말벌의 침이며, 과거라는 검은 관에 튼튼한 못을 박아 넣는 것이다. (Lunacharskii, 1924, p. 62)

'경멸적 웃음'은 전체주의 국가의 필요성에 봉사할지도 모르지만, 난리법석 코미디나 슬랩스틱 익살극의 재료로 간주하기는 극히 어렵다. 1964년에서 1985년까지 소위 '침체기'에도 코미디 영화의 이념적 중요성은 여전히 강조됐다. "소비에트 코미디 영화는 공산주의 건설자인 소비에트 국민의 도덕적 교육에 참여하며 고도의 사회적 반향을 불러일으키는 예술 형식으로 형성됐다"(Vlasov, 1970, p. 3). 달리 말해, 소비에트 코미디 영화는 무엇보다도 먼저 소비에트 시민이 안전하고 안정된 사회에 살고 있으며, 자본주의 사회가 직면한 문제들은 그들과 거의 상관없음을 재확인해 주는 것이었다. 그러므로 '코미디' 영화라는 개념 자체는 발생론적으로 뚜렷이 구별됐다. 영화가 유쾌하고 사기를 북돋으며 무엇보다도 낙천적이라면, 굳이 우스울 필요는 없는 것이다.

'황금시대'의 코미디들

소비에트 최초의 코미디 영화 가운데 하나인 『볼셰비키 나라에서 웨스트 씨가 겪은 특이한 모험』은 1924년 레프 쿨레쇼프가 감독한 영화로, 앞서 언급한 것과 같은 요구를 받았다. 이 영화는 사람들을 확실히 웃게 했는데, 미국인 사업가 웨스트 씨가 카우보이 경호원 제디를 동반하고 소비에트 러시아에 도착하는 모습을 보여 줄 때 분명한 정치적 메시지가 전달된다. 제디가 권총 여섯 자루에 챙 넓은 모자를 쓰고 햇빛 찬란한 대초원으로부터 수천 마일 떨어진 황량한 모스크바에서 천방지축

『볼셰비키 나라에서 웨스트 씨가 겪은 특이한 모험』(레프 쿨레쇼프, 1924)에서 포르피리 포도베드

벌이는 기막힌 슬랩스틱 기행들을 보고 관객은 웃지 않을 수 없다. 정치적 메시지는 웨스트 씨가 처음에 소련을 볼셰비키 '야만인들'이 사는 어둡고 위험한 곳으로 의심하다 나중에 계몽될 때 전달된다. 의심은 범죄단이 그를 납치하여 몸값을 요구할 때 현실이 된다. 하지만 그는 경찰에 구조되면서 '진짜' 소련과 그 국민을 알게 된다. 영웅적 경찰관은 무시무시한 비밀경찰 체카cheka의 제복인 발끝까지 내려오는 가죽 외투를 입고 있다. 쿨레쇼프의 영화는 소비에트 삶에 약간의 풍자를 곁들이기도 하지만, 그래도 이념적 측면에서 꽤 안전한 영화다. 웃음은 이해력이 부족한 미국인 웨스트 씨와 제디를 놀리는 데서 대부분 나온다. 행복한 결말은 서구 세계에 인정받기만을 바라는 볼셰비키의 손에서 소비에트 국가가 안전하다는 생각을 뒷받침해 준다.

프세볼로드 푸도프킨과 알렉산드르 도브젠코는 모두 자신의 초기 작품에서 코미디에 손을 댔다. 푸도프킨의 『체스 열기』(1925)는 주인공이 여자 친구를 잃고 자기 자신과 체스를 두는 데서 알 수 있듯이 그의 체스 열기를 정말 코믹한 방식으로 다룬다. 게다가 이 영화는 여주인공에게 체스의 즐거움을 설득하면서 다름 아닌 체스 세계 챔피언 호세 카파블랑카를 주인공으로 내세우기도 한다! 도브젠코의 『사랑의 딸기』(1926)는 변덕스러운 이발사 장에 관한 경쾌한 익살극이다. 장은 쌍둥이 아기들에 닥친 일련의 불행 이후 자신의 방식이 잘못됐음을 깨닫고 그에 책임을 지고 여자 친구 리자와 살림을 차린다. 하지만 영화는 장을 놀리는 장난과 함께 끝난다. 장이 자신의 아기('사랑의 딸기')라고 상상한 그 아기가 사실은 리자의 숙모가 낳은 아기였던 것이다. 두 영화는 모두 분량이 짧은 데다 두 감독의 후속 작품들에는 없는 가벼운 필치를 보여 준다.

『볼셰비키 나라에서 웨스트 씨가 겪은 특이한 모험』에서 카우보이 제디를 연기한 보리스 바르네트는 나중에 초창기 코미디 영화에서 중요한 몇 편의 영화를 감독했다. 그중에서 특히 『트루브나야 거리의 집』(1927)이 중요하다. 그러나 1920년대 소비에트 코미디 영화의 발전에서 중심인물은 이미 혁명 전에 영화감독으로 데뷔한 야코프 프로타자노프였다. 1925년과 1930년 사이에 그는 상업적으로 큰 성공을 거둔 영화들을 만들었지만, 이들은 '내용'(즉 이념)을 희생하고 '오락'을 추구했기 때문에 비평가들에게 좋은 평가는 그다지 받지 못했다.

『돈 디에고와 펠라게야』(1927)는 타이틀롤의 펠라게야가 잘못된 곳에서 철로를 건넜다는 단순한 이유로 체포·구속되는 데서 알 수 있듯이 표면상 오해의 코미디다. 그녀는 냉담하고 비정한 관료주의에 희생되지만, 남편과 지역 콤소몰(공산주의 청년동맹) 대원들의 지치지 않는 노력 끝에 비로소 풀려난다. 영화는 연로한 펠라게야와 그녀의 남편이 콤소몰 가입을 신청할 때 코믹한 방식으로 끝난다. 그러나 국가의 처분에 따라 제멋대로 억압당하는 개인들을 보여 주는 서브텍스트는 1920년대 말 현실에서 전혀 우습지 않다.

프로타자노프의 코미디 영화들은 대부분 러시아 최고의 코미디 배우였던 이고리 일린스키를 주연으로 기용했는데, 그의 성공은 1960년대까지 계속됐다. 『성 요르겐 축일』(1930)에서 일린스키는 (아나톨리 크토로프와 함께) 한 수녀의 거처로 도피해, 그들을 받아 준 종교 공동체에서 온갖 소동을 일으키는 탈주범을 연기한다. 프로타자노프는 각기 다른 인물들이 자신의 목적을 위해 이용하지만, 오해와 혼동으로 코믹하고 익살맞은 결과만을 낳는 상황들을 탁월하게 창조했다고 할 수 있다. 또 다른 사례로 『삼백만 달러 소송』(1926)을 들 수 있다. 이 영화에서도 주연은 일린스키와 크토로프가 맡았다. 영화는 부유한 서구 은행가의 집에서 벌어지는 '3백만 달러' 찾기 소동을 중심으로 전개된다. 도둑과 성직자, 사업가들이 모두 자신들의 타락한 목적을 추구하는 것이 재치 있는 패러디로 그려진다.

사회주의 리얼리즘의 코미디 영화

새로운 유형의 코미디는 소리의 도입과 함께 소비에트 스크린에 등장했다. 비평가와 당 이념가들은 대중 영화를 요구했다. 대중 영화는 교육과 오락을 동시에 제공했으며, 평범한 노동자들이 흔히 감상하지 못하거나 이해하지 못하는 영화를 너무 많이 제작한 1920년대 영화감독들이 수행한 작업의 자율성을 거부했다. 소리는 특히 코믹 효과를 위해 사용됐는데, 이로 말미암아 시각 슬랩스틱이 종종 희생되곤 했다. 소비에트 최초의 코미디 블록버스터는 1934년에 나온 그리고리 알렉산드로프의 뮤지컬 코미디 『유쾌한 친구들』이었다. 할리우드에서 빌려 온 애니메이션 타이틀 시퀀스, 할리우드식 떠들썩한 슬랩스틱 유머와 같은 측면들을 재미있게 뒤섞은 『유쾌한 친구들』은 1950년대까지 길게 이어진 뮤지컬 코미디 대열에서 첫번째였으며, 이 영화가 낳은 효과는 1970년대 영화들에서도 감지할 수 있었다. 이 밖에도 『유쾌한 친구들』은 지배 이데올로기나 사회주의 리얼리즘 메타텍스트에 도전하지 않았다는 점에서 '안전한' 영화였다. 실제로 영화는 당 지도부에게 뽑혀 찬사를 받았다. 1930년부터 1938년 체포되어 처형되기까지 소비에트 영화계 수장이었던 보리스 슈마츠키는 이 영화의 '흥겨움, 삶의 기쁨과 웃음'을 상찬했고 다른 영화감독들에게도 이 선례를 따르도록 주문했다.

> 사회주의를 건설하고 있는 이 나라에서, 사유재산이나 착취가 없고, 프롤레타리아 계급에 적대적인 계급들이 퇴치되었고, 노동자들이 사회주의 사회 건설에 의식적으로 동참하며 단결하고 있고, 자본주의 과거의 잔재를 척결하는 위대한 과업이 인민의 의식 속에서 당에 의해 달성되고 있는 이 나라에서, 코미디는 폭로의 과업과는 별도로 흥겹고 유쾌한 스펙터클의 창조라는 더 중요하고 책임 있는 또 다른 과업이 있다. (……) 승리한 계급은 유쾌하게 웃고 싶어 한다. 이것은 그들의 권리이다. 따라서 소비에트 영화는 관객에게 유쾌한 소비에트 웃음을 제공해야만 한다. (Shumiatskii, 1994, pp. 368~369)[2]

『유쾌한 친구들』의 난리법석 코미디는 몹시 무질서하고 무분별한 활력으로 두드러지며 1930년대에 마지막으로 남은 순수하게 비정치적인 코미디 가운데 하나다.

이와 비슷하게 알렉산드로프의 『서커스』(1936)와 『볼가-볼가』(1938), 『찬란한 길』(1940)도 할리우드 코미디를 소비에트 토양에 이식하려는 시도였다. 『서커스』는 판에 박힌 슬랩스틱 코미디와 결합한 악곡들을 담고 있으며, 자본주의 죄악들, 소비에트 국민의 긍정적 인터내셔널리즘과 분명한 이념적 중심점을 확실하게 묘사하여 소비에트 비평가들에게서 특별한 찬사를 받았다. "아이러니와 웃음을 통해 이 영화는 새로운 삶의 관념, 청춘과 행복의 인식을 확실하게 전면에 내세운다. 영화는 노래와 세트 속에, 또 『서커스』의 전체 스타일 속에 나타나는 조국의 이미지로 온통 가득 차 있다"(Shumiatskii, 1994, pp. 368~369). 『볼가-볼가』(소문에 의하면 스탈린이 가장 선호한 영화였다. 그래서 스탈린은 이 영화에 넋이 빠진 루스벨트 대통령에게 영화 사본을 선물하기도 했다)에서는 일린스키가 훼방꾼에다 편협하기까지 한 스탈린주의 관료로 나와 훌륭한 코믹 연기를 보여 준다. 『볼가-볼가』와 『찬란한 길』 모두에서 소비에트 농부들은 (역사학자들이 1930년대에 실재했다고 말하는 농업의 비참한 상태에도 불구하고) 자신들의 운명에 만족하며 행복하게 노래를 부른다.

게다가 『서커스』와 『볼가-볼가』는 성격 묘사나 플롯의 창의성이 다소 떨어진다. 『서커스』에서 미국인 마리온 딕슨(류보피 오를로바)은

---

2 그렇지만 같은 해(1935) 『문학신문』(2월 28일, 3월 6일과 16일)에서 이 영화는 영화 내용과 아무 관계없는 것으로 알려져 있고, 따라서 군더더기라 할 수 있는 아주 우스꽝스러운 싸움 장면에 담긴 '형식주의'에 대해 비판을 받았다.

「볼가-볼가」(그리고리 알렉산드로프, 1938)에서 모스크바 경연대회로 떠나는 시골 배우들

소련에서 관용과 정치적 계몽의 땅을 발견한다. 한편, 『볼가-볼가』는 농촌 음악가들이 수도에서 어떻게 성공하고 인정받는지를 보여 준다. 『찬란한 길』에서 시골 처녀 타냐 모로조바(이번에도 류보피 오를로바가 연기함)는 자기 일에 만족하며 행복을 느끼고, 모스크바에서 최고 지도자로부터 메달을 받을 때까지 자신을 앞으로, 위로 쉼 없이 끌어가는 '찬란한 길'을 종횡으로 누빈다. 영화는 거지가 부자가 되는 꿈이 실현되는 소비에트 신데렐라 이야기다. 알렉산드로프는 무엇보다도 두 영화의 도입부와 종결부 애니메이션 시퀀스들, 시각 슬랩스틱과 환상에 특히 기뻐했는데, 이 모든 것은 남녀 주인공들이 그들 자신과 스탈린의 러시아와 함께 노니는 가운데 편안함을 느낀다는 인상을 심어 준다.

이반 피리예프의 집단농장 코미디들은 알렉산드로프의 코미디들과 전혀 다르다. 『부유한 신부』(1937)와 『돼지치기 처녀와 양치기 총각』(1941)은 마리나 라디니나(피리예프의 부인)를 통해 류보피 오를로바 대신 금발머리에 푸른 눈의 처녀를 내세워 낙천적인 노래들을 들려주고 새로운 것을 긍정한다. 여기서도 역시 농부들이 기꺼이 노래하기 시작하고, 평화로운 러시아 농촌을 느리게 보여 주는 장면들은 모두 애국적 감정을 고양하고 스탈린=국가=어머니 러시아라는 정치적 정통성 신화를 고무한다. 이 영화들은 여자들이 밀밭에 모여들고 남자들이 기계를 지배하며 남성성을 드러내는 데서 알 수 있듯이 들판에서 진행되는 사회주의 노동의 영광에 바치는 찬가들이다.

『부유한 신부』에서 우리는 마을에 자체 오케스트라가 있고, 이발사가 이발보다는 트럼펫 연주를 더 좋아하며, 승리의 절정 장면에서는 모든 사람이 다 함께 왈츠를 추는 데서 알 수 있듯이 농촌의 문화 수준이 매우 높다는 것을 알 수 있다. 『돼지치기 처녀와 양치기 총각』에서도 태양이 빛나는 가운데 라디니나가 (『부유한 신부』에서처럼) 영화 내내 미소를 지으며 노래를 부른다. 이로써 관객은 러시아 시골 처녀와 다게스탄 양치기 총각이 그들 사이에 가로놓인 엄청난 거리와 심리적·문화적 장벽을 뛰어넘어 서로를 인지하고 사랑에 빠질 수 있다고 확신한다. 피리예프의 영화들은 대체로 알렉산드로프의 영화들보다 더 플롯 추동적이며 관객 대다수가 자기 자신들과 쉽게 동일시하며 받아들이는 남녀 연애 시나리오에 의존한다. 내러티브를 감싸는 달콤한 내용은 관객이 영화의 이념적 기반을 더 쉽게 소화할 수 있게 도와준다.

관객의 문화 수준을 끌어올리는 데서 뮤지컬 코미디가 담당한 역할은 알렉산드르 이바놉스키의 영화들에서도 찾아볼 수 있다. 『음악 이야기』(1940)와 『안톤 이바노비치가 화나다』(1941)는 고전음악의 근엄한 세계에 약간의 가벼움을 더해 주고 이 세계가 평범한 소비에트 노동자 영화 애호가에게 다가갈 수 있도록 해줬다는 점에서 주목할 만하다. 영화에서는 택시 운전사도 호평받는 오페라 가수가 될 수 있다. 게다가 이 영화들은 소비에트 지도부의 포용적 문화 정책을 반영한다. 알렉산드로프와 피리예프의 영화들이 고전음악과 대중음악, 민속음악 중에서 어느 하나만을 선호하지 않고 이들을 조화시켰다고 한다면, 이바놉스키는 고전음악 안에서도 경계를 무너뜨렸다. 『음악 이야기』는 당대 최고의 테너 가수였던 세르게이 레메세프를 그의 목소리와 함께 주역으로 내세웠고, 『안톤 이바노비치가 화나다』는 오페라와 오페레타처럼 서로 다른 장르에 똑같은 가치를 부여하여(요한 제바스티안 바흐 자신도 이것을 인정한다) 장르의 위계질서를 제거했다.

콘스탄틴 유딘의 『성격 있는 아가씨』(1939), 타티야나 루카셰비치의 『버려진 아이』(1939)처럼 이 시대의 다른 온건한 코미디들도 갈등이 사실상 존재하지 않는 좋은 느낌의 영화다. '고도의 스탈린주의 문화'(Clark, 2000, p. 91)를 보여 주는 이 영화들에서 진실한 사랑은 바로 가까이에 있으며, 모스크바에서 길을 잃고 헤매는 다섯 살배기 소녀는 친절하고 정직한 소비에트 국민 덕분에 부모 품으로 반드시 되돌아간다. 태양이 빛나는 가운데 사람들은 노래로 기쁨을 표현하며 공산당은 스탈린 동지의 자비로운 눈길 아래서 사회를 꾸준히 앞으로 이끌어간다. 이는 국가에 봉사하는 유머로, 정통성과 안정감 신화를 강화하면서, 소비에트 시민이 웃으며 행복을 느낄 수 있으려면 사회에서 안전해야 한다고 확신시킨다.[3] 하지만 여기에는 어두운 단면도 있다. 1930년대와 1940년대 초 스탈린주의 뮤지컬 코미디는 대숙청 시기와 일치한다. 어쩌면 이 영화들에서 도시의 영화 애호가들은 스탈린 통치의 정당화만을 본

것이 아니라, 영화관 바깥 삶의 압박과 불안에서 벗어날 수 있는 탈출구도 찾았을지 모른다.[4]

전시에는 코미디 영화들도 애국적 선율을 띨 수밖에 없었다. 1941년에 나온 열두 편의 '전투 영화 선집' 시리즈가 그와 같았다. 여기서는 당대 최고의 남녀 배우가 적군은 비웃고 조국의 권리와 힘은 옹호하는 해학적 단편들을 연기했다. 1945년부터 1953년 스탈린 사망 때까지 코미디 영화는 세묜 티모셴코의 『창공의 나무늘보』(1945), 류보피 오를로바와 유명 배우 니콜라이 체르카소프가 주연을 맡은 그리고리 알렉산드로프의 『봄』(1947)과 같은 코미디가 몇 편 나오긴 했으나 전쟁 직후 두드러진 소량영화malokartine[영화 제작 편수가 적은 상황] 위기를 겪었다. 알렉산드로프의 영화는 끝에 가서 여주인공이 가정과 화해하는 남녀 관계들을 배경으로 과학적 발견(태양 에너지)과 예술적 충동을 결합하려는 소비에트의 노력을 보여 준다는 점에서 흥미롭다.

그러나 스탈린 사망 직전까지 전후 시대의 가장 중요한 '코미디' 가

---

3 소비에트 코미디 영화의 표준 역사를 집필한 로스티슬라프 유레네프는 『버려진 아이』를 입에 침이 마르도록 극찬했다. "영화감독 T. 루카셰비치와 촬영기사 S. 세닌은 큰 주택, 시가 전차, 기차역, 자동차, 정원, 그리고 작은 모험 추구자를 다정하게, 주의 깊게, 상냥하게 맞이하는 보행자들의 끊임없는 흐름으로 사회주의 도시 모스크바의 밝고 매력적인 이미지를 창조했다. 친절한 도시가 영화의 주인공이다. 드넓은 거리는 소음과 사람들로 가득 차 있다. 큰 주택의 창문들은 따뜻한 마음으로 활짝 열려 있다. 가로수 길의 신록, 새로운 대교들, 옛 크렘린궁 타워들의 가냘픈 윤곽들……. 게다가 곳곳에 사람들이 있다. 쾌활하고 친절한 사람들은 아이를 애정과 위로로 대할 준비가 되어 있으며, 심지어 아이를 입양할 용의도 있다"(Iurenev, 1964, p. 328). 1939년에 제작된 콘스탄틴 유딘의 또 다른 코미디 『사랑스러운 네 사람』은 마지막에 가서 진정한 사랑을 발견하는 두 쌍의 남녀 이야기로, '무사상' 판정을 받고 금지되어 1944년까지 상영되지 못했다는 사실도 주목할 만하다.

4 이 시기 소비에트 영화에 관한 논의와 통계 정보는 다음을 참고. Maya Turovskaya(1993), "The Tastes of Soviet Moviegoers During the 1930s," in Lahusen with Kuperman, pp. 95~107.

운데 하나는 라디니나가 출연한 이반 피리예프의 1949년 영화 『쿠반의 카자크 사람들』이다. 이 영화는 이후 1957년에 현실을 '왜곡'했다는 이유로 니키타 흐루쇼프에게 신랄한 비판을 받기도 했지만, "집단농장 노동을 즐겁고 흥겹고 행복한 것으로 특징지은 시적 찬가"였다(Iurenev, 1964, p. 432). 비슷비슷한 전후 영화들처럼 이 영화도 사실상 우습지는 않았으나 굳이 그럴 필요가 없었다. 영화는 스탈린 치하에서 삶의 질을 십분 긍정하기 위해 제작됐기 때문이다.

피리예프의 1930년대 영화들과 달리 『쿠반의 카자크 사람들』은 플롯이 크지 않다. 단지 일련의 막간극이 있을 뿐이고, 그 밖에는 천연색으로 애정을 담아 찍은 목가적 기쁨의 이미지가 끝없이 이어진다. 카메라는 한결같이 웃고 노래하며 열심히 추수하는 농부들이 길게 늘어선 넘실대는 들판 위로 느리게 움직인다. 남자 농부들은 대부분 가슴에 메달과 장식을 달고 있는데, 셰익스피어를 인용할 줄 아는 평범한 농부를 사회주의 국가가 아니라면 또 어디에서 볼 수 있으랴? 마을 시장에서는 과일과 채소, 가재도구, 자전거, 기타, 라디오, 꽃병, 책, 심지어는 그랜드 피아노까지 온갖 상품이 판매된다. 남자들은 카자크 전통 의상을, 여자들은 적당히 다소곳한 꽃무늬 드레스를 차려입고 있으며, 젊은 사람이나 나이든 사람 모두가 집단화한 농촌 경제의 풍요와 번영에 기뻐한다.

피리예프가 그린 전후 농촌 생활의 목가적 그림은 현실에서 많이 벗어나 있다. 리처드 테일러는 이렇게 지적한다.

『쿠반의 카자크 사람들』의 도입부와 종결부 시퀀스들은 관객이 현실에 대한 어떤 기대에서도 멀어지게 하는 할리우드 뮤지컬에서 친숙한 관례들을 사용한다. 즉 농촌을 양식화해 묘사하여 소련의 삶이 어때야 하는

지를, 다시 말해 '정말 그랬으면 좋겠다'는 것을 제시한다. 영화는 소비에 트 농촌에 전대미문의 황폐화를 낳았던 전쟁, 불과 십여 년 전 1930년대 초중반의 실질적 집단화 시절에 고의로 야기한 혼란과 기근을 더 악화시 킨 전쟁이 끝나고 채 오 년도 되지 않은 전후 시대를 배경으로 하고 있다 는 사실을 잊어서는 안 된다. 따라서 영화는 루나차르스키가 예기했던 것 처럼 있는 그대로의 현실에 대한 비전이 아니라 '있어야 할 현실'에 대한 비전을 제공하려는 의도로 제작됐다. 이런 점에서 영화는 사회주의 리얼 리즘의 실천 지침에 제대로 들어맞는다. 이러한 환상적 요소는 도입부와 종결부 시퀀스들 속에 구조화된 가을 시장 시퀀스들에서 제공되는 풍요 의 비전이 입증한다. 그러나 여기서 환상은 모스크바처럼 아주 멀리에 있 는 마법적 수도가 아니다. 그것은 그야말로 (집단)농장에 내려와 있고, 포 템킨 마을 속에 있다. 그것은 다가올 사회주의 매력들의 시연을 구성한다. (Taylor, 1999, pp. 157~158)[5]

『쿠반의 카자크 사람들』은 순수한 환상으로, 전후 초기에 어느 모 로 봐도 매우 단조롭고 절망적이었던 농촌 생활로부터의 탈출이자 미 래의 투사, 혹은 적어도 상상된 번영의 투사였다. 영화는 동화를 현실로 만들려 한 국가의 분명한 야심을 반영한다. 이 영화는 대공황 이후 할리 우드 영화들과 비교할 수 있다. 『오즈의 마법사』(1939)가 확실한 예다. 이 영화에서 주디 갈런드가 연기한 도로시는 에메랄드 시티로 가는 옐 로 브릭 로드Yellow Brick Road의 총천연색 장관을 보려고 캔자스 농장의

---

5 더욱이 영화의 원제목은 『흥겨운 시장』이었고, 피리예프와 시나리오 작가인 니콜라이 포 고딘에 의해 코미디로 계획됐지만, 스탈린이 쿠반 마을 삶의 실제 그림을 원했기 때문에 제목을 바꿨다. Marianov, 1992, p. 113.

싫증나는 흑백의 실제 세계를 포기한다. 하지만 1900년에 L. 프랭크 바움이 쓴 책과 영화 사이에는 중대한 차이점이 존재한다. 빅터 플레밍의 영화에서는 도로시가 꽤 부유한 농장에서 산다. 헨리 아저씨와 엠 아줌마는 하인 군단을 거느리고 있다. 도로시는 단지 심술궂은 이웃이 자신의 개 토토를 위협했다는 이유만으로 실제 세계에서 꿈속으로 달아난다. 그런데 책에서 도로시와 그녀의 친척들은 하루살이 삶을 살며 그녀의 유토피아적 꿈-환상은 그녀의 아줌마와 아저씨를 나이보다 더 늙게 한 극심한 가난과 우울에서 벗어나는 유일한 탈출 수단이다. 기억에 남을 선율과 무지개 너머 어딘가에 있을 더 나은 삶에 대한 꿈을 담고 있는 주디 갈런드 주연의 영화와 농촌에서는 모든 것이 다 좋고 나라도 스탈린 통치 아래서 번성하는(다시 말해 스탈린의 러시아에서는 집만큼 좋은 곳이 없다) 모습을 스탈린에게 보여 주려고 기획된 피리예프의 영화 사이에 정말로 큰 차이점이 있을까?

소비에트 코미디 영화의 문제점은 1940년대 말 당대 최고의 영화 비평가가 남긴 논평에서 극명하게 드러난다. 영향력 있는 영화 월간지 『영화 예술』의 편집진 가운데 한 명이었던 드미트리 예레민은 1948년에 소비에트 코미디 작가의 진정한 과제가 웃기는 데 있지 않고 교육하는 데 있다는 점을 분명히 했다(나는 원문의 과장된 문체를 그대로 유지하려 했다).

코미디 작가에게 가장 큰 위험은 코미디를 단지 웃기는 것으로만 만들려 할 뿐, 큰 예술적 효과는 달성하려고 하지 않는 순전히 직업적인 욕망이다. 그러나 소비에트 코미디 작가의 주된 욕망은 생생하고 믿을 만한 인물들을——재치 있는 코미디 형식으로——묘사하려는 욕망, 다시 말해 삶에 대한 예술적이고도 살아 있는 묘사를 달성하려는 욕망이어야 한다. 교훈적이고 재미있는 것을 묘사하면서 발전한 매우 긍정적인 인물들의 체계 속에서 소비에트 코미디 작가의 이념적·창조적 과제는 여느 다른 드라마 장르와 마찬가지로 내용과 주제로 표현될 수 있을 것이다. (Eremin, 1948, p. 12)

달리 말하자면, 코미디 장르와 문학적 각색 사이에는 사실 큰 차이가 없다. 소리 도입 초창기부터 스탈린 사망 때까지 국가는 탄탄한 이념적 내용을 강조하고 부차적으로는 그 내용이 실제로 즐거움을 주는지도 고려하면서 코미디 영화를 선전 수단으로 간주했다. 코미디는 무엇보다도 만족스러운 웃음을 자아내고, 소비에트 시민이 번영하는 나라에 살고 있고 스탈린 치하의 삶이 실제로 더 나아졌고 더 즐거워졌음을 그들에게 설득하는 것이었다.

스탈린 이후: 풍자의 등장

1953년 3월에 스탈린이 사망했다. 소비에트 러시아 문화에서 항상 그랬듯이, 한 시대의 시작은 이전 시대의 관습들을 거부하는 것을 의미했다. 1950년대 중반 코미디 영화에서는 1920년대 이후 처음으로 풍자가 감지됐다. 소비에트 영화감독들은 '해빙'으로 불리는 이 시대에 스탈린주의 유산과 이것이 사람들의 정신과 행동에 미친 영향을 탐구하기 시작했다. 미하일 칼라토조프의 1954년 코미디 『충직한 친구들』은 이러한 유산을 소개하려는 중요하면서도 대체로 성공적인 시도를 보여 줬다. 중년 나이에 야우자 강을 따라 뗏목 여행을 하는 세 명의 어린 시절 친구에 관한 진짜 우습고 종종 흥겹기까지 한 이 영화는 구체제의 선동적 관리들과 비인간성에 대해 점잖게 꾸짖는다. 게다가 영화는 개인적 부활과 사회적 갱생의 알레고리로 볼 수 있다. 세 친구는 성년기에 획득한 피상적 거드름――스탈린주의――을 털어 내고 젊은 시절의 순수성과 선량함을 회복하기 때문이다. 스탈린 사망 후 일 년이 지난 시점에서 영화는 코믹하면서도 살짝 풍자적인 문맥 속에 실현된 정신적·도덕적 부활을 분명하게 제시한다.

영화의 핵심 장면은 세 친구 중 한 명으로 토목학 교수인 네스트라토프가 범죄단 일원이라는 혐의로 체포되어 심문받는 대목이다. 이러한 정체성 오판의 고전적 사례는 강력한 코믹 효과를 위해 최대한 이용할 수 있지만, 여기에는 어두운 서브텍스트가 숨어 있다. 철저한 심문, 의혹만으로도 유죄 입증이 된다는 경찰관의 전제, 그리고 네스트라토프의 석방이 모스크바에서 걸려오는 전화라는 기계장치의 신deus ex machina에 의해서만 가능하다는 점은 가까운 과거와 심각하게 결부된다. 스탈린 공포 시대에는 결백한 소비에트 시민이 심문받던 과정에서 고위층 친구로부터 걸려온 전화로 구제되는 일이 그렇게 많지는 않았을 것이다.

『충직한 친구들』은 풍자와 내러티브 코미디가 뮤지컬 코미디의 그릇된 낙관주의에서 벗어나기 시작하는 지점을 표시해 준다. 엘다르 랴자노프가 만든 중요한 영화 가운데 첫번째인 1956년 영화 『카니발의 밤』은 단순히 노래에만 의존하지 않고 내러티브 비틀기에도 의지한다. 이고리 일린스키가 연기한 오구르초프는 화려한 새해 전야 쇼를 준비하는 '문화의 집' 스탈린주의 무대감독이다. 젊은 학생들은 어떤 예술적 노력에서도 평범한 획일성을 선동하듯 고집하는 오구르초프의 시시하고 지루하기 짝이 없는 제한 조치들을 거역하고 참신하고 독창적인 쇼를 기어코 무대에 올려 그의 위신을 무너뜨린다. 분명히 한 시대──해빙과 탈스탈린주의의 시작──를 대표하는 영화인 『카니발의 밤』은 유쾌한 순간이 일부 존재하는 성공적인 코미디일 뿐 아니라, 낡은 세계를 카니발식으로 거부하는 것이자 젊은이들이 새로운 세계를 축하하는 것이기도 하다. 새해 전야를 장식하는 세트는 오구르초프에게서 많은 웃음이 나오게 해준다. 그래서 오구르초프는 쇼가 끝날 때쯤 무대의 어릿광대가 된다. 영화는 스탈린 사후의 행복하고 즐거운 집단을 보여 준다. 여기서는 남녀노소 모두가 사랑을 찾을 수 있고 육체의 쾌락──샴페인, 춤, 노래, 웃음──이 새로운 질서를 약속한다. 영화는 시각적으로 세련된 이미지를 많이 담고 있다.

그러나 카니발은 일시적이었을지 모른다. 오구르초프는 『볼가-볼가』에서 일린스키가 연기한 비발로프와 본질이 똑같은 스탈린주의 관료다. 알렉산드로프의 영화가 끝날 때 비발로프는 그의 관료주의 사고방식이 지나치자 시야에서 그냥 사라진다. 반면 『카니발의 밤』에서 오구르초프는 마지막으로 할 말이 남아 있다. 마지막 크레디트가 올라간 이후 그는 관객을 향해 직접 말하기 위해 스크린에 다시 나타나 과거에 있었던 일에 관한 책임을 부인하고 자신과 그 부류가 다시 돌아올 수 있다고 넌지시 경고한다.

1970년대와 1980년대 이른바 '침체기'가 끝나갈 무렵에 랴자노프는 더 대담하고 결연해져 더 위험한 정치적 예리함이 담긴 코미디들을 선보였다. 예를 들어 1976년에 그는 『자동차를 조심하시오!』를 만들었다. 이 영화는 소비에트 사회의 새로운 소비주의를 직접 겨냥한 다소 온건하고 이념적으로 해롭지 않은 유머로 자동차 도둑에 관해 동정적으로 묘사했다. 그러나 『운명의 아이러니, 혹은 목욕 잘하세요!』(1975)는 단순히 로맨틱 코미디만을 보여 주지 않고 한 걸음 더 나아가 사회적 논평도 담고 있었다. 이 영화는 1976년 올해의 영화로 선정됐고 스타 배우 안드레이 먀흐코프는 한 영화 잡지의 설문 조사에서 올해의 최고 배우로 뽑혔다. 영화는 지금도 러시아에서 최고의 인기를 누리고 있으며 매년 새해 전야에 러시아 텔레비전에서 계속해서 방영된다.

플롯은 다음과 같다. 먀흐코프가 연기한 제냐는 결혼을 앞둔 모스크바 시민이다. 제냐와 세 친구는 전통에 따라 진짜 축연을 벌이기 전 새해 전야에 목욕탕을 찾는다. 물론, 그는 으레 술에 취해 레닌그라드행 비행기에 오르고 만다. 이곳에서 그는 자신이 사는 모스크바 거리라고 믿는 곳으로 택시를 타고 가서 똑같은 단지의 똑같은 아파트를 발견하는데, 자물쇠 열쇠도 그대로 들어맞는다. 하지만 집주인 나댜가 나타나 낯선 남자가 자기 침대에서 바지도 입지 않고 자는 모습을 보고 흔들어 깨울 때, 제냐는 자신이 나댜의 레닌그라드 집에 들어온 것을 깨닫는다. 아주 우스운 혼란 상황이 계속 이어지지만, 불가피한 오해와 힘겨운 설명이 있고 나서 마침내 제냐와 나댜는 사랑에 빠진다. 이러한 대단원은 물론 치밀하게 계획됐지만, 랴자노프가 이룬 것은 작은 마법이 비인간화되고 영혼 없는 소비에트 도시를 어떻게 소생시킬 수 있는지를, 또 거리 이름과 집 번호, 심지어 구조까지 똑같고, 도시는 달라도 똑같은 이름의 거리에 있는 집 자물쇠 열쇠도 딱 들어맞아 정체성이나 개성이라곤 찾아볼 수 없는 공동체를 어떻게 다시 인간화할 수 있는지를 보여 준 것이었다.

『운명의 아이러니』에는 카니발과 거의 억눌리지 않은 무질서의 속성이 분명하게 나타나 있다. 네 남자는 사회적 관습에 도전하며 새해 전야에 목욕탕에서 보드카를 마신다. 이로써 공간적 혼선이 일어나 모스크바와 레닌그라드는 구별하기 어려워진다. 또 술에 취해 몽롱해진 제냐는 나댜의 거만한 남자 친구 이폴리트의 거드름과 도덕적 권위 주장을 무너뜨려 마침내 주눅이 들게 한다.[6] 보드카 음주와 남성 유대의 문화는 나중에 포스트 소비에트 영화에서 중요한 서사 요소로 계속 이어진다.

랴자노프는 1970년대 이후 영화들에서 시사 주제를 코믹하게 많이 다뤘다. 『사내 연애』(1977)에서 랴자노프는 부하 직원 노보셀체프(이번에도 먀흐코프가 연기했음)와 여자 상사(알리사 프레인들리흐) 사이에 피어나는 로맨스를 보여 주고, 그럼으로써 여성 해방에 관한 당대 남성의 관심과 직장 내 남성 지배에 닥친 명백한 위협을 맞물려 놓는다. 영화는 배부른 계급들을 풍자하는 말을 날리기도 하는데, 이들은 연줄을 통해 외국 여행을 하며 말보로 담배도 손에 넣고 사람들을 조종하기 위해 냉정하고 냉소적으로 그 연줄을 이용하려 한다.

영화는 두 가지 연애로 구조화돼 있다. 하나는 정직하고 진심 어린 연애고, 다른 하나는 사모흐발로프('자화자찬')라는 흥미로운 이름을 가진 남자가 자신의 이기적 목적을 위해 이용하는 연애다. 올레크 바실라시빌리가 연기한 사모흐발로프는 1970년대 러시아 문화에서 쉽게 볼 수 있는 인물 유형이다. 그는 개인적 입신과 이득을 위해 친구들을 포함해 모든 사람을 이용하는 냉소적이고 이기적인 관료다. 사모흐발로프

6 스티븐 허칭스는 『운명의 아이러니』가 "사실 카니발 영화로, 여기서 공식 질서는 건전한 하룻밤 사이에 뒤집히고(이폴리트는 축출되어 조롱당하고), 광대(제냐)가 왕이 되고, 보드카와 웃음의 외부 세계가 내부 세계의 점잖고, 관료주의적인 '궁전'을 대체한다"고 말한다. Hutchings, 2000, p. 245.

가 뺨을 맞은 것은 실제 삶에서는 있을 수 없다 하더라도 적어도 영화에서는 그런 유형의 사람이 당연히 받아야 할 벌이다. 그래서 끝에 가서 노보셀체프는 그에게 '멀리 가십시오'('Далеко пойдете', 공식적 이인칭 복수형이 여기서 더 친밀한 이전의 이인칭 단수형 호칭 'ty'를 대체했다)라고 말한다.

『두 사람을 위한 기차역』(1982)은 오지의 간이역을 배경으로 한다. 여기서 랴자노프는 허용 가능한 것의 한계를 파고든다. 그는 후기 소비에트 사회에서 분명해진 점증하는 사회적 긴장을 일부 드러내기도 한다. 랴자노프는 암시장 거래자들을 공공연하게 비판했을지도 모른다. 하지만 그는 매우 필요한데도 공식 산매상들은 공급해 줄 수 없는 상품들을 암시장이 공급해 준다는 점을 암시장 거래자들이 지적할 수 있게 해준다. 또한, 평범한 소비에트 남성이 목전의 답답한 일상에서 벗어나는 유혹을 받으며 약탈적인 여성들에게서 자유주의적인 성 풍속을 누릴 가능성도 감질나게 엿보이긴 하지만, 이것도 역시 경멸의 대상이 된다. 여기서 소비에트 국가는 확실히 자비로운 경찰국가로 제시되고 있으나 진실한 사랑은 강제노동수용소의 철조망을 통해서도 이뤄진다.

그러나 통찰이 가장 예리했고 논평도 날카로웠던 랴자노프의 영화는 1979년에 나온 『차고』다. 이것은 차고 접근이 갑자기 어려워진 몇몇 자동차 소유자를 그린 영화다. '환경에서 동물을 보호하기 위한 과학연구소'로 적절하게 명명된 기관의 직원과 학자, 임원들이 자동차 소유자로 주로 나오고, 회의는 희귀 동물과 조류, 어류 전시를 전문으로 하는 박물관에서 열린다. 랴자노프는 코믹한 병치를 몇 차례 이용해 전시물 옆에 특정 인물을 세워 놓는다. 부패한 데다 몰인정하기까지 한 시장 감독관은 사자와 나란히 서고, 호전적인 카르푸힌은 잉어 옆에 선다. 또 불운한 회의 의장(점점 더 분노하는 코믹한 연기를 훌륭하게 보여 준 발렌틴 가프트)은 흔들거리는 물고기 형상 아래 숨는다. 이때 물고기의 크게 벌린 입은 갈수록 무질서해지는 상황에서 그가 무기력해지는 모습을 완벽하게 포착한다.

영화에서 네 명의 스태프는 연구소 협동조합이 사용할 수 있는 차고 자리가 중요한 도로 계획으로 축소되면서 자신들의 차고 공간을 속절없이 빼앗기고 만다. 처음에 손해를 보는 측은 회의에서 가장 힘없는 사람들이다. 그중에는 목소리를 잃어버려 적어도 말로는 항의하지 못하는 흐보스토프(안드레이 먀흐코프), 최근 파리 여행을 거부당한 온순한 연구원 구스코프를 대신해 나온 그의 수다쟁이 아내, 얼마 전에 퇴직한 참전용사가 포함돼 있다. 네 사람은 경영진이 아무 협의도 없이 내린 결정에 반발하며 밤새 열쇠를 훔쳐 모든 사람을 빌딩 안에 감금해 버린다. 결국, 많은 논의와 규명이 있고 나서 차고 공간에 대한 도덕적 권리가 없는 사람들을 배제하는 결정이 나온다. 두 명의 협동조합원이 이에 해당하는데, 이들은 연구소 스태프가 아니다. 이들은 부패한 시장 감독관과 연줄이 많은 교수 아들, 이후 밝혀지듯이, 거만하고 타락한 연구소 부소장 아니케예바(이야 사비나)의 경우와 다름없는 사람들이다. 사실 아니케예바는 자동차가 회의 도중 도난당해 차고 공간이 더는 필요 없다! 다른 사람들이 누가 마지막 공간을 내놓아야 하는지 결정하려고 제비뽑기를 할 때는 확실히 민주주의가 관철된다. 짧은 막대가 랴자노프 자신이 연기한 인물에게 돌아가는데, 그는 회의 내내 잠을 자다 아무것도 하지 않는 바람에 자신의 차고 공간을 빼앗기고 만다.

랴자노프는 하룻밤 사이에 세상과 관계를 끊고 부패한 회원들과 이기적 권력자들을 제거하여 처음부터 다시 시작하는 한 집단에 관한 영화를 만들었다. 이는 또 다른 카니발이자 교묘한 알레고리였다. 완고한 권력자들에 맞선 힘없는 반란자들은 영화가 진행되는 동안 다른 사람들을 대부분 자기편으로 끌어들인다. (카르푸힌처럼) 권력의 폭정을 대표하는 사람들은 다음과 같이 스탈린주의 표현들을 반복한다. '내가 주류야. 나는 질서와 규율을 지지해. 모든 것은 나와 같은 사람들에 근거해 있어.' 웃음은 권위와 기존 위계질서를 무너뜨릴 때 나온다. 스태프 중 한 사람이 트롬본을 크게 불어 회의 진행을 중단시킬 때는 특히 귀가 거슬린다.

『차고』는 당대로서는 매우 대담한 영화로 단순한 카니발 이상이다. 여기서 기존 위계질서들은 전복되고 이야기가 끝나면서 새로운 질서가 선포된다. 또한, 영화는 랴자노프가 선호하는 배우들(먀흐코프 외에 게오르기 부르코프, 리야 아헤자코바, 스베틀라나 네몰랴예바, 세묜 파라다가 주요 배역을 맡았다)이 훌륭한 연기를 보여 주고, 재치 있는 농담들이 나오고, 혼란과 반란이 전반적으로 장려되어 아주 재미있다.

1950년대 말에는 스탈린 사후 소비에트 러시아 코미디에서 랴자노프와 함께 의심의 여지없이 가장 탁월한 재능의 소유자가 등장한다. 그가 바로 레오니드 가이다이였다. 두 감독은 코미디 영화에 각기 다른 접근법을 구사했다. 랴자노프의 영화들이 언어적 스파링과 재치에 의존한다면 가이다이의 영화들은 주로 시각에 의지하는데, 이는 전 세계 수백만 명의 영화 애호가가 사랑하는 강렬한 슬랩스틱과 난리법석 희극에 바탕을 둔다.

레오니드 가이다이는 1950년대 말에 영화감독을 시작했다. 처녀작 『저승에서 온 약혼자』(1958)는 검열관들에게 맹공을 받고 분량도 거의 절반으로 줄었다. 그 이후 영화들에서 가이다이는 보통 소비에트 관객이 이해할 수 있는 이중적 의미가 담긴 암시적 농담 형식으로 정치적 여담을 약간씩 보여 주긴 했으나 노골적 정치 코미디는 멀리했다. 따라서 그는 영화 속에 평범한 시민이 자기 이웃과 경찰 당국, 사회 편제에 대해 알려 주고 싶은 욕망에 관한 농담들을 포함시킬 수 있었다. 그러나 대체로 가이다이의 유머는 무성영화 시대의 순수한 시각 코미디와 비슷했다. 1979년에 재미있던 것이 새로운 세대에게는 그렇지 않을 수 있듯 랴자노프의 풍자는 시간이 흐르면서 예리함을 상실했다. 그러나 가이다이의 비정치적 난리법석 희극 양식은 수십 년 뒤에도 킬킬거리며 웃을 만했다.

가이다이는 1960년대에 슈리크를 내세운 코미디 시리즈를 만들어 이름을 날렸다. 슈리크는 운이 없지만 동정심을 자아내는 코믹한 인물로, 실수를 남발하고 소동을 일으켜도 끝에 가서 언제나 승리를 거머쥔다. 1970년대에 가이다이는 『열두 개 의자』(1971)와 『이반 바실리예비치가 직업을 바꾸다』(1973)로 명성을 굳혔다. 『열두 개 의자』는 일리야 일리프와 예브게니 페트로프 듀오가 1930년대에 쓴 소비에트 고전 코믹 소설을 각색한 영화이며, 『이반 바실리예비치가 직업을 바꾸다』는 주인공 티모페예프가 시간을 거슬러 올라가는 여행에서 이반 뇌제를 만나 현대 모스크바로 데려와서 소비에트 관료주의의 오만을 제물로 삼아 많은 웃음을 선사한 코미디 히트작이다.

『개 바르보스』(1961), 『밀주업자들』(1961), 『작전명 ‘의’와 슈리크의 또 다른 모험들』(1965), 『캅카스의 여자 포로』(1966)와 같은 가이다이의 1960년대 영화들은 인기가 엄청나게 많았다. 그중에서 마지막 두 영화는 구천만 관객을 넘어섰다. 이 모든 영화에서 조연을 맡은 세 명의 코믹 악당(유리 니쿨린, 예브게니 모르구노프, 게오르기 비친이 연기함)이

저지르는 가벼운 범죄──밀렵, 불법 보드카 제조, 가택 침입, 납치──
는 그들의 실수와 무능이 한데 어우러져, 또 가끔은 강력한 적수 슈리크
(알렉산드르 데먀넨코) 때문에 번번이 실패로 돌아간다. 이 영화들은 자
신들의 운을 시험하다 불행에 빠지고 마는 사랑스러운 자칭 사기꾼들
을 그린 단순 코미디물이다. 이들은 불법 소득을 통해 진짜 자본주의식
으로 물질적 지위를 쌓으려고 한다. 그럼에도 이들은 사회 조직에 해를
끼치지도 않고 지배적 이념 규범을 위반하지도 않는다. 소련에서 이런
사람들은 진정으로 국제주의적인 방식 속에 단결하는 모습으로 제시된
다. 이들은 악당을 무찌르기 위해 함께 일한다. 해방이 선포된 현대 여
성의 지위는 캅카스의 가부장제적 보수주의라는 퇴행적 관념에 승리를
거두고 법이 준수된다.

　　가이다이의 가장 유명한 영화는 1968년 작 『다이아몬드 팔』로, 유
명 코미디 배우 유리 니쿨린, 안드레이 미로노프, 아나톨리 파파노프, 논
나 모르듀코바가 출연했다. 니쿨린은 고르분코프를 연기했다. 그는 서
구(이스탄불, 마르세유)로 관광 여행을 떠나 악당들과 맞닥뜨렸다가 한
쪽 팔에 깁스하고 귀국하는데, 그 안에는 자신도 모르는 밀수 다이아몬
드가 숨겨져 있다. 당시 대다수 소련 시민에게 서구 여행이 절대 허용되
지 않았을 텐데도, 가이다이는 기본적으로 서구 풍습을 비판하기도 하
지만, 더 중요하게는 소비에트의 서구 편집증을 온건하게 조롱하기도
하는 민감한 영화를 만들었다. 특히 극장 지배인으로 공식 가치와 도덕
을 확고히 수호하는 모르듀코바는 큰 웃음거리이다. 『다이아몬드 팔』은
서구적인 모든 것에 대해 공식적으로 장려된 공포와 의심을 재치 있게
풍자하는 동시에 스트립쇼와 같은 이색적 서구 문화의 단편들을 맛보
기로 보여 주기도 한다. (미로노프가 연기한 인물은 영화 초반부에서 토착

민들이 '생일 복장'을 하고 걸어 다니는 '불운의 섬'이라는 노래를 부를 때 육체의 쾌락을 암시한다.)

'침체기'에 코미디를 전문으로 한 또 다른 영화감독은 게오르기 다넬리야였다. 그의 영화 『미미노』(1978)는 당대 영화들과 질적으로 다르다. 가이다이의 영화들에서는 아예 존재하지 않거나 침묵하고 있는 이념적 공격이 이 영화에는 분명하게 존재한다. 중심인물 미미노(그루지야 배우 바흐탕 키카비제가 연기함)는 그루지야 산악 마을 주민을 위해 일하는 비행사다. 그는 국제선 비행사가 몹시 되고 싶은 나머지 꿈을 실현하려고 모스크바로 향한다. 그는 모스크바에서 우연한 만남 덕분에 이 꿈을 실현하는데, 여기서 우리는 대도시에서는 사람들이 무엇인가를 할 수 있으려면 낮은 수준의 부패가 필요함을 알 수 있다. 이는 그루지야 농촌의 훌륭하고 유익한 가치들과 대비를 이룬다. 한편, 미미노는 자신의 뿌리가 사실은 고향에 있음을 깨닫고 촌스러워도 정직한 고향으로 돌아간다.

이 영화는 모든 갈등과 문제가 친구들을 통해, 때로는 전혀 낯선 사람들의 선의를 통해 해결될 수 있는 사회를 이념적으로 손색없이 그렸다. 『미미노』는 소련 출신 유대인의 이민이 절정에 이르고 공식 선전이 유대인 엑소더스에 관해 언급하면서 열심히 일하는 소비에트 시민에게 이스라엘에서의 삶은 좋지 못하고 위험하므로 정직한 소비에트 시민에게는 소련에 남아 있는 것이 훨씬 더 낫다고 상기시키던 때에 만들어졌다. 미미노는 텔아비브에 사는 그루지야 사람에게 전화를 걸어 대화를 나누는데, 이 사람은 고향 그루지야로 돌아가고 싶어 하며 둘이서 함께 그루지야 노래를 부를 때는 눈물을 터뜨린다. 여기서 노스탤지어는 애국주의와 같다.

외국의 영향

1970년대와 1980년대에 러시아로 수입된 외국 영화들에 관해 몇 마디 해야 할 것 같다. 아프리카와 인도 영화들에서 알 수 있듯이, 확실히 점점 더 많은 서구 영화가 소련 영화관에서 상영됐다. 자본주의 사회의 계급 차별을 묘사했거나 단지 러시아 사람들의 취향에 맞았을 뿐인 서구 코미디들이 상영될 수 있었다. 블레이크 에드워즈의 슬랩스틱을 날리는 저속한 희극 『대경주』(1965), 젠더 혼란을 그린 빌리 와일더의 영화 『뜨거운 것이 좋아』(1959), 프랑스 영화배우 겸 감독인 피에르 리샤르의 익살극들과 콜루체(미셸 콜루치)의 무질서하고 때때로 몹시 무미건조한 코미디가 그런 영화들이었다. 소련은 더스틴 호프만이 1983년 히트작 『투씨』로 소련 관객에게서 큰 사랑을 받았음을 보여 줬는데, 아마도 이것은 미국에서는 실직 배우가 일자리를 얻으려면 여장을 하는 것이 유일한 길임을 소련 시민에게 확신시켜 주려고 했던 것 같다. 서구에서 남자가 살아남으려면 그 정도로 자신을 비하해야 하고 자기 자신의 성을 부정해야만 한다는 생각은 틀림없이 소련 문화 이념가들의 구미에 잘 맞았을 것이다. 그럼에도 『투씨』가 소련 영화 애호가들에게 발산한 큰 매력은 당국이 이 영화에 부여했던 이념적 경향에 있었다기보다는 이 영화가 성 정체성을 흐리게 한 점에 있었던 것이 확실해 보인다. 이것은 당대 한 작가의 말을 따르면 '남성의 여성화와 여성의 남성화라는 일반적 과정'의 불안과 불확실성을 경험하고 있던 러시아 자체와 깊이 관련된 주제였다(Lipatov, 1978, 5: 139).[7]

7 이 영화 속에 나타난 성 전쟁에 관한 더 자세한 논의는 다음을 참고하기 바람. Lynne At-

소비에트 영화에서 이와 똑같은 문제는 브랜든 토마스의 『찰리의 아줌마』에 근거한 빅토르 티토프의 1975년 영화 『안녕하세요, 내가 여러분 아줌마입니다!』에서 제기됐다. 이 영화는 연극용으로 각색되었더라면 더 좋았을 것이다. 세트 하나만 있는 가운데 중심인물의 복장도착과 곳곳에서 일어나는 혼란에서 유머가 나오고 있기 때문이다. 영화는 (남자) 판사의 호색적인 눈길을 피하는 동시에 그의 주변 사람들의 감정적 삶을 정리해 주기도 하는 여장 남자의 아슬아슬한 가능성이 고려되어 상영됐다. 그러나 영화에는 분명한 이념적 기능도 담겨 있다. 20세기 초 미국을 배경으로 하는 이 영화는 사람들이 경제적 이득을 위해 서로 이용하고 악용하는 자본주의 체제에 관한 견해를 분명하게 표명한다. 이는 서구 재료를 각색하는 것은 물론이고, 이념적 목적을 위해 그 재료를 심하게 왜곡하여 전유하기도 하는 소비에트 영화의 사례를 보여 준다. 그래도 소비에트 영화에서 『투씨』가 거둔 엄청난 성공과 함께, 러시아 사람들이 프로타자노프의 1930년 영화 『성 요르겐 축일』에까지 거슬러 올라가는 복장도착과 젠더 혼란에 계속해서 매력을 느꼈다는 점도 주목해 보면 흥미로울 것이다.

포스트 소비에트 코미디

소련 해체 이후 경제적 대붕괴, 국민 대다수의 고통과 역경, 미래에 대한 전반적 불안감 속에서도 러시아 영화의 코믹 전통이 굳게 남아 있었

wood, "Angst in Russian Society and Cinema in the Post-Stalin Era", in Kelly and Shepherd(1998), pp. 352~367.

다는 것은 흥미로운 일이다. 하지만 이것은 자부심과 유사 낙천주의를 피하고 무질서, 블랙 유머, 악취미, 삶의 쾌락, 특히 보드카를 더 선호하는 새로운 유형의 코미디였다. 이러한 '카니발화'는 소비에트 경험을 재평가하는 데 봉사하기도 한다. 이런 점에서 중요한 영화는 블라디미르 레빈의『피오네르 소녀 메리 핑크포드』(1995)다.

이 영화는 완성되어 출시되기 전까지 제작 기간이 길었다. 1970년대 말 오데사 영화 스튜디오에서 진행 중이던 영화 제작이 고스키노 Goskino[국가영화위원회]에 의해 중지됐다가 포스트 소비에트 시대에 와서 비로소 완료됐기 때문이다. '영웅적 코미디'를 아이러니하게 다룬 이 영화는 1920년대를 배경으로 하는 매우 솜씨 있고 재치 있는 작품이다. 열한 살 슈르카를 연기하는 올랴 옙투셴코는 메리 핑크포드와 같은 영화 스타가 되어 할리우드 방식으로 부와 명성을 쌓고 싶어 하는 어린 소녀다. 단, 여기서는 러시아 지방이 나오고 공산주의 청년 지도자들은 집단에 해로운 개인주의 경향들을 표현하는 사람들을 인정하지 않는다. 어린 소녀에 대한 박해와 심리적 고문에서 나오는 공식적 수사의 불길하고 위협적인 기조는 어린 슈르카가 보여 주고 있듯이 볼셰비키 공식 가치들의 풍자적 전복을 위한 단순한 배경일 뿐이다. 다큐멘터리 장면이 포함된 것은 과장된 허풍, 성직자와 부유한 가족의 추방 뒤에 가려진 비참하고 비루한 현실을 상기시키는데, 이는 웃음과 환호 뒤에서 잔인할 정도로 효과적인 이데올로기가 작동하고 있음을 보여 준다. 슈르카의 꿋꿋한 의지와 선량한 유머가 영화에 고루 스며들어 있으며 영화감독 레빈은 공포와 학살을 쌓아 올리는 방식을 통해서가 아니라, 세상에서 자기 자신의 길을 가겠다고 결심한 어린 소녀의 유머를 통해서 소비에트 정권을 신랄하게 고발했다. 끝에 가서 슈르카는 자신이 열두 가지 미소를 갖고 있다고 말하지만, 카메라는 마지막 크레디트가 올라갈 때 그녀의 미소 짓는 얼굴 모습을 정지시킨다. 이는 개인에 관용을 베풀지 않는 사회에서 위험하게도 그녀가 짓는 처음이자 마지막 미소일지 모른다.

확실히 1990년대 영화감독들은 국가의 업적을 찬미할 필요성을 더는 느끼지 않았다. 예술가가 국가에 봉사할 필요성은 삶의 결함들과 모든 것(대체로 결함들에 방점이 찍히는)을 보여 주려는 욕망, 새로 발견한 예술적 자유를 최대한 이용하려는 욕망으로 바뀌었다. 드미트리 아스트라한, 유리 마민, 알렉산드르 로고시킨과 같은 감독들은 예산 제약으로 심각한 장애를 겪긴 했지만, 위기 시대의 민족 상황에 관해 무엇인가를 이야기하는 재미있는 영화들을 제작하는 일이 가능함을 보여 줬다.[8]

1990년대 주요 영화 가운데 하나이며, 최근 이십 년 동안 최고의 코미디 히트작 가운데 하나이기도 한 영화는 1995년에 선풍적 인기를 끈 로고시킨의 『민족 사냥의 특성』이다. 로고시킨은 이 성공에 뒤이어 자기 역할을 반복하는 똑같은 배우들과 함께 똑같은 공식으로 후속작들을 만들었다(영화 목록을 참고하기 바람). 여기서 한 핀란드 사람은 러시아의 전통 사냥을 보기 위해 러시아 사람들과 합류한다. 하지만 그가 목격하는 것은 사냥은 거의 없고 보드카만 들이붓듯 마시는 코믹한 모험뿐이다. 포획물도 겨우 암소 한 마리뿐이다. 사실 러시아 남자들의 모습은 매우 낙담스럽다. 이들은 술 마시고 이야기하는 것 말고는 아무 일도 할 수 없다. 즉 아무것도 성취할 수 없다. 사냥도 거의 또는 전혀 하지 않

---

8 아스트라한의 영화들에 관한 논의는 다음을 참고하기 바람. Julian Graffy, "Dmitri Astra-khan: Popular Cinema for a Time of Uncertainty", in Beumers(1999), pp. 161~178.

고 술만 잔뜩 퍼마시는 일에 만족하는 듯이 보인다. 어떤 장면에서는 사냥꾼들이 사냥감이 되기도 한다. 곰 한 마리가 공동 목욕탕에 침입하고, 게다가 그들에게는 짜증스럽게도 그들의 보드카를 마셔 버리기 때문이다.『겨울철 민족 사냥의 특성』(2000)에는 불행한 사냥꾼들이 수사슴 한 마리가 교미할 때 내는 소리라고 간주하지만, 그것이 사실은 지나가는 열차가 삑삑 울리는 경적 소리로 밝혀질 때, 또 어느 남녀가 물을 함께 마시려다 그들의 입술이 컵에 얼어붙어 글자 그대로 달라붙을 때처럼 시청각적으로 정말 우스운 장면들이 나온다.

유리 마민은 1990년대 초에 영화를 만들었다. 그의 영화는 동시대 러시아의 사회·정치적 급변 상황을 말해 주는 교묘한 풍자적 여담으로 볼 수 있다. 하지만『키스하세요!』는 신혼부부의 관능적 희열을 담은 다양한 이야기에 사로잡힌 불행한 인물들에 관해 아이러니는 적고 다정함은 많은 태도를 보여 준다. 신부가 혼인등록사무소에 도착하기를 기다리면서 사람들은 개인들이 어떻게 모였는지, 혹은 모이지 못했는지에 관한 초서Geoffrey Chaucer풍 이야기들을 코믹하고 때때로 유쾌한 삽화들을 곁들여 들려준다. 곳곳에 도사린 난폭한 현실이 부정되지는 않지만, 폭도들에게 두드려 맞고 벌거벗겨진 남자가 사랑에 굶주린 이웃을 위해 아도니스로 변할 때는 매우 악질적인 노상강도 행위조차도 코믹한 경향을 띤다.

이 영화에는 온화한 유머가 스며 있지만 역설도 많이 존재한다. 마민은 이른바 희열 상태로서의 결혼의 인위성과 위선을 제거해 버린다. 제도로서의 결혼이 조롱받을 수는 있어도 신조와 문화가 가지각색인 사람들의 행복을 위해서는 결혼이 필요하다. 관계들은 오직 여자들의 모순들 때문에만 실패로 돌아가지만, 러시아 남자들은 미래를 위해 믿을 만한 무엇인가를 필요로 하며 기본적으로 예의 바르고 겸손하다. 사람들은 결혼하기 위해, 따라서 미래에 대한 그들의 믿음을 긍정하기 위해 모여든다. 그러나 영화가 제시하는 무절제는 가로막힌 미래의 불확실성에 관한 생각으로 머리가 가득 찬 사람들이 순간을 위해서만 살고 있음을 암시한다. 마민의 유머는 실로 초현실적이다. 심해 잠수 장비를 걸치고 결혼식에 참석하는 일을 러시아가 아니라면 또 어디에서 볼 수 있을까?

어떤 면에서 볼 때 『키스하세요!』는 물질적 상황이 열악한데도 카니발을 열어 최대한 즐기려 하는 러시아 사람들을 보여 준다는 점에서 파벨 룬긴의 2000년 영화 『결혼』과 비슷하다. 로고시킨의 '사냥꾼'들이 예증했듯이, 두 영화는 포스트 소비에트 남성성에도 관심을 기울인다. 1991년 이후 초강대국 지위가 무너지자 러시아 남성들은 목표를 달성하지 못하고 술에 빠져 만족하다 영향력을 상실했다. 룬긴의 영화는 모스크바에서 모델 직업을 그만두고 고향으로 돌아온 정직한 러시아 처녀 타냐의 사랑을 얻으려고 서로 경쟁하는 두 남자를 전면에 내세운다. 두 남자는 1990년대 러시아를 대표한다. 미샤는 예의 바른 노동 계급 청년이다. 바실리는 각종 장신구를 걸치고 부의 권력과 오만을 보여 주는 '새로운 러시아인' 사업가다. 타냐가 미샤를 선택한다는 사실은 인내의 힘에 대한 믿음의 표현이자 정직한 러시아 가치가 끝내 승리하리라는 신뢰의 표현이기도 하다. 로고시킨의 사냥꾼들은 엄청난 숙취 외에는 아무것도 달성하지 못하고, 마민의 남자들은 여자들을 제물로 삼지만, 룬긴의 남자들은 기본적으로 정직하고 선량하다.

드미트리 리하초프와 미하일 바흐틴이 주의 깊게 관찰했듯이, 러시아 문화에서 진정한 웃음은 지배자들의 권위적이고 폐쇄적인 담론의 생기 없는 손길을 뿌리치며 삶을 긍정하는 웃음이다. 외설적이고 귀에 거슬리며 불경스러운 것들을 결합한 웃음은 민중을 학대하는 사람들을 반대하고 민중의 진실을 긍정하는 해방의 힘이다. 바흐틴의 라블레 연구는 유머가 어떻게 전복적 힘이 될 수 있고, 기존 위계질서들이 어떻게 카니발에 의해 뒤집힐 수 있으며, 바보가 어떻게 하루아침에 왕이 될 수 있는지를 보여 준다. 포스트 소비에트 코미디에서 남성성의 개념과 그에 따르는 권력과 권한 부여 담론은 해체와 전복을 동시에 겪는다.

이는 남성적 능력과 정치적 권력의 동일시에만 적용되는 것이 아니라 문화에도 적용된다. 알렉세이 발라바노프의 『기형들과 사람들에 관하여』를 처음 볼 때 드는 생각, 즉 이 영화가 관객을 놀리는 확대된 병적 농담이라는 생각은 용서받을 수 있다. 영화는 명백히 그로테스크이자 극단적 블랙 코미디지만, 현존 위계질서들을 무너뜨리고 근본적인 문화적 오만들에 도전하기도 한다. 영화는 20세기 초 상트페테르부르크를 배경으로 하며, 삽입 자막을 넣고 흑백으로 촬영되어 초창기 영화에 분명한 경의를 표한다. 하지만 영화라는 새로운 매체가 사람들의 계몽이나 새로운 예술 형식의 발전을 위한 것이 아니라 단순히 돈을, 그것도 아주 더러운 돈을 벌기 위한 수단일 뿐이라는 점이 곧 분명해진다.

빅토르 이바노비치와 그의 두목 요간은 포르노그래피 사진을 팔다가 동화상 이미지가 카메라에 포착될 수 있게 되자 포르노그래피 영화로 옮겨간다. 이들은 샴쌍둥이 소년, 맹인 미망인과 곧 가난에 빠지는 젊은 처녀 리자처럼 가장 나약하고 가장 취약한 사람들을 먹잇감으로 삼는다. 혐오스럽거나 기괴하게 우습거나 한 이미지들 속에서 순결은 더럽혀진다. 이른바 러시아 문화의 '은세기'에 상트페테르부르크 사회는 예술적 세련미나 미학적 즐거움을 추구하지 않고 오히려 방탕과 타락에 빠진다.

『기형들과 사람들에 관하여』는 영화의 문화적 성취를 잘 알고 있다. 특히 이 영화는 예술적 위업의 중심지 상트페테르부르크를 해체한다. 이곳에는 어떤 종류의 문화나 학식을 가리켜 보여 주는 증거가 거의 없다. 반면 자작나무 가지로 매를 맞는 벌거벗은 여자를 지켜보는 추잡한 노인들만 모여 있을 뿐이다. 바깥에서는 카메라가 상트페테르부르크, 운하, 네바 강과 제방을 천천히 비춰 준다. 인물들의 이름은 페테르부르크가 러시아의 과거 수도라는 점을 일깨워 준다. 촬영기사 푸틸로프는 1917년 볼셰비키들의 노동 계급 지원 센터 가운데 하나였던 페트로그라드 군수품 공장 이름과 똑같다. 샴쌍둥이의 양아버지 스타소프 박사는 19세기 상트페테르부르크에서 가장 유명한 예술 비평가였던 블라디미르 스타소프와 성이 똑같다. 악행 장면들에서는 레닌그라드 시민이었던 세르게이 프로코피예프가 1936년에 작곡한 발레 「로미오와 줄리엣」의 음악이 흘러나온다. 요간은 그가 겪는 간질 발작을 통해 또 다른 페테르부르크 주민이었던 표도르 도스토옙스키와 그의 작품에 동시에 연결된다.

그러므로 발라바노프의 영화는 몹시 뒤틀린 유머 그 이상을 실천했다고 할 수 있다. 이 작품은 예술 형식으로서 영화의 개념, 페테르부르크와 '은세기'(약 1890~1917)에 관련된 고상한 문화 개념들의 가면을 벗긴다. 1991년 이후 코미디와 유머는 과거와 맞닥뜨리고, 사회적 붕괴와 혼란의 결과들을 이해시키는 매개물로 사용됐다.

영화 목록

- 『안드레이 루블료프』*Andrei Rublev*(안드레이 타르콥스키, 1965)
- 『안톤 이바노비치가 화나다』*Anton Ivanovich serditsia*(알렉산드르 이바놉스키, 1941)
- 『가을 마라톤』*Osennii marafon*(게오르기 다넬리야, 1979)
- 『개 바르보스』*Pes Barbos*(레오니드 가이다이, 1961)
- 『카니발의 밤』*Karnavalnaia noch*(엘다르 랴자노프, 1956)
- 『유쾌한 친구들』*Veselye rebiata*(그리고리 알렉산드로프, 1934)
- 『체스 열기』*Shakhmatnaia goriachka*(프세볼로드 푸도프킨, 1925)
- 『서커스』*Tsirk*(그리고리 알렉산드로프, 1936)
- 『친애하는 엘레나 세르게예브나』*Dorogaia Elena Sergeevna*(엘다르 랴자노프, 1989)
- 『다이아몬드 팔』*Brilliantovaia ruka*(레오니드 가이다이, 1968)
- 『돈 디에고와 펠라게야』*Don Diego i Pelageia*(야코프 프로타자노프, 1929)
- 『볼셰비키 나라에서 웨스트 씨가 겪은 특이한 모험』*Neobychnye prikliucheniia mistera Vesta v strane Bolshevikov*(레프 쿨레쇼프, 1924)
- 『성 요르겐 축일』*Prazdnik sviatogo Iorgena*(야코프 프로타자노프, 1930)
- 『저승에서 온 약혼자』*Zhenikh s togo sveta*(레오니드 가이다이, 1958)
- 『플루트를 위한 잊힌 선율』*Zabytaia melodiia dlia fleity*(엘다르 랴자노프, 1987)
- 『버려진 아이』*Podkidysh*(타티야나 루카셰비치, 1939)
- 『차고』*Garazh*(엘다르 랴자노프, 1979)
- 『캅카스의 여자 포로』*Kavkazskaia plennitsa*(레오니드 가이다이, 1966)
- 『성격 있는 아가씨』*Devushka s kharakterom*(콘스탄틴 유딘, 1939)
- 『대경주』*The Great Race*(블레이크 에드워즈, 1965)
- 『작전명 '새해 복 많이 받으세요!'』*Operatsiia "S novym godom!"*(알렉산드르 로고시킨, 1996)
- 『안녕하세요, 내가 여러분 아줌마입니다!』*Zdravstvuite, ia vasha tetka*(빅토르 티토프, 1975)
- 『트루브나야 거리의 집』*Dom na Trubnoi*(보리스 바르네트, 1927)
- 『운명의 아이러니, 혹은 목욕 잘하세요!』*Ironiia sudby, ili s legkim parom*(엘다르 랴자노프, 1975)

- 『이반 바실리예비치가 직업을 바꾸다』*Ivan Vasilevich meniaet professiiu*(레오니드 가이다이, 1972)
- 『자동차를 조심하시오!』*Beregis avtomobilia!*(엘다르 랴자노프, 1967)
- 『키스하세요!』*Gorko!*(유리 마민, 1998)
- 『쿠반의 카자크 사람들』*Kubanskie kazaki*(이반 피리예프, 1949)
- 『사랑의 딸기』*Jagodka liubvi*(알렉산드르 도브젠코, 1926)
- 『충직한 친구들』*Vernye druzia*(미하일 칼라토조프, 1954)
- 『미미노』*Mimino*(게오르기 다넬리야, 1978)
- 『밀주업자들』*Samogonshchiki*(레오니드 가이다이, 1961)
- 『모스크바는 눈물을 믿지 않는다』*Moskva slezam ne verit*(블라디미르 멘쇼프, 1979)
- 『음악 이야기』*Muzykalnaia istoriia*(알렉산드르 이바놉스키, 1940)
- 『기형들과 사람들에 관하여』*Pro urodov i liudei*(알렉세이 발라바노프, 1998)
- 『사내 연애』*Sluzhebnyi roman*(엘다르 랴자노프, 1977)
- 『작전명 '의'』*Operatsia 'y'*(레오니드 가이다이, 1965)
- 『민족 낚시의 특성』*Osobennosti natsionalnoi rybalki*(알렉산드르 로고시킨, 1998)
- 『민족 사냥의 특성』*Osobennosti natsionalnoi okhoty*(알렉산드르 로고시킨, 1995)
- 『겨울철 민족 사냥의 특성』*Osobennosti natsionalnoi okhoty v zimny period*(알렉산드르 로고시킨, 2000)
- 『피오네르 소녀 메리 핑크포드』*Pionerka Meri Pikford*(블라디미르 레빈, 1968)
- 『예언』*Predskazanie*(엘다르 랴자노프, 1993)
- 『부유한 신부』*Bogataia nevesta*(이반 피리예프, 1937)
- 『찬란한 길』*Svetlyi put*(그리고리 알렉산드로프, 1940)
- 『창공의 나무늘보』*Nebesnyi tikhokhod*(세묜 티모셴코, 1960)
- 『뜨거운 것이 좋아』*Some Like It Hot*(빌리 와일더, 1959)
- 『봄』*Vesna*(그리고리 알렉산드로프, 1947)
- 『두 사람을 위한 기차역』*Vokzal dlia dvoikh*(엘다르 랴자노프, 1982)
- 『돼지치기 처녀와 양치기 총각』*Svinarka i pastukh*(이반 피리예프, 1941)
- 『투씨』*Tootsie*(시드니 폴락, 1982)

- 『삼백만 달러 소송』*Protsess o trekh millionakh*(야코프 프로타자노프, 1926)
- 『열두 개 의자』*Dvenadtsat stulev*(레오니드 가이다이, 1982)
- 『볼가-볼가』*Volga-Volga*(그리고리 알렉산드로프, 1938)
- 『결혼』*Svadba*(파벨 룬긴, 2000)
- 『오즈의 마법사』*The Wizard of Oz*(빅터 플레밍, 1939)

4장
역사의 과정course과 저주curse

현재 시간과 과거 시간은
어쩌면 모두 미래 시간 속에 존재한다.
그리고 미래 시간은 과거 시간 속에 담겨 있다.
(T. S. Eliot, "Burnt Norton")

배경: '역사'의 문제

피에르 솔린은 이렇게 논평했다. "역사 영화는 그 주제에 관해 의심하지
않으나——여기서 역사 영화는 역사가의 작업과 다르다——사실들 사
이의 관계를 확립하여 그에 관해 다소 피상적인 견해를 제시하는 역사
박사학위논문이다"(Sorlin, 1980, p. 21). 모든 민족 영화는 자민족의 과
거를 스크린 위에 재현하길 좋아한다. 과거의 주요 사건들은 세계 영화
의 주식主食이었다. 2차 세계대전, 러시아 혁명, 미국 서부, 영국 국왕과
여왕들의 삶을 다룬 무수한 영화가 이를 입증한다. 하지만 이런 영화들
이 새로운 세대에 다가가려면 동시대와의 관련성이 있어야만 한다. 그
런데 역사 영화는 과거에 관해 진실한 재현을 거의 제공하지 않는다. 영
화감독은 현대 의식에 맞게 자신의 재료를 선별해 조직해야만 하기 때
문이다. 서구 영화에서 역사 영화는 뭐니 뭐니 해도 잘 팔려야만 한다.
프로듀서와 영화감독들이 묘사하는 사건들의 재현이 실제로 진실인지
는 그들에게 사실상 중요하지 않다. 이와 달리 러시아 역사 영화가 관객

에게 흥미로운 이유는 그것이 과거가 아니라 현재에 관해 관객에게 이야기한다는 점에 있다.

사실들이 굳건하거나 느슨하거나 한 역사 영화의 예는 전 세계에 아주 많다. 그런데 소련의 상황에서 영화는 무엇보다도 이념적 목적이 있어야만 했고, '역사'는 상부에서 결정됐다. 실제로 역사는 10월 혁명과 함께 논리적으로, 이념에 기초해 정점에 이른 것으로 간주됐고 다른 나라들이 소비에트 정부 형태를 따르고 채택하는 것은 시간 문제였을 뿐이었다. 맑스-레닌주의 지도부가 볼 때, 일부 주요 전투에서 여전히 싸울 필요가 있었고, 또 우리가 알고 있듯이, 역사는 항상 승리로 쓰이는 것일지라도, 전쟁은 이미 승리한 것이었다.

그러므로 영화감독들은 당대 지도부와 맑스-레닌주의가 세계를, 특히 러시아 역사를 읽는 데 정당성을 부여해 주기 위해 역사를 사용해야만 했다. 과거는 현재에 맞게 다시 쓰였다. 포스트 소비에트 영화에서도 이런 패러다임은 유효했다. 1990년대의 역사 영화들은 가까운 과거의 사실들을 잘 알고 있는 현대 관객을 향해 말을 걸었다. 이 영화들은 전체주의 이후 시대의 정체성 논쟁에서도, 러시아인 스스로 그들의 '숙명'이라고 부르길 좋아한 것에서도 한 부분을 차지했다.

소비에트 러시아에서 역사는 특별한 문제였다. 과거를 받아들이는 것──진실을 배우는 것──은 현재를 이해하는 열쇠지만, '진실'은 언제나 당에 의해 통제되고 조작됐다. 특히 소비에트 시절 러시아의 자국 역사 집착은 다음과 같이 조지 오웰의 『1984년』에 나타난 당 강령을 으스스하게 되울리는 것이었다. "과거를 통제하는 사람이 미래를 통제한다. 현재를 통제하는 사람은 과거를 통제한다"(Orwell, 1954, p. 3). 그러므로 1991년 이전이든 그 이후이든 러시아 역사 영화는 오락이나 교육의 수단으로서 과거를 재현하거나 시각화하는 데에만 머물지 않는다. 그것은 현재를 정당화하며, 오늘날 현실의 측면에서 과거 사건들을 설명하고 따라서 미래를 가리켜 보인다. 이처럼 러시아 영화에서는 역사를 재발명하려는 노력이 끊임없이 존재한다.

소비에트 정권은 오웰풍 '현실 통제'와 러시아 역사 전유에 관여했다. 역사는 부단하게 수정되고 갱신되면서 당대 지도부의 관심사에 봉사했다(스탈린의 총애를 잃은 당 지도자들의 사진이 후에 지워진 것도 이런 이유에서였다). 러시아 사람들이 흔히 말하듯이, '러시아에서는 과거만큼 예측 불가능한 것이 없으며' 러시아 문화에 종사하는 사람들은 그들 주변의 동시대 현실을 더 잘 이해하기 위해 러시아의 곤란한 역사적 유산을 연구하는 데서 수십 년 동안 어려움을 겪었다. 관찰자들은 고골의 『죽은 혼』 마지막 부분에 나오는 "러시아여, 그대는 어디로 가는가?"라는 물음을 수십 년 동안 되풀이했다. 포스트 소비에트 시대에도 이 물음은 적절하다. 어쩌면 그 이상일지 모른다.

스탈린의 역사 민족주의화

블라디미르 로마시코프의 1908년 영화 『스텐카 라진』, 바실리 곤차로프의 1912년 영화 『세바스토폴 방어』와 같은 초창기 러시아 영화들이 역사 연구물이었다는 것은 그래서 놀라운 일이 아니다. 소비에트 영화의 '황금시대' 감독들은 서사시적 영화 비전을 역사적 진보에 관한 연구와 결합하여 광대한 역사적 정경을 창조하기 위해 1917년 2월 혁명과 10월 혁명을 선택했다. 세르게이 에이젠시테인의 혁명 찬가들(1926년 작 『전함 포템킨』과 1927년 작 『10월』)은 맑스-레닌주의의 역사 발전 해석을 영화로 재창조한다. 이 영화들에서 착취당하는 대중은 지배자들에 맞서 봉기하고 민족의 정치의식을 고양한다. 당국의 가공할 폭력과 억압에도 그들은──과거에서가 아니더라도 투사된 미래에서 확실히── 마침내 승리한다. 따라서『전함 포템킨』은 1905년의 사건들에 관한 영화일 뿐 아니라, 1917년 10월에 다가올 승리를 예기하는 영화이기도 하다. 이 지점부터 인류는 질적으로 다른 방식과 방향으로 진보한다.

에이젠시테인의 1920년대 영화들은 혁신적 카메라와 편집('몽타주') 기법들, 과감한 영화 언어로 정당한 칭송을 받았다. 에이젠시테인은 대중을 역사의 주도자로서 주도면밀하게 전면에 내세운다. 들끓는 군중은 겨울궁전을 향해 쇄도한다. 승리는 무엇보다도 노동자들의 약속의 땅을 향한 집단 행진이다. 프세볼로드 푸도프킨도『상트페테르부르크의 종말』(1927)에서 에이젠시테인과 아주 똑같은 이념적 기반을 다졌다. 하지만 그의 영화들에서는 비인격적 역사 세력의 거대한 조류에 빠진 개인에 관한 관심이 더 많이 표현됐다. 에스피르 슈브도 다큐멘터리 클립들을 콜라주로 훌륭하게 조직한 영화『로마노프 왕조의 몰락』(1927)에서 혁명을 매우 활기차고 역동적으로 묘사했다.

이로부터 십 년 후 에이젠시테인과 푸도프킨이 만든 역사 영화들을 통해 두 사람의 스타일을 비교해 보면 흥미롭다. 에이젠시테인의 1920년대 역사 영화들에서는『전함 포템킨』의 바쿨린추크나,『10월』의 겨울궁전 습격에서 상처를 입고 젖은 땅에 쓰러지지만 부상에도 아랑곳하지 않고 동료에게 진격을 독려하다 끝내 죽어간 무명용사와 같은 개인들이 대의명분의 순교자들로만 봉사할 뿐이다. 그러나 1938년에 이르러서는 남성 지도자들이 다시 유행했다. 알렉산드르 넵스키는 노브고로드의 러시아인들을 규합하여 페이푸스Peipus 호수의 빙판 위 전투에서 독일인들을 무찌른다. 또 이 영화는 소비에트 러시아 민족주의를 주장하며 1930년대 말 파시즘의 위협에 대적할 태세를 갖추고 있어 당대에 적절했다. 아이러니한 사실은 이 영화가 1939~1941년 독소 불가침 협정 기간에 잠시 금지됐다는 점이다. 이때 전투 장면들이 삭제됐는데, 여기서 러시아인들은 갑옷을 입고 밀집해 늘어선 독일 기사들을 마구 난도질한다. 그리하여 독일인들의 용기와 확신은 러시아인들의 쾌활하면서도 확고부동한 결의 앞에서 흔들린다. 에이젠시테인이 아주 무자비한 절정의 전투 장면을 보여 주길 거부한 것은 푸도프킨의 1939년 영화『미닌과 포자르스키』의 장면들과 대비를 이룬다. 이 영화는 17세기에 포자르스키 공작과 농민 미닌의 주도 아래 러시아인들이 폴란드인들로부터 모스크바를 수호한 일을 다룬다. 푸도프킨의 전투 장면들은 흥건한 피와 고통스러운 상처로 전장의 혼돈과 공포가 분명히 느껴졌다.

지도자 인물은『이반 뇌제』(1부는 1944년에 나왔고, 2부는 1945년에 제작됐으나 1958년에야 출시됐다)에서 훨씬 더 전면에 부상했다. 이반은 스탈린의 우의적 재현을 의미했음이 분명하다. 이는 폭군 자신이 장려한 해석이었다. 장엄한 대관식 시퀀스의 모두 연설에서 이반은 우스꽝스럽게 과장된 복장으로 온통 눈부신 데다 그로테스크한 클로즈업으로 촬영된 여러 외국 대표단과 자신의 대귀족(보야르boiar)들에게 자신이 안팎의 적들에 맞서 러시아를 통합할 강력한 차르(황제)가 될 것임을 확실히 한다. 여기서 '이반'을 '스탈린'으로 치환하면, 이것이 1930년대 대숙청에 대한 변호임을 알 수 있다. 1부에서 이반은 카잔의 타타르인들을 물리침으로써 스스로 정한 과업을 완수한다. 하지만 곧이어 이반은 아내가 내부의 적들에게 살해됐음을 알게 된다.

국민은 강력한 지도자를 여전히 사랑한다. 이반이 아내가 죽고 난후 고독 속에서 위안을 찾아 모스크바를 떠날 때 모스크바 주민이 우르르 몰려나와 그에게 돌아와 달라고 간청한다. 절묘하게 완성된 한 장면에서는 이반의 머리가 아래쪽에 떼를 지어 모여 탄원하는 신하들을 굽어보면서, 그럼으로써 그들을 지배하면서 스크린을 가득 채운다. 국가와 국민에 대한 스탈린의 완전 통제를 이보다 더 분명하게 보여 주는 장면은 없을 것이다.

2부에서는 이반의 편집증이 광기로 이어지는데, 이는 에이젠시테인에게 자살 노트나 다름없는 영화적 진술이다. 실제로, 스탈린이 1947년 2월 크렘린궁 심야 회동에 영화감독 에이젠시테인과 주연 배우 니콜라이 체르카소프를 모두 불러 러시아 역사에서 이반이 갖는 의미에 관해 두 사람에게 강연했다는 사실은 잘 입증된 바 있다.[1]

『이반 뇌제』 2부에서 핵심 장면은 오프리치니키oprichniki가 추는 춤 장면이다. 이들은 황제를 대신하여 대귀족들의 권력을 파괴하고 러시아를 짓밟은 이반의 비밀경찰들(이자 그 자체로 스탈린의 내무인민위원회NKVD에 대한 분명한 재현)이다. 이 춤 장면은 천연색으로 찍은 영화의 잔존 부분들에서 유일한 것으로 약 10분 분량이다. 오프리치니키('별개의 남자들')가 검은색 옷을 차려입은 채 적들을 난도질한 일에 관해 자랑스레 노래하고 발광한 이반이 "불태워라! 불태워라! 불태워라!"라고 소리치며 그들을 부추길 때, 황금색과 검은색, 빨간색이 지배적 색깔이 된다.

여기서 에이젠시테인은 이전 장에서 드미트리 리하초프가 규정한 것에 상응하는 '반세계'를 창조했다. 리하초프는 중세의 웃음이 성스럽

---

1 몰로토프와 베리야도 참석했던 이 강연에 관한 글자 그대로의 설명은 Bergan(1997), pp. 340~344에서 찾아볼 수 있다.

고 명예롭고 경건한 것으로 간주되는 모든 것에 어떻게 파고드는지를 살펴본 바 있다. 기존 질서의 기호 체계가 전복되어 파괴될 때 '반反문화', 즉 우세한 '정상성'과 정반대에 있는 '반세계'가 등장한다. 반세계는 빈곤, 알코올 중독, 굶주림의 세계로, 지배자 세계의 번영과 질서에 대립한다. 반세계에서는 선술집이 교회를, 감옥이 수도원을, 알코올 중독이 금욕주의를 대신한다. 반세계가 비논리성과 비현실성을 강조하면서 '실제' 세계는 뒤집힌다. 불가능성이 가능성이 되고, 부조리와 어리석음이 정상이 된다. 말들도 의미를 상실하고, 민담과 운문, 경구와 모순어법이 '이성적' 담론의 자리를 대신한다.

이반의 오프리치니키는 승복을 걸쳐 입은 살인자들로 이러한 '반세계'의 일부다. 이들의 흥청망청 술잔치는 수도원 생활의 '반反의례'다. 이반 자신도 바보처럼 옷을 차려입고 반편인 블라디미르 공작 앞에서 바보인 체한다. 이반은 비천하고 고독한 것처럼 행동한다. 그의 추종자들의 알코올 중독은 반反정진을, 살인과 파괴 의식은 반反예식을 대표한다. 수도원은 선술집이 되고, 어릿광대 짓을 하고 사악하게 희희낙락하는 바보는 이반이 블라디미르에게 제왕의 옷을 입힐 때 하루 동안 왕이 된다.

이반의 반세계가 당대의 기존 위계질서만을 패러디하고 전복하는 것은 아니다. 억압과 공포의 닫힌 세계는 스탈린의 세계이기도 하다. 여기에다 음조가 약간 벗어난 프로코피예프의 배경 음악은 현악기들을 통해 차차 고조되는 폭군의 정신 불안을 암시한다. 가짜 참칭자 블라디미르는 이반의 옷을 입고 있다가 자신을 황제로 오인한 자객에게 살해되는데, 이 살인을 주재하는 사람은 바로 이반 자신이다. 마지막 분석에서 비난을 받고 악마화되는 것은 스탈린의 세계다. 스탈린이 이것을 (이해했더라도) 좋아하지는 않았다는 것은 놀라운 일이 아니다. 그러나 에이젠시테인이 값비싼 대가를 치르지 않았다는 것은 놀라운 일이다.

국민의 의지를 구현한 사람으로서 지도자는 블라디미르 페트로프의 영화『표트르 1세』(1937~1938)에서도 중요한 주제다. 니콜라이 시모노프가 연기한 표트르 1세는 무엇보다도 국민의 인간으로, 평범한 사람들과 하나가 되고 자신이 정신적으로 소박한 사람임을 확인해 주는 호방한 웃음을 쉽게 터트리는, 현실과 동떨어진 인물(역사가 말해 주듯이 그는 덩치가 엄청나게 컸다)이다. 사실 표트르는 자신을 반대하는 일부 귀족과 결탁하여 음모를 꾸미고 있던 친아들 알렉세이(니콜라이 체르카소프)에게 처형 명령까지 내렸을 정도로 자신이 러시아 국민을 끔찍이도 아끼는 사람이라고 생각했다. 표트르가 친아들에게 사형 선고를 내린 것은 역사적으로 사실이다.

『이반 뇌제』와『표트르 1세』는 모두 인기 있으나 무자비했던 러시아 지도자들을 연속선상에 확실하게 올려놓는다. 그들은 러시아 민족의 의지와 정신을 구현했고 선량하기 위해 잔인해야 했던 사람들이었다. 현재를 정당화하기 위해 과거의 공인된 영광을 활용하는 일은 1930년대와 1940년대에 역사적 드라마들을 만든 소비에트 영화감독들의 최우선 과제였다. 그리고 이들이 가장 선호한 논의의 장은 위인들의 삶이었다.

돋보기로 본 스탈린: 영웅 전기

러시아를 강력하고 존중받는 나라로 만드는 데 조력했던 개인들은 모두 위대한 지도자 자신을 반영하는 거울 이미지들이다. 1943년과 1953

년 사이에 역사의 주제는 러시아 역사에 존재한 개인들의 삶을 열거하는 일로 축소됐다. 이들은 마치 사회주의 리얼리즘의 '마스터 플롯'에서 나온 긍정적 주인공들과도 같았다. 피터 케네즈는 러시아 역사상의 개인적 영웅들에 대한 집착이 단순히 스탈린 숭배만을 반영하지는 않았다고 설명한다. "그들은 아주 분명한 형식으로 스탈린주의 이념의 외국인 혐오증 메시지를 표현하기도 했다. 러시아 과학자와 음악가, 제독들은 항상 위대했다. 러시아의 재능과 미덕은 항상 빛이 났다. 그러므로 영화는 애국주의를 고무시켰다"(Kenez, 1992, p. 240).

이러한 영화들은 영웅 전기로 확실히 계획됐다는 점에서 단순한 전기 영화 이상이었다. 예를 들면, 코진체프와 트라우베르크의 1943년 작 『쿠투조프』에서 쿠투조프 장군은 1812년 나폴레옹에 맞선 중대한 전쟁에서 러시아 민중이 보여 준 의지와 결의, 용맹의 체현자였다(1943년의 히틀러를 읽어 보기 바람). 이 영화는 전시 애국주의 선동이었지만, 동시에 분명한 반서구적 태도를 보이기도 했다. 우스꽝스러운 외국어 악센트에 맵시를 뽐내는 바르클라이 디 톨리 장군은 절정에 이른 보로디노 전투가 패배라고 슬퍼하지만, 노회한 쿠투조프는 보로디노 전투와 그 이후 프랑스군에게 모스크바를 내준 것을 적이 지쳐 탈진하게 하는 더 현명한 계획의 일부로 간주한다. 이 계획은 물론 성공했다. 서구화된 디 톨리와 대비되는 인물은 바그라티온 장군으로, 그는 부하들과 함께 어울려 술을 마시고 농담도 하는 진정한 러시아인이다. 의미심장하게도 이런 사람들은 '황제를 위하여!'가 아니라 '조국을 위하여!'를 외치며 전투에 나선다. 그런데 2차 세계대전에서 소비에트 병사들은 '스탈린을 위하여'라고 외치며 적에게 돌진한다.

쿠투조프에게는 개인적·사적인 것이 아무것도 없다. 그의 전 존재는 러시아를 구하는 일에 사로잡혀 있다. 코진체프의 또 다른 영화인 『피로고프』(1947)에서 외과 의사이자 과학자인 니콜라이 이바노비치 피로고프도 마찬가지다. 피로고프는 젊은 의사들 사이에서 존경받는다. 이들은 그가 '천재'라고, '탁월하다'고 주저 없이 말한다. 그는 나이 많은 (부패한) 의사들에게 두려움의 대상으로 저항을 받는 가운데 서구식 방법들을 의문시한다. 피로코프는 개인적 이득이나 지위를 위해서가 아니라 러시아의 이익을 위해서 일한다. 그래서 에테르가 외과 수술에 쓸 마취제라는 것을 발견하자마자 그는 영국군에 맞선 전쟁에서 러시아 사람들의 생명을 구하려고 크림으로 달려간다. 피로고프에게도 사생활은 없다. 우리는 그의 가족도 집도 알지 못한다. 그는 오직 자기 일과 러시아의 대의를 위해서만 존재한다. 그의 눈길은 '긍정적 주인공'처럼 자주 먼 곳을 향하곤 하는데, 짐작건대 이곳에서 그는 '찬란한 미래'를 엿볼 수 있었을 것이다.

푸도프킨의 영화 『나히모프 제독』(1946)에서 주인공은 선견지명이 있고 현명한 또 다른 민중의 인간으로, 동료 장교들이 아니라 부하들에게서 사랑받는다. 그는 본능적으로 부하들과 하나가 되고 직관적으로 그들을 이해한다. 그는 패배의 손아귀에서 승리를 일궈 내는 거의 기적과도 같은 능력을 소유했다. 그의 부하들이 바치는 찬사는 거의 신비에 가깝다(그래서 부하들은 나히모프를 향해 날아드는 총탄에 자신을 내던진다).

나히모프는 러시아 해군을 풍력에서 증기력으로 바꿔 현대화해야할 필요성을 알 뿐 아니라 미래의 역사적·정치적 발전을 예언할 수 있는 능력의 소유자이기도 하다. 영국, 프랑스, 터키 연합군에 맞서 벌인 러시아의 크림 전쟁이 바로 그러했다. 그래서 나히모프가 러시아 외에는 사생활이나 가족이 없다는 것은 놀라운 일이 아니다. 그가 이룬 업적은 '전사의 업적'으로, 이를 위해 그는 전투에서 전사한다. 영화는 끝에 가서 "위대한 애국자에 영원한 영광" 있으라고 말한다.

『나히모프 제독』은 히스테리를 일으키듯 러시아를 반대하고, 초연하면서도 오만방자하며, 불성실하면서도 비겁하지만, 러시아를 '강대국'으로 인정할 줄 아는 영국인들의 시선을 도입함으로써 냉전 발발의 직접적인 사회·정치적 맥락을 무시하지 않는다. 이러한 맥락은 푸도프킨의 또 다른 영화『주콥스키』(1950)에서도 분명하게 나타난다. 이 영화는 '러시아 비행의 아버지' 니콜라이 예고로비치 주콥스키의 인생과 업적을 1886년에서 1917년까지 추적한다. 주콥스키는 자기 일과 러시아의 위대함을 위해 헌신한다. 그는 상업적 목적을 위한 타협을 거부한다. 이런 이유로 그는 1차 세계대전에서 러시아 자본주의자들과 황실처럼 외국의 이익을 위해 일하는 사람들에게서 배척당한다. 그러나 주콥스키는 충실한 아내와 함께 안정된 가정생활을 한다는 점에서 다른 영웅적 애국자들과 다르다. 아내는 존경심과 경외심이 뒤섞인 가운데 남편을 내조하고, 그가 러시아를 위해 하는 위대한 일에 겸손하게 감사하며, 그럼으로써 그에게 잘 조직되고 안정된 가정생활을 마련해 준다.

『주콥스키』는 레비탄의 그림처럼 러시아 시골을 담은 화폭들을 보여 주면서 시작한다. 카메라가 평온한 들판과 하늘, 나무들 위로 천천히 움직일 때 애국적 모티프가 처음부터 끼어든다. 이와 유사한 장면들이 작곡가 미하일 글린카의 삶을 다룬 레온 아른시탐의 1946년 영화『글린카』에서도 나타난다. 영화는 글린카가 러시아 교회 종소리, 나폴레옹을 무찌른 러시아 농민의 힘과 결의에 영감을 받은 어린 소년이었던 1812년부터 그가 목가적 러시아 시골에 둘러싸여 푸시킨의 서사시「루슬란과 류드밀라」를 오페라로 작곡했던 1842년까지의 삶을 따라간다. 아른 시탐의 영화는 선형적 서사와 주인공의 사회주의 리얼리즘식 의식 각성을 보여 준다는 점에서 솔직한 스탈린주의 우화다. 글린카는 러시아 민족을 위해 봉사한다. 그는 자기 회의도 일탈도 갑작스러운 통찰의 순간도 겪지 않는다. 그는 지주 가문 출신이면서도 민속음악과 합창에 경외심을 품는다. 그의 창작의 불꽃은 푸시킨을 만나면서 더 활활 타오른다. 푸시킨의 황홀한 얼굴은 글린카의 오페라를 들을 때 천상의 빛에 젖어든다. 글린카도 아내가 있다. 하지만 아내는 변덕스러운 데다 젊은 기병 장교들에게 달려드는 일에 관심이 더 많다. 그녀의 피상성은 푸시킨 서거 소식에 아주 무심하게 반응하는 데서 잘 드러난다.

하지만『글린카』는 몇 가지 흥미로운 특징이 있다. 첫째, 영화는 작곡가의 간통을 눈감아 준다. 그는 '문화'를 진정으로 이해하는 처녀와 동반 도주하고 있기 때문이다. 둘째, 글린카의 오페라「이반 수사닌」이 초연될 때 우의적 부조리의 순간이 존재한다. 극장에 모인 고관들은 진지한 오페라가 러시아적 주제로 어떻게 쓰일 수 있느냐는 듯이 민족주의 요소들을 비웃고 조롱하기 시작한다. 하지만 곧이어 황제가 손뼉을 치기 시작한다. 모든 사람이 이에 동참하는데, 누구도 자신이 박수를 멈추는 첫번째 사람으로 비치길 바라지 않는다. 흥미롭게도 이는 당 중앙위원회가 스탈린의 연설에 아양을 떨며 바치는 환영식을 암시한다. 가장 먼저 박수를 멈추는 사람은 자신의 목숨이 철통같이 경계하는 보안요원들의 손아귀에 떨어질까 두려워한다.

그리고리 로샬의 1950년 영화에 나오는 모데스트 무소르그스키도 러시아 삶에서, 대중의 고통과 아픔에서 영감을 얻는다. 그는 자유와 정의의 미래를 위해 스타소프, 림스키-코르사코프, 발라키레프, 다르고미지스키, 보로딘과 함께 작업하는 모습으로 제시된다. 다른 사람들도 그를 숭배한다. 최고의 찬사는 나로드narod, 즉 민중에게서 나온다. 음악은 '민중의 자산'이 되어야 한다고 그는 주장한다. 그의 정신적 스승 블라디미르 스타소프(니콜라이 체르카소프가 연기함)도 그와 비슷하게 솔직담백하다. "우리가 무엇을 원하느냐고요? 우리는 러시아의 독창적 사실주의 음악을 원합니다." 이것이 바로 그들이 이뤄낸 것이었다. 무소르그스키는 음악밖에는 삶이 없다. 그는 오직 음악만을 위해 산다. 그는 며칠 밤낮 밥도 물도 먹지 않고 오페라 「보리스 고두노프」와 「호반시나」를 놓고 고뇌한다. 외국(서구)의 모든 영향과 문화적 우수성에 관한 주장들은 무시된다.

역사적 인물을 이처럼 다룬 것은 십 년 전 실천과 현격한 대비를 이룬다. 알렉산드르 자르히와 이오시프 헤이피츠가 감독한 1936년 영화 『발트의 대표자』는 러시아 식물학자 클리멘트 티미랴제프의 업적을 다룬다. 영화에서 티미랴제프는 1918년 그의 부르주아 동료 대부분이 퍼붓는 비난에도 아랑곳하지 않고 혁명을 받아들이는 폴레자예프 교수로 나온다. 그는 볼셰비키에게 국민 영웅으로 칭송받는다. 폴레자예프는 그 나이에 걸맞게 성미가 사납고 몸도 부들부들 떨지만, 젠체하지 않고 점잖다. 더 중요하게도 그는 넓은 아파트에서 안정된 가정생활을 하고 가끔은 버럭 화도 낸다. 관객은 체르카소프가 연기했기 때문에 한 인물로서 폴레자예프를 믿을 수 있으며 그가 볼셰비키 대의로 돌아섰다는 사실이 더욱더 확신을 준다.

내전 영웅들도 영화의 각광을 받았다. 도브젠코의 영화 『쇼르스』 (1930)에서 니콜라이 쇼르스는 순전한 의미의 체현자로, 레닌과 볼셰비키 대의에 헌신하고 혁명의 목적에 사생활을 바친다. 그는 부인이 있지만 전보를 통해서만 그녀와 연락할 뿐이다. 알렉산드르 파인침메르의 그리고리 코톱스키(『코톱스키』(1950))도 민중과 하나가 된 사람으로, 혁명 전에는 로빈 후드 같은 인물이었고 내전 기간에는 복수의 천사다. 코톱스키는 두려움이 없고 저돌적이며 전투 중에도 청혼할 시간이 있을 정도다. 이전의 차파예프처럼 그는 부하들의 소원과 야망을 체현한 사람으로 그들에게 사랑받는다. 그러나 차파예프와 달리 그는 자신의 정치위원보다 더 정치적으로 의식화돼 있다.

하지만 『코톱스키』도 이념적 정통성의 표면에 최소한의 파문을 일으키는 전복적 암시를 담고 있다. 혁명 이전의 러시아에서는 정치범과 강력범들이 모두 한데 수용됐는데, 죄수들은 '스톨리핀' 열차 칸에 실려 시베리아로 이송됐다. 그런데 이와 똑같은 열차 칸이 나중에도 죄수들을 스탈린의 굴라크Gulag[강제노동수용소]로 실어 갔다. 게다가 이 장면들에서 사용된 언어도 감방 은어에 상당히 의지한다. 파인침메르는 위험천만한 시대에 과거 차르 시대만을 혹평하지 않고 당대 정권의 억압적 본질에 대해서도 감히 어떻게 암시할 수 있었을까?

그러나 영웅 전기의 가장 확실한 원천은 블라디미르 레닌 자신이었다. 1930년대에는 레닌 숭배를 조장하여 그를 전설적 영웅으로 만들려는 유명한 시도가 일부 있었다. 첫번째는 1934년 제작된 지가 베르토프의 유사 다큐멘터리 영화 『레닌에 관한 세 가지 노래』였다. 이 영화는 레닌을 세계 혁명의 지도자이자 소비에트 국가의 창시자, 세계사의 가장 중요한 인물로 선포하는 일련의 상호 관련 이미지로 구성돼 있다. 풍경을 지배하는 레닌 동상을 찍은 장면들은 마그니트고르스크의 거대한 제철 공장들, 드네프르 강을 가로지르는 댐과 같은 1930년대 초 소비에트 산업 성과를 담은 장면들과 교차로 삽입됐다.[2]

1930년대 말에는 반半허구 영화가 그 뒤를 이었다. 1937년에 미하일 롬이 볼셰비즘의 승리를 위한 위인의 투쟁을 추적하는 『10월의 레닌』을 만들었고 2년 후에는 내전 시기를 추적하는 『1918년의 레닌』을 만들었다. 두 영화에서는 보리스 슈킨이 레닌을 연기했다. 여기서 레닌은 정치적 문제들에서는 결연했지만, 베르토프가 보여 줬던 것과 아주 비슷하게 일반 시민을 대할 때는 친절하고 겸손했다. 국민은 두 눈에 사랑과 헌신을 담아 레닌을 대한다. 미하일 겔로바니와 세묜 골드시타브가 각각 연기한 스탈린은 핵심 장면들에서 충복이자 권력의 계승자로 레닌 곁이나 그 뒤에 적절히 자리 잡고 있다. 이 영화들은 우리가 일찍이 알지 못한 혁명과 내전의 역사적 배경에 관해서는 거의 말해 주지 않는다. 이들은 인물의 성격을 파헤치려고 한 것도 아니었다. 다만 국부로서, 무적의 전능한 지도자로서 레닌의 신화적 위상을 굳건하게 할 뿐이었다.

서방의 우리는 스탈린주의 영화가 위대한 영웅들에 집착했다고 해서 그렇게 나무랄 이유가 별로 없다. 1930년대 말과 1940년대 초 할리우드에서도 미국과 서유럽 출신 위인들에 관한 전기 영화가 봇물 터지듯 쏟아졌다. 다만 민족주의 장식들만큼은 걸치지 않았다. 『루이 파스퇴르 이야기』(1936), 『알렉산더 그레이엄 벨 이야기』(1939), 『인간 에디슨』(1940), 『얼리흐 박사의 마법 총알』(1940), 『퀴리 부인』(1940)이 그런 영

---

2 이것이 과거에 아방가르드 다큐멘터리 영화감독이었던 지가 베르토프가 만든 영화라는 사실은 때로 믿기 어렵다. 여기서 베르토프는 자신의 예술을 스탈린주의 국가에 대한 봉사에 그대로 바친다. 이전의 실험적 기법 중에서는 아무것도 남아 있지 않다. 하지만 여기에는 여전히 가치 있는 것이 일부 남아 있다. 빌딩 안에서 뛰어내리는 낙하산 요원을 찍은 훌륭한 장면이 그것인데, 이 장면은 낙하산 요원 자신의 시각에서 제시된다. 그리고 비행기의 배기가스는 그 아래에 있는 자연 세계의 난잡함을 일소하는 것처럼 보인다.

화였다. 이들은 모두 선을 위해 자신의 삶을 변화시킨 개인들에 관한 양질의 영화들이었다. 이처럼 전기와 전화 발명에 대해서는 물론이고, 성병 치료에 대해서도 공은 할리우드에 돌아갔다.

마르크 돈스코이의 영화 『시골 여교사』(1947)는 다른 계급 출신의 영웅 전기다. 이 영화는 허구적 여성을 다룬다. 여주인공 바르바라 바실리예브나는 베라 마레츠카야가 연기했다. 그녀는 알코올 중독과 무지로 망가진 농촌 공동체의 암흑에 빛을 가져다주려고 시골에 가서 교사로 일할 결심을 한다. 이때 러시아는 넘실거리는 들판과 하늘, 강의 애국적 이미지가 특히 두드러지는 혁명 이전의 러시아다. 바르바라의 확신과 순전한 의지로 농촌 생활의 후진성과 고질적 폭력은 바뀌지만, 그녀의 이상주의는 정치적 헌신에 가깝다. 그녀는 19세기 시인 아파나시 페트, 표도르 튯체프의 서정시나 연애시를 가르치지 않는다. 대신 니콜라이 네크라소프의 사회성 짙은 운문시들을 가르친다.

가난한 학생들과 부유한 학생들을 같은 교실에 들이지 않으려는 학교 관리들의 정치적 박해와 같은 과거 차르 시대의 불평등들이 우리 앞에 펼쳐진다. 모든 사람을 위한 정의와 자유는 볼셰비키의 신세계와 함께 찾아온다. 영화는 계급의 적들이 우리의 주인공을 죽이고 학교를 불태우려고 하는 데서 알 수 있듯이 농촌 집단화 시대를 거쳐 전쟁 시기까지 삼십 년 세월을 아우른다. 바르바라 바실리예브나는 남편과 사별 후 사생활이 없다. 그녀는 단지 조국을 위해 봉사할 뿐이며 최고 회의에 의해 인정받아 전쟁 승리에 준하는 레닌 훈장을 받을 때 진정한 감정적 충일감을 맛본다. 달리 말하자면, 바르바라 바실리예브나의 영화 전기는 허구적이라는 점만 빼놓고 다른 스탈린주의 영웅들의 그것과 아주 비슷하다. 마스터 플롯의 뻔뻔한 인위성은 모든 사람이 다 알 것이다.

해빙과 그 이후

해빙기 영화들이 역사를 무시하고 현재에 집중하려 했던 것은 놀라운 일이 아니다. 1954~1964년에 가장 중요한 영화들은 스탈린 이후 사회의 정신적·도덕적 부활을 다룬 것으로, 아주 명백하게 현재 또는 여전히 기억하고 되살 수 있는 과거인 전쟁을 배경으로 한다. 일부 이류 역사 영화들이 있었지만, 역사적 주제가 다시 등장하고 질적으로 다른 접근이 이뤄진 것은 1960년대에 가서였다.

가장 진기한 소비에트 역사 영화는 아마도 프리드리히 에르믈레르의 『역사의 심판 앞에서』(1964)일 것이다. 다큐멘터리로 제작된 이 영화는 여든여섯 살의 실재 인물 바실리 비탈리예비치 슐긴과 소비에트 역사 교수 역할을 연기한 배우 사이에 계속되는 대화가 특징적이다. 슐긴은 내전 시기 백군의 가장 포악한 반反볼셰비키 지도자 가운데 한 사람으로, 니콜라이 2세 황제 퇴위식에도 참석한 바 있다. 영화 속에서 그는 사십 년 만에 처음으로 소련을 다시 방문하는데, 러시아 역사의 과정을 바라보는 그의 견해는 정통파 교수에게 줄기차게 도전받고 논박된다. 영화의 의도는 소비에트 정권의 과거 계급의 적이 오류를 철회하는 모습, 혹은 적어도 오류를 인정하는 모습을 보여 주고, 그럼으로써 정권의 정통성을 입증하기 위한 것이었다. 그러므로 영화 촬영을 KGB가 특히 면밀하게 주시한 것은 놀라운 일이 아니다. 몇몇 장면은 다시 쓰고 재촬영해야 했다.[3] 영화가 끝나고 나서도 여전히 우리는 슐긴이 회오하지 않

---

3 영화가 어떻게 '수정됐는지'에 관한 상세한 논의는 Fomin(1998), pp.154~156에 실린 국립 영화위원회 위원장 A.V.로마쇼프의 보고서를 참고할 것. 흥미롭게도 로마쇼프는 이 영화를 외국에서 상영하도록 추천했고, 국내에서는 오직 '제한된 관객'에게만 상영하도록 추천했다.

는다는 것과 이념의 적이 말하지 않았다면 불쾌했을 내전 시기의 적색 테러 같은 어떤 사실들을 그가 술회한다는 것도 알 수 있다. 영화가 역사를 조작하려는 뻔뻔스러운 시도는 통하지 않는다. 소비에트판 최신 역사를 정당화하려는 시도가 목격자 증언이라는 큰 장벽에 부딪히고 있기 때문이다. 국가 선전과 역사적 사실의 충돌에서는 오직 한 명의 승자만 있을 뿐이다.

1960년대에는 두 편의 중요한 역사 영화로 안드레이 타르콥스키의 『안드레이 루블료프』(1965)와 알렉산드르 아스콜도프의 『코미사르』(1967)가 완성됐다. 그러나 두 영화는 검열 문제에 휘말리는 고통을 겪었다. 타르콥스키의 영화는 9장에서 논의할 것이다. 한편, 아스콜도프의 영화는 과거를 배경으로 하지만, 현재에 관해 아주 많은 것을 말한다. 영화는 대의를 위한 혁명적 희생이라는 공식 신화에 도전하고 다른 주요 문제들도 파헤친다. 특히 소비에트 국가에서 유대인들이 처한 운명과 여성들이 담당한 역할을 매우 깊이 있게 다룬다.

영화는 바실리 그로스만의 단편소설 「베르디체프 마을에서」를 원작으로 하고 러시아 내전을 배경으로 한다. 영화에서는 정치위원 바빌로바(논나 모르듀코바가 연기함)가 이끄는 적군 분견대가 우크라이나 베르디체프 마을에 들어온다. 바빌로바는 부풀어 오른 거대한 방한 외투 속에 자신의 성을 숨긴 채, 탈영병 에멜린을 즉결 처형해 무자비함을 최대한 보여 줌으로써 젊은 남자 부하들이 자신을 받아들이고 자신에게 경의를 표하도록 갖은 애를 쓴다. 한편, 에멜린은 이웃 마을에 있는 아내를 몇 시간이나마 보기 위해 부대를 이탈했다가 즉결 처형을 당한다.

그러나 임신 중이던 바빌로바는 자신의 여성성을 오래 숨길 수 없었다. 상관(바실리 슉신이 연기함)은 혁명적 대의를 저버린 혐의로 그녀

「코미사르」(알렉산드르 아스콜도프, 1967)에서 혁명 정의를 수행하는 논나 모르듀코바

를 총살하겠다고 농담조로 으름장을 놓는다. 바빌로바는 에핌 마가잔 닉(롤란 비코프가 연기함)과 의미심장하게도 이름이 마리아인 그의 아내 가 거느린 유대인 가정에 숙소를 마련한다. 이들 가정의 행복과 상호 사 랑은 바빌로바의 냉혹성과 현격한 대비를 이루며, 가정생활의 조화는 주변에서 벌어지는 전쟁의 야만성과 대립한다.

이러한 야만성은 마가잔닉의 아이들이 하는 소꿉놀이에서 상징적 으로 비참하게 재현된다. 아이들은 마가잔닉의 큰딸에 대한 집단 성폭 행 흉내가 포함된 모의 포그롬pogrom[유대인 대학살]처럼 내전의 어른들 세계에서 아주 친숙한 장면들을 실연한다. 아이들의 놀이에서 알 수 있 듯이 전쟁은 더 나은 미래에 대한 약속을 부인한다. 이 아이들은 주변에 서 벌어지는 혼란에 희생되지만, 바빌로바의 아기는 태어나면 어머니가 이념적으로 헌신하는 대의에 희생된다. 바빌로바는 아기를 마가잔닉 일가에게 돌봐 달라고 맡겨 놓고 소속 부대에 다시 합류하여 투쟁을 계속한다.

하지만 그럴 가치가 있을까? 영화의 주제 중 하나는 정치적 대의를 위한 싸움이 부질없다는 점이다. 점점 격렬해지는 일련의 광경에서 영화의 이미지와 상징이 결합하여 이를 입증해 준다. 출산 과정에서 바빌로바는 또 다른 정치위원인 아기 아버지를 떠올린다. 그의 죽음과 다른 많은 사람의 죽음, 이뿐만 아니라 중앙아시아 사막에서 길을 찾아 사투를 벌이는 눈먼 사람들과 사막 모래를 베는 큰 낫으로 무장한 병사들의 초현실 장면들을 떠올리기도 한다. 기수 없는 말들은 한 줄로 늘어선 묘지들을 지나 달려가고 출산하는 바빌로바의 외침은 죽어 가는 사람들의 외침과 뒤섞인다. 그녀의 (이름 없는) 연인은 총에 맞아 죽을 때 날아드는 총탄에 가슴팍을 벗어 내미는데, 이는 도브젠코의 1928년 작 『병기고』의 유명한 절정 장면을 패러디로 재연한 것이다. 『병기고』에서 혁명 투사 티모시는 총살 집행자들을 향해 자신의 셔츠를 찢어 가슴을 내민다. 티모시는 총에 맞지 않지만, 아스콜도프의 영화에서는 그런 불사의 신화가 존재하지 않고 남자는 총에 맞아 쓰러져 죽는다.

아스콜도프의 영화는 혁명과 내전의 기초를 형성한 이상들을 의문시하고 영웅주의나 고상한 대의 자체에 관한 어떤 생각에 대해서도 그 허위성을 폭로한다. 바빌로바는 자신의 대의 헌신을 맹목적으로 정당화할지도 모르지만, 어머니로서의 자기 자신과 아기를 배반한다. 바빌로바는 포탄에 초토화된 들판을 성큼성큼 걸어가는 장면에서 마지막으로 등장하는데, 이때 우리는 그녀가 아기를 다시는 볼 수 없으리라는 점을 안다. 아기는 공식 신화가 선전하는 새로운 세계의 상징이 아니라 이상 파괴와 인간 고통의 상징이 된다. 아스콜도프는 바빌로바가 옷을 잘 차려입은 유대인들의 긴 행렬을 바라보는 장면에서 놀랄 만한 플래시 포워드flash forward[진행 도중에 미래 장면 등을 삽입하는 기법]를 전경화하기도 한다. 이때 2차 세계대전 강제노동수용소 수감자들이 시체 안치소로 들어가는 모습이 나온다. 그렇다면 이것은 마가잔닉 일가를 기다리고 있는 미래 운명일 것이다. 가정과 가족애의 관념들도 파괴된다. 그로스만에게 그랬던 것처럼 아스콜도프에게도 볼셰비키와 나치의 파괴적 폭정 사이에는 어떤 차이점도 존재하지 않는다.

1967년에 제작된 『코미사르』는 아스콜도프의 처녀작이었다. 영화는 물론 즉시 금지됐고 아스콜도프도 그 이후 다른 영화 제작이 허용되지 않았다. 영화는 고르바초프 때 비로소 출시됐다. 하지만 1987년 모스크바 영화제에서 첫선을 보이고 소련에서는 1988년 말에서야 출시되는 등 그때도 일부 문제가 없지 않았다.[4] 그토록 많은 의미와 지속적 의의가 있는 영화를 딱 한 편만 만들 수 있었던 소비에트 영화감독은 아스콜도프 외에는 없었다는 데에 의심의 여지가 있을 수 없다.

1960~1970년대 소비에트 영화 산업의 부활을 고려하면, 역사 영화가 상대적으로 적게 제작됐다는 사실은 놀라운 일이다. 이 시기의 영화 제작 수치를 잠깐 들여다보기만 해도 1964년에서 1985년까지 매년 130편에서 158편 사이의 영화가 제작됐음을 알 수 있다.[5] 과거가 이 시기에 다시 복잡한 영역이 되고 있었는데도 조금이라도 지속적 가치가 있는 역사 영화는 그중에 거의 없었다. 니키타 미할코프의 『사랑의 노

---

4 Lawton, 1992, pp. 115~118.
5 Zemlianukhin and Segida, 1996, p. 6.

예』(1976)는 역사를 다루는 데서 있을 수 있는 숨은 위험을 반영한다. 1917년 크림을 배경으로 하는 이 영화에서는 영화 제작진이 영화를 찍으려 한다. 하지만 혁명의 사건들이 악영향을 미친다. 형성 중인 역사는 두 가지 의미가 있다. 미할코프의 영화는 이념적 정통성에 대한 요구와 급격히 사라지는 세계를 기념하고 싶은 소망 사이에 사로잡혀 있다.

그러나 가장 유명한 역사 영화는 1974년에 제작됐으나 1981년에서야 출품된 엘렘 클리모프의 『고뇌』다. 영화는 니콜라이 2세의 마지막 통치 기간을 보여 준다. 특히 구체제의 몰락에서 드러난 그리고리 라스푸틴의 인격과 역할에 초점을 맞춘다. 놀랍게도 황제는 피에 굶주린 전제 군주로서도, 국민과 사회에서 단절된 사람으로도 제시되지 않는다. 그는 오히려 라스푸틴이나 자기 아내에게 자신의 의지를 강제하지 못하는 나약한 인간으로, 그럼으로써 역사적으로 파멸하는 인간으로 그려진다. 클리모프는 신중하게도 1905년의 학살을 흑백으로 촬영하여 다큐멘터리의 신빙성을 부여한다. 여기서 다음과 같은 추론이 분명해진다. 정치적 박해가 확실히 있긴 했지만, 시베리아 수도승의 계획적이고 수치스러운 행위가 없었다면, 군주제는 붕괴하지 않았을지도 모른다. 영화는 구체제가 압도적인 역사 세력에 의해 몰락할 운명이었고 라스푸틴이라는 인물도 단순히 차르 정권의 타락을 보여 주는 하나의 징후였을 뿐이라는 레닌식 언명에 대한 미묘한 거부를 시사한다.

역사에 대해 전혀 다르게 접근한 영화는 안드레이 미할코프-콘찰롭스키의 4부작 『시베리아 서사시』(1979~1980)에서 찾을 수 있다. 이 영화는 20세기 전체를 가로지르며 시베리아의 신비적 역사를 보여 주려고 했다. 실시간 흐름이 뉴스 릴과 다큐멘터리 장면을 사용하는 데서 나오지만, 콘찰롭스키의 실제 관심은 자연주의식으로 세밀하게 찍은 광대한 타이가 처녀림에 사는 사람들의 원시적 삶에 있다. 진보는 길을 닦기 위해 벌목되는 나무들이 끊임없이 쓰러지며 내는 소리로, 시베리아 자연 자원을 개발하기 위해 건설되는 유정으로 가늠할 수 있는데, 이 모든 것은 자연의 몸에 가하는 물리적 손상으로 묘사된다. 여기에는 역사적 사건들에 관한 불편한 견해들도 존재한다. 마을 사람들은 1920년대 말에 진행된 부농 퇴치에 기뻐하는데, 이것이 그들에게 부자들의 모피와 귀금속을 빼앗을 기회가 됐기 때문이다. 이 영화에는 삶의 감각적 물질성, 애욕의 향유에서 오는 삶의 쾌락, 시베리아 신비주의와 샤머니즘 전통에 대한 느낌이 많이 들어 있다. 더욱이 영화는 역사의 '진실'을 위한 역사의 사실들에 대해서는 그다지 많이 언급하지 않는 대신 과거와 현재 속에 동시에 존재하는 공간으로서 시베리아의 신비적 구성에는 더 많은 관심을 기울인다.

조상의 기억과 역사의 부정: 세르게이 파라자노프

세르게이 파라자노프는 안드레이 타르콥스키와 함께 스탈린 사후 소비에트 영화의 위대한 작가주의 감독으로 손꼽힌다. 그루지야-아르메니아 혈통인 파라자노프는 엄밀히 말하면 러시아 민족 영화에 속하지 않는다. 그러나 선조와 문화적 기억에 대한 집착으로 그는 '영화와 역사' 논쟁 안에 굳게 자리 잡는다.

1924년 트빌리시에서 태어난 파라자노프는 전시에 이곳에서 음악을 공부한 이후 모스크바의 전연방국립영화학교VGIK, Vsesoiuznyi gosudarstvennii institut kinematografii를 졸업하고 처음에는 키예프에서, 그런 다음에는 아르메니아와 그루지야에서 활동했다. 그는 1990년 사망하기 전까지 투옥되는 등 공식 박해를 꽤 많이 받았다. 파라자노프의 영화 예술은 20세기 전체 역사에 대한 거부라고 할 수 있다. 그의 영화 예술은 사건과 인물들을 올바르게 배열하는 역사로부터 돌아서서 시각 이미지, 음악, 민속 등 문화적 기억으로서의 역사를 탐구했다.

1964년에 제작된『잊힌 선조들의 그림자』는 과거로만이 아니라 거의 접근 불가능한 머나먼 지역으로도 우리를 데려간다. 영화는 북부 우크라이나 카르파티아 산맥의 구출Gutsul 민족을 배경으로 한다(영화는 우크라이나어로 찍었다). 구출 사람들은 정교 기독교 의례를 지키는 민족이지만, 자연 세계와의 이교적 관계가 이들의 삶을 지배한다. 아이들이 벌거벗고 춤을 추고 지신地神을 불러내는 데서 알 수 있듯이, 야만 행위와 간통, 살인이 자연 세계의 원초적 기쁨과 공존한다.

자연은 생명을 주기도 하면서 앗아가기도 한다. 어떤 여자는 물에 빠진 새끼 양을 구하려다 익사하고 어떤 남자는 쓰러지는 나무에 깔려 죽는다. 새끼 양이 태어나거나 소박한 결혼식이 열릴 때는 생명이 축복받는다. 인간과 자연이 불편하게 공존하는 가운데 폭풍우의 위협은 인간 세계에 부조화를 몰고 온다. 하지만 마법사가 폭풍우를 잠재운다. 이 대가로 그는 신부를 요구해 불행과 죽음을 낳는다.『잊힌 선조들의 그림자』는 파라자노프가 처음으로 만든 주요 영화로, 이미지, 색채, 소리가 만화경처럼 뒤섞여 있다. 여기서 시공간적으로 단절된 벽지의 민족은 현대 문명과 대비를 이루면서 그에 대해 비판한다. 영화는 파솔리니Pier Paolo Pasolini식의 회화적 묘사들을 배열하고 있는데, 이들은 모두 산업과 진보로부터 그야말로 한 세기는 떨어져 있는 구출 민족의 원초적 세계 인식을 강조해 준다.

『석류의 색깔』(1969)도 비슷한 구조다. 이 영화는 18세기 아르메니아 시인 사얏-노바의 삶을 초기 전제로 삼아 전근대성을 찬미하는 또 다른 작품이다. 민속음악이 사운드트랙으로 깔리고 민속 의상과 선명한 색상이 스크린을 물들인다. 시인은 민족 영혼과 문화의 보고나 다름 없다. 기독교가 정신 생활의 의례들을 제공해 주긴 하지만, 기독교 상징은 끊임없이 잠식된다. 시인은 육체적으로 그리스도를 닮았지만, 양 떼들이 교회 안으로 들어가고 날개 없는 인공 천사들이 등장할 때 성경 이야기는 그야말로 그로테스크하게 해석된다. 우리는 사얏-노바가 베 짜는 사람으로 출발한 것밖에는 그의 삶에 관해 아는 것이 별로 없다. 파라자노프는 색채와 소리의 광상곡을 들려주는 데에 관심이 훨씬 더 많다. 이는 한 민족의 초시간적 문화와 이 문화가 자연 세계와 맺고 있는 감각적 관계를 영화로 표현한 것이다. 석류의 색깔은 피처럼 빨갛다.

『수람 요새의 전설』(1984) 역시 신화와 민속에 관한 영화로, 삽입 자막이 들어간 일련의 회화적 묘사가 나온다. 전설에 따르면 수람 요새는 희생이 없으면 적 앞에서 붕괴한다. 희생은 완전히 이타적인 행위와 민속 신앙을 요구하는데, 이 민속 신앙에서 '선행은 잊히지 않는다'는 것은 물질주의와 합리적 믿음(다시 말해 20세기)으로 더럽혀지지 않은 세계와 시간에만 적용될 수 있다. 파라자노프는 여기서 또다시 선명한 색깔과 캅카스 민속음악이 주조를 이루는 사운드트랙으로 스크린을 가득 채운다. 또한, 캅카스 민족들의 삶에서 주된 힘이 되기도 하는 험준한 산악 풍경은 장엄한 배경을 이룬다.

파라자노프는 산업화 이전의 문명을 찬미하는데, 여기서는 인간과 고향 땅의 유대, 선조들과의 정신적·문화적 연결 고리가 상실되지 않는다. 러시아 영화감독들은 과거에서 인식 가능한 사건과 사람들에 집중했지만, 파라자노프는 현대 세계 자체의 합리주의와 그에 따른 물질주의를 거부하고 과거와 현재가 삶의 유기적이고 원초적인 통일체에서 한 부분이 되는 그런 시간을 되돌아본다. 파라자노프에게 역사는 무엇보다도 자연 풍경과의 조화로 발전하고 과거의 기억을 먹고 자라는 인간 영혼에 관한 이야기다.

역사의 재발견: 글라스노스트 시기와 그 이후

고르바초프의 새로운 '개방'이 선사한 자유 시대에 역사 탐구는 정치적 계산 욕구와 자주 중첩됐다. 스탈린주의 과거를 탐구하는 새로운 영화들이 제작되고 브레즈네프 치하에서 금지된 영화들이 스크린에 처음 등장하면서 역사와 정치가 한데 뒤섞였다. 가까운 과거를 다루는 중요한 영화들도 몇 년 사이에 많이 나왔다.

알렉세이 게르만의 『나의 친구 이반 랍신』은 1982년에 완성됐으나 고르바초프가 권좌에 오르기 전인 1983년에 출시됐다. 이 영화는 1930년대를 배경으로 하지만, 현재에 살면서 자신의 유년 시절, 그중에서 특히 자신의 '친구'인 경찰관 이반 랍신을 회상하는 한 노인의 기억을 통해 회고식으로 구조화돼 있다.

영화의 플롯은 솔로비요프라는 사람이 이끄는 범죄단을 쫓는 이반과 관련돼 있지만, 게르만의 카메라는 경찰과 도둑 이야기보다는 지방 소도시의 공동 주택 안에서 벌어지는 삶의 세목에 집중한다. 겨울이 시간적 배경인 이 영화는 타르콥스키식으로 천연색 이미지에서 흑백 이미지로 전환할 때 강화되는 아주 무미건조한 삶을 포착해 보여 준다. 랍신이 무장 해제되어 투항하는 솔로비요프를 냉혹하게 총살하는 마지막 장면은 주변 주택과 들판의 흐릿하고 음산한 색조를 배경으로 할 때 훨씬 더 충격적이다. 한편, 이 영화는 스탈린 시대를 배경으로 하고 있어도 위대한 지도자에 대한 언급은 없다. 그러나 창문과 벽을 치장하고 있는 포스터와 전단들은 그 시대의 정신을 충분히 증명해 준다. 역사는 정치와 역사적 이정표들의 '거대한 그림'으로 만들어지는 것이 아니라, 사소한 물건들과 실패한 사랑, 공동생활의 압박들로 이루어진다.

냉전이 끝나자 '역사의 종말'은 과거에 적대적이었던 정치적·사회적 체제들의 혼재로, 소비자 중심적 자본주의의 승리로 선포됐다. 그렇지만 소련이 존재한 마지막 몇 년 사이에 역사의 종말은 몇몇 사람에 의해 훨씬 더 축자적 의미에서 전유됐다. 카렌 샤흐나자로프의 『제로 시티』(1990)는 어느 지방 소도시에 관해 부조리하면서도 때로는 초현실주의적으로 묘사한다. 여기서는 지방 공장 감독관의 비서가 나체로 책상에 앉아 있고, 세계사의 주요 사건들과 소도시 유명 인사들의 삶을 아우르는 지방 박물관의 전시품들이 깜짝 놀랄 정도로 실물과 닮았다. 역사적 진보는 로큰롤처럼 수입된 서구 경향들의 형태로 다가오고 이를 반대하는 사람들은 오직 자살만을 도모할 뿐이다(하지만 실제로 자살하진 않는다). 주인공 바라킨은 탈출을 시도하지만, 제로 시티 자체처럼 어디로도 가지 못하는 안개에 싸인 강 위의 보트에서 표류한다. 소비에트 사회주의가 마지막 사투를 벌이는 러시아는 시장 중심적 서구 자유 민주의의라는 스킬라Scilla[바다의 소용돌이를 의인화한 여자 괴물]와 강한 국가성, 개인과 국가의 동일시라는 카리브디스Charibdis[머리가 여섯 개인 바다의 여자 괴물] 사이에 갇혀 있다.

영화의 스탈린주의 가면 벗기기는 레닌주의 '규범들'을 복원하겠다고 고르바초프가 공언한 목표와는 상당히 다른 의제를 추구한 영화들에서 1991년 이후 빠르게 계속됐다. 그중에서 가장 유명한 영화는 아마도 니키타 미할코프의 『태양에 지친 사람들』일 것이다. 무엇보다도 1994년에 미국 아카데미 최우수 외국어영화상을 수상했기 때문이었을 것이다. 하지만 많은 점에서 더 의미심장한 영화는 『태양에 지친 사람들』처럼 오스카상 후보(1997년)에는 올랐지만, 수상에는 실패한 파벨 추흐라이의 『도둑』이었다. 미할코프는 1999년에 만든 서사시적 영화 『시베리아의 이발사』를 통해 역사적 논쟁을 계속했다. 한편, 추흐라이의 영화는 전시에 길가에서 일어나는 사냐의 출산 장면과 함께 시작한다. 그런 다음 1952년의 기차 장면이 이어진다. 이때 군인 톨랸이 사냐의 미망인 어머니 카탸를 만난다. 톨랸과 카탸는 몇 시간 뒤 기차에서 성관계를 하고, 이후 함께 살기 시작한다. 몇 개월 사이에 톨랸은 잔인한 아버지 인물을 보여 주지만 그와 사냐는 불가피하게도 더 가까워지고, 톨랸은 어린 소년에게 자신이 사실은 스탈린의 아들이라고 말한다. 그러면서 자신의 가슴에 새긴 독재자의 문신을 보여 준다. 톨랸은 전문 절도범으로 개인 아파트에 침입하려고 소년을 이용하기 시작한다는 사실이 곧 밝혀진다. 나중에 카탸는 유산으로 숨지고 톨랸은 경찰에 붙잡힌다. 약 십 년 후, 이제는 보육원에 들어가 있는 사냐는 철도역에서 톨랸과 우연히 마주치자 옛 기억을 떠올리다 그만 소변을 지린다. 그날 밤 사냐는 수년 전 톨랸이 체포된 이후 몰래 갖고 있던 권총으로 그를 쏜다. 이후 플래시 포워드를 통해 30여 년 후 현재에서, 또는 가까운 상상의 미래에서 탈공산주의 러시아는 내분에 빠져 있고 사냐는 맹폭을 받은 마을을 소개하는 부대 지휘관으로 나온다. 여기서 사냐는 술에 취한 노인과 마주친다. 그는 노인을 톨랸으로 간주하지만, 이는 그의 착각이었다. 이후 사냐는 기차를 타고 길을 떠난다. 이때 사냐는 오십 년 전에 톨랸이 그와 그의 어머니에게 했던 것처럼 어느 젊은 엄마와 아이에게 보드카를 약으로 내민다. 추흐라이의 영화는 부성성에 관한 이야기일 뿐 아니라, 스탈린의 유산, 즉 유령과 그의 계속되는 파괴적 영향력을 몰아내는 데 실패한 국민에 관한 이야기이기도 하다.

『도둑』은 또 다른 아버지인 감독 자신의 아버지에 관한 영화이기도 하다. 그리고리 추흐라이는 1959년에 『병사의 발라드』를 만들었다. 『도둑』은 아들이 자기 아버지의 영화를 다시 만든 것으로 볼 수 있다. 여기에는 『병사의 발라드』에 나오는 심금을 울리는 요소들이 없기 때문이다. 『도둑』에서 러시아는 폭격으로 황폐해진 불모지고, 사람들은 의기소침하고 궁핍하다. 이 영화에서 기차는 혼란과 반목을 일으키는 가운데 톨란에게는 탈출 수단이 된다. 반면 『병사의 발라드』에서 기차는 가정과 가족이 화해하고 재결합하는 수단이 된다. 『도둑』은 '아들'을 방문한 '아버지'의 죄과를 보여 주고 전후 초기 시절 공동 주택의 삶에 관한 끔찍이도 사실적인 그림을 보여 주는데, 이는 『병사의 발라드』에 나오는 햇볕 가득한 시골집들과 현저한 대비를 이룬다. 그리고리 추흐라이는 감동을 주는 영화를 만들었다. 하지만 그의 아들은 러시아 국가와 국민이 파국 속에 빠져 있다고 간주하고 20세기 후반 러시아의 역사적 운명에 의문을 제기했다.

『시베리아의 이발사』는 러시아와 그 국민에 관한 긍정적이고 진심 어린 이미지를 서구에 보여 주고 러시아인들에게는 서구인들이 얼마나 변덕스럽고 위험한지를 보여 주는 두 가지 의제 아래 교묘하게 기획된 영화다. 한편으로, 여기서 19세기 말 러시아는 사람들이 마슬레니차 maslenitsa [봄맞이 축제]에서 캐비아를 한 숟가락씩 퍼먹고, 황제 알렉산드르 3세는 장교들과 함께 보드카로 건배하고, 젊은 러시아 사관 생도들은 떠들썩하고 혈기왕성하긴 해도 주정 부리지 않고 명예로 똘똘 뭉쳐

「시베리아의 이발사」(니키타 미할코프, 1999)에서 줄리아 오몬드, 리처드 해리스, 알렉세이 페트렌코,
올레크 멘시코프

있는 그런 나라로 제시된다. 이런 미덕의 전형은 올레크 멘시코프(당시 마흔 살에 가까웠다!)가 약간 어색하게 연기한 열여덟 살 알렉세이 톨스토이다. 이와 대조적으로 칼라한 부인(줄리아 오몬드)이 대표하는 서구인들은 약삭빠르고 기회주의적이고 위험한 사람들이다. 또 이들은 맥크레켄(리처드 해리스)처럼 돈을 벌려고 러시아 풍경을 사정없이 파괴하는 사람들이다.

이렇듯 제정 러시아 말기를 바라보는 미할코프의 비전은 대개 사회적 박탈감도 정치적 긴장감도 거의 없는 신비주의적인 것이다. 러시아는 스크린을 가득 채우곤 하는 순백의 눈만큼이나 정신적으로 순수하지만, 러시아의 호의와 친절을 너무나 쉽게 악용하고 배신을 일삼는 서구인들이 제멋대로 구는 나라로 제시된다.[6] 러시아 시장은 식품으로 넘쳐난다. 캐비아는 넉넉하고, 보드카는 삶에서 탈출하기 위해서가 아니라 삶을 축복하기 위해서 마신다. 다시 말해 이것은 역사에 대한 느낌을 박탈당한 포스트 소비에트 러시아 사람들이 동일화할 수 있는 이미지일 뿐 아니라, 20세기 말에 다가서는 러시아 사람들에게 보내는 경고이면서 『태양에 지친 사람들』에서 보냈던 것과 그다지 다르지 않은 메시지이기도 하다.

『태양에 지친 사람들』은 1930년대 스탈린의 대숙청 당시 존경받던 적군赤軍 장군의 체포와 연이은 처형을 그린 영화다. 부하들에게 사랑받는 여단장 코토프는 뼛속까지 진정한 러시아인이다. 그는 조국과 스탈린 동지를 똑같이 사랑한다. 하지만 그는 러시아를 떠났다가 최근 귀국한 미탸에게 배신당하고 마침내 파멸한다. 미탸는 서구적 태도와 가치(다시 말해 표리부동하고 냉혈한)를 가진 사람이다. 미할코프의 영화는 하얀 옷을 차려입은 인물들과 함께 햇빛 찬란한 시골의 안식처에서 찍었다. 그러나 소박한 생활 양식은 곧 망가져 영원히 파괴된다. 이는 또 다른 러시아 목가의 종말을 알리는 서곡이다.

영화감독들은 역사——특히 최근 역사——의 저주에 계속 매료됐다. 더구나 이는 러시아에서만 그런 것이 아니었다. 러시아와 프랑스 합작으로 제작된 『동-서』(1999)는 1946년에 스탈린의 권고로 소련을 떠났던 망명 러시아인들의 운명을 보여 준다. 자신들의 외국인 친척들과 함께 다시 소련에 돌아온 이들은 도살장에 들어가는 이상주의적인 어

6 미할코프가 러시아 민족주의 감정에 호소한 것은 영화 자체가 영어로 제작됐다는 점과 러시아 관객을 위해 출시된 판본에서는 미할코프 자신이 보이스 오버를 맡았다는 점을 고려할 때 매우 아이러니하다. 달리 말하자면, 감독은 무엇보다도 먼저 서구 판매에 혈안이 돼 있었고, 러시아 관객은 그다음이었다. 이는 그가 러시아 관객 대중에게 사랑받을 수 있는 접근방식은 아니었다.

린 양들이다. 소련 땅에 도착했을 때 이들을 기다리고 있던 것은 강간과 고문, 처형 또는 강제노동수용소였다. 또는 비밀경찰의 끊임없는 감시 속에 굴욕적인 하루살이 삶을 살 수밖에 없었다. 이와 비슷하게 최근 역사를 솔직하게 분석한 영화로는 히틀러와 그 측근들(보르만과 괴벨스)의 최후를 묘사한 알렉산드르 소쿠로프의 『몰록』(1999)이 있다. 이 영화는 무엇보다도 20세기의 주요 역사 인물들에 관한 절제된 심리학적 탐구로서, 흔히 괴물들로 묘사되곤 하는 사람들을 아주 평범한 사람들로 제시한다. 소쿠로프는 지난 세기의 역사석 핵심 순간 가운데 하나를 골라내서 그로부터 습관적 히스테리와 오명을 제거하고 결함은 있어도 인정할 만한 일단의 인간 존재들을 보여 주는 데 성공한다.

소쿠로프의 영화는 사태의 종말에 관심을 둔다. 이와 비슷하게 글레프 판필로프의 『로마노프가 사람들』(2000)은 1918년 유혈 낭자한 살육으로 절정에 이른 러시아 황가의 최후를 되돌아보면서, 군주제 신봉에 대한 긍정은 잃어버린 러시아의 위대성에 대한 상징으로, 황가의 비극적 운명은 상징적 순교로서 보여 준다. 실제로, 영화는 2000년 8월 러시아 정교회가 황가를 공식 시성한 실제 장면을 보여 주면서 끝난다. 여기서 의미심장한 점은 엘렘 클리모프의 1975년 영화가 음탕한 인물인 라스푸틴에게 많은 주의를 기울였던 반면, 판필로프는 그에 관해 언급하지 않았다는 사실이다. 판필로프에게는 다른 목표물이 있었다. 황제 니콜라이 2세는 볼셰비키들(입성 사나운 상놈들과 악한들)에게 희생됐다기보다는 그가 독일과의 전쟁 수행을 내켜하지 않자 이에 낙심한 그의 장군들에게 희생됐다. 또 여기서 케렌스키는 자만심이 강한 기회주의적 벼락출세자로 그려지는데, 이는 『10월』에서 에이젠시테인이 보여 준 그의 이미지와 다르지 않다. 이와 대조적으로 황제는 1905년 피의 일요

일에 시위 노동자들에게 발포 명령을 내렸다는 것을 부인하지만, 그래도 민족의 '작은 아버지'little father로서 책임을 다하며 국민과의 일체감을 본능적으로 느낀다.

판필로프의 영화는 더할 나위 없이 강렬하다. 영화는 황가를 서로 깊이 사랑하고 똘똘 뭉친 집단으로 묘사한다. 제정 러시아의 종말은 러시아에 재앙 외에는 아무것도 아니다. 하지만 이 영화는 취사선택으로 그린 그림이기도 하다. 영화는 당대의 빈곤과 사회적 갈등에 관해 거의 말해 주지 않기 때문이다. 이런 면에서 영화는 논란을 빚은 스타니슬라프 고보루힌의 다큐멘터리 영화『우리가 잃어버린 러시아』(1992)의 선례를 따른다. 고보루힌의 영화 역시 제정 러시아의 잃어버린 위용과 영광에 바치는 애가로, 예컨대 그리고리 라스푸틴이 궁정의 이미지를 먹칠할 때 했던 역할에 대해서는 침묵한다.

스탈린주의의 암흑은 알렉세이 게르만의『흐루스탈료프, 차를!』(1998)에서 글자 그대로 실현된다. 영화는 대부분 바깥의 암흑이나 침침한 실내에서 찍었다. 흑백 사진을 통해서는 곳곳에 분명히 감지되는 우울과 절망이 강조된다. 영화는 폭군 스탈린이 병상에 누워 죽어 가던 마지막 나날, 다시 말해 1953년 2월을 배경으로 한다.『나의 친구 이반 랍신』과 마찬가지로 이 영화도 이야기가 회상으로 진행된다. 하지만 여기서는 주인공인 의사 클렌스키의 아들에 의해 진행된다. 클렌스키 역시 비밀경찰이지만, 체포되어 시베리아에 유배됐다가 죽어 가는 지도자를 돌보기 위해 복귀했다. 그러나 아무 소용없었다. 게르만의 영화는 인간관계들이 권력과 폭력에 의해서만 규정되고 치료소 환자들과 이들을 치료하는 사람들 사이에 어떤 차이도 없는 강제 지배 사회에 대한 악몽 같은 비전을 담고 있다. 언어적이든 실제적이든 어떤 식으로도 폭력

『황소자리』(알렉산드르 소쿠로프, 2000)에서 마리야 쿠즈네초바와 레오니드 모즈고보이

은 삶의 일상적 사실이며 인간 육체(특히 남성 육체)는 온갖 모욕을 겪는다. 1990년대 문화의 공통 특징인 '추의 미학'을 실천한 이 영화는 인물들이 집단적 광기의 부조리하고 그로테스크한 광경 속에 침을 뱉고 땀을 흘리고 구토하는 모습을 보여 주는 데서 타의 추종을 불허한다.

소쿠로프의 『황소자리』(2000)는 『몰록』처럼 주요 역사 인물들의 일상적 삶을 다룬다. 여기서 레닌은 뇌졸중으로 쓰러져 죽어 가는데, 이제는 그를 돌보는 사람들에게, 심지어 그의 부인 나데즈다 크룹스카야에게도 희롱과 조롱을 당한다. 이런 모습은 미하일 롬의 영화들에 묘사된 레닌의 영웅적 이미지와 정반대다. 여기서 우리는 자신의 육체적·정신적 쇠퇴를 목격하지 않을 수 없는 허약하고 애처로운 사람과 맞닥뜨린다. 스탈린은 동지적 지지를 과시하기 위해 레닌을 방문하지만, 눈앞에서 죽어 가는 사람에 대한 경멸을 거의 숨기지 않는다. 레닌의 유일한 기쁨은 정원에 앉아 새들의 노랫소리를 들으며 죽음에 가까이 다가갈 때 찾아온다. 두 영화에서 소쿠로프가 이룬 성취는 20세기의 가장 중요한 역사적 인물 중 두 명——레닌과 히틀러——을 단순한 인간, 결국 평범한 사람으로 제시했다는 데 있다. 레오니드 모즈고보이라는 한 사람의 배우가 두 인물을 연기했다는 사실은 그러므로 우연이 아니다.

이 영화들은 추흐라이에게서, 특히 미할코프에게서처럼 과거를 맞닥뜨리며 역사를 재평가하고 재발명하고자 하는 포스트 소비에트 문화 담론 안에 포함할 수 있다. 게르만과 소쿠로프는 일부러 불안정한 미학 양식을 통해 단순히 신화만을 전복하지 않고, 폭정의 건축학을 해체하기도 한다. 국가는 '역사'를 더는 통제하고 감독할 수 없으며 역사의 의미도 한때 그랬던 것과는 달리 이제는 그렇게 명료하지 않다.

영화 목록

- 『나히모프 제독』*Admiral Nakhimov*(프세볼로드 푸도프킨, 1946)
- 『고뇌』*Agoniia*(엘렘 클리모프, 1975)
- 『알렉산드르 넵스키』*Aleksandr Nevskii*(세르게이 에이젠시테인, 1938)
- 『병기고』*Arsenal*(알렉산드르 도브젠코, 1928)
- 『병사의 발라드』*Ballada o soldate*(그리고리 추흐라이, 1959)
- 『시베리아의 이발사』*Sibirskii tsiriulnik*(니키타 미할코프, 1999)
- 『전함 포템킨』*Bronenosets Potemkin*(세르게이 에이젠시테인, 1926)
- 『역사의 심판 앞에서』*Pered sudom istorii*(프리드리히 에르믈레르, 1964)
- 『태양에 지친 사람들』*Utomlennye solntsem*(니키타 미할코프, 1994)
- 『석류의 색깔』*Tsvet granata*(세르게이 파라자노프, 1969)
- 『코미사르』*Komissar*(알렉산드르 아스콜도프, 1967)
- 『세바스토폴 방어』*Oborona Sevastopolia*(바실리 곤차로프, 1912)
- 『발트의 대표자』*Deputat iz Baltiki*(알렉산드르 자르히와 이오시프 헤이피츠, 1936)
- 『동-서』*Vostok-Zapad*(레지스 와그니어, 1999)
- 『얼리흐 박사의 마법 총알』*Dr Ehrlich's Magic Bullet*(윌리엄 디털레, 1940)
- 『인간 에디슨』*Edison the Man*(클레런스 브라운, 1940)
- 『상트페테르부르크의 종말』*Konets Sankt-Peterburga*(프세볼로드 푸도프킨, 1927)
- 『로마노프 왕조의 몰락』*Padenie dinastsii Romanovykh*(에스피르 슈브, 1927)
- 『글린카』*Glinka*(레온 아른시탐, 1946)
- 『이반 뇌제』*Ivan Groznyi* 제1부와 제2부(세르게이 에이젠시테인, 1944~1945)
- 『흐루스탈료프, 차를!』*Khrustalev, mashinu!*(알렉세이 게르만, 1996)
- 『코톱스키』*Kotovskii*(알렉산드르 파인침메르, 1950)
- 『쿠투조프』*Kutuzov*(그리고리 코진체프와 레오니드 트라우베르크, 1943)
- 『수람 요새의 전설』*Legenda o Suramskoi kreposti*(세르게이 파라자노프, 1984)
- 『1918년의 레닌』*Lenin v 1918 g.*(미하일 롬, 1939)
- 『10월의 레닌』*Lenin v oktiabre*(미하일 롬, 1937)
- 『퀴리 부인』*Madame Curie*(머빈 르로이, 1943)
- 『미닌과 포자르스키』*Minin i Pozharskii*(프세볼로드 푸도프킨, 1939)

- 『몰록』*Molokh*(알렉산드르 소쿠로프, 1999)

- 『무소르그스키』*Musorgskii*(그리고리 로샬, 1950)

- 『나의 친구 이반 랍신』*Moi drug Ivan Lapshin*(알렉세이 게르만, 1984)

- 『10월』*Oktiabr*(세르게이 에이젠시테인, 1927)

- 『표트르 1세』*Petr Pervyi* 제1부와 제2부(블라디미르 페트로프, 1937~1938)

- 『피로고프』*Pirogov*(그리고리 코진체프, 1947)

- 『로마노프가 사람들』*Romanovy, ventsenosnaia semia*(글레프 판필로프, 2000)

- 『우리가 잃어버린 러시아』*Rossiia, kotoruiu my poteriali*(스타니슬라프 고보루힌, 1992)

- 『잊힌 선조들의 그림자』*Teni zabytykh predkov*(세르게이 파라자노프, 1964)

- 『쇼르스』*Shchors*(알렉산드르 도브젠코, 1939)

- 『시베리아 서사시』*Siberiada*(안드레이 미할코프-콘찰롭스키, 1979~1980)

- 『사랑의 노예』*Rab liubvi*(니키타 미할코프, 1976)

- 『스텐카 라진』*Stenka Razin*(블라디미르 로마시코프, 1908)

- 『알렉산더 그레이엄 벨 이야기』*The Story of Alexander Graham Bell*(어빙 쿠밍스, 1939)

- 『루이 파스퇴르 이야기』*The Story of Louis Pasteur*(윌리엄 디털레, 1936)

- 『황소자리』*Telets*(알렉산드르 소쿠로프, 2000)

- 『도둑』*Vor*(파벨 추호라이, 1997)

- 『레닌에 관한 세 가지 노래』*Tri pesni o Lenine*(지가 베르토프, 1934)

- 『시골 여교사』*Selskaia uchitelnitsa*(마르크 돈스코이, 1947)

- 『제로 시티』*Gorod Zero*(카렌 샤흐나자로프, 1990)

- 『주콥스키』*Zhukovskii*(프세볼로드 푸도프킨과 D. 바실리예프, 1950)

5장
여성과 러시아 영화

오, 살아 있다는 것은 얼마나 달콤한가!
살아 있고 삶을 사랑한다는 것은 얼마나 좋은가!
그녀는 삶에, 존재 자체에 직접 얼굴을 맞대고,
사람의 삶에 얼마나 감사하고 싶었던가!

이 사람이 바로 라라였다. 여러분은 삶과 소통할 수 없었지만,
그녀는 삶의 대표이자 삶의 표현이었고,
불명료한 존재에 부여된 말과 듣기의 천재였다.
(Pasternak, 1992, pp. 351-2)

파스테르나크는 여성적 이상을 숭배하고 여성에게서 순수의 상징을 본 러시아 작가들의 긴 행렬에 서 있던 사람 중 한 명이다. 그런데 순수의 상징은 세계의 냉혹성과도, 남성들에게서 뚜렷이 보이는 용기와 명예 결핍과도 현저히 대비됐다. 19세기——특히 투르게네프——를 되돌아보면 남성 인물들이 여성들을 어떻게 떠받들었는지 알 수 있고 그러한 떠받듦이 20세기에는 특히 끈질겼던 것으로 판명됐음도 알 수 있다. 푸시킨은 대위의 딸(마샤 미로노바)을 가정과 미덕의 모델로 삼았고, 도스토옙스키의 『죄와 벌』에서 소냐 마르멜라도바는 참회하는 주인공 라스콜리니코프에게 정신적 부활로 가는 유일하게 올바른 길을 알려 주었다. 톨스토이의 『전쟁과 평화』에서 활기차고 역동적인 나타샤 로스토바는 어머니 러시아의 생명력을 상징한다. 나타샤의 오빠 니콜라이와 후에 나타샤의 남편이 되는 피에르는 이 어머니 러시아를 위해 나폴레옹에 맞서 싸운다. 다음과 같은 긴 인용문에서 바버라 헬트는 러시아 문학에서 남성이 여성적 미덕에 집착한 것에 대해 논평한 바 있다.

러시아 문학에서 여자들이 어떻게 행동하고 느끼는지, 또는 생각하는지에 관해 일반적 의견이 없는 것은 아니다. 하지만 그런 의견은 전적으로 남자들 몫이었다. 아양 떨지 않기는 아양 떨기로 충분히 균형을 이루고도 남았다. 사실 러시아 소설에서는 러시아 여성의 고결함과 조화를 이룰 만한 것이 러시아 남성의 자기 비하밖에는 없었다. 러시아 남성이 계몽에 이르는 길은 멀기도 한 데다 구불구불하기까지 했다. 반면 러시아 여성은 (사랑에 빠질) 시간이 되면 즉시는 아니더라도 매우 단호하고 직감적으로 삶의 본질을 파악한다. (장편소설, 중편소설 또는 러시아어로는 포베스티 povest, 단편소설을 포함하는) 픽션의 전통을 지배하는 남성 작가들에게 여성은 하나의 패러다임이거나 지름길이다. 제인 오스틴이나 조지 엘리엇에서 볼 수 있는 그런 여성의 점진적 발전, 부활이나 변용에 관한 소설은 러시아에 없다. 어떤 남성 인물들은 지성이나 경험을 통해 배움을 얻고 성장도 하지만, 여성들에게서 일어나는 변화는 자연의 신비로운 소여, 즉 여성성의 신비로운 소여다. 남성 소설에서 여주인공들은 결국 여성들과는 상관없는 목적에 봉사한다. 이런 여주인공들이 남성의 자기 인식 담론에서 실컷 이용됐다. (Heldt, 1987, p. 2)

초창기: 남성 영화의 적극적 여성들

소비에트 영화에서 매우 흥미로운 양상 가운데 한 가지는 역사 영화나 이념 영화들, 심지어 코미디 영화들까지도 공식 정책을 반영하고 장려해야 했지만, 여성 관련 영화들, 그중에서도 때때로 여성이 극본을 쓰고 감독을 맡은 여성 영화들이 아주 뚜렷한 개성을 드러낼 수 있었다는 점이다.

혁명 전 러시아 영화에서 초창기 스타 중 한 사람은 1919년 크림에서 인플루엔자에 걸려 스물여섯 살로 사망한 베라 홀로드나야였다. 홀로드나야는 짧은 이력에도 인기가 엄청나게 많았으며 그녀의 장례식을 찍은 다큐멘터리 필름은 수천 명의 군중이 그녀에게 마지막 경의를 표하는 모습을 담고 있다. 리처드 스타이츠는 이렇게 썼다. "회색의 슬픈 눈을 가진 전직 댄서는 그녀가 살던 셀룰로이드 세계에 생기를 불어넣어 주었다. 그 세계는 부패한 돈, 호화 레스토랑, 샴페인 소풍, 한쪽으로 기울며 밤길을 가르는 최고급 자동차, 비극에 이르는 부정한 사랑으로 가득 차 있었다"(Stites, 1991, p. 245). 홀로드나야는 관객, 특히 여성 관객에게 현대 여성이 누릴 수 있는 기쁨과 보상을 보여 준 러시아 최초의 진정한 여성 슈퍼스타였다.

1920년대에는 여성 역할 모두가 혁명 전 영화와 문학에서 여전히 아주 흔했던 (서구에서도 친숙했던) 판에 박힌 가정성의 수동적·수난적 역할을 계속 이어간 것은 아니었다. 사실 야코프 프로타자노프의 『레스토랑에서 온 사나이』(1927)에서 스코로호도프의 재능 있는 딸은 그녀가 바이올린을 연주하며 일하는 레스토랑의 주인에게 성추행을 당하고, 그럼으로써 혁명 전 부르주아에게 희생되는 (웨이터들을 포함한) 피착취 계급들을 대표한다. 코진체프와 트라우베르크가 1926년에 감독한 영화 『악마의 바퀴』에서는 발랴가 주인공의 여인 역할을 확실히 맡고 있긴 해도 심리적 깊이는 거의 없다. 유리 젤랴부시키가 감독한 1924년 영화 『모셀프롬에서 온 담배 파는 아가씨』에서 아가씨 지나는 주인공이 될 수도 있지만, 자신의 운명 결정에 썩 적극적이지 않아 남성 중심적 영화판에서 성공하려는 여성치고는 깊이 있는 자기인식을 보여 주지 못한다.

그러나 이 시기의 지배적 경향은 강력하고 적극적인 여성들의 등장, 다시 말해 주변 남자들의 문제를 종종 해결해 주곤 하는 결단력 있는 여성들의 등장이었다. 보리스 바르네트의 『모자 상자를 든 아가씨』(1927)에서 안나 스텐이 연기한 인물 나타샤가 그런 여성이었다. 나타샤는 할아버지를 돌보고 여주인 이린의 계략을 물리치며, 마침내 일리야와 진실한 사랑을 이루는 데서 주도권과 추진력을 모두 갖고 있다. 레프 쿨레쇼프의 『법에 따라서』에서 에디스는 유콘Yukon 강 골드러시 시대에 남편 한스, 살인범 포로 마이클과 함께 오두막집에 고립되는 세 사람 중에서 가장 강인하고 냉철하다. 마이클은 영화 초반부에 탐광자 두 명을 살해하는데, 이에 대한 복수로 한스는 마이클을 처형하려고 한다. 그러나 에디스는 정의는 '법에 따라서' 실현돼야 한다고 주장한다. 쿨레쇼프의 영화는 무엇보다도 성격 탐구 영화이자 극단 상황에서 사람들이 어떻게 행동하는지를 파헤친 영화이기도 하다. 에디스는 시간이 흐르면서 기운도 빠지자 마이클을 처형해야 한다는 남편의 주장에 동의한다. 하지만 이들이 만든 교수대가 너무 허술하여 마이클은 살아서 도망간다.

'황금시대' 영화에서는 정치적으로 적극적인 여성 이미지가 기억에 가장 많이 남는다. 1870~1871년 프랑스와 프러시아 간 전쟁을 배경으로 하는 코진체프와 트라우베르크의 『새로운 바빌론』(1927)에서는 파리 여성들이 포위된 코뮌 주민의 이름으로 대포를 구해 내는데, 이는 10월 혁명 이후 널리 선전된 여성 해방 지위를 시대착오적으로 투사한 것이다. 여주인공 루이스는 다른 노동 계급 대표자들과 함께 부르주아 권력에 의해 처형될 때 "코뮌이여 영원하라"고 외치며 끝까지 항거하다 죽는다. 에이젠시테인의 『일반 노선』(1927, 『옛것과 새것』으로도 알려짐)

『어머니』(프세볼로드 푸도프킨, 1926)에서 알렉산드르 치스탸코프와 베라 바라놉스카야

에서 여주인공 마르파 랍키나는 핍박받는 농민에서 마을 공동체의 정신적 지주로, 더 나아가 정치적으로 헌신하는 트랙터 기사로 발전하여 계급의 적들과 여타 마을 사람들의 시큰둥하고 의혹에 찬 태도에 맞서 싸워 승리한다. 이런 마르파의 주도로 농민들은 협동조합에 스스로 들어가 자신들을 착취한 '부농'kulak의 변덕에서 벗어난다.

이 시기에 족쇄를 벗고 정치적으로 헌신하는 여성 중에서 가장 중요한 인물은 아마도 푸도프킨의 『어머니』에 나오는 펠라게야 블라소바일 것이다. 펠라게야는 아들 파벨이 총기 은닉 혐의로 붙잡혀 투옥되는 모습을 보고——본의 아니게 이를 방조하고——그 후에는 상실감과 외로움을 느끼다가 1905년 프롤레타리아 혁명의 대의에 몸을 던진다. 그녀는 혁명의 깃발을 높이 치켜들고 두 눈에는 불을 품고 자신이 곧 전설이 되리라는 것을 마치 아는 듯이 자기 몸을 베려고 하는 적군敵軍 기병 대를 대담하게 뚫어져라 쳐다본다. 이 영화에서는 베라 바라놉스카야 가 연기한 펠라게야에 대한 설득력 있는 묘사도 중요했다. 그녀는 과거 에 핍박받던 여성의 의식 각성은 물론이고, 공포와 절망에서 대의에 대 한 확신과 믿음에 이르기까지 다양한 감정도 성공리에 표현해 냈다. 이 영화가 계속해서 감동적 인상을 준 것은 주로 그녀의 연기 덕분이었다.

초창기 소비에트 영화는 여성을 단지 남성 시선을 만족시키는 성적 매혹의 대상으로만 내세우지는 않으려고 신중을 기했다. 그렇다고 이 것이 남성적 가치 체계로부터의 여성 해방을 선포하는 여성주의의 횃 불을 의미한 것은 아니었다. 새로 확립된 여성 해방 지위는 사회적 진보 와(또는) 정치적 투쟁의 대의들과 의식적으로 동일시됐다. 여성은 오랜 세월 동안 지극히 보수적인 가부장 질서의 희생양이었지만, '프롤레타 리아 독재'가 약속한 새로운 세계에서는 (펠라게야의 예에서 보듯이 그야 말로) 평등과 자유의 모범적 전달자였다.

스탈린 시대에서 침체기까지: 가정성의 재발견

혁명은 가정의 속박에서 여성을 해방해 주었다. 그러나 1930년대 레닌 의 계승자들은 여성 해방의 대의를 특유의 허풍과 모호함으로 대했다. 여성은 일과 재정적 독립을 보장받긴 했어도 자녀 양육과 핵가족의 중심 역할을 수행하는 것을 잊지 말아야 했다. 이는 오늘날에도 많은 러시아 여성이 지는 '이중 부담'이다. 1930년대에 등장한 여성 스타들은 개인적 독립을 어느 정도 보여 주는 적극성을 띠고 있었을지 모르지만, 서사가 끝나갈 무렵에 그들이 이룬 업적은 가부장적 정치 구조 안에 수렴됐다.

류보피 오를로바와 마리나 라디니나가 1930~1940년대에 최고의 여성 스타로 등극한 것은 우연이 아니었다. 두 여성은 이 시대를 대표한 영화감독 그리고리 알렉산드로프, 이반 피리예프와 각각 결혼했기 때문이다.

여성이 농촌에서 특권을 얻을 수 있었던 이유는 남자들이 도시로 이주하여 농촌 지역에 노동력이 부족한 상황에서 여자들이 가사 노동과 반대되는 집단 노동에 적극 참여하도록 장려해야 할 필요성에서 나왔다. 또 다른 이유는 그러한 뮤지컬들이 제작된 문맥에서 나왔다. 즉 남자 영화감독들은 자기 부인의 연기와 노래, 춤을 알리고 싶었던 것이다. 하지만 여성이 평등하다는 것을 강조하고, 따라서 소비에트 생활 양식의 우월성을 강조하기 위한 것도 또 다른 이유였다. (Taylor, 2000, p. 22)

오를로바와 라디니나는 모두 노동 여성을 연기하여 남녀가 직업 전선에서 평등하므로 '여성 문제'도 해결됐음을 소비에트 관객에게 보여 줬다. 이들은 금발머리에 푸른 눈을 가진 스타로, 특히 1930년대 말에 서구 영화를 접할 수 없던 상황에서 할리우드 취향을 소비에트 관객 대중에게 알려줬다. 따라서 이들은 서로 비교 가능한 한 쌍의 신호를 전달해 줬다. 스탈린의 러시아에서는 노동 여성의 전망이 좋다는 점과 러시아 노동 여성은 할리우드 신예 배우들만큼이나 글래머러스하다는 점이 바로 그것이었다.

물론, 다른 여성 스타들도 있었다. 발렌티나 세로바는 라디니나와 오를로바를 모두 대신할 수 있는 젊은 배우로 라디니나보다는 열 살, 오를로바보다는 열다섯 살 더 어렸고, 금발머리에 동안으로 러시아의 여성미와 순수한 생명력을 체현했다. (콘스탄틴 유딘이 1939년과 1941년에 각각 감독한) 『성격 있는 아가씨』와 『사랑스러운 네 사람』에서 아직 이십 대 초반이던 세로바는 의지가 강하고 자발적인 여성 인물을 연기했다. 두 영화에서 세로바는 농장 경영이 비효율적인 상황에서 축산업 문제들도 해결할 수 있고 진정한 사랑도 발견할 수 있는 자신만의 '성격'을 소유한 여성으로 나온다.

베라 마레츠카야는 야코프 프로타자노프와 보리스 바르네트의 무성영화에 출연하기도 했지만, 1939년에 제작된 『정부의 일원』을 통해 특히 명성을 떨쳤다. 이 영화에서 그녀는 정치적으로 의식화되어 남자들, 특히 남편 예핌의 저항을 이겨 내고 집단농장 의장으로 임명되는 핍박받는 농부農婦 알렉산드라 소콜로바를 연기했다. 그녀는 당 정책을 수행하고 고집불통인 농촌 일꾼들, 특히 남자들을 일치단결시켜 농촌에서 진보 세력을 구현한다. 사회적·정치적으로 적극적인 아내를 지지할 수 없던 예핌은 그녀 곁을 떠나 도시로 가서 생계를 이어간다. 예핌이 떠나는 장면은 전적으로 소콜로바의 시점에서 깊은 감정을 담아 촬영됐다.

흥미롭게도 마을의 다른 여자들도 집단적 양식이 더 나은 삶을 제공한다는 점을 남자들보다 더 잘 이해한다. 몇 년 후 예핌은 농장이 파산했을 것으로 기대하고 돌아오지만, 아내가 보통 일요일에만 먹는데 이제는 금요일에도 먹는 파이를 그에게 대접할 정도로 번성하고 있는 농장을 보고 놀란다. 영화감독 헤이피츠도 예핌의 귀향 장면에 담긴 중요한 의미에 관해 다음과 같이 논평한 바 있다.

그러나 이렇게 사무적이고 평범한 "아니요, 금요일이에요"라는 말은 알렉산드라의 내적 승리, 다시 말해 남편과 그의 자기 과신, 자만에 대한 그녀의 승리를 담고 있다. 어쩌면 그녀가 백 년 동안 꿈꾸어 왔을지 모르는 새로운 삶을 건설할 수 있는 알렉산드라의 힘과 능력에 대해 그는 확실히 믿지 않았다. 그런데 지금 그는 주중에, 다시 말해 금요일에 와서 보통 잔칫날에나 먹는 파이를 먹고 있다. (Kheifits, 1966, p. 35)

소콜로바는 마을에서 계급의 적들이 기도한 암살을 모면할 뿐 아니라 지위가 상승하고 정치적 신념도 절대 잃지 않는다. 결국, 그녀는 최고회의에 선출되어 "남편에게 두드려 맞고, 성직자들에게 저주받고, 적들에게 총을 맞아도 여전히 살아 있는 평범한 러시아 농부"로서 당과 미래, 소비에트 권력에 대한 믿음을 표하는 연설로 사람들을 자기 발치 아래 모이게 한다. 영화가 끝날 무렵에는 정치적으로 의식화한 농부와 옛날의 가부장적 폭정에 대비되는 당의 자비롭고 가족주의적인 권위가 한 쌍의 요소로 부상한다.

이와는 다른 여자 배우들도 이 시기에 몇 명 있었다. 소비에트 영화에서 천재적 코믹 배우 중 한 명이었고 여전히 그렇게 남아 있는 파이나 라넵스카야는 보통 그녀에게 쥐여사는 상대역 로스티슬라프 플리야트나 에라스트 가린과 함께 출연하면서 거들먹거리는 구제불능의 심술쟁이 노파 역을 전문으로 연기했다. 타티야나 루카셰비치의 『버려진 아이』(1939)에서 라넵스카야는 모든 장면에 등장해 가엾은 가린을 지배하며 장광설을 쏟아내 커다란 코믹 효과를 자아낸다. 하지만 유감스럽게도 우리는 나데즈다 코셰베로바의 1947년 영화 『신데렐라』에서는 사악한 계모로서 그녀의 계획이 실패하는 모습을 목격한다. 실제로 우리는 그녀가 마지막에 가서 보복당하기를 바란다.[1]

스탈린 이후: 여성성의 재발견

1953년 스탈린이 죽고 '해빙'이 찾아오면서 소비에트 영화가 자체의 인간성을 회복하고 '작은 인간'malenkii chelovek에 관심을 다시 기울였음은 잘 알려진 사실이다. 관심은 '작은 여성'에게로도 확대됐다.『학이 날다』(1957)에서 (10년 후 안나 카레니나를 연기하는 타티야나 사모일로바가 연기한) 베로니카의 형상은 탁월한 연출과 연기로 인간적 취약성과 나약성, 아름다움을 보여 준 한 편의 그림이었다. 베로니카는 전시 폭격으로 부모를 잃고, 그런 뒤에는 약혼자 보리스마저 잃는다. 이후 그녀는 보리스의 가장 친한 친구로 자신을 강간한 마르크와 함께 산다. 관객은 인간적 나약성에 대해 그녀를 비난하기보다는 오히려 그녀를 동정하고 이해하는 쪽으로 초대받는다.

이때는 여성을 감정과 공포를 느끼는 인간 존재로 다시 소개하는 중요한 시기였다. 여성 관객은 그런 여성을 자기 자신과 동일시할 수 있었다. 여성 영화감독은 스탈린 사후 러시아에서 여자란 무엇인지를 명확히 했다. 라리사 셰피트코의『날개』는 여전히 훌륭한 영화로, 사회에서 여성이 담당하고 차지하는 위치와 관련된 중심 주제도 낡아 빠진 것이 아니었다. 전쟁 영웅이었던 나데즈다 페트루히나는 이제 학교 교장 선생님이다. 그러나 현대 세계에 적응하는 데 어려움을 겪는다. 그녀는 자신의 과거 영광을 떠올릴 때만 행복하다. 남성이 지배하는 맥줏집에

---

1 이 두 영화는 루카셰비치와 코셰베로바의 영화감독 경력에서 정점을 찍었다. 루카셰비치 (1905~1972)는 1950년대에 좋은 영화 몇 편(특히 1954년의『성년 증명서』)을 만들었다. 반면 1930년대 레닌그라드에서 코진체프, 트라우베르크와 함께 일했던 코셰베로바(1902~1989)는 팔십 대까지도 활동했지만, 대체로 평범한 영화들을 계속해서 만들었다.

서든, 그녀가 남자들이 차지한 방을 문간에 서서 들여다보는 양녀 타냐의 집에서든, 혹은 오후 여섯 시 이후 그녀 혼자서는 레스토랑에 들어가지 못하는 때든, 셰피트코는 페트루히나를 언제 어디서나 끈질기게 아웃사이더로 포착해 보여 준다. 그녀 자신도 남자 머리 모양을 하고 검정색 정장을 차려입고 다닌다. 그녀가 조금이라도 진정한 소통을 즐길 때가 있다고 한다면, 웨이트리스 슈라와 함께 있을 때뿐이다. 두 여자는 함께 이야기하고 음식을 먹고, 술을 마시고 노래를 부르고 춤을 춘다. 남자들은 닫힌 문 밖에서 이들을 들여다봄으로써 상징적으로 배제된다. 박물관 전시물에 불과한 존재로 보이는 페트루히나는 끝에 가서 비행기를 타고 하늘로 날아오를 때서야 비로소 탈출할 수 있다. 린 애트우드가 논평한 것처럼, "그녀는 여성들에 부과된 제약에서 마침내 해방된다"(Attwood, 1998, p. 361).

셰피트코의 영화는 여성의 고독과 사회적 소외를 설득력 있게 동정적으로 묘사했다. 『짧은 만남』에서 키라 무라토바(p. 159를 보라) 역시 남자들의 감정에 휘둘리는 여자들의 곤경을 집중적으로 다뤘다. 이 시기에 남자들이 감독한 영화들에서 여성의 지위와 역할은 더 상징적이거나 더 '큰' 쟁점들에서 대체로 부차적이었다. 아스콜도프의 『코미사르』(1967)는 이런 점에서 좋은 본보기에 해당한다. 분명히 남자들의 세계에서 여성성을 탐구한 이 영화는 곧 혁명적 가치를 고발하고 (단순히 여성성보다는 오히려) 인간성을 부정한다. 안드레이 미할코프-콘찰롭스키도 『사랑했으나 결혼하지는 않은 아샤 클랴치나의 이야기』(약칭 『아샤의 행복』으로, 1967년에 제작됨)에서 그와 똑같은 것을 보여 줬다. 여기서 여주인공은 두 남자의 결혼 제안을 의식적으로 받아들이지 않고 아기를 자기 혼자 키우기로 한다. 아샤는 밤에 들판에서 아기를 낳는데,

그럼으로써 어머니 자연의 한 부분이 된다. 이는 남자 영화감독이 여주인공을 (상징적으로) 떠받드는 또 다른 예를 보여 준다.

블라디미르 멘쇼프의 『모스크바는 눈물을 믿지 않는다』(1979)와 같은 블록버스터는 여성의 위치를 둘러싼 다양한 해석에 초점을 맞춘다. 하지만 여기서 여자가 남자보다 벌이가 더 좋다 하더라도 여성의 위치는 남성과의 관계 속에서 결정된다. 멘쇼프의 영화는 여성이 어떤 관계 속에서 무엇을 원하는지에 대해 남성 중심의 환원론적 견해를 취하므로 다른 남자 감독들의 결론과 충돌한다. 이오시프 헤이피츠는 1975년에 파벨 닐린의 단편소설 「어리석음」을 원작으로 하여 『나의 유일한 그녀』를 만들었다. 영화는 사랑하는 한 쌍의 남녀 콜랴와 타냐 카사트키나에 관한 이야기다. 두 사람은 타냐에게 애인이 생기면서 결국 이혼하고 헤어진다. 감독은 여주인공이 변심했다는 이유로 그녀를 비난하지는 않는다. 그녀는 남편을 깊이 사랑하지만, 남편이 나약한 탓에 파렴치한 음악 선생 보리스 일리치(홀딱 반할 만큼 멋진 음유시인 블라디미르 비소츠키가 연기함)에게 마음을 빼앗기고 만다. 이후 콜랴는 재혼하지만 술에 빠져들고 타냐는 병에 걸린다. 영화는 두 사람이 철저한 '어리석음'으로 서로 영원히 멀어졌음을 깨닫는 시점에 슬픈 음조로 막을 내린다.

바딤 압드라시토프의 『변호의 말』(1976)에서 여성 변호사 메지니코바는 의뢰인 발렌티나 코스티나에게서 그녀의 남자친구 비탈리에 대한 살해 기도 혐의를 벗겨 주려고 한다. 메지니코바와 발렌티나는 남녀 관계의 본질에 관해 이야기하면서 가까워지는데, 이때 메지니코바는 자신의 약혼자에 대한 감정도 차차 생각해 보게 된다. 발렌티나는 비탈리를 아직도 깊이 사랑하고 있음이 분명하여 집행유예를 선고받는다.

메지니코바는 자신에게 그만한 깊이의 감정이 있지도 않고 전혀 사랑하고 있지도 않다는 사실을 깨닫는다.

남녀 관계의 난처한 본질은 일리야 프레즈가 1985년에 만든 영화 『판사 이바노바의 개인적 사건』에서 아이러니의 암시 그 이상으로 다뤄진다. 타이틀롤의 판사 이바노바(유명 배우 나탈리야 군다레바가 연기함)는 이혼 심리가 전문으로, 젊은 부부들에게 함께 살거나 이혼하게 해주는 일을 하며 업무 시간을 보낸다. 어느 날 남편 세르게이가 십 대 딸 레나의 피아노 선생인 젊은 여자와 눈이 맞아 집을 나가면서 삶은 예술을 모방하게 된다. "나는 정말 많은 사람을 헤어지게 했는데도 그것이 어떤 것이었는지 알지 못했다"고 그녀는 말한다. 영화는 해체된 가족의 감정적 결과, 특히 (영화가 끝날 때쯤 열여섯 살로 밝혀지는) 레나에게 끼친 부정적 영향을 주저 없이 보여 준다. 세르게이가 떠나고 레나도 집에서 뛰쳐나가는 데서 알 수 있듯이 행복한 결말은 존재하지 않는다. 영화가 끝날 때쯤 우리는 레나가 공항에서 떠날 것인지 집에 돌아갈 것인지 망설이며 활주로를 뚫어져라 쳐다보고 있는 모습을 목격한다. 세르게이가 바람을 피운 것은 아내 이바노바가 장시간 집(특히 부엌)을 비웠기 때문이며, 그런 그를 되돌려 세우려는 그녀의 시도도 애초부터 실패할 수밖에 없었다는 것이 명확히 설명돼 있지는 않지만 분명하게 암시돼 있다. 이바노바의 어머니도 이에 놀라지 않고 남자들은 나약하다고 말한다. 두 여자가 공통으로 이해하는 점은 남자는 항상 더 젊고 더 매력적인 여자와 도망가기 쉽다는 것이다.[2]

---

2 이와 똑같은 주제는 1985년 소비에트 그루지야에서 이곳 출신인 라나 고고베리제가 만든 『개인적 문제들에 관한 몇 가지 인터뷰』에서 다뤄졌다. 여기서도 역시 여주인공 소피코는 여기저기 자주 여행하면서 성공적인 경력을 쌓지만, 남편이 바람을 피우고 있다는 것을 알

달콤 쌉쌀한 코미디 영화『가을 마라톤』(1979)에서는 남자 난봉꾼의 형세가 역전된다. 영화는 대학 교수 부지킨(올레크 바실라시빌리)의 시련과 역경을 다룬다. 사십 대 중반의 나이에도 중요한 결정을 내리지 못하는 그의 무능력 때문에 아내도 애인도 모두 그를 버린다. 이와 똑같은 상황이 로만 발라얀의『꿈속의 비행』에서 세르게이 마카로프(올레크 얀콥스키)에게도 일어난다. 갓 마흔 살이 된 그는 인간관계에서 어린애처럼 서툴기만 한 무능력에서 벗어나지 못한다. 그는 아내에게 쫓겨나고, 애인도 다른 (더 젊은) 남자를 만나며, 수년 동안 그를 사모했던 외로운 노처녀마저도 그를 버린다. 모든 사람에게 잊힌 채 홀로 남은 그는 마지막 장면에 가서 자궁처럼 생긴 건초 더미에서 안식처를 발견한다. 이처럼 브레즈네프의 러시아에서는 경제만이 아니라 남녀 관계도 침체해 있었다.

'침체기'의 여성 스타들

『모스크바는 눈물을 믿지 않는다』로 일약 스타가 된 베라 알렌토바는 이후에도 중요한 영화를 계속 찍었고 (1992년 러시아연방 국민예술가 칭호를 포함하여) 상도 몇 개 받았다. 1970년대와 1980년 초에 최고의 찬사를 받은 여성 스타는 1956년『카니발의 밤』이후 엘다르 랴자노프의

지 못하다가 아주 뒤늦게야 깨닫는다. 그러나 여기서는 남편 아르칠이 아내가 너무 많은 시간을 직장에서 보내기 때문에 젊은 여자와 만난다는 것을 분명히 알 수 있다. 게다가 아르칠은 아내의 일이 '거짓'이라고 생각한다. 고고베리제의 도덕적 입장은 스탈린의 강제노동수용소에서 많은 시간을 보낸 소피코의 어머니가 딸이 업무로 나가 있는 시점에 사망할 때 분명해진다.

영화에 꼬박꼬박 출연한 류드밀라 구르첸코였다. 1960년대에서 1990년대까지 출연한 영화에서 구르첸코는 러시아 여성에게 어떻게 하면 나이 사십을 넘어서도 매력적이고 관능적일 수 있는지를 모범적으로 보여 줬을 뿐 아니라, 여성 관객 대부분이 동감을 표하고 동질감을 느낄 수 있는 막다른 관계에 빠진 비슷한 나이의 취약한 여성들을 연기하기도 했다. 오십 대 나이에도 그녀는 우아함과 성적 매력을 잃지 않았는데, 이는 다른 모든 러시아 여성이 선망하는 것(이었고 남자들도 역시 감탄한 것)이었다. 구르첸코는 랴자노프의 1999년 영화『늙은 말들』에서 가슴 위쪽이 드러나는 옷을 입고 나왔을 정도로 글래머러스함을 유지했다.

『코미사르』에서 클라브디야 바빌로바는 논나 모르듀코바가 연기했다. 그녀는 강인한 어머니 역할이 가장 기억에 남는 매우 인기 있는 여배우다.『다이아몬드 팔』(1968),『두 사람을 위한 기차역』(1982)에서처럼 중역을 맡지 않았을 때도 그녀는 코미디와 풍자의 느낌을 확실히 보여 줬다. 하지만 그녀가 맡은 가장 강렬한 역할은 니키타 미할코프의 1983년 영화『친족』과 많은 면에서 이 영화의 속편으로 볼 수 있는 데니스 옙스티그네예프의 1999년 영화『마마』에서 나왔다.

『친족』은 제 기능을 상실한 가족들을 솔직하게 묘사하여 출시 시점에 논란을 빚기도 했다. 마리야 바실리예브나는 남편과 헤어진 딸을 찾아 지방에서 도시로 간다. 그녀는 이들을 화해시켜 보려 하지만, 결국 실패하고 만다. 모르듀코바가 도시에 적응하지 못하는 고집불통에 충동적인 마리야 바실리예브나를 연기했다. 그녀는 선뜻 미소를 짓고 정의를 본능적으로 느끼는 여자였다. 끝에 가서 그녀는 기본적 선량함만으로는 목표를 달성할 수 없으며 인간관계들도 그녀가 애초에 생각한 것보다 훨씬 더 복잡하다는 것을 깨닫는다. 자서전에서 모르듀코바는 이렇게 쓰고 있다. "영화의 아이디어는 분명하다. 그것은 가족이 급속하게 파괴되고 있다는 것, 다시 말해 사람들은 자신들의 친족과 헤어질 때, 또 자신들이 태어난 곳에서 떨어져 나가면 아주 많은 것을 잃는다는 점을 보여 줬다"(Mordiukova, 1998, p. 342).

『마마』에서는 모르듀코바와 함께 올레크 멘시코프, 블라디미르 마시코프, 예브게니 미로노프처럼 1990년대의 흥행 보증수표였던 남자 배우들도 주연급으로 출연했다. 이들은 폴리나 유리예바(모르듀코바)가 낳은 다섯 형제 중 세 명으로, 어머니의 주도로 한때 더 나은 삶을 찾아 미국행 비행기를 공중 납치하기도 한 왕년의 무대 배우들이다. 많은 세월이 흐른 뒤, 어머니는 드넓은 러시아 땅과 포스트 소비에트 시대 '옛 소련 공화국들'에 흩어져 있던 아들들을 찾아내 모스크바에서 다시 한 번 규합하는 데 성공한다. 이들은 불구가 된 멘시코프를 감호소에서 구해 내 마침내 고향 슈야Shuia로 돌아간다. 영화는 유리예바가 전시의 햇빛 가득한 슈야 기차역을 회상하는 장면과 함께 시작하여 이 역에서 햇빛 속에 다시 모인 가족을 보여 주면서 막을 내린다. 이 영화가 모르듀코바의 과거 출연 영화들과 맺고 있는 관계는 『코미사르』의 클라브디야 바빌로바가 막 태어난 아기에게 불러 줬던 것과 똑같은 자장가를 모르듀코바가 혼잣말로 노래할 때 분명히 알 수 있다.

1980년대까지 이어진 1960년대의 가장 중요한 여성 스타는 어쩌면 인나 추리코바일지 모른다. 그녀가 출연한 가장 중요한 영화로는 남편인 글레프 판필로프가 만든 영화를 들 수 있다. 추리코바는 1960년대 초부터 영화에 출연하기 시작했는데, 의지가 강하고 결단력 있는 역할이 그녀의 트레이드마크였다. 『시작』(1970)에서 추리코바는 영화 속 영화의 잔 다르크를 연기하는 지방 여배우 역을 맡았다. 그녀와 유부남 아르카디의 관계가 악화하면서 일어나는 실제 삶의 혼란과 결함은 고문에도 신념을 지키고 타협을 거부하다 결국 화형당하는 잔 다르크의 장엄하고 집중력 있고 활기 넘치는 성격과 대비를 이룬다.

판필로프의 또 다른 영화 『말하고 싶어요』(1976)에서 추리코바는 당에 대한 신념이 확고하고 의지도 강한 지역 관리 우바로바를 연기했다. 하지만 그녀가 더 중대한 역할을 맡은 것은 『주제』에서 프랑스어를 구사할 줄 아는 관광 안내인 사샤로 출연했을 때였다. 사샤는 자연스럽고도 꾸밈없이 말하는 천진난만한 처녀로, 러시아 자체의 순박함과 선량함을 체현한다. 사샤는 영감을 찾아 러시아의 '황금고리'zolotoe koltso 도시를 방문한 작가 김 예세닌(미하일 울랴노프)에게 설원의 고도 수즈달과 같은 순수함과 원칙성을 살짝 엿보인다. 사샤는 지칠 대로 지치고 냉소적이며 허영심이 강한 예세닌과 달리, 진정한 재능을 소유한 시인으로 1934년에 사망한 알렉산드르 치치코프의 작품을 연구한다. 시인의 재능이 영원한 것과는 달리, 예세닌은 타협과 도덕적 굴종으로 살아 있는 죽음을 맞이한다. 그러나 사샤는 예세닌의 뮤즈일지 모른다. 한편, 그녀의 남자친구 안드레이 역시 거짓말로 먹고사는 실패한 작가인데 곧 이스라엘로 떠나려 한다.

좀더 세속적인 관심사는 콘찰롭스키가 『아샤의 행복』속편으로 만든 끔찍이도 사실주의적인 영화 『암탉 랴바』(1994)에서 추리코바가 연기한 아샤 클랴치나의 마음속에 자리 잡고 있다. 아샤는 전작에서와는 달리 자연의 힘을 더는 체현하지 않고, 오히려 포스트 소비에트 러시아의 사회적 붕괴를 상징한다. 상습적 알코올 중독자인 그녀는 모든 현대화와 조직범죄 유입 시도에 맞선 투쟁에서 자신처럼 술에 빠져 사는 마을 사람들을 규합하는 데 성공한다. 하지만 그녀와 나머지 마을 사람들은 어떤 성과도 얻지 못한다. 그래도 아샤는 여전히 마을에서 가장 강인하고 고집스러운 성격이다.

키라 무라토바의 영화

키라 무라토바가 러시아 영화에서 중요한 여성 영화감독이라는 점에는 의심의 여지가 없다. 무라토바는 1959년 전연방국립영화학교 졸업 직후 1960년대 초에 처음에는 남편 알렉산드르 무라토프와 함께 영화를 만들기 시작했다. 무라토바의 영화는 대부분 우크라이나에서 제작됐다. 하지만 감독 경력 초기에 그녀는 검열 기관에 고초를 겪기도 했다. 자신이 주연을 맡으며 한 남자를 똑같이 사랑하는 두 여자 사이의 관계를 묘사한 무라토바의 세번째 영화 『짧은 만남』(1967)은 배급에서 곤란을 겪었다. 영화는 소매업에서 일어난 부정 거래와 특히 소비에트 도시들에서 발생한 주택 위기에 관한 사회적 논평도 약간 포함하고 있다. 무라토바는 소비에트 가정이 수도 공급이 부족하더라도 편의 시설은 갖춘 아파트를 받기 위해서는 장기간 대기를 감내해야 하는 상황에 초점을 맞춘다. 그 밖에 영화는 두 여자, 즉 시골 처녀 나댜와 지역 당 위원회 관리 발렌티나(무라토바)의 회상을 토대로 한다. 두 사람 모두 지질학자로 나오는 막심(블라디미르 비소츠키)과의 관계를 회상하는데, 끝에 가서 우리 앞에는 남자들이 버렸거나 그들이 이용했던 여자들의 쓸쓸한 운명을 담은 장면이 펼쳐진다.

　무라토바의 다음 영화인 『긴 이별』(1971)은 나오자마자 금지되어 1987년에 가서야 상영될 수 있었다. 이 영화도 역시 한 남자와 여자, 그중간에 낀 여자의 십 대 아들 사이에 펼쳐지는 불가능하진 않지만 어렵기만 한 관계를 다룬다. 그 이후 영화들도 남녀 관계의 붕괴를 그린다. 『바깥 세상을 알게 되면서』(1978)에서는 여자들이 강하고 솔직해야만 자신의 길을 갈 수 있다. 남자와 여자들은 직장(여기서는 건설 현장)에서 평등할지도 모른다. 하지만 관객은 감정적 관계에서는 그렇지 않다는 점을 끊임없이 떠올리게 된다. 여자들은 결혼과 인간관계, 일에서도 착취당한다.

『회색 돌 사이에서』(1983)는 지나치게 많이 삭제되어 무라토바가 영화의 극본 작가와 감독으로서의 권리를 거부했을 정도였지만, 그녀의 초기 작품과 포스트 소비에트 시기의 작품 사이를 이어 주는 가교로서 매우 중요한 영화다. 블라디미르 코롤렌코의 단편소설을 원작으로 하는 이 영화는 십 년 뒤 『열정』에서 찾아볼 수 있는 부조리 앙상블 연기와 그녀의 후기 작품을 특징짓는 광기와 소외, 아동의 모티프를 담고 있다. 여기서 아이들은 인형을 닮았다. 이들은 인형들과 사랑에 빠질 수도 있다. 어른들도 개인적 딜레마들에 빠져 불안정하다. 이 영화에서 어른들이 아이들에게 보인 잔인성은 후속 작품들에서 곱절로 앙갚음을 당하는데, 가장 주목할 만한 장면은 『세 가지 이야기』가 끝나는 대목에서 어린 소녀가 불구 할아버지를 독살할 때 나온다.

『운명의 변화』(1986)는 서머셋 모옴Somerset Maugham의 단편소설「편지」를 원작으로 한다. 이 영화도 부조리 요소, 언어적 반복, 인물 간 무의미한 말의 교환을 담고 있다. 이는 1990년대 무라토바의 작품에서 중요한 특징이 된다. 사람들이 서로 빗나가는 말을 하는 바람에 의사소통은 대개 실패한다. 플롯 자체는 남편 살해 혐의로 기소됐다가 석방되는 젊은 여성과 관련돼 있다. 그럼에도 서사에 삽입된 많은 플래시백 사이에는 여자가 남편을 향해 총을 쏘는 충격적인 폭력 장면이 존재하며 우리는 아내의 변호인이 발견한 노트에서 그녀가 남편을 살해할 의도가 있었음을 알게 된다. 그러나 광학적 환영과 특별한 시각 효과를 포함하여 부조리하고 그로테스크한 순간이 아주 많이 나온다는 점을 고려하면, 플롯은 그다지 중요하지 않다. 한 남자는 카메라 앞에서 카드 속임수 기술을 보여 준다. 또 다른 남자는 자기 머리에서 모자가 불타고 있는데도 아주 평온하게 미동도 없이 서 있고 교도소 간수는 여자 수감자의 젖가슴을 태연하게 어루만진다.

『무기력 증후군』(1990)은 붕괴와 쇠퇴에 관한 몹시 우울한 영화로, 동시대 소련 상황을 알레고리에 담아 보여 준다. 영화는 남편을 막 잃고 가눌 길 없는 슬픔에 빠진 여의사를 보여 주며 시작한다. 여자는 행인들에게 욕설을 퍼붓기도 하고, 이웃 환자를 돌보지도 않으며, 주정꾼을 자기 침대로 끌어들이기도 한다. 그러나 절망과 혐오가 뒤섞인 감정 속에 주정꾼을 이내 쫓아낸다. 마지막 에피소드는 격론을 불러일으켰다. 소비에트 영화 최초로 남성 나체의 전면前面이 노출됐기 때문이다. 특히 영화가 끝날 무렵 한 중년 여성이 지하철을 타고 가며 스크린 가득히 외설적인 말들을 구시렁구시렁 내뱉을 때 다른 금기들도 영화 속에서 철저하게 타파됐다. 그 밖에 이 영화에서는 교사가 학생들에게 두드려 맞고 아버지가 십 대 딸에게 물리적 폭력을 가하기도 한다.

『무기력 증후군』은 충격적인 영화지만, 여기에는 특정한 논리와 강력한 힘이 존재한다. 그래서 『무기력 증후군』은 한 편의 영화 그 이상이다. 우리는 우리가 보고 있는 것이 영화 속의 영화, 다시 말해 위기에 빠진 사회에 관한 영화라는 것을 떠올리게 된다. 게다가 사회는 묵시적 파국에 직면해 있다. 무라토바의 영화는 1980년대 말과 1990년대에 제 기능을 상실한 가족, 도덕적·정신적 질병과 사회적 쇠락을 전문으로 묘사한 류드밀라 페트루솁스카야, 발레리야 나르비코바의 문학 작품과 긴밀히 연관돼 있다. 또한, 영화는 포스트모더니스트 블라디미르 소로킨과도 밀접한 관계가 있다. 그로테스크하고 불쾌감을 자주 일으키는 소로킨의 소설들은 언어적 붕괴, 심리적 분열, 과다한 회화, 패러디, 풍자를 특징으로 한다. 이보다 더 중요한 점은 소로킨도 무라토바도 일체의 권위 표현과 심지어 예술적 재현 자체의 본질까지도 조롱하고 해체한다는 사실이다.

『예민한 경찰관』(1992)은 침울하고 그로테스크한 인물들과 부조리한 내러티브로 소로킨과 맺고 있는 관계를 계속 이어간다. 영화는 소련의 마지막 해인 1991년을 배경으로 『무기력 증후군』에서 두드러진 붕괴와 분열의 주제로 회귀한다. 경찰관 콜랴 키릴류크는 수풀에 버려진 아기를 발견해 구조하여 지역 보육원에 맡긴다. 콜랴와 아내 클라바는 그 이후 아기를 합법적으로 입양하려 하지만, 법원은 아기 나타샤를 늙은 노파에게 맡기기로 판결한다. 여기서는 경찰, 몰인정한 보육원 의료진, 법원 판사의 무지 등 모든 형식의 시민적 권위가 조롱을 당한다. 영화에 담긴 도덕은 명확하다. 즉 아이들을 내버리고 그들을 경멸에 가까운 무관심으로 대하는 사회는 가망이 없다는 것이다. 무라토바는 언쟁을 벌이는 이웃들과 싸움을 벌이는 그들의 개 이미지를 병치해 보여 준다. 이들은 인간적 특징이 별로 없으며, 상대방의 말과 불평을 서로 반복하며 자꾸 맴돌기만 하고 의미 없는 대화만 할 뿐이다. 인물들은 광기와 붕괴에 빠지기 직전으로 암흑 속에서나 희미하게 불이 켜진 상태로 서로 떨어진 채 촬영됐다. 이들은 서로 얘기를 나누는 것이 아니라 고함만 지를 뿐이다. 전작에서처럼 여기서도 의사소통은 존재하지 않는다.

사회적 유대의 결핍은 파국의 위협을 가져온다.

『열정』(1994)은 무라토바가 병원의 크로노토프에 점점 더 집착하고 있었음을 계속 보여 준다. 페트루솁스카야가 1980년대와 1990년대에 병원을 자주 묘사했다는 사실을 다시 한 번 비교의 측면에서 주목해 보면 흥미로울 것이다. 영화는 경마 조련과 경주 외에는 플롯이 거의 없다. 무라토바는 러시아 문화유산 아이콘들을 상호텍스트적으로 언급하면서 인물들의 행위에 초점을 맞춘다. 인물들은 클로즈업된 말馬들을 배경으로 여기저기 배회하며 몸짓을 나누고 의미 없는 말들을 읊조린다. 동물 세계와 인간 세계가 다시 한 번 병치되면서 그들 사이에 본질적 차이는 거의 사라진다.

영화가 시작하자마자 정신이 나간 듯한 몇 명의 인물이 관객을 향해 베토벤의 「환희」에 맞춰 큰소리로 웃는다. 이는 십 년 전 타르콥스키의 『향수』에서 완전히 정신이 나간 도메니코의 분신 장면을 관객에게 떠올려 준다. 『열정』에서 경마의 세계는 안나가 남편이 몹시 화를 낼 정도로 사람들이 다 보는 앞에서 브론스키의 낙마에 당황하고 괴로워하는 『안나 카레니나』의 유명한 장면을 언급하기도 한다. 경마장에서는 오르가슴을 느끼는 듯한 여성의 황홀한 비명이 들린다. 이는 죽어 가는 남자들이 내는 신음과 클라브디야 바빌로바가 산통으로 내지르는 신음에 맞춰 기수 없는 말들이 벌판을 가로질러 달려가는 『코미사르』의 한 장면을 패러디한 것이다. 『열정』은 시작도 끝도 없고, 초점도 주제도 없다. 그러나 영화는 러시아 문학의 몇몇 위대한 작품이 남긴 정신 유산을 배경으로 하여 인간적 가치를 거의 상실한 목적 없는 존재를 다시 한 번 그려 보여 준다.

『세 가지 이야기』(1996)는 이때까지 나온 무라토바 영화 중에서 가장 중요하고도 고통스러운 영화다. 세 가지 이야기는 모두 살인과 관련돼 있다. 따라서 영화는 점점 더 커지는 사회의 도덕적 진공 상태에 관한 무라토바의 관심도 더 발전했음을 분명히 보여 준다. 첫번째 이야기에서는 한 남자가 보일러공에게 이웃집 여자를 살해했다고 고백한다. 남자는 여자가 자기 비누를 훔쳐갔다고 그를 비난했다는 이유만으로 그녀를 살해했다고 말한다. 보일러실은 지옥의 구덩이와도 같다. 여기서는 불길 속에 막 들어가기 직전인 끔찍하게 절단된 시신들과 미치광이 보일러공, 공격적인 동성애 남자 한 쌍이 등장한다. 두번째 이야기는 '오필리아'라는 제목을 달고 있어 셰익스피어의 불운한 여주인공 이미지가 곧바로 떠오른다. 그러나 간호사 '오파'Opha(『열정』에서도 간호사 역을 맡았고 이 이야기의 대본을 쓰기도 한 레나타 리트비노바가 연기함)는 여기서 미쳐서 스스로 물에 빠져 죽는 피동적 희생자가 아니다. 이와 달리 그녀는 어렸을 때 자신을 포기하고 입양 보내려 했던 친어머니를 물에 빠뜨려 죽인다. 오필리아는 자기 아이를 보육원에 버린 젊은 엄마를 목졸라 죽일 때 도덕을 완전히 초월하는 단호한 모습을 보인다. 또 그녀는 병원 문서실에서 자기 아이를 버린 사람들의 이름과 주소를 알아내기 위해 의사를 유혹하여 그와 동침한다.

세번째 이야기 '죽음과 소녀'는 또 다른 문학 원전(1970년대 초 칠레에서 일어난 인권 박해에 관한 아리엘 도르프만의 1991년 동명 희곡)을 기본 배경으로 한다. 시골집 테라스에서 휠체어를 탄 채 어린 손녀와 함께 노는 할아버지 역은 베테랑 유명 배우 올레그 타바코프가 연기했다. 할아버지는 제약과 금지 사항을 가지고 손녀를 재미있게 해준다. 하지만 손녀는 조금씩 짜증을 내며 반항하다 마침내 할아버지 음료수에 쥐약을 집어넣는다. 곧이어 할아버지는 고통스럽게 죽어 가고 소녀는 혼자

『세 가지 이야기』(키라 무라토바, 1996)에서 레나타 리트비노바

서 놀이를 계속한다.

　『소수자들』(2001)은 이처럼 끊임없이 출몰하는 끔직한 장면들을 또다시 보여 준다. 영화적 상호텍스트성이 여기서도 미묘하게 나타난다. 광기와 죽음의 친숙한 주제들도 나온다. 그러나 모든 것이 겉보기와는 전혀 다르다. 살인 미수는 우발적 죽음으로 밝혀지며, 우발적 죽음은 다시 피해자가 짐을 사무실에 놓아두고 기차역으로 살아 돌아오면서 전혀 사실이 아닌 것으로 밝혀진다. 사람들은 의미 없는 대화를 나누기도 하고 고함을 내지르기도 한다. 또는 불편하고 심지어 불안정하기까지 한 시각 이미지 속에서 의미 없는 구절들을 통째로 되풀이하며 상대를 향해 이야기한다. 예를 들어, 노출광 남자가 여주인공 베라에게 갑자기 다가와 말을 건다. 또 나중에는 원숭이 인형이 낭만적 포옹을 그로테스크하게 패러디하면서 남자 주인의 혀를 핥는다.

　영화에는 시작도 끝도 없다. 플롯 방향은 집중되기도 하면서 흩어지기도 한다. 그래서 인물들은 완전히 사라졌다가 앞뒤가 맞지 않는 순간에 갑자기 또 나타나기도 한다.『소수자들』은 특히 보이는 방식에서 자의식적인 영화다. 영화는 생생한 색채 유희를 보여 주며(흰색 자동차, 노란색 집, 베라의 빨간색 드레스가 모두 전면에 부각된다) 몇몇 장면에서는 인물들을 그림 옆에 세워 놓거나 스크린을 둘로 분할하는 문짝 안에 끼워 넣으려고 기를 쓴다. 이러한 분기分岐는 머리털을 똑같이 밀어낸 쌍둥이 형제 알료샤와 바샤처럼 인물들로, 온전한 정신과 미치광이 상태, 삶과 죽음, 필멸과 불멸, 정상과 비정상의 모티프로도 확대된다. 이러한 대립 개념들 사이를 끊임없이 오가는 중간 지대는 체첸 마피아가 자신의 운전사-암살자에게 사업 경쟁자를 살해해야만 하는 윤리적·인도주의적 필요성에 대해 설득하는 데서 알 수 있듯이 음산한 유머를 위한 기회를 많이 제공한다.

『무기력 증후군』과 함께 시작하는 1990년대 영화들에서 키라 무라토바는 전체주의와 그 상징들을 철저하게 해체했다. 소련에서 정치권력은 통제와 물리적 강제, '긍정적 주인공'이 예술의 초석으로 중시되는 지배적·공격적 남성성의 이미지들과 관련돼 있었다.『무기력 증후군』과『소수자들』에서 무라토바는 남성 육체를 탈신화화하면서 그러한 개념을 전복한다. 두 영화는 우리 시대를 위한 벌거벗은 아도니스의 화신이라기보다는 병적인 주정뱅이이자 변태성욕자라고 할 수 있다.『세 가지 이야기』의 첫번째 이야기에서 무라토바는 반라의 동성애자가 자기 자신의 진영성campness을 즐기는 가운데 입안 가득히 하는 남성 동성애 키스를 전면에 부각시킨다.

그러나 무라토바는 단순히 권력의 담론을 뒤엎는 것에만 만족하지는 않는다. 그녀는 통제와 조종, 살인을 태연하게 저지르는 레나타 리트비노바의 역할 연기를 통해 공격적 여성성을 확립했다. 무라토바는 고집스러운 여성 복수의 천사에 대한 비전을 대안으로 제시하면서 영화적 관습에 도전하는 동시에 그것을 약화시킨다. 그녀가 보여 준 남녀 관계의 그림은 너무 황량한 나머지 여기서는 탈전체주의 사회도 미치기 일보 직전에 있다.[3]

후기 소비에트와 포스트 소비에트 영화: 모성성에서 마피아로

『외로운 여자가 반려자를 찾습니다』(뱌체슬라프 흐리시토포비치, 1986)에서 클라바는 마흔세 살로 여전히 독신이다. 그녀는 반려자를 애타게 찾던 중 구혼자는 연락하기 바란다는 광고를 낸다. 이제는 집도 희망도 없이 알코올 중독자 신세가 된 전직 곡예사 발렌틴이 찾아온다. 곧이어 어색한 관계가 시작된다. 하지만 발렌틴이 갑자기 마을을 떠나면서 클라바는 다시 홀로 남는다. 흥미로운 점은 주변 사회가 독신 여성을 대하는 태도다. 지역 자원봉사 단체들(여기서는 소년단 조직)은 밑도 끝도 없이 클라바가 지독히 남성적인 여자 상사에게 해고될 위험에 놓여 있으므로 도움을 받아야 한다고 생각한다. 독신에다 중년의 나이에 가까워진다는 것은 후기 소비에트 사회에서 분명히 낙인과도 같다. 클라바와 이웃집 여자처럼 독신 여성들은 오직 상호 이해로만 진정한 연대를 이

---

3 그레이엄 로버츠는 다음과 같이 논평했다. "무라토바의 비전은 (……) 굉장히 부조리하다. 즉 삶은 혼란스럽고 무의미하다. 우리 인간들이 죽음을 피하기 위해 할 수 있는 것이라곤 아무것도 없으며 더 높은 영역으로 가는 초월을 가져다줄 수 있는 것은 아무것도 없다. 우리가 할 수 있는 일이라곤 이야기를 들려주고, 미아들을 입양하고, 말을 타고, 그림을 그리고, 심지어 영화를 찍으면서 '열정'을 통해 이 '부조리한' 진실로부터 우리 자신이 벗어나도록 하는 것이 전부이다. 하지만 결국 탈출구는 없다." Roberts, 1999, p. 160.

룰 수 있다.

비좁고 갑갑한 부엌과 협소하고 어두컴컴한 복도, 자동차 조수석을 찍은 장면에서 알 수 있듯이, 이 영화에서 감독이 여성의 공간을 촬영한 방식은 클라바가 남자 없이 사는 세계의 숨 막힐 듯하고 굴욕적인 본질을 강조해 준다. 더욱이 그녀는 연줄이 좋은 친구에게서 조롱과 동정을 번갈아 받기도 한다. 이 영화는 감독이 남성임에도 클라바의 세계가 남성적 이념에 통제받지 않고 그녀 자신의 눈으로 제시된다는 점에서 주목할 만하다. 클라비는 싱처받기 쉽지만, 강인한 여자다. 하지만 그녀의 문제는 그대로 남는다. 이상적 남편도 행복한 결말도 없기 때문이다.

이처럼 흐리시토포비치는 심판도 이상화도 하지 않는다. 반면 다른 러시아 남성 감독들은 전 세계 남성 감독들과 마찬가지로 여자들, 다시 말해 그들의 육체와(또는) 영혼을 이상화했으며 여성 인물들을 아름다움이나 순수함의 추상적 이미지로 바꿔 놓았다. 이러한 이상화는 전체주의 붕괴 이후에도 사라지지 않았다. 예를 들면, 알렉산드르 소쿠로프의 『어머니와 아들』(1997)에서는 죽어 가는 어머니가 옐친 시대의 불안과 혼란 속에서 고통받는 어머니 러시아를 상징한다.

이와는 아주 다른 부류의 어머니가 파벨 추흐라이의 1987년 영화 『그렇게 나를 기억해 주세요』에서 중심 위치를 차지한다. 마리야 이바노브나 키레예바는 레닌그라드('혁명의 도시')에 사는 퇴역 당원이자 완고한 볼셰비키다. 어느 날 키레예바의 생일을 다 함께 모여 축하하기 위해 가족이 시베리아에서 찾아온다. 1930년대에 레닌그라드 당 총책 세르게이 키로프와 함께 일했던 마리야 이바노브나는 과거의 영광을 먹고 사는 사람이며, 그녀의 아파트는 고인이 된 혁명가들을 위한 제단이나 다름없다. 그녀는 심지어 빨간색 드레스를 차려입기도 한다. 그녀는 술 취한 이웃이든 배급 행렬이든 심지어 자기 가족이든 현대 세계의 모든 것을 거부한다. 하지만 가족은 바로 그녀 때문에 제 기능을 상실했음이 곧 분명해진다. 그녀의 생일을 축하하기 위한 저녁 식사 자리에서 비밀이 쏟아져 나오면서 참석한 세대 전체가 악행을 저지를 수 있다는 사실이 밝혀진다. 마리야 이바노브나는 가족도 자신처럼 이념에 헌신하리라고 기대하면서 거짓말을 하며 살았고 강제노동수용소에서 죽은 남편에 관한 진실도 숨겼다는 것을 마침내 깨닫는다. 독일군의 포로였던 남편은 전쟁 이후 체포됐다. 하지만 영화가 끝날 때는 가족 모두가 테이블에 놓인 빵과 포도주를 마시며 상징적인 기독교 성찬 속에 하나가 되고, 그럼으로써 미래를 위해 거짓의 힘을 극복한다.

1980년대 말에는 젊은 여성들을 좀더 도전적으로 묘사하는 영화들이 제작됐다. 바실리 피출의 베라(『작은 베라』(1988), 나중에 『플레이보이』잡지 한가운데 페이지 사진을 장식하고 1990년대 초 미국 영화에 출연하기도 한 나탈리야 네고다가 연기함)는 가족이 자신에게 강요하는 고된 일과 낮은 기대 수준의 삶보다는 뭔가 더 많은 것을 바라면서 막막한 산업 도시인 고향을 떠나고 싶어 한다. 베라는 반체제 개인주의자인 세르게이에게 매력을 느끼고 그와 더 나은 삶의 약속을 동시에 사랑하게 된다. 하지만 마지막에 가서 사랑과 용서만이 더 나은 삶을 가져올 수 있음을 어쩔 수 없이 인정하고 가족 품에 남는다. 표트르 토도롭스키의 『인터 걸』에서 달러벌이 매춘부 타냐는 스웨덴 사업가와 결혼해 이민을 떠날 때 그녀가 꿈꾸던 삶을 이뤘을지도 모른다. 그러나 러시아를 벗어나자마자 타냐는 후회와 향수로 괴로워한다. 그녀는 고향으로 돌아가려고 스톡홀름 공항으로 가는 도중에 그만 자동차 사고로 사망하면서 조국을 '버린' 죄로 벌을 받는다. 여기서 전하는 메시지는 분명하다. 착한 여자들은 가족과 함께 러시아에 남아 있어야 하고 그들의 (정든) 고향 너머에 대해서는 생각하지 말아야 한다.

드미트리 아스트라한의 영화『그대는 나의 유일한 여자』(1993)는 이처럼 '탈출의 동화'를 거부하고 새로운 '인내와 생존 신화'(Graffy, 1999, p. 167)를 확립한 최근 경향의 일부를 대표했다. 예브게니는 의사 아내 나타샤, 십 대 딸 올랴와 함께 비좁은 공동 주택에서 산다. 그는 거의 이십 년 만에 젊은 시절 애인 안나를 다시 만난다. 로스앤젤레스에서 성공한 경영 간부가 된 안나는 현재 상트페테르부르크에서 예브게니가 다니는 회사를 인수하는 절차를 감독하고 있다. 안나는 그에게 자신과 함께 미국으로 가서 새로운 삶을 시작하자고 말한다. 그는 마음이 흔들렸지만, 자신의 환경이 궁핍하고 생활 조건도 절대 이상적이지 않아도 러시아 영혼에 충실하고자 가족과 함께 남는다.

물리적 생존 역시 포스트 소비에트 시대 영화에서 중요한 주제였다. 여성들은 점점 더 남자가 아닌 자기 자신들에게 서로 의지해야만 생존할 수 있었다. 엘다르 랴자노프의 코미디 영화『늙은 말들』(1999)은 자신들의 합법적 재산을 되찾기 위해 깡패들에 맞서 싸우는 중년의 미혼 여성 네 명에 관한 이야기다. 어려운 시절을 만난 이들은 벼락부자 기업가들의 테스토스테론이 가득한 현대 세계를 대표하는 사나운 젊은 사내들의 먹잇감이 된다. 하지만 이들은 현대 세계와 게임을 벌여 승리한다. 저장용 목초를 BMW 자동차에 가득 채워 넣는다든지, 카지노에서 이긴다든지, 깡패 두목을 유혹한다든지 하여 게임에서 승리하는 것이다.

이 영화는 분명히 랴자노프 자신의 복수 환상을 실연하고 있다는 점에서 흥미롭다. 여기서 랴자노프는 가치들을 재주장하고 사회를 망치다시피하는 '새로운 러시아인'들을 조롱하고 있기 때문이다. 게다가 네 여성의 역할은 소비에트 시절부터 아주 유명했고 인기도 많았던 류드밀라 구르첸코, 리야 아헤자코바, 스베틀라나 크류치코바, 이리나 쿱첸코가 연기했다. 네 사람은 십 년 전 혹은 그 이전의 인물들을 어느 정도 반복하고 있었는데, 이들이 유명해진 것은 그 인물들 덕분이었다. 쿱첸코는 지식인 같은 인물, 구르첸코는 바람피우길 좋아하는 인물, 아헤자코바는 미덥지 못한 감정적인 인물, 크류치코바는 혹사당하기는 해도 실용주의적인 인물이었다. 마지막에 가서는 랴자노프도 네 여자의 범죄 혐의를 벗겨 준 판사로 나와서, 여자들이 군용 트럭을 타고 떠날 때 자신의 주역 배우들(대부분 수년 동안 랴자노프의 영화에서 좋은 연기를 보여 줬다)에게만 아니라 자기 자신의 과거 영광에도 작별을 고하기라도 하듯이 그들을 향해 손을 흔들어 배웅한다.

러시아 문학에는 남성 지배와 사회 안정을 뒤흔드는 위험한 여성 섹슈얼리티 전통이 존재한다. 그러나 안나 카레니나, 카테리나 이즈마일로바와 같은 인물들은 그러한 남성적 가치들이 살아남도록 죽어야만 했다. 또한, 이들은 다른 여자들에게 자기 위치를 알아야 한다는 점도 보여 줘야만 했다. 하지만 영화(문학 각색 영화들과 다르게)에서는 이런 이미지가 거의 존재하지 않는다. 여자들은 본래 자리로 돌아가거나 외로운 삶을 사는 운명으로, 얌전하고 순종적이며 가정에 익숙한 모습으로 남아 있다. 그러나 여기서 무라토바의 여성 인물들은 분명히 중요한 예외다.

'황금시대'의 여성들은 대개 정치적 측면에서 묘사됐다. 다시 말해 신세계 건설 투쟁에 기꺼이 참여한 투사로, 아니면 이 세계에서 새롭게 해방된 여성의 본보기로 제시됐다. 1930년대와 1940년대에는 열심히 일하는 트랙터 기사도 계획을 완수하기만 하면 할리우드풍 글래머의 아이콘들을 품에 안을 수 있었다. 스탈린 사후에는 여자들이 그야말로 되살아났지만, 소비에트 사회의 가부장적 가치 체계에서 벗어날 수는 없었다. 여성들이 성적으로 적극적이고 독립적일 수도 있었던——그야말로 그녀의 남자친구 '위에' 올라타 있었던 베라처럼——자유로운 1980년대와 1990년대에도 그들은 여전히 감정적으로 남성들에 종속돼 있었고 남자들 없이는 미래를 볼 수 없었다.

하지만 러시아의 델마와 루이스도 존재한다. 발레리 토도롭스키의 『귀머거리의 나라』(1998)에서는 여자들이 강하다. 이들은 남자들이 약하므로 강해야만 했다. 평범한 직장 여성 리타는 남자친구가 폭력배들과 충돌하게 되면서 위험한 음모에 연루된다. 그녀는 심지어 남자친구에게 돈을 마련해 주기 위해 매춘부로 일하려고도 한다. 야야("나는 모든 남자를 증오해. 남자들은 모두 비열해")는 청각 장애인으로 스트립쇼 무희로 일한다. 끝에 가서 리타와 야야는 자신들을 약탈하는 폭력배들에게 마침내 승리를 거둔다. 폭력배들은 자기들끼리 총을 쏴 죽고 죽이고 두 여자는 악의 소리가 들리지 않는 귀머거리의 나라에 단둘이만 남는다.[4]

---

4 토도롭스키의 『카탸 이즈마일로바』가 할리우드와 프랑스 느와르 영화에 빚을 많이 지고 있다는 점은 이전 장에서 지적한 바 있다. 『귀머거리의 나라』는 세련된 인테리어와 비정상적 인물들로 장-자크 베넥스의 『디바』와 공통점이 많이 있지만, 프랑스 영화를 특징짓는 오페라 발췌곡 대신 활기찬 재즈 곡목을 사용한다.

영화 목록

- 『무기력 증후군』*Astenicheskii sindrom*(키라 무라토바, 1990)
- 『회색 돌 사이에서』*Sredi serykh kamnei*(키라 무라토바, 1983)
- 『가을 마라톤』*Osennii marafon*(게오르기 다넬리야, 1979)
- 『짧은 만남』*Korotkie vstrechi*(키라 무라토바, 1967)
- 『형제 2』*Brat 2*(알렉세이 발라바노프, 2000)
- 『법에 따라서』*Po zakonu*(레프 쿨레쇼프, 1926)
- 『카니발의 밤』*Karnavalnaia noch*(엘다르 랴자노프, 1956)
- 『암탉 랴바』*Kurochka Riaba*(안드레이 미할코프-콘찰롭스키, 1994)
- 『모셀프롬에서 온 담배 파는 아가씨』*Papirosnitsa ot Mosselproma*(유리 젤랴부시키, 1924)
- 『신데렐라』*Zolushka*(나데즈다 코셰베로바, 1947)
- 『서커스』*Tsirk*(그리고리 알렉산드로프, 1936)
- 『맑은 하늘』*Chistoe nebo*(그리고리 추흐라이, 1961)
- 『코미사르』*Komissar*(알렉산드르 아스콜도프, 1967)
- 『학이 날다』*Letiat zhuravli*(미하일 칼라토조프, 1957)
- 『시작』*Nachalo*(글레프 판필로프, 1970)
- 『악마의 바퀴』*Chertovo koleso*(그리고리 코진체프와 레오니드 트라우베르크, 1926)
- 『다이아몬드 팔』*Brilliantovaia ruka*(레오니드 가이다이, 1968)
- 『꿈속의 비행』*Polety vo sne i naiavu*(로만 발라얀, 1982)
- 『열정』*Uvlecheniia*(키라 무라토바, 1994)
- 『버려진 아이』*Podkidysh*(타티야나 루카셰비치, 1939)
- 『사랑스러운 네 사람』*Serdtsa chetyrekh*(콘스탄틴 유딘, 1941)
- 『일반 노선』*Generalnaia liniia*(세르게이 에이젠시테인, 1929)(이후 『엣것과 새것』*Staroe i novoe*으로 출시됨)
- 『바깥세상을 알게 되면서』*Poznavaia belyi svet*(키라 무라토바, 1978)
- 『성격 있는 아가씨』*Devushka s kharakterom*(콘스탄틴 유딘, 1939)
- 『모자 상자를 든 아가씨』*Devushka s korobkoi*(보리스 바르네트, 1927)
- 『트루브나야 거리의 집』*Dom na Trubnoi*(보리스 바르네트, 1928)
- 『인터걸』*Interdevochka*(표트르 토도롭스키, 1989)

- 『말하고 싶어요』*Proshu slova*(글레프 판필로프, 1976)

- 『친족』*Rodnia*(니키타 미할코프, 1983)

- 『귀머거리의 나라』*Strana glukhikh*(발레리 토도롭스키, 1998)

- 『작은 베라』*Malenkaia Vera*(바실리 피출, 1988)

- 『외로운 여자가 반려자를 찾습니다』*Odinokaia zhenshchina zhelaet poznakomitsia*
  (뱌체슬라프 흐리시토포비치, 1986)

- 『긴 이별』*Dolgie Provody*(키라 무라토바, 1971)

- 『마마』*Mama*(데니스 옙스티그네예프, 1999)

- 『레스토랑에서 온 사나이』*Chelovek iz restorana*(야코프 프로타자노프, 1927)

- 『정부의 일원』*Chlen pravitelstva*(알렉산드르 자르히와 이오시프 헤이피츠, 1939)

- 『소수자들』*Vtorostepennye liudi*(키라 무라토바, 2001)

- 『모스크바는 눈물을 믿지 않는다』*Moskva slezam ne verit*(블라디미르 멘쇼프, 1979)

- 『어머니』*Mat*(프세볼로드 푸도프킨, 1926)

- 『어머니와 아들』*Mat i syn*(알렉산드르 소쿠로프, 1997)

- 『나의 유일한 그대……』*Edinstvennaia...*(이오시프 헤이피츠, 1975)

- 『새로운 바빌론』*Novyi Vavilon*(그리고리 코진체프와 레오니드 트라우베르크, 1927)

- 『늙은 말들』*Starye kliachi*(엘다르 랴자노프, 1999)

- 『판사 이바노바의 개인적 사건』*Lichnoe delo sudi Ivanovoi*(일리야 프레즈, 1985)

- 『그렇게 나를 기억해 주세요』*Zapomnite menia takoi*(파벨 추흐라이, 1987)

- 『성년 증명서』*Attestat zrelosti*(타티야나 루카셰비치, 1954)

- 『예민한 경찰관』*Chuvstvitelnyi millitsioner*(키라 무라토바, 1992)

- 『개인적 문제들에 관한 몇 가지 인터뷰』*Neskolko interviu po lichnym voprosam*
  (라나 고고베리제, 1985)

- 『두 사람을 위한 기차역』*Vokzal dlia dvoikh*(엘다르 랴자노프, 1982)

- 『사랑했으나 결혼하지는 않은 아샤 클랴치나의 이야기』*Istoriia Asi Kliachinoi, kotoraia liubila da ne vyshla zamuzh*(안드레이 미할코프-콘찰롭스키, 1967)(『아샤의 행복』*Asino schaste*)

- 『토르조크의 재봉사』*Zakroishchik iz Torzhoka*(야코프 프로타자노프, 1926)

- 『주제』*Tema*(글레프 판필로프, 1979)

- 『세 가지 이야기』*Tri istorii*(키라 무라토바, 1996)

- 『바싸』*Vassa*(글레프 판필로프, 1983)

- 『날개』*Krylia*(라리사 셰피트코, 1966)

- 『변호의 말』*Slovo dlia zashchity*(바딤 압드라시토프, 1976)

- 『그대는 나의 유일한 여자』*Ty u menia odna*(드미트리 아스트라한, 1993)

6장
영화와 이데올로기

최근 현대사의 반세기에 항상 그랬듯이, 고상하게 빛나는 이론과 비열한 도덕적 야비함이
웬일인지 자연스럽게 서로 뒤섞였고, 하나가 다른 하나로 쉽게 뒤바뀌었다.
(Solzhenitsyn, 1975, p. 544)

가레스 존스는 이렇게 쓰고 있다. "현대 러시아 문학이 처음 출발할 때
부터 러시아 작가들은 정치를 의식적으로 다뤘다"(Jones, 1998, p. 63).
19세기 러시아 작가들이 스스로 떠맡은 스승과 도덕적 길잡이의 역할
을 고려해 본다면, 작가들(몇 명만 손꼽아 보자면, 푸시킨, 네크라소프, 벨
린스키, 투르게네프, 체르니솁스키)은 당대의 정치 현안에서 절대 멀리 떨
어져 있지 않았음을 알 수 있다. 실제로 어떤 작가(예컨대 톨스토이와 도
스토옙스키)는 정치적 사유와 정치적 과정에 영향력을 행사하려 했다.
1825년 데카브리스트 봉기, 1861년 농노 해방과 같은 19세기의 중요한
역사적·정치적 순간들은 당대 작가들에게서 영향을 받기도 했지만, 러
시아 문학의 미래에 심대한 영향을 끼치기도 했다.

　이데올로기는 1917년 2월 로마노프 왕조의 몰락과 함께 영화 속에
들어왔다. 『어두운 세력: 그리고리 라스푸틴과 그의 동료들』, 『유다의
손아귀에서』, 『정부의 기만』, 『혁명가』, 『부르주아』, 『인민의 적』 등 이때
나온 일부 영화의 제목을 잠깐 보기만 해도 반군주적이고 급진적인 대
중 분위기를 충분히 파악할 수 있다. 내전 시기에 백군白軍을 흠집 내고

176 러시아 영화

조롱할 목적으로 제작된 짧은 선동 영화들agitki은 『세계 프롤레타리아여, 단결하라』, 『붉은 깃발을 위하여』, 『겁을 집어먹은 부르주아』, 『오두막집에는 평화를, 궁전에는 전쟁을』처럼 약간 색다르긴 했어도 선전 경향이 농후했다(Kenez, 1992, pp. 5~6). 소련이 종말을 맞이할 무렵에는 이데올로기가 분명히 침묵했고 심지어 붕괴하기까지 했으나, 이데올로기의 명령은 소련 영화 산업이 존재하는 동안 계속 남아 있었다.

투쟁으로서의 정치: 스탈린 시대

소비에트 영화는 1920년대에 들어와서야 진정한 이데올로기 색채를 띠었다. 유럽의 다른 지역, 특히 초현실주의자들이 시각 유희, 애니메이션, 슬로 모션 기술과 환각에 몰두하고(예를 들면 만 레이와 르네 클레르, 특히 루이스 부뉴엘의 영화들) 꿈과 무의식이 현실 인식의 열쇠가 된 프랑스에서 예술가들은 영화를 시로 간주했다. 20세기 초에 조르주 멜리에스, 샤를 파테와 같은 선배들이 개척한 획기적 기교와 시각적 효과를 바탕으로 이들은 스크린 위에서는 사람들이 사라질 수도 있고 심지어 달로 날아갈 수도 있으므로 영화 자체가 논리나 합리성에 종속되지 않고 초현실적인 것이라는 인식을 발전시켰다. 이탈리아, 프랑스, 독일 영화와 영국의 세실 헵워스가 만든 영화는 클로즈업, 트래킹 쇼트, 크레인 쇼트, 샤프 에디팅과 심지어는 핸드 컬러링까지 사용하여 동화상의 힘을 끌어올리고자 했다. 그러나 소비에트 러시아에서 상상력의 힘은 정치적 목적에 이용됐다. 볼셰비키들은 우리가 세계를 바라보는 방식이 아니라 세계 자체를 바꾸고자 했다.

하지만 정확히 여기서 문제를 짚고 넘어가야 한다. '황금시대' 소비에트 영화는 사실상 국가와 결탁해 있었고 국가의 이데올로기를 적극 조장했는데 어떻게 혁명적이라고 할 수 있을까? 영화가 국가의 후원을 받는데 어떻게 급진적일 수 있을까? 설령 국가가 외국에서 정치적 전복과 선동을 적극 장려할지라도 말이다. 소비에트 영화의 급진적 자격을 논할 때는 '혁명적인' 영화가 반드시 반국가적이어야 한다는 관념은 버려야 한다. 볼셰비키 국가는 자본주의 세계와 의식적으로 대립했고 자본주의 세계의 정치·경제 구조를 뒤엎어 타도하기 위해 작동했다. '황금시대' 소비에트 영화는 바로 이런 목적에 열성적으로 봉사했다.

러시아 영화, 특히 소비에트 영화에서는 정치와 이데올로기가 긴밀히 연결돼 있다. 이미 살펴봤듯이, 그래서 이들은 역사 영화, 전쟁 영화, 여성 영화, 각색 영화 등 각기 다른 장르 속으로도 맞물려 들어갔다. 명백히 정치적인 초창기 영화로는 레프 쿨레쇼프의 『죽음의 광선』이 있다. 이 영화는 이후 소비에트 영화들에서 흔히 볼 수 있는 모든 요소를 담고 있다. 시가를 질겅질겅 씹는 자본주의자들과 노동 계급을 절대 복종시키려는 극악한 파시스트들이 대표적인 예다. 돈의 유혹은 너무나 강렬하여 같은 가족끼리도 재산 상속을 놓고 서로 죽고 죽이지만, 노동자들은 기계와 사회적 진보에 대한 믿음을 통해 결국 승리한다. 물론, 진정한 자유는 소련에 있으므로 소련은 탈출 노동자들에게 피난처가 된다.

『파업』은 에이젠시테인이 만든 첫번째 장편영화로, 세계 노동자들에게 봉기를 호소했다. 세계는 엄격한 피아 구분 속에 묘사됐다. 산업 노동자들은 열악한 환경에 사는데도 공장주들은 호의호식한다. 노동자 중 한 명이 절도죄로 기소된 이후 동료 앞에서 망신을 당하느니 차라리 자살을 선택해 목을 맬 때 파업이 선포된다. 노동자들의 요구는 절대 부당하지 않다. 급여 30% 인상, 여덟 시간 노동(아이들은 여섯 시간) 준수, 공장주와 감독들은 기소를 하더라도 예의를 갖춰 해야 한다는 흥미로 우면서도 유별난 요구가 그와 같았다.

이러한 요구는 즉석에서 거부된다. 따라서 도덕성도 분명하다. 노동자들은 스스로 희생할 만큼 성실하고 정직하지만, 공장주들은 틈만 나면 훔치고 거짓말하고 억압한다. 이러한 냉소적 기회주의는 공장주들과 경찰이 지하실에서 인간 이하의 삶을 사는 범죄자들에게 작업장 침투와 염탐을 부추길 때 백일하에 드러난다. 노동자들이 숙소에서 불이 나자 화재를 피해 들판으로 몰려나가다 경찰의 발포에 쓰러지면서 파업은 결국 분쇄된다. 여자들이나 아이들도 예외는 아니다. 실제로 어린 소녀가 화염에 싸인 숙소 꼭대기에서 떨어져 죽을 때 경찰의 잔인성은 극에 달한다.

『파업』이 막을 내릴 때는 아주 많은 사람이 죽어 있다. 그러나 이것이 영화의 끝이었다 하더라도 삶에서는 실제 투쟁이 이제 막 시작됐으므로 이 에피소드는 진정으로 이데올로기적인 맥락에서 볼 때 국제 노동 계급이 벌이는 더 위대한 영웅적 투쟁의 일부였을 뿐이다. 그리고 투쟁의 승리는 1917년 10월 러시아에서 마침내 일어난다. 이처럼 환유——부분이 전체를 대표하는 문학 기법——는 소비에트 정치 영화에서 중요한 부분이다. 소수의 수난이 수백만 명의 투쟁을 상징하기 때문이다. 디제시스 바깥 부분도 중요하다. 계급 전쟁은 영화가 끝나고 나서도 계속 이어지기 때문이다. 게다가 지금 여기의 희생도 미래의 승리로 이어진다.

이는 은유——본질상 다른 어떤 것을 묘사하여 하나의 이미지나 감정을 불러일으키는 것——가 제 역할을 다하지 못하고 있음을 말하려고

하는 건 아니다. 에이젠시테인은 충격과 각성을 동시에 주려고 마련한 쇼트들을 관객 앞에 무수히 쏟아낸다. 노동자들의 힘과 인내력은 그들이 작업하는 기계들의 역동적 에너지 속에 반영되며 공장주들과 그들의 범죄자 앞잡이들이 드러내는 물질적 추악함과 불쾌함 자체에 대비된다. 얼굴 클로즈업에서 암시되는 시각적 센세이션은 배우들이 현실에서도 그 모습대로라고 생각하게 하는 '타이피지'typage[인물과의 물리적 또는 개인적 유사성에 기초해 배우를 캐스팅하는 것]의 사용을 통해 일어난다. 경찰이 도시 지도 위로 잉크병을 쳐 넘어뜨릴 때 잉크는 곧 쏟아질 노동자들의 피를 예고하는 불길한 전조처럼 번져 나간다. 레몬을 움켜쥐고 과즙을 낼 때는 노동자 탄압의 직유로 발전한다. 동물 이름(불도그, 여우, 올빼미)으로 별명을 지은 범죄자들이 각 동물의 머리를 자기 머리 위에 올려놓을 때는 유머 효과도 발생한다. 그러나 가장 충격적인 시각 은유는 영화 마지막에 가서 나온다. 노동자 살육이 일어날 때 황소 한 마리가 도살장에서 도살되어 목이 잘리고 혀가 쩍 벌린 입 밖으로 뽑혀 나온다.

레닌그라드 펙스(FEKS, '괴짜 배우 공장') 그룹의 그리고리 코진체프와 레오니드 트라우베르크가 1929년에 감독한 영화『새로운 바빌론』은 정치 투쟁을 1871년 프랑스-프러시아 전쟁 당시 파리 거리로 옮겨 놓는다.『새로운 바빌론』은 명백히 역사 영화지만, 계급 전쟁과 노동자의 궁극적 승리 등『파업』과 똑같은 이념적 기반을 많이 포함한다.

여기서도 노동 계급과 부르주아 사이에는 뚜렷한 구별이 존재한다. 노동 계급은 전쟁의 주요 희생자인 데다 일터에서도 착취당하지만, 위엄을 잃지 않고 대의를 점점 더 확신하면서 자신들의 비참한 운명을 참아낸다. 반면 부르주아는 부패하고 비겁한 무리로, 자신들의 생활 양식과 특권을 유지하고 싶어 파리를 프러시아 사람들에게 내주려고 한다. 사실 이들에게 전쟁이란 단순히 표를 사서 입장해 관람하다 마지막 커튼이 올라갈 때 박수를 쳐 주는 한 편의 연극에 불과하다.

노동자들이 주인들에 맞서 봉기해 코뮌을 세우며 내거는 구호들은 『파업』의 노동자들에게도 딱 어울린다. "우리는 주인들이 아니라 우리 자신들을 위해 일할 것이다. 코뮌이 그렇게 결정했다." 하지만 가장 인상적인 구호는 바로 이것이었다. "우리 앞에는 영원이 있다. 우리가 모든 것을 해결할 것이다." 에이젠시테인의 영화에서처럼 노동자들이 분쇄되고 구체제가 되살아나기는 하지만, 관객은 이것이 역사적 과정에서 일시적 좌절일 뿐임을 잘 안다. 노동자들은 항거하며 죽어갈 때 "코뮌이여 영원하라"고 외친다. 그들의 대의는 칠십 년 후 프랑스가 아니라 러시아에서 마침내 승리한다.

하지만 에이젠시테인과 코진체프·트라우베르크 사이에는 확실하고도 중요한 차이점이 존재한다. 에이젠시테인에게는 집단이 역사의 동력이고 대중이 주인공이므로 개인화되는 인물들은 매우 적다. 반면 『새로운 바빌론』에서는 루이스가 무명용사의 도움을 받는 비극적 주인공으로 나오는데, 관객은 이러한 루이스에게 동정심과 충성심을 느낄 수 있다.

프세볼로드 푸도프킨의 『아시아를 덮친 폭풍』[원제는 『칭기즈칸의 후예』임](1928)은 투쟁을 더 먼 싸움터로, 다시 말해 현지인들이 영미 제국주의자들에게 심하게 착취당하고 그들의 종교(불교)조차도 그들을 길들여 유순하게 하는 수단으로 사용되는 몽골로 옮겨간다. 산과 숲의 웅장한 풍경을 배경으로 그들은 지도자 아모골란을 통해 저항한다. 그들은 한때 어쩔 수 없이 제국주의 세력의 노리개였으나 이제는 '칭기즈

칸의 진정한 후예'로서 아모골란의 진실한 호소를 받아들인다. 마지막 장면들은 아모골란이 점령군 적들을 자기 나라에서 몰아내기 위해 수천 명의 기마군을 이끌고 초원을 가로질러 돌진하는 모습을 보여 준다. 푸도프킨의 영화는 모든 피억압 민족이 족쇄를 벗어던지고 독립을 위해 투쟁할 것을 호소하는 반제국주의 선전 영화다.

　따라서 이러한 1920년대 영화들은 볼셰비키들의 정책을 추종했고 역사와 진보에 관한 그들의 견해도 반영했다. 푸도프킨, 에이젠시테인, 프리드리흐 에르믈레르, 알렉신드르 도브젠코, 지가 베르토프는 스타일과 접근법이 매우 달랐지만, 볼셰비키 대의에 헌신했고 그것을 고무하는 데 자신의 예술을 기꺼이 사용했다. 베르토프의 다큐멘터리 영화『소비에트여, 전진하라!』(1926),『세계의 육분의 일』(1926),『열한번째 해』(1928),『카메라를 든 사나이』(1929)는 1917년에 창조된 새로운 세계를 찬미한 동시에 '허를 찌르는' 묘사를 통해 그 세계를 개선하려고도 했다. 베르토프와 그의 '시네-아이'Cine-Eye 그룹(그의 아내이자 편집자인 스빌로바와 그의 형이자 촬영기사인 미하일 카우프만)은 '공간을 닮은 시각 현상들의 혼돈을 살펴보는 데서 인간의 눈보다 더 완벽한' 카메라를 매개로 새로운 도시에 대한 유토피아적 비전을 창조하고자 했다. 이때 인간의 삶과 기계의 에너지는 단일한 의식으로 융합된다. "기계들의 영혼을 드러냄으로써 …… 우리는 인간을 기계에 더 가깝게 해준다." 베르토프는 1923년에 다음과 같이 기술한 미학적·정치적 신조의 일부로서 삶의 리얼리티——'사실들의 영화 공장'——를 카메라에 포착해 편집과 몽타주를 통해 그것을 개조하고자 했다.

　…… 나는 시네-아이다. 나는 기계 눈이다.

나 기계는 여러분에게 오직 나만 볼 수 있는 세계를 보여 준다.

그러므로 나는 인간적 부동성으로부터 나 자신을 이제 영원히 해방한다.

나는 부단한 운동 속에 있다……

나의 길은 세계에 대한 참신한 인식 창조를 향해 나아간다. 따라서 나는 여러분이 알지 못하는 세계를 해독할 수 있다. (Christie and Taylor, 1994, p. 93)

베르토프의 유토피아 미학은 영화에서 모든 종류의 '허구'와 '연극'을 타파하려 한 그의 기이한 운동이 그랬던 것처럼 결국 허사가 됐다. 1934년 문화적 생산물의 모든 형식에서 사회주의 리얼리즘이 '소비에트 예술의 기본 방법'으로 채택되면서 새로운 정치 영화가 등장했다. 이는 감독의 개인적 신념과는 무관했으며 호전적 정치 위계질서가 부과한 새로운 요구에만 관련됐다.

1930년대는 탁월한 소비에트 정치 영화들이 생산된 십 년이었다. 이 영화들은 의혹과 불안이 점점 더 고조되는 새로운 분위기를 반영했다. 안팎의 적에 대한 경계와 '색출'이 지배적 모티프였다. 이반 피리예프의 『당원증』(1936), 프리드리히 에르믈레르와 세르게이 유트케비치가 감독한 영화 『대책』(1932)은 소비에트 산업을 파괴하려는 첩자들에 관한 이야기로, 적들이 곳곳에, 심지어 가정의 품속에까지 도사리고 있다고 하면서 소비에트 정의가 적들에 대한 신속하고 결정적인 대책을 마련해야 한다고 주장했다. 에르믈레르의 이부작 『위대한 시민』(1937~1939)은 '반대자' 트로츠키와 부하린의 축출 운동을 좀더 구체적으로 반영했다. 따라서 이러한 영화들은 공개 재판과 숙청을 보여 줬고, 정치 지도부에게는 그들 자신의 의심과 편집증, 냉혹성이 전달되는 전

『베진 초원』(세르게이 에이젠시테인, 1935~1937)에서 집단화를 선도하는 비탸 카르타쇼프

송 벨트가 됐다.

　이러한 영화들은 플롯이 예측 가능할 정도로 선형적이고 주인공들도 누가 '긍정적'이고 누가 '부정적'인지 명확하여 대본과 스타일 측면에서 상당히 원시적이었다. 세르게이 에이젠시테인은 우세풍을 타고 항해하려 했다. 그의 『베진 초원』은 1937년에 당의 명령으로 촬영이 중단됐고 유일하게 남은 판본도 전쟁 중에 모스필름 스튜디오가 폭격을 받아 파괴되는 바람에 영화로 살아남지 못했다. 하지만 남아 있는 스틸컷들을 통해 자기 아버지가 집단화 당시 곡식을 비장했다는 이유로 아버지를 당국에 고발한 뒤 마을 사람들에게 살해당한 열네 살 소년 파블리크 모로조프에 관한 이야기임을 알 수 있다. 모로조프는 스탈린과 사회주의에 대한 충성이 가족 유대보다 더 중요하고 의무적이라는 분명한 메시지를 전달하는 스탈린주의 이데올로기 기계에 의해 영웅으로

둔갑한다. 에이젠시테인의 영화에서는 소년 스테포크가 친아버지에게 살해되는데, 아버지는 이전에도 아내를 때려죽이고 성경을 언급하며 자신의 행동을 정당화한 바 있다.

에이젠시테인은 1929~1932년에 외국에서, 다시 말해 처음에는 서유럽에서, 그런 다음 미국에서 시간을 보내는 동안 상실했던 신뢰를 만회할 목적으로 이 영화를 만들었다. 남아 있는 스틸컷들은 공식적 무신론을 의기양양하게 주장하며 교회를 파괴하는 농민들을 보여 준다. 그러나 에이젠시테인의 상징주의는 이념적 메시지를 스스로 뒤엎는다. 농민들은 자신들의 얼굴이 성상화를 가득 채우고 그들의 몸이 천사의 특징을 띠면서 성자가 된다. 에이젠시테인의 접근법은 "우리 소비에트 농촌을 직접 비방하고" 영화를 "해로운 형식주의 연습을 위한 기제로" 삼아 "집단농장 노동자들의 이미지"보다는 "성경과 신화의 인물들"을 보여 줬다는 이유로 공격을 받았다(Shumiatskii, 1994, pp. 378~381). '형식주의'는 이념적 내용보다는 양식적 기교를 선호한다는 이유로 스탈린주의 문화 검열관들에 의해 극악무도한 죄로 간주됐다.

프세볼로드 푸도프킨의 『도망자』(1933)는 '형식주의' 장치들이 아주 명확히 나타나 있어 곧 '실패작'이라는 비난을 받았지만, 그럼에도 1930년대에 스타일이 가장 대담한 영화 가운데 하나이자 따라서 가장 중요한 영화 가운데 하나였다. '도망자'는 독일인 조선소 노동자 칼 렌이다. 그는 소련으로 망명하여 이곳에서 이념적으로 계몽된다. 이후 독일로 돌아온 그는 노동자들이 자본주의 지배자들에 맞서 시위를 벌일 때 붉은 깃발을 앞세우고 노동자들을 이끈다. 자본주의 서구에서 노동 조건은 사실 열악하다. 노동자들은 비좁은 여인숙 시설에 사는 가운데 경찰과 부패한 노동조합을 모두 손아귀에 쥐고 있는 잔인한 경영진에 의해 엄격하게 관리된다. 1920~1930년대 할리우드 영화에 나오는 미국 경찰들을 닮지 않았나 싶은 경찰은 불온 신문을 파는 아이들을 잡으러 쫓아다니기도 한다. 파업에 나선 독일 노동자들은 굶주리는 가운데 오늘날 기준으로 볼 때 충격적인 폭력과 만행 속에서 경영진이 불러들인 경찰과 파업 파괴자 모두에 맞서 싸워야만 한다. 경찰이 기관총을 파업 참가자들 쪽으로 돌리자 파업 파괴자들이 죽어 가는 사람들의 신음 속에 조선소 안으로 들이닥친다.

그러나 소련에서는 사정이 더 다를 수 있었다. 여기서는 태양이 빛나고 경찰도 포함해 모든 사람이 미소를 짓는다. 타국에서 온 노동자들은 상대방 언어를 알지 못해도 서로 이해할 수 있다. 칼이 소련에서의 삶을 받아들였다는 것은 인간과 기계의 조화로운 관계를 찬양하는 것을 의미한다. 맑스-레닌주의 사상에 따르면, 칼은 생산과 분배 양식에서 소외된 것이 아니라 그에 통합돼 있다.

이것은 물론 끔찍이도 친볼셰비키적인 종류의 뻔뻔스러운 선전물이다. 그러나 푸도프킨의 영화는 스타일 실험, 그중에서도 음향 몽타주 사용이 괄목할 만하다. 찍찍거리는 금속성 소리의 확대, 앞뒤가 맞지 않는 배경 음악──사람들이 싸우는 가운데 소란스러운 재즈 음악이 흘러나온다──, 짧은 대화 토막들과 라디오 방송 소리, 이 모든 것은 산업 파업과 정치 투쟁을 그린 영화의 총체성을 강화하는 동시에, 그러한 혁신들이 영화의 도덕이 잊힌 뒤에도 관객의 마음속에 오랫동안 남아 있게 해준다.

그리고리 코진체프와 레오니드 트라우베르크가 1934년과 1938년 사이에 감독한 '막심 삼부작'도 그와 비슷하게 프롤레타리아 정치권력을 편향되게 묘사했다. 여기서는 노동 계급 문화 찬양이 강하다. 노동자들은 당구장과 담배 연기로 가득 찬 골방에서 들려오는 기타 연주를 배경으로 열띤 정치 논쟁을 벌이는데, 이 영화들에서 그러한 배경은 유머의 큰 원천이 되기도 한다. 『막심의 귀환』(1937)에서 사제와 자본주의자들로 구성된 두마 대의원들이 노동자들의 '착취'와 '중노동' 조건에 대해 항의하는 노동자 대표 발루예프에게 고함을 치며 입막음하려 할 때, 혁명 전 러시아의 민주주의는 가짜임이 드러난다. 황제 니콜라이 2세의 초상화가 뒤에서 지켜보는 가운데, 한 발언자는 대의원들이 발루예프에게 본때를 보여 주려 할 때 그를 체포해야 한다고 주장한다. 다른 말로 하자면, 노동 계급은 '오직 자기 자신의 손으로만' 운명을 개선할 수 있을 뿐이다.

여기서 지배적 이미지는 남녀노소를 단결시키는 붉은 깃발이다. 지칠 줄 모르는 막심은 굴하지 않고 분발하여 1차 세계대전의 최전방으로 향하는 병사들을 선동한다. 『비보르크 방면』(1938)에서는 혁명이 완수되어 막심은 이제 역사가 가장 피에 굶주린 볼셰비키 가운데 한 명으로 상기시켜 줄 야코프 스베르들로프의 든든한 친구이자 동지다. 이 영화에서 스베르들로프는 비웃음 짓는 제헌의회를 냉정하게 제압하는데, 혼비백산한 의원들은 완전무장한 볼셰비키 선원과 병사들을 맞닥뜨리자 재빨리 흩어져 달아난다. 달리 말하자면, '프롤레타리아 독재'와 일당 국가의 수립은 역사적으로 불가피했다. 소위 말하는 민주주의의 대표자들은 단순히 자신들의 과거 특권만 유지하려 했을 뿐 보통 사람들은 전혀 배려하지 않았기 때문이다. 그러나 민주적으로 선출된 기관의 강제 해산을 정당화한 것은 영화가 볼셰비키 정권이 인간적이며 정치적으로도 합법적이라고 승인한 것과 양립하기 어렵다.

더욱이 『비보르크 방면』은 1937년 공개 재판을 정당화하면서, 1917

년에 은행가들이 독일인, 영국인, 프랑스인, 일본인들의 앞잡이 노릇을 했던 현대식 갤러리에서 상영되고 있었다. 이는 대숙청 때 '인민의 적'들이 뒤집어쓴 온갖 희한한 죄목들을 그대로 반영하는 것이었다. 차르 시대였다면 단순히 추방됐을 뿐인 포그롬pogrom [유대인 대학살] 조직자들이 사형 선고를 받을 때 신정권의 야만성이 지지를 받은 것도 우연이 아니었다. 『비보르크 방면』은 흥청망청 술잔치를 의당 포함하고 있지만, 좀더 근본적 수준에서 영화는 지식인들이 아니라 노동 계급이 이룩한 혁명을 그들에게 되찾아주고 그들의 통치와 보복 방법들도 보여 준다. '막심 삼부작'은 무엇보다도 명백하게 정치적이었기 때문에 제작 과정에서 피해를 봤다. 맑스-레닌주의의 이념적 내러티브는 새로운 세계를 위한 투쟁에서 임기응변이란 있을 수 없으며 이러한 투쟁은 길고도 고통스러워야 한다고 지시한다. 바로 이런 이유로 영화들은 분량이 길었고——혹자는 고통스럽게도 길었다고 말한다——관객이 실제의 역사적 결과를 알고 있기 때문에 극적 긴장감도 떨어졌다. 프롤레타리아 관객이 그들 자신이 담당한 역할의 중요성을 이해하지 못하기라도 할까 봐 교훈적 내용의 삽입 자막들이 행위 설명을 위해 사용됐고 영화는 서사상의 결말 없이 단순하게 끝난다. 결국, 공산주의를 위한 지속적인 국제적 투쟁은 수십 년에 걸쳐 계속될 것이었기 때문이다.

1930년대 스탈린의 정책들은 소련을 바깥 세계로부터 사실상 단절시켰다. 그리하여 외국인들은 '일국 사회주의' 기치 아래 소련에서 벌어지고 있던 일 —— 예를 들면 1930년대 초의 대기근 —— 에 관해 거의 또는 전혀 알지 못했으며 소련 국민은 서구에 관해 그들의 공식 매체가 취사선택해 걸러 낸 것만 알고 있었다. 미하일 롬의 『꿈』(1941)은 서구를 도박과 변태의 땅으로 공식적으로 묘사한 그림을 보여 줬다. 이 영화에서는 중년의 호색한이 젊은 웨이트리스에게 추파를 던지고, 착취가 만연해 있으며 모든 관계가 돈과 지위로 결정된다. 더 나은 삶을 선동하는 사람들(여기서는 우크라이나에서)은 경찰에 쫓긴다. 『도망자』에서처럼 소련은 더 나은 삶의 '꿈'을 제공하며, 러시아와의 정치적 연합이야말로 '우크라이나 최고 국민의 꿈들'을 실현하는 것이다. 하지만 주제의 진정성은 스타일에 의해 또는 스타일 결핍으로 훼손된다. 『꿈』에는 영화적 특징이 별로 없다. 고양된 감정이나 중요한 서사 사건을 알리기 위해 크레셴도로 치닫는 오케스트라 음악을 제외하곤 사운드트랙도 결여한 채 거의 연극이나 다름없이 촬영됐다.

다른 정치 영화들은 소비에트 과학 성취의 대의를 떠들썩하게 알리는 데 동원됐다. 세르게이 게라시모프의 『용감한 7인』(1936)은 자연 요소들——착빙성 폭풍우, 눈보라, 눈에 덮인 광활한 벌판——과 맞서 싸우고 소비에트 과학자들에게 불가능한 것이란 아무것도 없음을 확인하면서 북극권에 건설한 '기쁨의 만' 기지에서 275일을 보낸 일단의 콤소몰 자원자를 그린 영화다. 의사인 제냐가 스탈린 러시아의 진정한 국제주의 정신을 증명하며 이글루에 사는 에스키모에게 수술을 해주는 사이에 다른 사람들은 주석 광상鑛床을 발견한다. 새로운 소비에트 인간형은 기진맥진한 상태에서도 수십 마일의 눈밭을 뚫고 동료를 업어 기지까지 데려오는 등 가장 혹독한 조건 속에서도 자연을 정복할 수 있다. 게다가 이 집단은 남자 여섯, 여자 한 명으로 구성돼 있음에도 성적 긴장관계나 욕구 불만의 기미도 보이지 않는다. 거의 남자들의 전유물이라고 할 수 있는 이 탐험은 동지애적 탐험이라고 해도 손색이 없다.

미하일 칼라토조프의 『발레리 치칼로프』(1941)도 인류의 이익을 위해 과학의 지평을 확대하려는 소비에트 시민의 초인적 노력을 칭송

한다. 치칼로프(1904~1938)는 '천부적 재능'을 타고났으나 독불장군 비행사로, 권위에 도전하며 자기 자신만의 길을 간다. 그는 영감이 풍부하면서도 의지력이 강하고, 본능적이면서도 두뇌가 명석하다. 그는 비행을 예술로 대하며 헌신하지만, 고기잡이 그물을 끌어올리는 어부를 도와주는 데서 알 수 있듯이 민중과의 연결 고리도 잃지 않는다. 여느 위인과 마찬가지로 그도 '민중과 함께 갈 수는 없어도' 스탈린 동지의 버릇과 몸짓을 닮은 중공업부 장관 '세르고' 오르조니키제에게 높은 평가를 받는다. '지치지 않는' 치칼로프는 그런 다음 모스크바에서 밴쿠버까지 비행하여 서구 프롤레타리아에게 축하를 받으면서 거리만이 아니라 높이까지도 정복한다. 그는 산소마스크도 쓰지 않고 가능한 한 높이 날아오른다. 하지만 우리는 비행 사고로 일어난 치칼로프의 실제 죽음을 영화에서 보지 못한다. 그 대신 영화는 우주적 공산주의를 향한 인류의 열망을 예찬하는 그의 말들을 들려주면서 끝난다.

가장 위험했던 시대에 주목할 만한 것은 이미 언급한 영화들처럼 결연한 정치적 영화들이 넘쳐 났다는 사실이 아니라, 정치적 내용을 전혀 담지 않은 영화들이 일부 제작됐다는 사실이다. 알렉산드르 파인침메르가 유리 티냐노프의 1928년 소설을 각색한 영화『키제 중위』는 부조리 작품에서 만들어낸 또 다른 부조리로, 그 시대로서는 파격이었다. 티냐노프의 소설은 1800년을 배경으로 하며 황제 파벨 1세와 그의 고관들과 군 장교들을 풍자적으로 충실히 묘사한다. 제목의 키제 중위는 군 서기의 통어상 오류에서 나온 것으로, 실제로는 존재하지 않는다. 그런데 키제가 실제로 존재한다고 황제를 설득한 사람들은 모두 이득을 본다. 황제가 깊은 인상을 받으면서 중위는 대령으로, 그 다음에 장군으로 진급한다. 그러나 황제가 변덕을 부려 곧 졸병으로 강등된다. 키제는 결혼도 하는데, 넋이 빠진 신부는 (부부 연이 맺어질 때 허공에 대고 키스하면서) 익살스러운 결혼식을 끝내 통과하지 않으면 안 된다.

티냐노프의 소설에서는 주변 모든 사람이 그의 존재를 부정함에도 실제로 존재하나 결국 사라지고 마는 시뉴하예프란 인물도 나온다. 파인침메르의 영화에서는 이 인물이 빠져 있다. 그의 존재가 공식적으로 부인되고 갑자기 흔적도 없이 사라지는 사람에 대해 논의한다는 것 자체가 1930년대 러시아에서는 너무나 정곡을 찌르는 일이었을 것이다. 감독은 프로코피예프의 음악을 사운드트랙으로 삽입하고 디제시스에서 노래도 사용하며 영웅적 음조를 그럴듯하게 덧붙이면서 점점 더 우스꽝스러운 상황들과 부조리한 대화에 집중한다. 『키제 중위』는 사람들이 차르의 변덕에 따라 나타났다가 사라지는 현실의 비현실성을 그린 영화다. 여기서 파벨 1세가 정신적으로 불안정했고 1801년에 자신의 친위대에 의해 암살됐다는 사실을 지적하는 것이 적절할 것 같다.

이 시기에 나온 완전히 비정치적인 또 다른 영화로는 『준엄한 청춘』(1936)을 들 수 있다. '카니발' 작가 유리 올레샤가 쓴 대본을 바탕으로 아브람 룸이 만든 이 영화는 '형식주의' 장치들로 가득 차 있다. 여기에는 에이젠시테인의 유명한 장면들에 대한 패러디(사자상들은 자신들의 자리에 남아 있는 것에 만족하며, 백정이 큰 식칼을 들고 있지만 황소는 사실상 한 마리도 도살하지 않는다)와 함께 몽환적 시각 이미지들이 존재한다. 사건은 거의 일어나지 않는다. 외과 의사 스테파노프는 젊은 아내와 피후견인 표도르와 함께 호화 저택에서 산다. 여기서 더 중요한 점은 영화가 보이는 방식이다. 검은색 자동차들과 그랜드 피아노가 흰색 셔츠, 마루, 벽과 대비를 이루고, 운동선수들의 근육질 육체는 그리스 신상과 병치된다(이는 에이젠시테인을 겨냥한 또 다른 험담이기도 하지만, 베르토프도 표적이 된다).

　이 시대로서는 놀랍게도 영화 속에는 성적 흥분도 분명하게 담겨 있다. 인물들은 욕망의 본질과 이 욕망을 충족시킬 필요성에 관해 한가롭게 이야기한다. 그럼으로써 이들은 유물주의 원칙들을 조롱한다. 어떤 사람들은 공산주의는 모든 욕망이 충족될 수 있을 때서야 비로소 달성된다고 말한다. 거대한 꽃들, 물바다로 변하는 음악회장 마루, 초점에서 살짝 비껴 촬영된 유령처럼 생긴 인물들은 모두 영화에서 판타스마고리아의 느낌을 창조하는 데 이바지한다.『준엄한 청춘』은 삽입 자막들이 내러티브를 설명하고 있는 데서 알 수 있듯이 자체의 지위와 계통에 주목하게 하는 고도로 자의식적인 작품이다. 따라서 소비에트 영화의 '황금시대'는 여기서 은근히 조롱된다.『준엄한 청춘』은 영화, 문학, 발레, 오페라를 언급하며 문화적 경험의 총체성을 다룬 영화다. 영화는 스크린 위에 보이는 것을 관객이 평가하고 재평가하도록 자극한다. 타르콥스키가 등장하기 몇십 년 전에 룸은 인물들을 난간 뒤에서나 그 앞에서 찍을 때 거울과 사회적 배제/포함의 이미지들을 사용하여 창과 문을 통해 촬영하는 쇼트들을 집어넣었다. 그러나『준엄한 청춘』은 공식 비평가들로부터 맹렬한 비판을 받고 곧 금지됐다.

해빙기와 '침체기': 알레고리의 등장

스탈린주의 문화 전체는 이데올로기에 침윤돼 있었으므로 '사회주의 리얼리즘'의 내용과 전언이 빠져 있는 영화나 소설, 회화는 당연히 존재하지 않는다. 영화에 관해 말하자면, 역사 영화, 코미디 영화, 전쟁 영화도 과거의 '실수들'을 바로잡고 '찬란한 미래'를 가리켜 보인다는 점에서 정치적인 영화들이었다. 스탈린 사후에는 일상생활과 보통 사람의 문제가 시선을 더 많이 끌면서 정치적 어조는 영화 대부분에서 사그라졌다.

이러한 상황은 어쩌면 『파벨 코르차긴』에서 가장 분명하게 찾아볼 수 있다. 이 영화는 알렉산드르 알로프와 블라디미르 나우모프가 1956년에 니콜라이 오스트롭스키의 사회주의 리얼리즘 고전 소설 『강철은 어떻게 단련되었는가』(1934)를 각색해 만들었다. 『파벨 코르차긴』은 소설의 주요 주제였던 콤소몰 자원자들의 자기 희생적 공훈이 특징이지만, 여기서 강조점은 영웅주의와 위업이 아니라, 개인이 치르는 대가(고독, 질병, 실명)에 놓인다. 달리 말하자면, 투쟁과 헌신이라는 스탈린주의 윤리는 이제 '인간적 요인'의 강조로 환치된다.

그러나 다른 영화들은 여전히 과거를 영웅주의의 시대로 바라보았다. 레프 쿨리자노프와 야코프 세겔이 1957년에 감독한 영화 『내가 사는 집』은 해빙기의 새로운 '휴머니즘'에 조금 양보한 정치적 상징주의와 함께 공동 아파트 거주자들에 관해 삶의 단면을 엿보이는 한 편의 드라마를 보여 줬다. 영화는 전전戰前 시절부터 1950년대까지 몇십 년을 아우른다. 여기에는 진정한 공동체 감정이 존재한다. 사람들은 모두 서로 존중하고 배려하며, 집단이 작동하고, 어려운 시절에도 모두가 서로 필요하다고 느낀다. 공동 아파트는 스탈린 치하에서 성공적으로 기능하는 공동체의 소우주라고 할 수 있다. 여기서는 모든 갈등이 집단과의 관계 속에서 해결된다. 영화 내내 흐르는 애국적 음악은 주제의 만족감을 높여 준다. 1950년대에 있었던 '레닌주의 규범들'로의 상징적 복귀를 제외하면 정치적 배경이나 지도자들은 분명하게 언급되지 않는다. 평범한 노동자들이 주인공이기 때문이다. 『내가 사는 집』은 평범한 소비에트 국민에 관한 정치적으로 보수적인 영화로, 정치 체제 전체가 바로 이런 국민을 기반으로 구축된다. 이들이 자신을 스스로 지키고 국가가 시종일관 정진하면, 또 젊은 세대가 윗세대의 대의를 수행하면 감정적 드라마들까지도 결국 해결될 수 있다.

해빙과 탈스탈린주의화는 소련 자체가 소멸할 때까지, 심지어 그 이후까지도 이어진 소비에트 사회의 양분화를 낳았다. 한편으로는 더 많은 자유와 개방의 기회를 환영한 사람들이 있었는가 하면, 다른 한편으로는 과거의 확실성과 지도부의 '강력한 지배'를 동경한 사람들도 있었다. 이 두 경향은 1950년대 말과 1960년대 초에 나온 두 편의 중요한 영화에서 모두 찾아볼 수 있다.

『1년의 9일』은 1961년에 미하일 롬이 감독한 영화로 인기가 아주 많았던 만큼 논란도 많았다. 영화는 젊은 핵물리학자들의 이야기를 배경으로 하는데, 이들 중 한 명은 작업 도중에 치명적인 방사선 피폭을 당한다. 영화는 핵공학에 내재하는 위험성을 경고하는 동시에 높은 지위를 지향하는 젊은 소비에트 전문 직업인들의 삶과 자기애를 꽤 매혹적으로 묘사한다. 영화의 이념적 태도가 자유주의적이라는 데는 의심의 여지가 없다. 하지만 여기에는 핵 분쟁으로 빚어질 끔찍한 결과에 대한 경고도 담겨 있다. 이와 비교할 때, 1958년에 제작된 빅토르 입첸코의 『비상사태』는 솔직한 반자본주의적인 냉전 영화다. 영화는 1954년에 소련 유조선이 대만에 나포된 실제 사건을 토대로 한다. 입첸코의 영화에서 중국인들은 유조선 승무원들을 투옥하고 그들에게 망명하도록 종용하는 데서 알 수 있듯이 분명히 미국의 앞잡이 노릇을 한다. 분량이 아주 긴 이 영화는 정직한 사람들이 당하는 여러 가지 심리적 고통과 자본주의적 유혹들뿐만 아니라, 그들의 저항 전략들도 상세하게 다룬다.

승무원들은 결국 조국으로 돌아온다. 이들은 불굴의 인간 정신을 보여주는 살아 있는 예가 된다. 하지만 그보다 더 중요한 건 소비에트 보통 시민의 내적 강인함이다. 물론 반제국주의 주제도 명확히 드러나 있다.

두 영화는 각기 다른 방식과 아주 다양한 의제를 앞세우고 당대 쟁점들과 정면으로 맞닥뜨렸다. 반면 다른 영화들은 특히 1960년대 중반에 변화가 심한 정치 풍토와 더 억압적인 통치 형식으로 되돌아간 상황에서 좀더 신중했다. 『ShKID 공화국』(1966)은 겐나디 폴로카의 몇 편 안 되는 영화 중 하나다. 이 영화는 1920년대 초 소비에트 도시들에서 배회하던 떠돌이 아이들에 관한 이야기로, 니콜라이 에크의 영화 『삶의 길』과 아주 똑같은 내용을 기반으로 한다. 그러나 폴로카의 영화는 훨씬 더 정치적 알레고리의 차원에서 작동한다.

도스토옙스키를 기념해 설립한 학교가 '공화국'으로 나오는데, 여기에는 어떤 권위도 인정하지 않고 받아들이지도 않는 떠돌이 어린 소년들이 수용돼 있다. 나이 많은 소년들은 나이 어린 소년들을 괴롭힌다. 또 이 소년들이 교사들에 맞서 일으키는 반란은 자신들을 지도하고 교육하려는 모든 시도에 대한 거부를 의미한다. 학교 운영진은 명목상 권력을 쥐고 있을지 모르지만, 실제로 통제력을 쥔 사람들은 아이들이다. 흥미롭게도 이것은 윌리엄 골딩의 소설 『파리 대왕』을 연상시킨다. 정신병자들이 정신병원을 접수하듯이, 아이들은 학교를 접수한다. 폴로카는 권력의 집단 메커니즘과 이 메커니즘이 개인들에게 어떤 영향을 끼치는지를 살핀다. 이 공동체에서는 강자들이 약자들을 가학적으로 지배하며 관리 기구를 위한 선거는 허울에 불과하다.

아이들을 동등하게 대하며 그들과 이야기하고 있는 데서 알 수 있듯이, 학교장 빅토르 니콜라예비치만이 아이들과 어떤 식으로든 의미

있는 접촉을 할 수 있는 사람이다. 그리하여 영화가 끝날 때는 유대감이 형성되어 젊은 사람들은 나이 많은 사람들과, 교사들은 아이들과 화해한다. 그러나 폴로카는 강자들이 자신들의 권력 의지를 드러내어 그것을 무자비하게 사용할 때 가치 부재 사회가 어떻게 붕괴하는지를 간명하게 그려 보여 줬다. 실제로 영화는 문화적·윤리적 가치들이 광포한 세력을 만나게 되면 대부분 허약하고 무력해지는 20세기 러시아 정치를 풍자한 것이었다.

'침체기'에는 비판적 정치 담론에 접근하는 것이면 무엇이든 불가능했다. 하지만 폴로카와 같은 감독들은 대체로 감식안이 있는 관객이라면 쉽게 이해할 수 있는 논점들을 이야기하는 데서 알레고리와 우의적 언어에 의지할 수 있었다. 문학 텍스트의 각색은 사실상 반체제적이지는 않지만, 비판적인 사상들을 유포하기에 비옥한 토양이었다. 고전들의 신성한 내용은 새로운 세대에게 당대와 직결된 화제들에 관해 말해 줄 수 있었다.

니키타 미할코프의 각색 영화들은 시대의 세목이 탁월하고 연기 앙상블의 강도도 뛰어난 것으로 유명했다. 그러나 1970년대 말에 제작된 영화들 역시 시사적 정치 이슈들을 반영했다. 체호프의 희곡 『플라토노프』(1923년에서야 출판됐음)를 원작으로 하는 『기계 피아노를 위한 미완성 희곡』(1977)과 이반 곤차로프의 1859년 소설 『오블로모프』를 원작으로 하는 『I. I. 오블로모프 인생의 며칠』(1979)은 분명히 19세기 러시아 인텔리겐치아의 좌절된 이상들을 다룬다. 하지만 19세기 인텔리겐치아의 정신적·도덕적 곤경은 1970년대 말에 많은 소비에트 인텔리겐치아가 빠져든 실존적 난관에도 똑같이 적용될 수 있었음을 어렵지 않게 알수 있다. 『기계 피아노를 위한 미완성 희곡』에서 인물들은 지속적 연대

『이별』(엘렘 클리모프, 1982)에서 마초라 엑소더스를 이끄는 마야 불가코바

나 관계를 전혀 확립하지 못한다. 이들은 자신들의 물질적 세계 안에서 아무것도 변화시키지 못하고 또 그렇게 하려고도 않는다(이는 알렉산드르 솔제니친, 안드레이 아말리크와 같은 반체제 인사들이 소비에트 인텔리겐치아를 향해 퍼부은 비난과 다르지 않다). 미할코프가 내린 해석은 매우 게으르고 냉담한 오블로모프에 대해 그의 어린아이와 같은 순진무구함을 강조해 준다. 오블로모프는 냉소적인 실용주의 현대 세계에 적응할 수 없는 비실용주의 몽상가다(인텔리겐치아가 권력과 의미 있는 관계를 이루지 못한 점에 대해 읽어보기 바람).

인텔리겐치아가 무기력했다고 한다면, 보통 사람들은 자기 스스로 사태를 헤쳐 나가야만 했다. 아내 라리사 셰피트코가 1979년 자동차 사고로 사망하기 전에 찍기 시작했고 남편 엘렘 클리모프가 1982년에 완성했지만, 1984년에 출시된 영화 『이별』은 정통 이데올로기에 훨씬 더 비판적이고 강경한 태도로 접근한다. 시베리아 작가 발렌틴 라스푸틴의 1976년 소설 『마초라와의 이별』을 원작으로 하는 이 영화는 시베리아 안가라 강의 수력발전용 댐 건설과 이에 직접 타격을 받은 사람들의 삶에서 일어난 물리적·사회적·심리적 격변을 다룬다.

라스푸틴의 소설은 유물론에 관한 맑스-레닌주의 공식 독트린과 산업 진보——소위 말하는 '과학기술 혁명'——에 골몰하는 소비에트 국가를 강하게 비난한다. 클리모프의 영화는 이 주제를 보강하기 위해 상징과 알레고리의 시각적 가능성을 충분하게 활용한다. 그러므로 클리모프의 영화는 공식 합리주의 정책을 신랄하게 비판하고 소비에트 러시아에서 일어난 사상의 위기를 지적하면서 과거, 즉 소비에트 시대 이전 생활 양식과 사상, 신앙의 재발견을 통한 구원을 제시한다.

저수지 확보를 위해 건설되는 거대한 댐으로 말미암아 광대한 땅이 수몰되는데, 이때 삼백 년 이상 존재하는 안가라 강 가운데 섬마을도 수몰 피해를 본다. 마을의 문화만이 아니라 대대손손 내려온 정신적·도덕적 가치도 파괴된다. 선조의 뿌리와 땅에서 단절된 마을 사람들은 강 상류에 있는 도시 거주지로 이주하여 그곳에서 새로운 터전을 마련한다. 마을의 파괴 방식도 상징적이다. 주택과 관목이 불로 전소되고 나서 섬 전체가 물에 잠긴다. 이처럼 과거의 러시아는 종말론적 운명을 맞이한다. 과거는 불확실한 미래를 남겨 놓고 사라지고, 현재는 물질주의적 공동空洞 상태가 된다.

결국, 클리모프의 영화는 브레즈네프의 '발전한 사회주의'가 고르바초프의 페레스트로이카에 무너지기 직전에, '인간은 자연의 제왕'이며 수학적 정밀성과 확실성으로 자연 세계를 지배할 수 있다는 맑스-레닌주의 관념에 도전하고 나섰던 셈이다. 영화는 산업 진보에 대한 대가가 너무 크지 않느냐고 의문을 제기한다. 이것은 개발도상 사회라면 어디서나 제기될 수 있는 의문이지만, 물질주의와 진보주의라는 기존의 이념적 경건함뿐만 아니라 20세기 말 러시아 자체의 운명까지도 의문시한다.

글라스노스트와 그 이후: 이데올로기의 거부

『이별』을 통해 클리모프는 후기 소비에트 러시아에서 누구나 그랬듯이 국가 이데올로기와 그 철학적 기반까지도 거의 대놓고 거부했다. 1980년대 소비에트 스크린에 봇물 터지듯 나타난 영화들, 다시 말해 신규 제작 영화들이나 '선반에서' 먼지를 털어 내고 나온 영화들은 더 확실하고 일관성 있게 공산주의 이데올로기에 도전했다.

1987년 1월에는 텐기즈 아불라제의 『참회』가 나왔고 곧이어 글라스노스트의 주요 사건 가운데 하나가 됐다. 자신의 개혁 프로그램을 위해 여론 추이에 민감했던 미하일 고르바초프는 모든 소비에트 시민에게 이 영화를 보도록 권장했다. 소비에트 그루지야에서 그루지야어로 제작된 이 그루지야 영화는 자신에게 저항하는 사람들이나 반대 세력으로 의심되는 사람들을 간단히 제거해 버리는 그루지야의 어느 소도시 시장 바를람 아라비제의 악마적 형상에 집중한다. 아라비제의 물리적 외모와 몸짓은 스탈린, 베리야, 히틀러, 무솔리니를 뒤섞어 놓은 것처럼 보인다. 이는 영화에 보편적 의미를 부여하는 독재의 합성 이미지다. 이보다 더 중요한 알레고리는 자신들의 먹잇감을 뒤쫓는 중세 기사들에 관한 장면들에서 암시된다. 아들이 자기 아버지의 죄과에 대해 속죄해야 하는 데서 알 수 있듯이, 부성성이 중요한 모티프 가운데 하나로 나온다. 사실 러시아어 영화 제목은 단순한 '참회' 이상의 '속죄'를 시사한다. 과거에 자행된 죄는 현재에서 자살과 비극으로 끊임없이 이어진다. 결국, 아들은 자기 아버지 시신을 무덤에서 파내 썩은 고기를 먹고 사는 새들이 먹어치우도록, 그리하여 안정과 정의가 회복될 수 있도록 낭떠러지 아래로 던져 버려야만 한다.

이 시기의 다른 영화들도 가까운 과거를 다뤘다. 하지만 이들은 가까운 과거를 역사적 관점에서 살핀 것이 아니라 테러의 통치 체제를 분석해 보는 훈련으로서, 또는 과거의 불만을 공표하여 바로잡기 위한 더 폭넓은 의제의 한 부분으로서 탐구했다. 알렉산드르 프로시킨의 『1953년의 추운 여름』(1988)은 제목에서 암시하고 있듯이 스탈린이 죽고 몇 개월 지난 시점을 배경으로 한다. 솔제니친의 말을 따르면, "국민에게 인기를 얻으려고 살인범, 강도, 도둑들의 물결로 온 나라를 가득 채운"(Solzhenitsyn, 1975, p. 416) 1953년 3월 '보로실로프 대사면'으로 풀려난 일단의 악질 범죄자들이 두 명의 정치범이 유형을 살던 외딴 러시아 시골 마을을 점령한다. 두 정치범은 계급의 적이었기 때문에 사면 혜택을 받지 못했다. 범죄자들은 마을 경찰을 유혈이 낭자할 정도로 잔혹하게 살해하고 강간과 약탈을 일삼으며 마을 사람들을 공포의 도가니로 몰아넣는다. 정치범 보소르긴과 스타로보가토프만이 그들에 저항해 마침내 승리한다. 하지만 스타로보가토프는 총격전 마지막에 사망한다. 나중에 유형에서 풀려난 보소르긴은 모스크바로 가서 스타로보가토프의 가족을 만나 그의 소지품을 전해 준다. 스타로보가토프의 큰아들과 대면한 보소르긴은 이들 가족이 이미 1930년대에 아버지와 의절했다는 말을 듣는다. 이십 년이 흐른 시점에서는 이해하기 어려울지 모르지만,

아들은 이것이 가족이 살아 나갈 유일한 길이었다고 말한다.

어떤 면에서 프로시킨의 영화는 선인과 악인의 구분이 확실히 규정돼 있고 『황야의 7인』(1960)에 분명히 빚지고 있는 데서 알 수 있듯이 서부극 장르의 흥미로운 예를 제공하며 훌륭한 옛날식 총격전을 보여 준다. 좀더 상징적 차원에서 영화는 스탈린 사후에만 아니라 글라스노스트가 절정을 맞이한 1988년에도 유효한 러시아 영혼의 재발견을 다룬다. 미래 세대가 번성하기 위해서는 악이 정화돼야 하는 것이다.

그러므로 영화는 과거의 가치에 호소하기도 한다. 스타로보가토프(글자 그대로 '옛날의 부')는 서방에 갔었다는 이유로 체포된 과거 인텔리겐치아의 일원이다. 따라서 그의 죽음은 흠 없는 더 나은 세계와 연결돼 있는 마지막 고리의 상실을 의미한다. 보소르긴은 전직 적군 병사다. 그는 전시에 적의 포위망을 뚫고 나와 싸웠으나 내무인민위원회에 의해 간첩 혐의를 받고 체포됐다(그가 징집되지 않았다면 왜 탈출했겠는가?). 그는 민속에 나오는 '보가티리'bogatyr처럼 적을 무찌르고 평화를 되찾는 불굴의 전사다. 보소르긴과 스타로보가토프는 한편으로는 전쟁을 승리로 이끌고 다른 한편으로는 지나간 시대의 문화적 가치를 구하는 용맹의 보고로서 최근 역사에서 모욕과 학대를 받은 사람들을 위해 일격을 가한다. 그러나 미래는 불확실하다. 당 대표는 마을에서 유일하게 강도들을 도와주고 용케 살아남는 사람이다. 그는 총격전이 끝나고 나서도 이전과 마찬가지로 그 자리에 그대로 남아 있다. 달리 말하자면, 가까운 과거의 악이 근절됐을지도 모르지만, 해야 할 일은 여전히 산적해 있다.

예브게니 침발의 『변호사 세도프』(1988)는 이 시기에 나온 영화 중에서 스탈린주의를 가장 솔직하고 강도 높게 공격한 영화다. 상영 시간이 40분 남짓 되는 이 영화는 작은 지방 도시 엔스크Ensk에서 태업 혐의로 기소된 몇 명의 농학자를 변호하도록 모스크바에서 불려 온 변호사 세도프에 관해 자세하고도 아이러니하게 묘사한다. 때는 니콜라이 예조프가 스탈린의 비밀경찰인 내무인민위원회 수장으로 있던 1930년대 말이다. 세도프는 피의자들이 무죄라는 점을 모스크바 상관에게 이해시킨다. 상관은 공개재판 당시 스탈린의 역겨운 검찰관 노릇을 했던 안드레이 비신스키의 외모를 닮았을 뿐 아니라, 비신스키가 실제로 했던 말까지도 되풀이한다. 사실 피의자들은 석방되지만, 대가를 치러야만 한다. 스탈린의 러시아에서는 체포됐다는 사실만으로도 유죄가 입증되는 것이었기 때문에 이들이 무죄라고 하더라도 태업 행위가 있었음은 틀림없다. 그리하여 엔스크에서 세도프를 도와줬던 사람들이 '적발돼서' (폴란드와 일본을 위해) 간첩 행위를 했다는 이유로 기소되어 처형된다. 세도프는 영웅으로 환호를 받지만, 그의 이상주의는 사악한 목적에 이용됐다. 내러티브가 끝날 때는 스탈린주의가 하나의 체제로서 어떻게 기능했는지를 적나라하게 알 수 있다. 스탈린주의는 아무것도 모르는 주민에게 위로부터 강제된 테러였을 뿐 아니라, 그렇지 않았으면 선량했을 수천 명의 사람을 음흉하게 동원하여 범죄와 폭정에 연루시키기도 했던 것이다. 침발 영화의 힘은 정확히 스탈린주의가 평범한 사람들의 숭고한 의도를 악용하고 왜곡한 덕분에 성장하고 번성했다는 깨달음에서 나온다. 침발은 1930년대 다큐멘터리 필름을 자신의 허구적 드라마에 솜씨 있게 짜 넣고, 정부가 선전한 행복하고 근심 없는 현실 이미지를 겨울철의 흑백 내러티브 쇼트로 재창조하여 살풍경하고 음산한 느낌을 강조한다.

이런 반스탈린 영화들에서 보이는 중요한 특징은 비천함과 박탈감, 잔혹성을 호되게 강조하는 것이었다. 비탈리 카넵스키의 『얼지 마, 죽지 마, 부활할 거야』(1989)는 이런 경향에서 가장 극단적인 사례일 것이다. 1940년대 말 시베리아 정치범 수용소를 배경으로 삼아 흑백으로 찍은 이 영화는 생존 투쟁을 벌이는 삶에 관한 이야기다. 일상생활은 누추하고 지저분하다. 음산한 느낌은 갈랴와 발레르카라는 두 어린이의 눈을 통해 제시되면서 더 강력해진다. 영화는 플롯이 크지는 않지만, 아이들이 결국 희생양이 되는 세계를 보여 준다. 갈랴와 발레르카는 도적들의 먹잇감으로 하룻강아지 목숨보다도 안전하지 못하다. 이 세계는 열다섯 살 소녀가 소개 대열에 끼기 위해 한 노인에게 자신을 임신시켜 달라고 간청하고, 제목에 나와 있는 것과는 달리 종교적이거나 정신적인 고양은 거의 엿보이지 않고 광기가 난무하는 곳이다. 알렉산드르 카이다놉스키의 『등유 판매인의 아내』(1988)도 소외된 사람들의 이야기를 배경으로 한다. 영화는 미래 세대를 위해 배반과 그 결과에 관한 주제를 변주하는 가운데 두 형제——한 명은 역사의 희생자고, 다른 한 명은 역사의 주도자다——에 관해 일종의 블랙 코미디로, 때때로 초현실주의 코미디로 묘사한다.

발레리 오고로드니코프의 『프리시빈의 종이 눈』(1989)은 서사가 좀더 복잡하다. 영화 제목은 뉴스를 읽는 사람들이 자신들은 항상 카메라를 보고 있다는 인상을 심어 주려고 (프롬프터 전날) 텍스트를 읽을 때 눈앞에 걸어놓는 종이조각을 가리킨다. 영화 시작을 알리는 크레디트가 올라갈 때, 카메라는 소파에서 점점 더 광적으로 음란 행위를 벌이는 한 쌍의 연인에 고정된다. 남자는 적군 장교(여전히 완전한 군복 차림이거나 군복 차림에 가깝다)고, 여자는 확실히 그보다 훨씬 더 어리다. 오고로드니코프는 이러한 초기 이미지로 관객에게 충격을 주려고 하지만, 더 놀라운 사실은 조금 뒤 이 영화가 1949년과 스탈린에 관한 이야기라는 것이 밝혀질 때 드러난다. 스탈린은 영화 속에서 감독에 의해 '러시아의 잔혹한 처형자'로 언급된다. 배우 프리시빈은 역사를 더 깊이 파고들려 한다. 그는 이 시대 사람들을 인터뷰하면서 자신이 죄수들의 머리 뒤통수를 총으로 쏘도록 불려 온 장교 역을 연기할 수 없다는 것을 알게 된다. 이렇게 과거가 현재 속으로 다시 한 번 침투한다.

　　서로 맞물린 시간 프레임들은 실제 뉴스 영화 필름과 함께 배치되어 스탈린, 몰로토프, 말렌코프만이 아니라 무솔리니, 히틀러, 마오쩌둥과 같은 다른 독재자들도 보여 준다. 수천 명의 사람이 숭배하듯 환호하고 있지만, 이런 대중 찬양이 스탈린을 위한 것인지 다른 독재자 가운데 한 사람을 향한 것인지, 아니면 더 그럴듯하게 보이기는 해도 그들 모두를 향한 것인지도 분명치 않다. 오고로드니코프는 1940년대 말에 갓 탄생한 소비에트 텔레비전 산업을 위해 찍은 음악과 춤 쇼트들이 담긴 필름 클립들을 보여 주기도 한다. 흥겹고 행복한 표정들은『이반 뇌제』2부에서 오프리치니키들이 추는 춤 장면에 인터컷intercut[대조적 장면]으로 삽입돼 있는데, 이는 말끔하게 손질한 수수한 이미지 뒤에 감춰진 정권의 잔인한 본질을 암시하는 재치 있는 몽타주다. 노인들은 에이젠시테인의 영화가 '개인 독재를 정당화한 것'이라고, 알렉산드르 솔제니친의 소설『이반 데니소비치의 하루』(1962)를 글자 그대로 인용하며 '삼세대에 걸친 러시아 인텔리겐치아의 기억을 조롱한 것'이라고 비난한다. 스탈린의 웃음 띤 얼굴은『전함 포템킨』의 오데사 계단 시퀀스가 상영될 때, 그도 승인했을 법한 폭도 시민에 대한 처리 방식을 바라보고 있음이 분명하다.

　　『프리시빈의 종이 눈』은 가까운 과거의 폭정을 살펴보고 있을 뿐아니라, 그에 대한 소비에트의 경험을 20세기 역사 전체의 문맥 안에서도 파악하고 있는 야심작이다. 영화는 관객의 현실 인식과 영화적 재현의 진실성을 놓고 유희를 벌인다. 프리시빈은 과거의 공포가 매우 중요하다는 것을 인식하고 그것을 허구적 형식에 담아 재창조한다. 감독은 실제 필름과 에이젠시테인의 역사적 몽타주들을 조작하여 예술과 촬영된 현실이 가장 불쾌한 종류의 선전 속으로 얼마나 손쉽게 결합해 들어가는지를 보여 준다.

파질 이스칸데르의 풍자 소설『체겜의 산드로』를 느슨하게 각색해 만든(시나리오는 이스칸데르가 썼다) 유리 카라의 영화『발타자르의 잔치 또는 스탈린과의 하룻밤』에서도 스탈린은 중심인물로 등장한다. 영화는 무엇보다도 스탈린과 그의 측근 라브렌티 베리야와 미하일 칼리닌(발렌틴 가프트와 예브게니 옙스티그네예프가 각각 연기했음)을 그린 역사적 초상으로 보이긴 하지만, 권력의 주변인들과 그들의 부패와 타락에 대해서도 파헤친다. 영화의 배경은 1935년이고 중심인물은 물론 스탈린이다. 스탈린은 야회를 총지휘하며 사람들에게 창피를 주고는 자기만족에 빠지기도 한다. 스탈린은 위험한 인물일 수 있다. 카라는 키가 작고 구부정한 독재자 역을 장신 배우 알렉세이 페트렌코에게 맡겨 암시적 위협을 일부러 더 증폭시킨다.

다른 영화들은 훨씬 더 상징적으로 또는 우의적으로 스탈린을 다뤘다. 마르크 자하로프의『용 죽이기』(1988)는 독재자를 묘사한 예브게니 시바르츠의 우의적 희곡『용』(1943)을 각색한 영화다. 자하로프가 극장 감독으로 명성을 떨치게 해준 무수한 시각적 효과와 농담을 통해 이 영화는 기사 란셀롯이 도시에서 독재자 용을 어떻게 처단하는지를 보여 준다. 그러나 단순히 용만을 죽인다고 해서 문제가 해결되지는 않는다. 용은 변화무쌍하여 나중에 다른 모습을 하고 되돌아올 수도 있기 때문이다. 바딤 압드라시토프의 『하인』(1988)은 러시아 민족의 무의식 속에 뿌리내리고 있는 심리적 트라우마로서 폭정을 다룬다. 영화는 이 트라우마가 없이는 러시아 자체도 존재할 수 없음을 시사한다. 압드라시토프는 두 남자의 관계, 즉 전직 당 보스 안드레이 구데노프와 전직 운전사지만 지금은 성가대 지휘자인 그의 '하인' 파벨 클류예프 사이의 관계를 다룬다. 구데노프는 클류예프의 아내 선택까지도 간섭할 정도로 클류예프에게 자신의 의지를 강요할 뿐 아니라, 축구팀 전체가 그를 위해 춤을 출 때 글자 그대로 명령을 내리면서 다른 사람들을 지배하기도 한다. 더 나아가 구데노프는 클류예프가 자신의 정치적 반대자를 죽여 주기를 바란다. 하지만 이는 권력 게임 그 이상이다. 클류예프는 기꺼이 복종하기 때문이다. 압드라시토프의 영화는 스탈린 관련 영화들에서 흔한 준거점이 되는 남성성 경쟁 담론이 아니라 지배와 복종 담론을 보여 준다. 클류예프와 구데노프의 관계는 20세기 러시아에서 인간과 권력 사이의 가학-피학 관계를 반영한다.

　　소비에트 권력이 저물어 가던 시대에 나온 영화들은 과거의 악이 현재의 불확실성을 낳은 것으로 보고 그에 집중한 것이 아니라, 혼돈과 사회적 붕괴의 잠재성에 초점을 맞췄다. 유리 마민의 『구레나룻』(1990)은 지방 도시에서 소동을 피우는 난폭한 소년들, 다시 말해 가치도 없고 옛 세대에 대한 존경심도 없는 아이들을 보여 주며 시작한다. 19세기 복장과 푸시킨 닮은꼴을 똑같이 하고 구레나룻을 기른 일단의 젊은이가 배를 타고 도착할 때까지는 박탈감과 무법성이 지배한다. 근육질의 악한들이 「청동기마상」을 낭송하고 푸시킨과 레르몬토프 추종자들이 러시아 영혼을 위해 끝까지 싸우려 들 때, 유명한 과거 문학 가치들을 앞세운 문화 전체주의가 확립된다. 푸시킨주의자들은 일반인들을 경멸하는 짓을 빼면 아무것도 아닌 사람들이다. 그런데 지역 조각가가 레닌 흉상을 푸시킨과 닮은 외관으로 개작하면서 푸시킨주의자들이 쉽게 통제권을 쥔다. 이후 영화가 끝날 쯤엔 공산당이 통제권을 접수하고 푸시킨주의자들의 구레나룻도 밀어 버린다. 그러나 이러한 상징적 거세가 끝나고 나서도 문화 파시스트들 치하의 삶과 이념적 독재자들 치하의 삶 사이에 차이는 거의 없어 보인다.

영화는 러시아에서 가장 존경받는 작가를 독재와 억압의 구실로 이용하면서, 그럼으로써 진정한 도덕성은 전통문화 가치의 고수에서 나온다는 인텔리겐치아의 주장을 조롱하면서 알레고리와 정치적 풍자를 교묘하게 뒤섞어 놓는다. 그러나 파시즘과 공산주의는 크게 다르지 않으며 하나가 다른 하나를 쉽게 이어받는다는 의미에서 훨씬 더 암울한 암시도 존재한다.

페레스트로이카 시대에 나온 이런 영화들과 또 다른 영화들에서도 수십 년 동안 자국 시민을 공포에 떨게 했고 대량학살을 자행했던 국가의 이데올로기에 대한 반감은 어렵지 않게 찾아볼 수 있다. 스탈린은 악마화됐을지 모르지만, 공산주의자들이 주장한 얼마 안 되는 정치적 정통성은 1991년 8월 쿠데타의 여파로 곧 일소됐다. 그 이후 정치는 가까운 과거를 다루는 일을 제외하고는 거부됐고, 이념은 다른 장르들 속에, 특히 역사 영화에 포함됐다. 포스트 소비에트 영화에서 러시아는 공포감을 일으키는 역사적 유산에 맞서 싸우고, 정치적·사회적 구조들보다는 문화적 가치들에 기초한 정체성을 붙들고 싸우는 가운데, 자신의 지정학적 지위에 대해 확신하지 못하는 나라였다. 러시아 사람들이 자신들의 대의의 정당성에 확신을 느낄 수 있었던 영역인 진쟁조치도 모호하고 불확실한 느낌으로 가득 차 있었다.

영화 목록

- 『발타자르의 잔치 또는 스탈린과의 하룻밤』*Piry Baltazara ili noch so Stalinym*(유리 카라, 1989)

- 『베진 초원』*Bezhin lug*(세르게이 에이젠시테인, 1935~1937)

- 『1953년의 추운 여름』*Kholodnoe leto 1953-ego goda*(알렉산드르 프로시킨, 1988)

- 『대책』*Vstrechnyi*(프리드리호 에르믈레르와 세르게이 유트케비치, 1932)

- 『용감한 7인』*Semero smelykh*(세르게이 게라시모프, 1936)

- 『죽음의 광선』*Luch smerti*(레프 쿨레쇼프, 1926)

- 『변호사 세도프』*Zashchitnik Sedov*(예브게니 침발, 1988)

- 『도망자』*Dezertir*(프세볼로드 푸도프킨, 1933)

- 『꿈』*Mechta*(미하일 롬, 1941)

- 『열한번째 해』*Odinnadtsatyi*(지가 베르토프, 1928)

- 『비상사태』*Ch.P: Chrezvychainoe proizshestvie*(빅토르 입첸코, 1958)

- 『이별』*Proshchanie*(엘렘 클리모프, 1982)

- 『얼지 마, 죽지 마, 부활할 거야』*Zamri, umri, voskresni*(비탈리 카넵스키, 1989)

- 『위대한 시민』*Velikii grazhdanin*(프리드리호 에르믈레르, 1937~1939)

- 『내가 사는 집』*Dom, v kotorom ia zhivu*(레프 쿨리자노프와 야코프 세겔, 1957)

- 『등유 판매인의 아내』*Zhena kerosinshchika*(알렉산드르 카이다놉스키, 1988)

- 『키제 중위』*Poruchik Kizhe*(알렉산드르 파인침메르, 1934)

- 『황야의 7인』*The Magnificent Seven*(존 스터지스, 1960)

- 『카메라를 든 사나이』*Chelovek s kinoapparatom*(지가 베르토프, 1929)

- 『새로운 바빌론』*Novyi Vavilon*(그리고리 코진체프와 레오니드 트라우베르크, 1927)

- 『1년의 9일』*Deviat dnei odnogo goda*(미하일 롬, 1961)

- 『삶의 길』*Putevka v zhizn*(니콜라이 에크, 1931)

- 『소비에트여, 전진하라!』*Shagai, Soviet!*(지가 베르토프, 1926)

- 『당원증』*Partiinaia karta*(이반 피리예프, 1946)

- 『파벨 코르차긴』*Pavel Korchagin*(알렉산드르 알로프와 블라디미르 나우모프, 1956)

- 『프리시빈의 종이 눈』*Bumazhnye glaza Prishvina*(발레리 오고로드니코프, 1989)

- 『참회』*Pokaianie*(텐기즈 아불라제, 1987)

- 『ShKID 공화국』*Respublika ShKID*(겐나디 폴로카, 1966)

- 『막심의 귀환』*Vozvrashchenie Maksima*(그리고리 코진체프와 레오니드 트라우베르크, 1926)

- 『하인』*Sluga*(바딤 압드라시토프, 1988)

- 『I. I. 오블로모프 인생의 며칠』*Neskolko dnei iz zhizni I. I. Oblomova*(니키타 미할코프, 1979)

- 『구레나룻』*Bakenbardy*(유리 만, 1990)

- 『세계의 육분의 일』*Shestaia chast mira*(지가 베르토프, 1926)

- 『아시아를 덮친 폭풍』*Potomok Chingiz-Khana*(프세볼로드 푸도프킨, 1928)

- 『준엄한 청춘』*Strogii iunosha*(아브람 룸, 1936)

- 『파업』*Stachka*(세르게이 에이젠시테인, 1925)

- 『용 죽이기』*Ubit drakona*(마르크 자하로프, 1988)

- 『기계 피아노를 위한 미완성 희곡』*Neokonchennaia pesa dlia mekhanicheskogo pianino*(니키타 미할코프, 1977)

- 『발레리 치칼로프』*Valerii Chkalov*(미하일 칼라토조프, 1941)

- 『비보르크 방면』*Vyborgskaia storona*(그리고리 코진체프와 레오니드 트라우베르크, 1939)

- 『막심의 청년 시절』*Junost Maksima*(그리고리 코진체프와 레오니드 트라우베르크, 1936)

7장
러시아 전쟁 영화

우리가 단지 한 나라의 부르주아가 아닌 전 세계의 부르주아를 쓰러뜨리고
마침내 항복시켜 그들의 재산을 수용한 뒤에야 전쟁은 없어질 것이다.
(Lenin 1981(1916), p. 79)

소비에트 국가는 70여 년 내내 전쟁으로 번성했다 해도 과언이 아니다.
소비에트 국가는 1차 세계대전의 폐허에서 나와 내전으로 강고해졌고
2차 세계대전으로 정통성을 획득했다. 또 이 기간에 대체로 무자비했던
계급투쟁, 특히 자국민을 상대로 한 계급투쟁을 통해 정체성을 발전시
켰다. 레닌이 단언한 것처럼, 볼셰비키 국가는 오직 그런 전쟁 상태에서
지속·발전할 수 있었다. 따라서 전쟁 영화는 소비에트 영화의 주성분이
었다. 실제로 1차 세계대전 직후 소비에트 영화 발전에서 전쟁 영화는
중요했다. 리처드 테일러가 다음과 같이 언급하고 있듯이, 이는 특히 내
전에서도 마찬가지였다.

> 내전의 도전이 없었다면, 소비에트 영화는 1920년대의 강렬하고 독특한
> 혁명적 시각 양식을 발전시키지 못했을 것이다. 또 그런 양식이 없었다면,
> 볼셰비키 세계관을 소련 안팎으로 동시에 전파하는 데서 영화가 발휘한
> 효과는 극히 적었을 것이다. (Taylor, 1979, p. 63)

요컨대, 1차 세계대전이든 내전이든, 2차 세계대전이든 1979~1989년 아프간 전쟁이든, 포스트 소비에트 시기의 체첸 전쟁이든, 20세기 러시아의 전쟁 수행 능력은 영화에 비옥한 토양을 많이 제공했다. 이 모든 전쟁을 다룬 소비에트와 포스트 소비에트 시대 영화가 본 장의 주제가 될 것이다.

소비에트의 전쟁 수행 방법은 나치 독일을 제외한 서구 국가들의 그것과 다르다. 레닌의 말을 따르면, 백군과 적군 사이에서든, 파시스트들과 공산주의자들 사이에서든 전쟁은 무엇보다도 민족국가 간 투쟁이 아니라 이데올로기 투쟁이었다. 스탈린그라드를 연구한 최근 저서에서 앤터니 비버는 특히 스탈린주의가 적의 악마화를 추진하면서 발휘한 저력에 대해 다음과 같이 기술하고 있다.

> 우리가 스탈린주의에 대해 어떻게 생각하든지 간에, 스탈린주의의 이데올로기 준비 태세가 교묘히 조작된 대안들을 통해 총체적 전쟁을 위한 잔인할 정도로 효과적인 논거를 제시했다는 데에는 의심의 여지가 거의 없다. 투쟁은 공산당이 이끌어야 했다. 파시즘이 공산당 파괴에 혈안이 돼 있었기 때문이다. (Beevor, 1999, p. 27)

그리고 무장 투쟁은 계급 적대에 토대를 둔 소비에트의 특별한 정치적 정체성을 단련해 줬다. 이러한 법칙은 그 이후 투쟁들, 특히 대조국전쟁(2차 세계대전)에서 찾을 수 있다. 하지만 포스트 소비에트 시대에 영화감독들은 전쟁과 침략을 묘사하며 소비에트의 폭력적 유산을 재고했고, 러시아 제국주의에 대해, 러시아와 비기독교 동방 민족들의 관계에 대해 이의를 제기했다.

1차 세계대전과 내전

역사가들은 러시아 내전(1918~1920)이 몽골 침입 이래 러시아가 겪은 가장 처참한 변란이라는 데 동의한다. 이삭 바벨의 소설 『기병대』(1926)처럼 내전을 재창조한 문학 작품들은 가정이 파괴되고 끔찍한 만행이 자행되고 관용이라곤 눈꼽만큼도 없었던 내전의 잔혹성을 인정사정없이 사실적으로 단호히 묘사했다.[1] 그러나 볼셰비키들이 볼 때 내전은 무엇보다도 이데올로기 전쟁, 다시 말해 '자본주의 착취'의 구세계를 거부하고 '프롤레타리아 독재'의 신세계를 건설하는 투쟁이었다. 더욱이 볼셰비키들이 사용한 방법들, 특히 적색 테러는 소련 지배자들, 그중에서도 스탈린이 가장 확실하게 구사한 미래의 통치 방식들에 중대한 영향을 미쳤다.

전쟁을 통해 규정되는 정체성은 이반 페레스탸니의 『붉은 마귀들』(1923), 야코프 프로타자노프의 『마흔한번째 사람』(1927)과 같은 초창기 내전 영화 몇 편에서 찾아볼 수 있다. 프세볼로드 푸도프킨의 『상트페테르부르크의 종말』(1927)은 1차 세계대전 최전방의 공포를 소름 끼칠 정도로 자세히 보여 주면서 이 전쟁을 국제 자본이 전 세계 노동 계

---

1 내전을 다룬 자신의 주저(1987) 서문에서 에반 모즐리는 이렇게 쓰고 있다. "'종말론적'이라는 말이 최근 세계사의 어떤 사건에도 적절하다고 한다면, 이 말은 러시아 내전에도 적절하다. 1917~1920년의 사건들이 세계의 종말이었다고 암시하려는 것은 아니다. 혁명가들은 그때 일어나고 있던 일을 새로운 인간 질서의 시작으로 간주했다. 그들이 사실상 새로운 예루살렘을 발견하지 못했다 하더라도, 칠십 년 후에 우리는 그들이 러시아에서 확실히 뭔가 주목할 만하고 지속적인 것을 창조했음을 알 수 있다. 하지만 그들의 권력 장악은 엄청난 고통과 수많은 끔찍한 죽음——모두 칠백만 명에서 천만 명에 이르는 사람의 죽음——을 대가로 이룬 것이었다. 전쟁과 투쟁, 기근과 역병——요한계시록에 나오는 네 명의 기사——이 유럽에서 가장 큰 나라를 삼 년 만에 초토화했다."

급에 맞서 일으킨 싸움으로 본 레닌의 해석을 뒷받침해 준다. 이와 비슷하게 『병기고』에서 알렉산드르 도브젠코는 전쟁으로 황폐해진 풍경과 인간 갈등이 낳은 광기를 사실적으로 묘사하는 데서 프롤레타리아 계급의 무장 투쟁과 최종 승리를 신화화하는 데로 옮겨 간다.

『차파예프』(1934), 『쇼르스』(1939), 『코톱스키』(1942)와 같은 스탈린 시대 영화들은 내전 신화를 구축하고 그 주인공들을 전설로 만드는 작업에 일조했다. 하지만 훨씬 더 흥미로운 이 시대 영화는 보리스 바르네트의 『변두리』(1933)다. 이야기는 1914년부터 시작한다. 그러나 차르를 쫓아내기 위해 볼셰비키들을 중심으로 단결하는 노동자들이, 전선에서 평범한 러시아 병사들과 독일 병사들이 형제애로 하나가 되듯이 지배 이데올로기로 하나가 되고 있음에도, 이 영화에는 전복적 아이러니가 스며 있다. 영화가 시작할 때 난폭한 시위대를 해산하는 총성(에이젠시테인이 즐겨 사용하는 모티프)이 들리는데, 사실 이것은 한 소년이 연주하는 둔탁한 손풍금 소리로 밝혀진다. 바르네트는 애국적 감정을 자아내는 흥겨운 소곡들을 사용하여 이념적 진술의 엄숙성을 깨뜨린다. 또한, 그가 사용하는 비주얼은 낙하하는 폭탄과 넘어지는 장화들을 병치해 그로테스크한 유머 감각을 표현한다. 게다가 소총은 격발될 때 제화 기계에서 나는 소리를 낸다. 루이스 마일스톤의 『서부전선 이상 없다』(1929)에 나오는 유명한 장면도 패러디된다. 같은 참호 속에 들어가 숨은 독일 병사와 러시아 병사는 서로 죽이려고 싸우는 대신 폭탄으로부터 서로 보호해 준다.

관객이 선형적 서사에 거는 기대도 끊임없이 어긋난다. 땡땡 울리는 교회 종소리는 낭만적 장면에 흐르는 민속음악 선율을 방해한다. 서사의 상당 부분이 독일군 포로의 시선을 통해 제시되면서 언어적·심리적 혼란이 일어난다. 마지막 병치 이미지들은 미래를 향해 행진하는 군중의 행복한 얼굴들이다. 병사 니콜라이는 처형 직후 쓰러져 죽는다. 하지만 그는 『병기고』의 티모시처럼 사람들이 움직이는 소리를 듣고 다시 살아난다. 이처럼 영화는 도브젠코의 신화화에 경의를 표하며 끝나는지도 모른다. 그러나 영화의 불경한 어조는 감독의 입장에서 좀더 신랄한 태도를 시사한다.

몇십 년 후에는 수단과 목적을 둘러싸고 일어난 회의론이 뿌리를 내린다. 아스콜도프의 『코미사르』(1967)에 관해서는 다른 문맥에서 이미 언급했다. 이것은 볼셰비키 가치들과 내전이 수행되는 방식에 의문을 제기하는 영화다. 이와 비슷하게 글레프 판필로프의 『불길 속에는 여울이 없다』(1967)는 두 부류의 코미사르를 주역으로 내세운다. 첫번째는 공포를 유포하면서 다른 사람들에게 피를 흘려야만 한다고 열변을 토하고 사람들을 오직 이념적 범주로만 나누어 각기 다른 경향의 '적들'로 간주하는 코미사르(레닌을 아주 많이 닮았음)다. 두번째는 좀더 인간적인 코미사르로, 승리만이 아니라 내전의 화염과 참상에서 창조되는 특별한 종류의 러시아도 중요하다는 것을 알고 있다. 이런 생각을 반영하기라도 하듯이, 여주인공 타냐 테트키나는 미래에 사람들이 행복하지 못할 것이라고 주장한다. 그리고 한 농부를 통해서 우리는 볼셰비키들이 지역 마을들을 약탈하고 있음——이는 계급 형제들의 행동이 아님——을 알게 된다.

블라디미르 모틸의 『사막의 하얀 태양』(1969)은 1960년대에 가장 인기 있는 영화 가운데 하나로——특히 디제시스 안에서 불라트 오쿠자바가 연주한 기타 발라드 「황공하옵니다, 이별 아씨」 덕분이었음——그 이후에도 호소력을 계속해서 발휘했다. 이 노래와 뇌리에서 떠나지 않

『사막의 하얀 태양』(블라디미르 모틸, 1969)에서 아나톨리 쿠즈네초프

는 목관악기 음악을 사용한 것은 우연이 아니다. 『사막의 하얀 태양』은
소비에트식 '스파게티' 웨스턴에 아주 가까웠기 때문이다. 영화의 '스파
게티' 자격은 다음과 같이 한눈에 드러난다. 음악은 대체로 쾌활하여 보
통 진지한 주제와 함께 깔려 나오는 웅장한 오케스트라 곡은 자제한다;
태양이 작열하는 이국적 장소가 나온다(여기서는 중앙아시아가 텍사스-
멕시코 국경을 대체한다); 권총과 기관총, 단도와 폭탄을 맞고 죽는 사람
수도 엄청나게 많다; 괴짜 인물들은 이 장소에 어울리지 않아 보인다;
영화 전반에 걸친 농담조 스타일은 거의 불경에 가깝다; 세르조 레오네
감독의 『좋은 놈, 나쁜 놈, 추한 놈』(1966)에 표하는 경의도 일부에서 구
체적으로 존재한다. 주인공 수호프는 다이너마이트로 시가에 불을 붙
인다(레오네 영화에서는 클린트 이스트우드가 시가로 대포에 불을 붙인다).
또 그는 문이 아닌 창문으로 방에 들어가 악당을 놀라게 한다(이것은 약
간 다르다. 레오네 영화에서는 '좋은 놈'이 창문으로 들어오는 '추한 놈'을 보

고 놀라기 때문이다).

『사막의 하얀 태양』은 지방 강도단 두목 압둘라의 부인 아홉 명을 보호하는 적군 장교 수호프에 관한 이야기다. 영화는 '문명화된' 유럽 가치와 모슬렘 중앙아시아의 '후진성'을 대비해 보여 주며 많은 재미를 선사한다. 베일을 쓴 압둘라 부인들은 낯선 남자에게 얼굴을 드러내지 않으려고 아예 치마를 들어 올려—다리와 허리를 노출하며—머리 위로 뒤집어쓴다. 이들은 '여성 동지들,' '동방의 자유 여성들'로 언급되고, '저주받은 과거를 잊으라'는 요구를 받는다. '여자도 사람이다'는 말이 하나의 구호가 된다. 이들의 가린 얼굴과 몸은 수호프가 다양한 상황에서 향수를 느끼며 떠올릴 때마다 붉은색 옷을 차려입고 황홀한 시골 풍경을 배경으로 등장하는 그의 아내 카테리나 마트베예브나의 육감적 용모와 규칙적인 대비를 이룬다. 마지막에 가서는 아홉 명의 부인 중 여덟 명이 살아남는다. 수호프도 살아남지만, 나머지 사람은 사실상 모두 죽는다.

모틸의 영화는 세르조 레오네와 같은 감독들이 할리우드 서부영화를 위해 한 일을 내전 영화를 위해 했다고 할 수 있다. 크리스토퍼 프릴링은 이렇게 말한다. "레오네는 서부영화 장르의 전통적 기반 대신 이탈리아의 역사적·문화적 문맥에서 나온 주제와 이미지를 사용하여 참신한 영화 신화를 창조했다. 이것은 비판적이긴 했으나 확실히 자리매김한 것이었고, 거칠긴 했으나 시각적으로 세련된 것이었다"(Frayling, 2000, p. 188). 레오네가 신선한 생명력을 불어넣은 덕택에 서부영화가 1960년대에 또다시 인기를 끈 바로 그곳에서, 모틸은 레오네에게서 빌려 온 요소들을 뒤섞고 귀에 쏙쏙 들어오는 곡을 덧붙이되 이념적 광채는 살짝 제거하여 가장 근엄한 주제 중 하나인 러시아 내전을 '새롭게 창조했다'.

에드몬드 케오사얀의 『붙잡기 어려운 복수자들』(1966, 『작은 마귀들』을 리메이크한 영화로, 행위는 소비에트 우크라이나에서 일어난다)과 특히 알리 함라예프의 『보디가드』(1980)처럼 '침체기'에 나온 다른 영화들도 내전을 서부영화식으로 다뤘다. 함라예프의 영화에서 고독한 주인공 미르조(알렉산드르 카이다놉스키가 연기함)는 1920년대 초 타지키스탄에서 지역 부족들의 저항에 맞서 싸울 때처럼 기상천외한 일들이 벌어져도 절대 패하지 않고 살아남는다.

대조국전쟁

대조국전쟁은 소련이 통과한 가장 혹독한 시험대로서, 국가의 존립 자체와 민족의 생존을 위협했다. 소련 당국은 이 전쟁을 대립 이데올로기의 투쟁, 즉 파시즘과 공산주의의 투쟁으로 간주했다. 그러나 국민은 이 전쟁을 슬라브 민족의 절멸 또는 완전 복속을 공식 목표로 삼은 적에 맞선 생존 투쟁으로 훨씬 더 많이 겪었다. 스탈린 자신도 치명적 위협을 인정하고 나치가 침략한 지 2주가 지난 1941년 7월 3일 행한 대국민 연설에서 국민을 이념으로 맺어진 '동지'가 아니라 피를 나눈 '형제자매'로 부르며 그들의 마음속에 다가갔다. 따라서 대조국전쟁 관련 소비에트 영화가 참상의 세목과 생사가 걸린 상황들을 자주 포함하여 극단적이고 가학적인 폭력을 묘사하길 마다치 않은 것은 우연이 아니다.

이와 비교하면 서유럽 국가 영화에서는 전쟁이 아주 다르게 묘사됐다. 서유럽 주요 영화는 민족적 유형화나 판에 박힌 이미지들을 거부하고 전쟁이 제기한 도덕적 쟁점들을 주로 바라보았다. 또 다른 피점령국으로 엄청난 유혈 피해를 본 프랑스에서 루이 말 감독은『라콤 루시앙』
(1974)과『잘 있어라 얘들아』(1988)를 통해 유대인들이 비극적 운명을
맞이하는 데서 일부 프랑스 시민이 독일군에 암암리에 협조하며 부역
한 사실을 파헤쳤다. 영국 영화감독 존 부어맨은『희망과 영광』(1987)에
서 런던 대공습 당시 영국인 아이의 눈으로 전쟁을 바라본다. 전쟁은 주
로 감독 자신의 어린 시절 회상을 위한 배경으로 나오며, 그렇게 위협적
이지도 않고 때로 코믹하기도 하다. 그러나 러시아의 전쟁은 끔찍이도
심각하여 직접성이 더 적나라하다. 다음과 같은 바실리 레베데프-쿠마
치가 쓴 전쟁 노래 가사에서 알 수 있듯이, 민족 소멸을 막기 위한 투쟁
은 '민중의 전쟁'이자 '신성한 전쟁'이었다.

> 일어나라, 거대한 나라여
> 일어나서 죽을 때까지
> 파시스트 암흑 세력에 맞서
> 저주의 무리에 맞서 싸워라!
>
> 고매한 분노여
> 물결처럼 끓어올라라
> 민중의 전쟁이
> 신성한 전쟁이 벌어진다!
> (Iukhtman, 2000, pp. 229~230)

적에 대한 뿌리 깊은 증오심은 다음과 같이 피와 죽음의 이미지로
절정을 맞이하는 알렉세이 수르코프의 시「복수자들의 계명」처럼 당대

의 인기 시들에서 잘 이해할 수 있다.

> 끝없는 굴욕적 고통을 집어삼킨 채
> 우리는 더 무자비하고 더 무례해졌다.
> 삶의 이름으로 '죽여라!'는 계명을
> 우리는 신앙의 제일 상징으로 받아들였다.
>
> 사악한 강철은 비처럼 잘리고
> 포탄은 표적을 빗나가게 하라.
> 복수를 마치고 나서야 비로소 우리는 숨을
> 들이마시고 총검의 피를 외투자락으로 닦아낼 것이다.
>
> (Surkov, 1965, I, 387)

적개심은 소련의 필승에 대한 믿음과 함께 간다. 나치 침입 이후 처음으로 제작된 (알마아타 소개 당시 찍은) 전쟁 영화 중 하나인 『우리 도시에서 온 청년』(1942)에서 관객은 전쟁 전 삶이 얼마나 안정적이었고 평화로웠는지를 떠올린다. 이때는 태양이 항상 반짝였고 친구들이 함께 모여 이야기하고 노래하고 포도주를 마셨다. 전쟁은 성격의 시험대여서 겁쟁이나 소심한 사람들은 설 자리가 없었다. 주인공 세료자 루코닌은 독일군의 공격을 격퇴하고 소속 전차중대로 위풍당당 귀대하기 전까지 몇 차례 시련을 겪는다. 루코닌이 부상으로 병원에 입원했을 때 그를 치료해 준 군의관은 이렇게 말한다. "전쟁은 사람을 바꿔 놓는다네. 전쟁을 통해 사람은 삶에서 무엇이 중요하고 무엇이 중요하지 않은지를 생각하게 된다네." 승리에 필요한 자질들은 용기와 자기희생, 결의, 다른 사람에게 감화를 주는 능력이다. 우리는 바로 이런 자질들이 전쟁이 끝나면 좋은 시절을 다시 되돌려 놓을 수 있다고 믿는다.

1943년에 알렉산드르 이바노프가 감독한 영화 『잠수함 T-9』는 소련 해군의 위력을 찬미한다. 여기서는 잠수함 단 한 척이 수중 폭뢰와 공중 폭격을 피해 독일 군함들을 척척 해치운다. 이번에도 역시 소련의 필승을 보여 주기 위해, 저예산으로 제작된 이 영화는 소비에트 전쟁 기계의 우수성과 자신을 희생할 줄 아는 러시아 남성의 헌신성과 애국주의를 과시한다. 영화가 풍기는 전반적 인상에 관해 말하자면, 잠수함 한 대만으로 적 군함을 무수히 격침하고, 독일 항구를 급습하고, 심지어 해병대를 육상에 상륙시켜 전략적 교량을 파괴할 수 있다면, 승리는 코앞에 와 있는 것이나 다름없는 셈이다. 이 모든 것은 단 한 명의 희생만으로 달성된다. 그는 물론 영웅적으로 전사한다.[2]

초기 영화들도 이와 비슷하게 필승과 함께, 적의 생활 양식보다 더 우수한 소비에트 생활 양식을 강조했다. 게르베르트 라포포르트의 『창공의 급사』(1943)는 전투기 조종사 바라노프와 오페라 가수 나타샤 사이의 사랑 이야기를 들려주면서 전투의 위험은 일부러 무시한다. 바라노프가 독일군에 가하는 공격을 성공적으로 마치고 기지로 돌아가는 길에 라디오에서는 나타샤의 목소리가 흘러나오며 바라노프의 안전 귀환을 이끈다. 또 다른 종류의 코미디 영화로는 콘스탄틴 유딘의 『안토샤

---

2 영향력 있는 영화학자이자 비평가인 로스티슬라프 유레네프는 『잠수함 T-9』와 이런 종류의 다른 영화들이 "관객의 애국적 감정들을 만족시켰고, 전쟁의 개별적 사건들을 진실하고 흥미롭게 보여 줬다"고 상찬했다. 그러나 이들은 예술적으로 부족했다. "감독들은 과정과 사고, 감정에는 노력을 기울이지 않고 사건들을 정말 그럴 듯하게 재창조하려고만 했다." R. N. Iurenev, "kinoiskusstvo voennykh let", in Kim, 1976, pp. 235~251 (p. 245).

립킨』(1942)이 있다. 영화는 독일군 병사로 변장한 채 러시아 부대를 이끌고 독일군을 물리치는 코믹한 주인공을 내세워 적의 계획을 좌절시키는 일이 얼마나 쉬운지를 보여 준다. 주인공은 소심한 데다 코믹하기도 해서 전투력으로는 전혀 쓸모없다. 두 영화에서 전쟁은 우스꽝스럽고 그로테스크한 악한들이 펼치는 한 편의 소극이나 다름없다. 전쟁이 중대 고비에 접어든 시점에 제작된 이 영화들과 또 다른 영화들도 여자들이 손을 흔들어 감사의 마음을 표하는 가운데 애국적 노래에 맞춰 의기양양하게 행진하는 적군赤軍 위로 태양이 다시 빛나는 날을 고대한다.

코진체프와 트라우베르크의 『어린 프리츠』(1943)는 부조리하고 때때로 우습기도 한 연극식 풍자 희극이다. 미하일 자로프, 야니나 제이모, 프세볼로드 푸도프킨, 막심 시트라우흐, 콘스탄틴 소로킨이 출연한 이 영화는, 이색적이고 심지어 그로테스크하기도 한 독일군의 외모를 강조하면서 파시즘과 그들의 가상 과학 기지를 신랄하게 풍자한 모방극이다. 상상의 관객 앞에 상연되는 일련의 무대 장면을 찍은 이 영화는 전형적 독일인 프리츠(그의 전형성은 가죽 바지Lederhosen로 완결됨)의 유년기와 사춘기를 추적해 보여 준다. 프리츠는 게슈타포에 들어가서 장난감 곰의 목을 자르고 장난감 개의 목을 매다는 법을 배운다. '원숭이가 인간에서 어떻게 유래했는지에 관한 이야기'로 서술되는 이 장면은, 독일군이 문명적 가치라곤 전혀 없는 야만적 주정뱅이 반달족으로, 강인하고 헌신적인 러시아 사람들의 손에 파멸하는 자들이라고 인종차별이나 다름없이 신랄하게 묘사한다. 이처럼 영화는 독일군의 인종차별주의를 그들에게 되돌려 주면서 적에 대한 총체적 증오를 표현한다. 『어린 프리츠』는 너무 연극적이어서 전쟁 기간에 오랫동안 금지됐다.

전시에 많은 영화에서 어머니 러시아는 짓밟히고 수난당하는 여성이 대표했다. 프리드리히 에르믈레르의 『그녀는 조국을 수호한다』 (1943), 마르크 돈스코이의 『무지개』, 레온 아른시탐의 『조야』(1944)에서 중심인물은 여성이다. 여성의 용기와 자기희생은 전후방 너 나 할 것 없이 모든 사람에게 감화를 심어 줬다. 더 적나라하게 말하자면, 관객은 여성이 당하는 폭력(『무지개』에서는 임산부 올레나 코스튜크가 당한다)에 경악할 뿐만 아니라 적에 대한 증오심도 키운다. 여기서도 순교는 적절하다. 열여덟 살 실재 인물 조야 코스모데미얀스카야가 나치에 처형되자(아른시탐의 영화에서 매우 실감 나게 재연됐음) 한 세대 전체가 그에 치를 떨었고 동시에 감화도 받았다.[3]

율리 라이즈만의 『마셴카』는 여성 투사 관련 영화에서 매력적인 예외를 보여 준다. 이 영화는 1939~1940년 핀란드 '겨울' 전쟁을 배경으로 하기 때문이다. 여느 전쟁 영화와 마찬가지로 이 영화도 행복하고 안전한 한때로 제시되는 전쟁 전 시절을 보여 주며 시작한다. 하지만 이때 감도는 전운은 방독면 착용 필요성에서 암시된다. 평화로운 그림의 느낌은 경쾌한 애국주의 사운드트랙으로 강화된다. 부지런한 전신국 직원 마샤 스테파노바는 알료샤 솔로비요프(전형적 러시아 이름에 주목하기 바람)와 사랑에 빠진다. 이 영화는 발렌티나 카라마예바가 출연한 몇 편 안 되는 영화 중 하나다. 여기서 그녀가 연기한 마샤는 정신적 순수

3 『무지개』는 중앙아시아로 소개된 키예프 영화 스튜디오가 제작했고, 알마타에서 촬영됐다. 『무지개』는 우크라이나 최고의 전쟁 영화로 인정되었고 미국에서 상도 받았다. 소련이 『무지개』에 대해 내린 평가를 통해 가장 중요한 상징적 연결 고리가 다음과 같이 분명해졌다. "올레나는 말수는 거의 없고 몸짓만 있다. 그녀의 모든 것은 내적으로만 존재한다. 그녀는 자기 안에서 고동치는 생명에 귀를 기울인다. 그녀의 두 눈과 얼굴은 표정이 얼마나 풍부한가. 우리의 의식 속에서 조국의 이미지와 합쳐지는 이 순박한 농부는 정신적으로 얼마나 풍부하고 고결한가." Kornienko, 1975, p. 135.

성과 에너지를 발산하면서 순박한 러시아 처녀의 진실성과 내적 선량함을 체현한다.

전쟁 발발──비겁한 핀란드인들이 겸손한 이웃 나라 소련을 침입했다──과 함께 마샤는 전선에서 간호사가 되어 다시 알료샤를 만난다. 알료샤는 격렬한 육탄전에서 상처를 입는다. 소련군이 검은 연기 속을 뚫고 진격할 때 영화는 재회를 약속하는 두 연인의 모습을 보여 주며 막을 내린다. 이처럼 라이즈만의 영화는 승리를 약속하며 끝나지 않는다. 그 대신 앞으로 있을 나치 독일과 맞선 더 큰 투쟁의 불길한 먹구름을 보여 준다. 하지만 여주인공은 끔찍한 희생과 비극이 아니라, 빛과 순결을 상징한다.

전쟁이 계속되는 가운데 승리가 가까워 보이자 날조와 함께 자아도취도 일어났다. 이반 피리예프의 1944년 영화『전쟁이 끝나고 저녁 여섯 시에』에서는 전쟁이 바샤 쿠드리야쇼프(예브게니 사모일로프)와 바랴(마리나 라디니나)의 관계를 방해하는 사소한 불편과도 같은 것으로 묘사된다. 이들은 적기를 격추하는 일보다는 자신들이 작사한 많은 노래에 적절한 화음을 집어넣는 일에 관심을 더 기울인다. 전투도 식은 죽 먹기다. 1941년 혼전 상황에서도 소련군 포탄은 발사하는 족족 독일군 탱크에 명중해 나치 세력에 치명타를 가한다. 따라서 관객은 이런 의문을 품지 않을 수 없다. 즉 독일군은 이렇게 무능한데 대관절 어떻게 침공 석 달 만에 모스크바 관문까지 도달할 수 있었을까? 소련군은 전투 중에도 시를 읊는다. 위풍당당한 오케스트라 음악과 디제시스 안에서 기타로 연주되는 전쟁 발라드가 섞여 나온다. 피리예프의 영화가 보여 주는 전쟁은 노래와 춤이 끊이지 않는 한 편의 뮤지컬이다. 물론, 바샤와 바랴는 전쟁이 시작할 때 약속한 대로 승리를 경축하는 붉은 광장 옆에서 저녁 여섯 시에 만난다.

소련의 승리는 훨씬 더 많은 만족감을 주었다. 이런 가운데 당국은 승리의 '진실'에 대한 자신들의 비전을 재빨리 강화했다. 새로운 압박에 피해를 본 중요한 영화는 1946년에 제작됐으나 십 년이 지난 뒤에야 상영된 레오니드 루코프의 『위대한 삶』 제2부였다. 영화는 러시아 하늘과 넘실대는 들판을 천천히 비춰 주는 장면들에 맞춰 흐르는 민속음악과 함께 (이제는 예측할 수 있게) 시작한다. 하지만 괄목할 만한 것은 이 영화가 나치에 부역하는 사람들과 지역 경찰, 전쟁의 참상을 대체로 솔직하게 보여 줬다는 점이다. 여성 합창은 황폐한 풍경 속을 떠도는 여성들을 성상화 같은 프레임에 담아 찍은 장면들을 위한 배경으로 기능한다. 이때 사람이나 건물들은 모두 수난당하는 러시아를 상징한다. 전쟁이 끝나고 재건이 시작되면서 개인적 관계의 회복과 함께 생활의 복귀도 축복을 받는다.[4]

미하일 자로프의 『소란한 집안』(1947), 세묜 티모셴코의 『창공의 나무늘보』(1946)——두 영화 모두 '영웅적 코미디'로 분류됨——와 같은 전후 초기 코미디 영화들은 투쟁과 고통에 크게 신경 쓰지 않으면서 전쟁이 실제론 전혀 격렬하지 않았다고 주장한다. 티모셴코의 영화는 1946년에 최고 인기작 가운데 하나였다. 불로치킨('땅딸보'를 암시하는 코믹한 이름)이 연기한 '나무늘보'는 독일 진지를 타격하고 구식 복엽기로 매서슈미트Messerschmitt[2차 세계대전 중 독일 공군 전투기]를 격추한다. 또 숲 속에서는 노래를 부르고 막사에서는 보드카와 비트 수프를 맛보

---

4 스탈린의 문화 대변인 안드레이 즈다노프는 이 영화가 "이념적으로, 예술적으로 그릇되다"고 하면서 "영화가 우리 인민에게 잘못된 방향을 가리켜 보이고 나쁜 도덕을 심어 준다"고 불평했다. 그는 음주 장면에 특히 분개했다. Mariamov, 1992, p. 79.

기도 하면서 마침내 아가씨를 품에 안는다. 이 영화가 흥미로운 까닭은, 전쟁이 영화 시작 부분에서 종전 때까지는 여자들을 거들떠보지도 않겠다고 선언하는 중요 인물들의 개인적 관계 내에서 주로 여흥으로 제시되고 있기 때문이다. 그러나 전쟁이 그렇게 참혹하지 않은 것으로 드러나면서 불로치킨은 여자들 뒤꽁무니를 따라다니며 구애할 시간을 찾는다. 더 나아가 그는 적의 지뢰밭에 비행기를 착륙시켜 여자친구를 태우고 적의 코앞에서 상처 하나 입지 않고 다시 이륙한다.

『소란한 집안』에서 지휘관 세미바바('시골 처녀'를 암시하는 또 다른 익살스러운 이름)는 독일군 폭격기를 놀려먹으려고 가짜 기지를 만들고, 아코디언을 연주하고 적 공습 때는 불도 끄지 않는다. 소련과 프랑스 연합군이 감정 문제를 정리하는 동안 소련군 병사들이 노래판을 벌이면서 적에 대한 습격은 연기된다. 여기서 전쟁은 평온한 군대 일과에서 성가시기만 한 일일 뿐이다.

국민의 기억 속에 여전히 생생하게 남아 있는 끔찍한 전쟁에 이처럼 매우 기발하게 접근한 일은 오래가지 못했고 또 곧 비판을 받기도 했다.[5] 1940년대 말에 나온 다른 영화들은 냉전과 함께 점점 고조되는 외국인 혐오증을 반영하며 또 다른 의제를 제시했다. 스탈린의 역할은 전지전능한 지도자로서 신화적 차원을 띠었다. 블라디미르 페트로프의 『스탈린그라드 전투』(1949)와 미하일 치아우렐리의 『맹세』(1949)는 모

---

5 소비에트 코미디 영화의 역사를 집대성한 책에서 로스티슬라프 유레네프는 이렇게 비난한다. "이것이 전쟁이란 말인가? 이 사람들이 전쟁터에, 전쟁의 영웅적이고 위태로운 사건들에 참여하고 있단 말인가? 『창공의 나무늘보』와 그와 비슷한 영화들은 우리에게 무엇을 말해 주고 있는가? 전쟁터에 있는 것이 그렇게 즐겁고 간단한 일인가? 우리의 승리가 그렇게 손쉬웠단 말인가?" Iurenev, 1964, pp. 400~401. 또한, 그는 『소란한 집안』이 전쟁을 "그릇되고 왜곡되게" 묘사한 점도 인정하고 있다.

두 승리는 오직 군사 전략과 전술을 탁월하게 지휘한 스탈린 덕분에만 가능했을 뿐이라고 뻔뻔스럽게 말한다. 치아우렐리의 『베를린 함락』(1949~1950)에서 스탈린은 신과 같은 위상을 차지하는데, 이런 그에게 히틀러도 연합군도 경외심을 품으며 국민은 그를 숭배한다.[6] 『베를린 함락』은 소비에트 전쟁 영화사에서 독보적 위치를 차지한다. 그리고리 마리야모프가 말하듯이, 스탈린이 치아우렐리 영화들을 특별히 좋아했던 것은 그의 영화들이 "스탈린의 인격을 무한히 칭송하며 진실이 담겨 있지 않은 전설들을 창조했기" 때문이기도 하고, 자기 영화들에서 치아우렐리가 "스탈린이 큰 의미를 부여한 역사적 유비를 통해 스탈린의 행동을 정당화했기" 때문이기도 하다(Mariamov, 1992, pp. 38~39). 『베를린 함락』은 서사시적 시간 범위를 자랑한다. 전쟁 발발 전에 스탈린은 정원을 돌보는 모습으로 나오고, 한 여성은 스탈린 초상화가 그녀 뒤에서 만족스러운 듯이 굽어보는 가운데 행복한 삶에 대해 스탈린에게 감사를 표하는 연설을 한다. 그런 다음 독일군이 침략하여 포화와 파괴가 이어진다. 이후 모스크바와 스탈린그라드에서 결정적 전투가 벌어지고 마침내 베를린이 함락된다.

　『베를린 함락』은 전능하고 현명한 지도자로서 스탈린의 영속적 이미지를 창조하려 했을 뿐 아니라, 최근 역사를 다시 쓰려고도 했다. 스

---

6 피터 케네즈는 독재자의 통치 마지막 시기에 이런 영화들이 스탈린 '개인 숭배'를 어떻게 묘사했는지를 다소 자세히 논의한 바 있다. 여러 명의 배우가 스탈린을 연기했지만, 배우에게는 자기 자신을 표현할 수 있는 여지가 없었다. "그러나 약간의 틀에 박힌 화법과 몸짓을 제외하면, 배우가 누군지는 별로 중요하지 않았다. 최고 지도자를 연기하는 일은 예술가의 작업에 심각한 제약을 가져왔다. 몸짓 하나하나 주의 깊게 계산해야 했고 과장되고 활기 없는 말들을 표현해야만 했다는 점을 고려한다면, 배우들이 믿음직스러운 인물을 연기하지 못한다고 해서 그들을 비난할 수는 없었다." Kenez, 1992, p. 235.

『베를린 함락』(미하일 치아우렐리, 1949~1950)에서 미하일 겔로바니와 막심 시트라우흐

탈린은 지도를 보지 않고도 전술을 결정할 수 있다. 그는 적이 무엇을 할 것인지를 직관적으로 파악하고, 따라서 그의 부하 장군들보다도 전략을 더 잘 이해하기 때문이다. 심지어 히틀러의 부하 장군들까지도 스탈린을 두려워하며 처칠과 루스벨트는 얄타에서 스탈린에 맞설 계략을 꾸민다. 스탈린이 승리 축하차 천사 같은 전투기의 측면 호위를 받으며 비행기로 베를린에 도착할 때 영화는 절정을 맞이한다. 스탈린이 천상에서 내려올 때는 세계 각국 사람들이 서로 다른 말로 그에게 환영 인사를 전한다. 비행기에서 걸어 나오는 스탈린에 경의를 표하는 영화 이미지들은 레니 리펜슈탈의 『의지의 승리』(1936)에서 히틀러가 뉘른베르크에 도착하는 모습을 축하하는 영화 이미지들과 놀라울 정도로 비슷하다. 스탈린의 영웅적 프로필은 설원의 풍경에 늘어선 백성을 지긋이

굽어보는 이반 뇌제의 그것과 똑같은 차원을 띤다.[7]

그와 대조적으로 히틀러는 점점 더 흐트러지는 모습을 보인다. 1941년 모스크바 방어전이 최고조에 달한 시점에 스탈린이 11월 7일 붉은 광장에서 군사 퍼레이드를 주재했다는 소식을 듣고 히틀러는 노발대발한다. 또 그는 종말이 다가오자 벙커 속에 웅크리고 앉아 미국인들이 자신을 구해 주기를 기다린다. 유럽의 모든 자원은 물론이고 미국의 사업까지도 그의 처분에 달려 있는데도 히틀러는 승리하지 못한다. "워싱턴은 내가 그들의 사업을 대신하고 있다는 것을 깨달아야 해!" 히틀러는 목이 쉰 채 이렇게 소리치지만, 벙커 밖에서 이 말을 듣는 사람은 아무도 없다.

이런 식으로 전쟁 역사 다시 쓰기가 전면에 부상했다. 독일인들은 영국인들과 한통속이다. 영국인들은 볼셰비키 야만인들이 유럽에 들어오지 못하도록 제2전선 개시를 일부러 지연한다. 히틀러는 스페인과 일본에서는 물론이고, 바티칸에서도 도움을 받는다. 그러면서 추기경들이 나치 돌격대 제복을 입어야 한다고 빈정거린다. 나치 기구의 비인간성은 종말이 다가올 때 가장 충격적인 지점에 도달하는데, 이때 지하 피난처에 숨어 있던 베를린 시민이 강제로 물에 잠겨 죽는다. 나치 지도자들이 히틀러와 에바 브라운의 결혼식에 필요한 시간을 필사적으로 확보하려 하면서 베를린 시민을 수몰시키기 때문이다.

이 영화는 전쟁을 수백만 인명을 앗아간 무시무시한 투쟁으로 바라본 것이 아니라, 위대한 지도자가 새로운 세계 질서를 구축하고 새 역사

---

7 그리고리 마리야모프는 스탈린이 영화 속 베를린 비행 계획을 친히 승인했다고 말한다. 스탈린은 "순백의 제복에 금빛 견장을 차고 '천상에서' 내려와 환희에 찬 군중 쪽으로 천천히 걸어가는 자기 자신의 모습에 우쭐거렸다." Mariamov, 1992, p. 110.

를 여는 것으로 바라보았다. 아이러니한 제목을 달고 있는 블라디미르 브라운의『평화로운 나날에』(1950)는 냉전을 주제로 삼는다. 이 영화에서는 옷차림새와 행동거지로 볼 때 영국임이 확실한 익명의 자본주의 나라가 소비에트 잠수함 비밀을 캐내기 위해 혈안이 되어 소비에트 적국을 염탐한다. 이때 소비에트 잠수함 한 척이 기뢰와 충돌해 바다 밑으로 가라앉는다.[8] 그런데 냉전은 세계대전의 연장일 뿐이다. 이런 메시지를 강조하려는 듯이 적군 함장은 전직 나치 U-보트 선장으로 밝혀지고 적군 승조원 중 한 명은 우스꽝스러운 일본인처럼 안경쟁이인 데다 이까지 훤히 드러내며 웃는다. 하지만 제국주의 적군의 흉악한 계획은 자기 자신들과 소비에트 함대의 명예까지도 기어코 구해 내는 소비에트 병사들의 용기와 재치로 좌절된다.

『평화로운 나날에』는——『베를린 함락』과 마찬가지로——천연색 영화다. 그 밖에 영화 제작 수준은 빈약했다. 모형 보트는 폭풍우를 흉내 낸 소용돌이 물 튜브에서 위아래로 출렁거린다. 한편, 주인공들은 클로즈업 상태에서 물을 뒤집어쓰는데, 이것은 쇼트 밖에서 조감독이 양동이 물을 끼얹은 것으로 추정된다. 영화는 소비에트 군대와 생활 양식이 자본주의 적국보다 전반적으로 더 우수함을 자랑스레 긍정하고 소비에트 시민에게는 경각심을 갖도록 경고한다.[9] 소비에트 수병들은 반듯이

8 이 영화는 2000년 8월 바렌츠 해에서 침몰한 핵잠수함 쿠르스크호 참사를 끔찍하게 예고하는 것이기도 했다. 쿠르스크호는 (백여 명의) 승무원과 함께 완전히 사라졌으며 러시아 당국은 어떤 증거 제시도 없이 쿠르스크호가 서방의 잠수함이나 기뢰와 충돌한 것이라고 주장했다. 이제는 쿠르스크호가 군사 작전 중 미사일 발사 실패로 침몰했음이 분명해 보인다.
9 당시에는 공산주의자 색출 관련 할리우드 영화들이 있었는데, 일부 영화의 제목은 관객이 '침대 아래' 도사리고 있는 위험에 내해 깨달을 수 있게 명명되었다. 그줌에서『붉은 위협』(1949),『13번 선창의 여인』(1949),『붉은 다뉴브』(1950),『우위』(1951)가 가장 유명하다. 소련 영화들처럼 이 영화들도 품질이 많이 떨어졌음은 말할 필요가 없다.

다듬은 머리에 깨끗한 흰색 제복을 잘 차려입고 있고, 음악 소질도 있으며, 해변의 여성들에게는 정중하고 예의 바른 태도를 보인다. 이들의 숙소도 아주 청결한데, 벽에는 레닌과 스탈린 초상화가 걸려 있다. 이들은 자상한 가부장적 장교단의 보살핌을 받는다. 정치 교육은 "우리는 평화를 위해 위대한 전투에서 승리할 것이다"라고 쓰인 깃발 아래서 진행된다. 이와 달리 외국인들은 교활하고 비열하다. 달리 말하자면, '냉'전과 몇 년 전에 있었던 '열'전 사이에는 본질적 차이가 거의 없다. 끝으로 조국은 태양이 축복한 땅이나. 여기서 정원은 꽃이 만발하고, 젊은 여자들은 수줍고 얌전하며, 젊은 남자들은 운동선수처럼 강건하다.

1953년 스탈린 사망과 함께 정치적·문화적 삶은 대체로 정치와 역사의 '큰' 쟁점들에서 벗어나 19세기 러시아 작가들이 많이 사랑한 '작은 인간'으로 옮겨갔다. 전쟁을 다루는 데서도 서사시적 영웅들이 승리하는 결정적 전투들에서 벗어나 소규모 접전과 평범한 병사들이 실제로 느낀 공포와 갖가지 감정으로 옮겨 가는 변화가 일어났다. 실제로 지리적 변화가 일어났는데, 전방에서 멀리 벗어나 후방으로, 민간인이 겪는 고난으로 옮겨갔다.

『학이 날다』(1957)는 전쟁의 이념화에서 일어난 중대한 전환점을 표시해 준다. 이와 비슷하게, 알료샤 스크보르초프가 독일군 전차 두 대를 파괴한 공로로 며칠간 휴가를 받는 그리고리 추흐라이의 『병사의 발라드』도 군사적 위업에서 그릇된 영웅주의를 제거한다. 개시 장면에 나오는 짧은 전투에서 알료샤는 분명히 나약한 겁쟁이로 나온다. 따라서 그는 십 년 전 영화들에 나오는 두려움 없는 강인한 전사로 보기 어렵다. 하지만 알료샤는 "정확히 그가 느끼는 두려움 덕분에 위업을 달성한다"(Woll, 2000, p. 98). 알료샤는 기차 여행을 하며 고향에 간다. 하지만

연이은 모험과 불운으로 그는 귀대──그가 다시는 고향에 돌아올 수 없음을 관객은 알고 있다──몇 분만을 남겨 놓고 겨우 어머니를 만난다. 광활한 하늘과 미풍에 살랑거리는 밀밭을 배경으로 감성적 오케스트라 선율이 흘러나오는 가운데 서 있는 알료샤의 어머니는 진정한 아들들이 지켜 주는 어머니 러시아를 상징한다. 하지만 몇 년 후에 나온 추흐라이의 『맑은 하늘』(1961)은 그러한 추상화를 피하면서 전쟁이 낳은 고통과 상실의 인간 현실을 있는 그대로 긍정한다. 게다가 이 영화는 탈스탈린화가 진행되던 중요한 해에 주인공 알렉세이 아르바토프의 운명을 통해 소련 전쟁 포로들이 석방되고 나서 동료 시민에게 의심받고 심지어 경멸까지 당하는 운명을 공개했다.[10]

해빙기의 핵심 영화는 미하일 숄로호프의 동명 소설을 원작으로 하는 세르게이 본다르추크의 『인간의 운명』(1959)이다. 햇빛 찬란한 가운데 행복하게 노래 부르는 농부들을 배경으로 찍은 영화 초반부에서 내전 참전용사 안드레이 소콜로프는 기혼으로 슬하에 세 자녀를 둔 남부러울 것 없는 농부다. 상투적 기법은 여기서 멈추지 않는다. 잠재적 감정은 이렇게 평범한 사람이 전쟁이 발발하자 비인간적 나치 기구에 맞서 싸울 때 최대로 발산된다.

---

10 제프리 호스킹은 이렇게 쓰고 있다. '가장 불행했던 소비에트 시민은 어쩌면 독일군에 붙잡힌 군인과 민간인들이었을 것이다. 독일군은 이 사람들을 '인간 이하'로 취급했고 본질상 강제노동수용소였던 곳으로 이들을 몰아넣었다. 여기서 그들은 육체노동을 하면서 기아와 질병으로 천천히 죽어갔다. 소비에트 정부는 이들에 대해 크게 염려하지 않는 태도였다. 소비에트 정부는 항복을 배신으로 간주했고 제네바 전쟁포로협정에 서명하길 거부했다. 이로써 적십자사는 고향 가족에게서 받은 편지나 음식물 꾸러미를 그들에게 전달해 주지 못했다. 게다가 용케 탈출한 사람들──군대 포위망을 뚫고 나온 사람들도 포함되었음──도 곧장 내무인민위원회의 집중 심문을 받았고, 이들 중 많은 사람이 강제노동수용소로 넘겨졌거나 간첩 혐의로 처형됐다. Hosking, 1985, pp. 288~289.

적에 붙잡힌 안드레이는 독일군 지휘관 뮐러와 보드카 마시기 대결에 투입되어 순전히 의지력만으로 승리한다. 이 대결에서 이겨 상으로 받은 빵은 당연히 동료 포로들과 함께 나눠 먹는다. 러시아 전쟁 포로들의 궁핍 상태, 공산주의자와 유대인들을 즉결 처형하는 나치의 전제적 잔혹성, 어머니와 아이들을 갈라놓는 죽음의 수용소 내 환경을 보여 주는 데서는 인정사정이 없다. 영화는 전쟁 초기 독일군 승리로 발생한 인명 피해 규모와 수용소에서 일부 소비에트 시민이 공산주의자들을 서슴없이 고발하는 모습을 보여 주는 데서도 솔직하다.

영화의 주제는 평범한 러시아인의 정신력이다. 주인공이 러시아 특유의 이름을 가진 것도 우연이 아니다. 소콜로프는 수용소 탈출을 시도했다가 군견에 추적당해 붙잡힌다. 하지만 두번째 시도는 성공하여 덤으로 독일군 장교까지 붙잡아 돌아온다. 적군赤軍 병사의 귀환은 환영받는다. 내무인민위원회 심문이 있었다는 암시도 없다. 이어서 그는 한 달 동안 회복 휴가를 받아 귀향한다. 하지만 고향에서 적에 살해된 아내와 두 딸에 슬퍼하는 그에게 돌아오는 것은 다른 사람들도 사랑하는 사람들을 잃었으니 어서 기운을 차리라는 아버지의 무뚝뚝한 말뿐이다. 그는 아들 바실리를 찾아내고 장교로 진급도 하지만, 곧이어 바실리마저 잃는다. 이후 소콜로프는 고아 소년 바냐(파블리크 보리스킨이 강렬하고도 감동적으로 연기함)를 양자로 입양하여 다시 사회로 편입된다. 과거가 여전히 마음속에 출몰하고 있는데도 소콜로프는 바냐를 통해 새로운 삶을 시작한다.

『인간의 운명』은 직설적이고도 사실적인 전쟁 영화로, 비교적 자유로운 시대였다고 해도 놀라울 정도로 솔직하고 끔찍할 정도로 자세한 묘사가 특징적이다. 하지만 이것은 전쟁의 참상과 적군의 배신보다는 소비에트 인간의 내적 힘과 용기를 더 강조하는 영화다. 『인간의 운명』은 "전쟁이 끝날 때까지 (……) 불안과 자기 회의에 시달리고", "살아남은 자로서 앞으로 있을 더 불확실한 시대와 대면해야 함"(Haynes, 2000, p. 166)을 아는 병사를 보여 준다는 점에서 주목할 만하다. 앞으로 있을 전후 현실의 도전에서 안드레이의 시련은 이제 막 시작됐을 뿐이다.

『인간의 운명』은 십 년 전 스탈린 '개인숭배'가 절정에 달했던 1948년에 알렉산드르 스톨페르가 만든 『진정한 인간 이야기』와 직접 비교해 볼 수 있다. 알렉세이 메레시예프는 소비에트 병사들이 개인적으로 달성한 초인적 위업을 모범적으로 보여 주는 훨씬 더 솔직한 주인공이다. 보리스 폴레보이의 원작 소설과 이를 각색한 영화는 모두 쉽게 해소되는 갈등들을 포함하고 있고(또는 전혀 포함하고 있지 않고) 전쟁에 완전히 이차원적으로 접근한다. 메레시예프는 전투기 조종사다. 비행기가 한겨울 숲 속에 추락하자 그는 믿을 수 없는 물리적 힘과 내적 의지로 장장 십팔 일에 걸쳐 눈과 숲, 폭풍우 속을 기어서 살아 돌아온다. 하지만 그는 두 다리를 잃는다. 그럼에도 메레시예프는 의족을 하고 전장으로 돌아가야만 한다. 그는 병원에서 자신의 순전한 결의와 전념으로 건강을 되찾아 다른 사람들에게 감화를 준다. 영화가 끝날 때 그의 지휘관은 이렇게 말한다. "이런 사람들과 있으면 우리는 어떤 전쟁에서도 승리할 수 있을 것이다."

그렇다면 메레시예프는 자기 회의를 겪지 않는 셈이고 물리적 신체장애는 내면의 강철을 더 단련해 줄 뿐이다. 그는 정치적 의지만 있고 인간적 약점은 없는 사회주의 리얼리즘의 긍정적 주인공을 체현하는 완벽한 사례다. 그는 십 년 후 나오는 소콜로프의 번뇌하는 형상에 대비된다. 메레시예프가 개인적 상실감과 어린 고아에 대한 책임감을 갖고 앞으로 평생 헤쳐나갈 일은 없다. 오히려 그는 다가올 승리에서 담당할 역할만 생각할 뿐이다. 이런 점에서 그는 『전쟁이 끝나고 저녁 여섯 시에』에서 역시 한쪽 다리를 잃는 바샤 쿠드리야쇼프의 분신이라 할 수 있다. 그러나 해빙기 영화들에서, 특히 『병사의 발라드』에서 다리 없는 절망적인 병사(예브게니 우르반스키)를 통해 우리는 전쟁의 진짜 고통이 무엇인지를 알 수 있다. 여기서는 물리적 신체장애가 더 큰 내적 결의로 이어지지 않고 고통과 고독으로 이어진다.

특히 1960년대와 1970년대에는 전쟁 묘사에서 일정한 승리주의가 분명하게 나타났다. 규모가 아주 커 인상적인 유리 오제로프의 『해방』(1968~1971)은 나치 침공에서 시작하여 1945년 5월 소련과 연합군 승리로 절정을 맞이하는 5부작 영화다. 동독, 이탈리아, 루마니아와 합작으로 제작된 이 영화는 상영 시간이 거의 여덟 시간에 달하며 윈스턴 처칠과 같은 역사적 실재 인물들이 허구적 인물들 사이에 끼여 있어 서사시로서 영화의 위상이 한층 더 단단해졌다. 더 나아가 오제로프는 이와 비슷하게 1985년에는 『모스크바 방어전』, 1989년에는 『스탈린그라드』와 같은 초대형 국제 합작 영화들을 만들었다.

그럼에도 『인간의 운명』에 나타난 '불확실한 시대'는 '침체기'의 전쟁 묘사로도 퍼져 나갔다. 알렉세이 게르만의 『노상 심판』도 다를 바 없었다. 1986년에서야 출시됐을 정도로 논란이 많아 오랫동안 금지된 이 영화는 독일군 포로로 있다 탈출해 원대 복귀하여 혈혈단신으로 영웅적 행동을 보이다 결국 전사하는 전직 적군 병사 라자레프에 관한 이야기다('나사로'를 암시하는 주인공의 성에 나타난 부활의 모티프에 주목하기 바람). 그러나 여기서 더 시선을 끄는 것은 부대 지휘관이 러시아 전쟁 포로 대열이 그 아래로 지나가고 있는데도 다리를 폭파하려 할 때 드러나는 비정한 생명 경시 풍조다. 유격대원들은 영웅적 모습으로 제시되는 것이 아니라 농민들에게 오히려 위험을 안겨 주는 모습으로 그려진다. 농민들은 유격대가 음식을 요구하면 나치의 보복이 있을 것이라며 화를 낸다. 인간 생명을 경시하는 정치위원들이 베를린 진격 막바지에 고위직을 차지하는 데서 알 수 있듯이, 마지막 장면에서 우리는 인간 가치가 전혀 중요하지 않음을 알 수 있다. 영화는 나치 적군을 사악한 무리──부역자들, 심지어 십 대 부역자들도 구제되지 못한다──로 판에 박은 듯이 묘사하고 있음에도 소련의 전쟁 수행과 비인간적 영향을 끼치는 이데올로기에 관해 불편한 의문들을 제기한다.

안드레이 스미르노프의 『벨로루스키 기차역』(1970)은 현재가 과거보다 바람직스럽지 않은 당시 소비에트 분위기를 침울하게 묘사한다. 1946년에 헤어진 이후 1970년에 처음으로 재회하는 네 명의 전우에 관해 애틋한 이야기를 들려주는 이 영화는 25년이 지난 지금 전쟁 세대가 젊은 세대로부터 이해되지 못하는 현대 세계를 거부한다. 영화는 과거의 확실성들이 사라진 것을 대놓고 개탄한다. 가정이 무너지고 소외된 젊은 세대가 물질적 관심사에만 몰두하는 데서 알 수 있듯이, 텔레비전 중독과 레스토랑 문화, 싸구려 팝 음악의 현대 세계가 이 영웅들(네 명 중 두 명은 영원한 인기 배우 예브게니 레오노프와 아나톨리 파파노프가 연기했음)이 쟁취한 승리의 전부가 되어서는 안 된다는 것이다. 매우 보수적인 이 영화는 진정한 상실과 슬픔을 경험한 사람들만이 동지애의 가치를 이해하고 소속감도 공유할 수 있다고 말한다.

'침체기'의 다른 영화들은 2차 대전에 관해 더 불편한 비전들을 보여 줬고 이 전쟁이 나중에 소비에트 사회에서 어떤 함의를 띠게 됐는지도 보여 줬다. 라리사 셰피트코의 『상승』(1976)은 어쩌면 1970년대에 나온 가장 중요한 전쟁 영화이자 브레즈네프 시대 전체를 통틀어서도 핵심 영화 중 하나일지 모른다. 영화는 전쟁 주제와 관련하여 가장 위대한 소비에트 작가로 통하는 벨라루스 출신 작가 바실리 비코프가 1970년에 쓴 논란의 소설 『소트니코프』를 원작으로 한다. 아이러니하게도 비코프는 소비에트 정부로부터는 수용되어 상도 받았지만, 포스트 소비에트 벨라루스에서는 쫓겨나 핀란드로 망명했다.

비코프의 소설에서는 나치가 점령한 벨라루스에서 두 유격대원이 여사 농부의 집에 숨어 있다 독일군에 체포된다. 소트니코프는 육체적으로 허약하고 폐렴을 앓는 데다 상처까지 입었다. 반면 동료인 리바크는 적어도 처음에는 사나이답게 말하고 행동한다. 소트니코프는 고문에도 소속 부대가 어디에 숙영하고 있는지 끝내 밝히지 않는다. 반면 리바크는 고문 위협에 이내 겁을 집어먹고 적에 굴복한다. 허약한 상태에서 쓰러지지도 굴복하지도 않는 소트니코프가 교수대에 올라서면 리바크는 소트니코프가 딛고 선 의자를 걷어차야 한다.

셰피트코의 영화에서 물리적 세목들은 끔찍하기 짝이 없다. 흑백으로 찍은 영화는 황량한 겨울 풍경──민족 수난의 상징──과 유격대의 궁핍 상태를 보여 준다. 소트니코프가 상처를 입자 리바크는 구불구불한 눈길을 뚫고 그를 업고 간다. 비코프의 마지막 장면은 소트니코프의 용기가 젊은 세대에 끼치는 감화에 초점을 맞춘다. 셰피트코는 소트니코프가 처형되려 할 때 그의 눈을 기도하듯 응시하는 어린 소년의 모습을 그린 비코프의 장면을 영화에 포함했다. 그러나 셰피트코는 여기에 자신만의 필치를 더했다. 소트니코프가 처형되기 직전 그의 머리는 성자의 후광으로 둘러싸인다. 이것은 냉철하고 용기 있는 애국자의 승천일 뿐 아니라 국가의 승천이기도 하다. 국가는 자기희생과 엄청난 고통을 통해 승리와 영원한 위대함을 달성할 수 있다.

영웅주의와 연옥을 그린 이 이야기에는 포르트노프(타르콥스키가 깊이 신뢰한 배우 아나톨리 솔로니친이 연기함)라는 제삼의 인물이 나온다. 온통 검은색 옷을 차려입은 포르트노프는 냉소적 나치 심문자로, 변절한 전직 공산주의자다. 그는 가장 악질적인 부역자로, 불안에 떠는 리바크를 먹잇감으로 삼는다. 하지만 그의 책략은 육체적으로 허약한 소트니코프에게는 통하지 않는다. 포르트노프는 스탈린주의 소설에 전형적인 '긍정적 주인공', 다시 말해 나치즘에 저항하는 중심인물이 됐을 수도 있다. 하지만 이 영화에서 그는 나치즘의 간악한 체현자로 나온다. 여기서 셰피트코는 나치에 봉사하는 것이나 공산주의 주인들에 봉사하는 것이나 차이가 거의 없다는 점을 시사하는 것일까?

공산주의자와 나치주의자의 등식화는 비코프의 또 다른 소설을 각색한 영화에서도 찾아볼 수 있다. 미하일 프타슈크의 『재앙의 신호』(1986)는 전쟁에 훨씬 더 솔직하게 접근한 것이 특징이다. 페레스트로이카 초창기에 제작된 이 영화는 나치 점령에 관해, 특히 적에게 열성적으로 협력하고 평화 시절에 이웃이었던 지역 사람들을 적극 탄압한 일부 시민에 관해 끈질기게도 섬뜩하고 침울하게 묘사한다. 더욱더 의미심장한 점은 영화가 몇 번의 플래시백을 통해 십여 년 전의 집단화를 보여 준다는 사실이다. 여기서 대놓고 부당한 정책을 강제하는 당 활동가들은 술과 음식을 빼앗아 가는 전시 부역자들과 거의 다르지 않다. 흥미롭게도 과거 '빈농' 가운데 한 사람으로 십 년 전 부농들의 재산을 강탈했던 포타프는 지금 나치 앞잡이가 되어 있다. 다른 사람들도 집단화 당시 재산 몰수와 같은 부당한 처사를 당한 것을 앙갚음하려고 부역하거나 대가족을 먹여 살려야 한다고 자인하며 협력한다.

독일군은 사악하고 가학적이며 야만적인 사람들로 판에 박힌 듯이 그려지는데, 플래시백에서 농촌 공동체를 공포에 떨게 하는 당 활동가들도 바로 그렇게 묘사된다. 자살과 자기희생만이 강제력과 잔인성의 악순환에서 벗어나는 유일한 출구가 된다. 폭력은 독일군과 볼셰비키 양쪽으로부터 무력한 농민들에게 특별한 동기도 없이 빈번하게 쏟아진다. 이 영화는 해방도 궁극적 승리도 제시하거나 지시하지 않는 원초적으로 강렬한 작품이다. 스테파니다와 그녀의 남편 페트로크 같은 희생자들은 상징적 차원에서 기독교 순교자로 볼 수 있다. 흥미롭게도 페트로크는 타르콥스키의 『안드레이 루블료프』에 나오는 그리스도처럼 십자가를 메고 언덕을 올라가는 모습으로 촬영됐고, 스테파니다는 또다시 구타를 당한 뒤 침대에 누워 있을 때 얼굴이 천상의 빛에 싸인다. 이 영화에서 다루는 전쟁보다 더 살풍경한 전쟁은 없을 것이다.

이로부터 십오 년 정도 지난 후 프타슈크는 1973년에 나왔고 『진실의 순간』으로도 불렸던 블라디미르 보고몰로프의 강력한 동명 소설을 각색한 영화 『1944년 8월에』(2000)를 통해 벨라루스에서 벌어진 전쟁으로 다시 돌아온다.[11] 영화는 출연진(예브게니 미로노프, 알렉세이 페트렌코, 알렉산드르 발루예프 등)이 인상적이었지만, 과거에 수용되지 못한 진실을 파고들 수 있었던 포스트 소비에트 시대의 전쟁 묘사로서는 실망스러웠다. 당과 스탈린을 더 많이 비판하고 시각적 세련미도 다소 있을 줄로 기대했으나 이 모든 것이 빠져 있었다. 사실 『1944년 8월에』는 벨라루스 시골과 도시에 숨어 있는 비열한 독일군 첩자들을 색출하는

---

11 보고몰로프는 1958년 단편소설 「이반」의 저자이기도 하다. 타르콥스키의 영화 『이반의 어린 시절』(1962)은 이 소설을 원작으로 한다.

헌신적 주인공 알레힌(미로노프가 연기함)을 내세운 놀라울 정도로 전통적인 전쟁 영화로 1970년대에나 어울리는 것이었다. 근엄한 보이스 오버, 크레셴도로 치닫는 오케스트라 음악과 격렬하게 흔들리는 카메라 쇼트, 이 모든 것은 진정성이 있다는 인상을 심어 준다. 보고몰로프의 이야기는 어떤 희생이 있더라도 결과를 내놓으라고 요구하는 스탈린과 군사적 결정을 내리는 일에 간섭하는 정치위원들을 비판한다. 프타슈크도 이러한 모티프들을 포함했다. 그렇지 않았다면, 영화는 마지막 총격전이 부정할 수 없을 정도로 강렬하기는 해도 흔한 술래잡기 이야기나 다름없었을 것이다. 더 자유로운 시대였어도 대조국전쟁을 대하는 러시아의 태도는 확고부동했고 철저하게 편향적이었다.

그러나 가장 끔찍한 전쟁 영화는 1980년대로 되돌아가서 찾아볼 수 있다. 엘렘 클리모프의 『와서 보라』(1985)는 점령지 벨라루스에서 사춘기 소년 플레라가 겪은 나치의 만행을 단호하고 가차 없이 까발리는 작업에 관객을 초대한다. 플레라는 '연대의 아들'이 아니지만, 전쟁 영화에서 일찍이 있었던 것 중에서 가장 충격적인 이미지들을 목격한 생존자다. 독일군은 마을 사람들을 교회 안에 가둬 놓고 불을 지르고 또 탈출을 시도하는 어린 소년을 다시 교회 안으로 몰아넣는다. 집 뒤뜰에는 처형된 지 얼마 안 된 마을 사람 시신 수십 구가 쌓여 있는 모습이 마치 우연인 듯이 카메라에 잡힌다. 클리모프는 대량학살이 아주 평범하게 자행된 모습을 강조해 주는 세목 하나하나까지 주의를 기울이며 공포를 쌓아올린다. 독일군 병사는 소녀의 머리채를 잡아 질질 끌고 가다 멈춰 서서 동료에게 담뱃불을 빌린다. 독일군은 무자비하고 야만적이어서 목숨을 빌어 봐야 소용이 없다. 클리모프는 뒤이어 유격대가—냉혈한인—독일군을 처단하는 모습에 갈채를 보내도록 관객을 유도 한다. 플레라는 히틀러의 사진에 대고 총을 쏜다. 이 이미지는 시간을 거슬러 올라가는 것으로, 우리가 보는 마지막 사진은 총통의 어린아이 시절 사진이다. 이는 히틀러라는 악의 근원이 겉으로는 순진무구하고 순수한 듯 보인다는 것을 말해 준다.

1971년에 제작된 블라디미르 로고보이의 『장교들』은 군 생활을 미화하고 소련군의 위용을 통해 소비에트 국가의 위력을 보여 주고자 했다. 그 밖에 영화는 서사시를 서툴게 흉내 낸 것으로, 1919년에서 1970년까지 아우르며 두 병사의 유사한 삶을 추적한다. 이들이 처음으로 보여 주는 행동 방식은 내전에서 나온다. 또 마지막에 가서 이들은 신세대 병사들의 군사 훈련을 자상하게 지켜보는 노장군으로 나온다. 중소中蘇 국경분쟁, 스페인 내전, 대조국전쟁, 소련의 체코슬로바키아 침공——적어도 암시는 되고 있다——도 잠깐씩 나오며, 영웅주의와 희생 이야기들은 모두 '조국 수호의 사명을 띠고 있다'는 영화의 제사題詞로 뒷받침된다. 여기서 군대는 국가의 수호자이자 국가 위대성의 체현자다.

최근 전쟁

이러한 위대성은 뒤이은 시대에 조금씩 와해한다. 십 년에 걸친 소련과 아프가니스탄의 교전은 글라스노스트 시작 전에는 문화 매체에서 시선을 거의 끌지 못했다. 그러나 1980년대 말에 나온 다큐멘터리와 영화들은 전쟁이 낳은 인명 피해를 종종 섬뜩할 정도로 자세히 보여 줬다.

탈제국주의 트라우마의 등장은 포스트 소비에트 시대에 와서 더 충분하게 탐구됐다. 블라디미르 호티넨코의 『무슬림』(1995)은 동방의 비기독교 이웃 국가들과 러시아의 관계를 살펴보기 위한 토대로 전쟁을 이용했다. 콜랴 이바노프는 러시아 병사로 아프가니스탄에서 포로로 붙잡혀 팔 년 동안 그곳에 살면서 이슬람교로 개종한다. 그는 고향에 돌아오지만, 고향 마을에는 알코올 중독과 범죄, 부패가 만연해 있다. 마을 사람들이 보드카를 밥 먹듯이 마시는 가운데 그는 자기 가족에게서도 소외된다. 난폭한 형 페드카는 콜랴에게 강제로 보드카를 마시게 하고 성상화에도 입을 맞추게 하면서 그를 정교도로 되돌려 놓으려고 하지만, 콜랴는 꺼떡도 하지 않는다. 정직과 절제의 모델인 콜랴는 고향마을 공동체에서 살아남을 수 없다. 결국, 콜랴는 아프간 시절 전우에게 살해된다.

이 영화는 러시아와 국경 너머 '타자' 세계 사이의 충돌을 그린다. 주인공의 이름도 의미심장한데, '닉 존슨'Nick Johnson[장난하길 좋아하는 친절하고 사교적인 사람을 의미함]과 유사하다. 러시아 보통 사람이 수 세기 동안 러시아 '영혼'과 정신성의 보고였던 시골로 되돌아온다. 그의 높은 도덕적 평판은 주변의 타락과 황금만능주의에 현저하게 대비된다. 영화는 어떤 가치나 정체성도 없고 자체의 전통과 문화도 절망스럽게 망가진 포스트 소비에트 러시아의 도덕적·정신적 위기에 관한 씁쓸한 논평을 담고 있다.

『캅카스의 포로』(1996)는 러시아 제국주의를 고발하는 최신 문학 각색 영화로 (2장에서) 이미 논의했다. 이와 짝을 이루는 영화는 알렉산드르 로고시킨의 『체크포인트』(1998)다. 영화는 (역시 체첸으로 추정되는) 캅카스 모 지역에 주둔한 러시아 병사들과 현지인 사이의 갈등 관계를 다룬다. 병사들이 의례적인 정찰에 나섰다가 마을의 어린 소년이 사망한 일에 책임을 뒤집어쓸 때 상관들은 그들을 감싸 주기는커녕 자신들이 받을 비판에서 빠져나가려고만 한다. 젊은 병사들은 현지인들에게 대놓고 경멸당한다. 이들은 현지 여자들에게 돈을 주고 섹스를 하면서도 현지 문화는 이해하려 들지 않는다. 젊은 여성 저격수가 마지막 장면에서 이들 중 한 명을 사살할 때(스탠리 큐브릭의 1987년 영화 『풀 메탈 재킷』의 그림자가 느껴진다) 경멸은 치명적 결과로 이어진다. 로고시킨은 1990년대 말의 불안정한 캅카스 지역에서 담당한 러시아의 역할에 대해 의문을 던지는 영화를 만들었다. 군 지배층에서는 부패와 이기주의가 팽배하고, 흥미 위주의 언론 보도는 화젯거리만 찾지 진실은 거들떠보지도 않으며, 현지인들은 위험한 데다 분노에 치를 떤다. 선량한 러시아 청년들이 이 모든 것의 희생양이 된다.

전쟁 영화는 수십 년에 걸친 소비에트와 포스트 소비에트 러시아 정체성의 가변적 속성에 대해 몇 가지 유용한 실마리를 제공한다. 내전 관련 영화들에도 전쟁 주제가 포함되어 있지만, 이 장르가 요구하는 이념적 확실성에서는 부차적이다. 대조국전쟁에 관해서는 적에 대한 증오심을 표출하고 무장 투쟁의 끔찍함을 묘사하는 영화들이 많이 나왔다. 이 영화들을 통해 감독들은 각 정권에서 허용한 주제적·미학적 가능성을 다양하게 탐구할 기회를 잡았다. 그럼에도 전쟁은 전시에나 냉전의 '평화 시절'에나 계속 필요했다. 포스트 소비에트 영화감독들은 제국주의 야망의 실패에서 나온 뼈저린 결과들을 보여 줬는데, 이는 수십 년 동안 이데올로기에 휘둘리며 마비된 민족정신의 불확실성과 위기의식을 반영한다.

영화 목록

- 『서부전선 이상 없다』*All Quiet on the Western Front*(루이스 마일스톤, 1929)
- 『안토샤 립킨』*Antosha Rybkin*(콘스탄틴 유딘, 1942)
- 『병기고』*Arsenal*(알렉산드르 도브젠코, 1929)
- 『상승』*Voskhozhdenie*(라리사 셰피트코, 1976)
- 『전쟁이 끝나고 저녁 여섯 시에』*V shest chasov vechera posle voiny*(이반 피리예프, 1944)
- 『라콤 루시앙』*Lacombe Lucien*(루이 말, 1974)
- 『잘 있어라 얘들아』*Au Revoir Les Enfants*(루이 말, 1988)
- 『병사의 발라드』*Ballada o soldate*(그리고리 추흐라이, 1925)
- 『모스크바 방어전』*Bitva za Moskvu*(유리 오제로프, 1985)
- 『스탈린그라드 전투』*Stalingradskaia bitva*(블라디미르 페트로프, 1949)
- 『벨로루스키 기차역』*Belorusskii vokzal*(안드레이 스미르노프, 1970)
- 『보디가드』*Telokhranitel*(알리 함라예프, 1980)
- 『차파예프』*Chapaev*(바실리예프 형제, 1934)
- 『체크포인트』*Blokpost*(알렉산드르 로고시킨, 1998)
- 『맑은 하늘』*Chistoe nebo*(그리고리 추흐라이, 1961)
- 『와서 보라』*Idi i smotri*(엘렘 클리모프, 1985)
- 『코미사르』*Komissar*(알렉산드르 아스콜도프, 1967)
- 『창공의 급사』*Vozdushnyi izvozchik*(게르베르트 라포포르트, 1943)
- 『학이 날다』*Letiat zhuravli*(미하일 칼라토조프, 1957)
- 『붙잡기 어려운 복수자들』*Neulovimye mstiteli*(에드몬드 케오사얀, 1966)
- 『상트페테르부르크의 종말』*Konets Sankt-Peterburga*(프세볼로드 푸도프킨, 1927)
- 『베를린 함락』*Padenie Berlina*(미하일 치아우렐리, 1949~1950)
- 『인간의 운명』*Sudba cheloveka*(세르게이 본다르추크, 1959)
- 『마흔한번째 사람』*Sorok pervyi*(야코프 프로타자노프, 1927)
- 『좋은 놈, 나쁜 놈, 추한 놈』*The Good, the Bad and the Ugly*(세르조 레오네, 1966)
- 『위대한 삶』*Bolshaia zhizn*(레오니드 루코프, 1946)(1957년에 출시됨)
- 『희망과 영광』*Hope and Glory*(존 부어맨, 1987)
- 『1944년 8월에』*V avguste 1944-ogo*(미하일 프타슈크, 2000)
- 『평화로운 나날에』*V mirnye dni*(블라디미르 브라운, 1950)

- 『코톱스키』*Kotovskii*(알렉산드르 파인침메르, 1942)
- 『우리 도시에서 온 청년』*Paren iz nashego goroda*(알렉산드르 스톨페르와 보리스 이바노프, 1942)
- 『해방』*Osvobozhdenie*(유리 오제로프, 1968~1971)
- 『붉은 마귀들』*Krasnye diavoliata*(이반 페레스툐니, 1923)
- 『마셴카』*Mashenka*(율리 라이즈만, 1942)
- 『무슬림』*Muslim*(블라디미르 호티넨코, 1995)
- 『불길 속에는 여울이 없다』*V ogne broda net*(글레프 판필로프, 1967)
- 『장교들』*Ofitsery*(블라디미르 로고보이, 1971)
- 『변두리』*Okraina*(보리스 바르네트, 1933)
- 『캅카스의 포로』*Kavkazskii plennik*(세르게이 보드로프, 1996)
- 『무지개』*Raduga*(마르크 돈스코이, 1950)
- 『붉은 다뉴브』*The Red Danube*(조지 시드니, 1950)
- 『붉은 위협』*Red Menace*(R. G. 스프링스틴, 1949)
- 『쇼르스』*Shchors*(알렉산드르 도브젠코, 1939)
- 『그녀는 조국을 수호한다』*Ona zashchishchaet rodinu*(프리드리흐 에르믈레르, 1943)
- 『재앙의 신호』*Znak bedy*(미하일 프타슈크, 1986)
- 『창공의 나무늘보』*Nebesnyi tikhokhod*(세묜 티모셴코, 1946)
- 『스탈린그라드』*Stalingrad*(유리 오제로프, 1989)
- 『진정한 인간 이야기』*Povest o nastoiashchem cheloveke*(알렉산드르 스톨페르, 1948)
- 『잠수함 T-9』*Podvodnaia lodka T-9*(알렉산드르 이바노프, 1943)
- 『노상 심판』*Proverka na dorogakh*(알렉세이 게르만, 1971)
- 『소란한 집안』*Besspokoinoe khoziaistvo*(미하일 자로프, 1947)
- 『맹세』*Kliatva*(미하일 치아우렐리, 1949)
- 『우위』*Whip Hand*(윌리엄 카메론 멘지스, 1951)
- 『사막의 하얀 태양』*Beloe solntse pustyni*(블라디미르 모틸, 1969)
- 『13번 선창의 여인』*The Woman on Pier 13*(로버트 스티븐슨, 1949)
- 『어린 프리츠』*Iunyi Fritz*(그리고리 코진체프와 레오니드 트라우베르크, 1943)
- 『조야』*Zoia*(레온 아른시탐, 1944)

8장
사적 삶과 공적 도덕

행복한 가정은 모두 비슷하고, 불행한 가정은 제각각 불행하다.
(Tolstoi, 1977, pp. 13)

19세기 러시아에서 가장 위대한 소설임이 아마도 틀림없는 레프 톨스토이의 『안나 카레니나』는 이렇게 유명한 말과 함께 시작한다. 『안나 카레니나』는 1875~1877년에 연재 형식으로 발표된 이후 1878년에 단행본으로 출판됐다. 소설은 러시아 최초로 가정생활의 평범하고 사소한 위기들에 초점을 맞췄다. 이런 위기들은 다른 작가들이 천착한 신과 러시아, 서구와 역사 등 '더 큰 문제들'과는 반대됐다. 소설은 카레닌 일가의 결혼 생활 붕괴뿐만 아니라, 레빈과 키티, 안나의 오빠 스티바 오볼론스키 등 다른 가족 관계의 모든 것도 보여 주면서 삶의 시시하고 자잘한 세목들이 개인들에게 아주 중요함을 훌륭하게 입증한다. 『안나 카레니나』는 가정 내 일부 불편한 진실들, 다시 말해 가정의 일상생활에서 나오는 압박들을 묘사하면서도 그에 대해 시원한 답변은 제시하지 않는다는 점에서 진정으로 현대적인 소설 작품이다.

이와 관련한 또 다른 주제——공적 인물과 사적 도덕 사이의 큰 틈새——는 1850년대에서 1870년대까지 알렉산드르 오스트롭스키의 희곡에서 다뤘고, 세기말에는 안톤 체호프의 희곡에서도 다뤘다.

19세기 작가들이 천착한 또 다른 핵심 주제는 '아버지와 아들'이었다. 이것은 가족 내 여러 세대에 걸쳐 일어난 급격한 가치 변화를 다룬 투르게네프의 소설에서 나온 이후 도스토옙스키의 소설(『카라마조프가의 형제들』)에서도 계속 이어진 주제였다. 도시와 농촌에서 경험한 일상생활도 푸시킨에서 20세기에 이르기까지 러시아 고전 문학 전통을 관류하는 또 다른 주제다.

이 세 가지 주제──가정생활과 공적·사적 영역의 표면상 부조화, 도농 대립, 청년 문제와 '세대 차이'──는 러시아 영화가 일상생활의 주제를 다루는 방식──일상생활의 멜로드라마식 비틀기와 뒤집기──에서도 매우 중요했다.

가정생활

혁명 이전의 러시아 영화는 일상생활의 드라마와 (대개) 비극들에 몰두했다. 여기에 당대의 관심사와 조류들이 반영돼 있었기 때문이다. 특히 뒤늦은 산업화와 도시화, 그로 인한 젠더와 계급 관계의 갈등이 반영돼 있었다. 『행복의 열쇠』(1913, 블라디미르 가르딘과 공동 감독함), 『하녀 제니』(1917)에서 야코프 프로타자노프, 『여성 영혼의 황혼』(1913), 『대도시의 아이들』(1914), 『백일몽』(1915), 『삶을 위한 삶』(1916), 『죽어 가는 백조』(1916)에서 예브게니 바우에르 같은 감독들은 "햇빛이 가장 밝은 날도 어둡게 하는 그림자들의 세계, 영원한 것이라곤 아무것도 없는 세계"(Youngblood, 1999, p. 143)를 보여 줬다. 혁명 이후에는 아브람 룸, 보리스 바르네트, 프로타자노프, 특히 프리드리흐 에르믈레르 같은 감독들도 '새로운' 사회의 일상 현실을 영화의 배경으로 선호했다. 이는

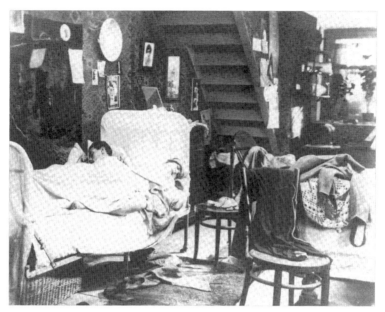

『침대와 소파』(아브람 룸, 1927)에서 니콜라이 바탈로프와 류드밀라 세묘노바

기술적으로 더 혁신적이고 더 중요해 보이는 에이젠시테인과 푸도프킨의 역사적·정치적 서사시들과 대비됐다.

　1920년대에 가장 중요한 영화 중 하나는 룸의 드라마 『침대와 소파』[원제 『제삼 메샨스카야 거리』]다. 이 영화는 내전 이후 소비에트 도시들에서 발생한 만성적 주택 부족이 낳은 삼각 동거를 다룬다. 영화는 모스크바 도시가 팽창하며 움직이는 모습을 지붕 위와 거리에서 찍어 보여 준다. 드넓은 공적 공간들은 주요 행위 장소로 나오는 비좁은 원룸 아파트와 대비를 이룬다. 일을 찾아 모스크바로 온 볼로댜는 내전 당시 전우였던 콜랴와 그의 아내 류다가 사는 집에 들어온다. 볼로댜는 소파에서 자고 콜랴와 류다는 베일을 쳐 재치 있게 가린 조그만 침대에서 함께 잔다. 어느 날 콜랴가 갑자기 출장을 떠나자 볼로댜는 콜랴의 아내를 유혹하기 시작한다. 류다는 볼로댜의 구애가 그리 싫지만은 않다. 집에 돌아온 콜랴는 소파로 밀려난다. 하지만 나중에 그는 류다의 사랑을 다시 얻는다. 그런데 류다가 임신하자 두 남자는 낙태를 종용한다. 류다는 낙태를 거부하고 두 남자도 버린다. 마지막 이미지는 기차를 타고 떠나는 류다를 보여 주는데, 이는 기차를 타고 모스크바에 도착하는 볼로댜를 보여 주는 영화의 시작 이미지와 묘한 대비를 이룬다. 콜랴와 볼로댜는 아파트에 남는다. 콜랴는 침대를, 볼로댜는 소파를 차지한다.

어쨌든, 간통과 배신을 다룬 블랙 코미디가 확실한 이 영화에는 진짜 우스운 순간이 일부 존재한다. 세 사람 가운데 누구도 신뢰를 얻지 못한다. 콜랴와 볼로댜는 이기적인 데다 조종에도 능하다("우리가 정말 나쁜 놈들이지"라는 말이 영화가 끝날 때 두 사람이 똑같이 깨닫는 말이다). 류다는 아기의 운명을 남에게 맡기지 않겠다고 돌연 결심하기 전까지는 나약하고 유순하게 보인다. 개인적 시련이 공적 의무와 대비되는 가운데 소비에트 도시의 새로운 삶은 매우 저속하게 묘사된다. 여자들이 의사를 기다리는 대기 선에서 번호표를 들고 서 있는 데서 알 수 있듯이 낙태 병원은 컨베이어 벨트처럼 운영된다. 영화는 적절한 생활 공간도 없고 자기 만족감을 제외하면 도덕적 가치들도 없는 새로운 노동 계급의 삶을 아이러니하게 묘사했다.

룸의 영화는 포스트 소비에트 시대에 표트르 토도롭스키가 『삼각관계』(1998)라는 제목으로 리메이크했다. 무대는 네프NEP[신경제정책] 시대 러시아에서 불확실한 포스트 소비에트 시대 초기로 이동한다. 세르게이가 밖에서 폭탄이 터지는 가운데 바퀴벌레로 가득한 숙소를 떠나 모스크바로 향하는 데서 알 수 있듯 영화 초반부에는 내전(체첸 전쟁?)이 암시돼 있다. 모스크바에 도착한 세르게이는 결국 친구 코스탸와 그의 여자친구 리타가 사는 집에 들어간다. 리타는 과거를 환기하는 사진을 전문으로 찍는 사진작가다. 그녀는 1920년대 의복에 유달리 관심을 기울인다. 이런 식으로 『삼각관계』와 『침대와 소파』 사이에는 '복고적' 관계가 성립한다. 리타는 1990년대의 활동적인 전문직 여성으로 나온다는 점에서 룸의 영화에 나오는 류다의 수동적 성격과 많이 다르다.

세르게이가 소파 생활을 청산하고 리타의 침대를 함께 쓰면서 리타는 임신한다. 하지만 류다의 예에서 알 수 있듯이 리타의 아기 아빠도 누구인지 분명치 않다. 영화는 1990년대를 많이 언급한다. 지위의 상징 메르세데스를 몰고 다니는 꼴사나운 러시아 졸부 세르게이는 과거에는 극빈 상태에서 행인들에게 돈을 구걸하며 미친 척을 하기도 했다. 또한, 영화는 새로운 시대의 불확실성을 반영하기도 한다. 이 시대에 개인들은 스스로 알아서 성공해야만 하고 오늘 여기에 있는 것은 내일이면 없어질지도 모른다. 『삼각관계』는 룸의 영화에서 기본 플롯을 가져다가 기발한 방식으로 새롭게 만들어냈다. 하지만 두 영화는 시대의 불확실성과 예측 불가능성을 분명히 언급한다는 점에서 서로 연결된다.

1920년대 '황금시대'에 일상생활을 다룬 소비에트 영화의 특징 가운데 한 가지는 플롯이 우연에 의지한다는 점이다. 인물들은 우연을 통해 지루한 일과에서 벗어날 수 있다. 젤랴부시키의 영화 『모셀프롬에서 온 담배 파는 아가씨』(1924)에서 지나는 어느 날 갑자기 영화사의 눈에 띄어 영화판에서 화려한 삶을 살기 전까지 거리 구석에서 담배를 판매한다. 이 영화는 영화 산업을 풍자적으로 바라본다. 하지만 그런 행운 덕분에 지나는 미래의 사랑을 만나고 행복까지 얻는다. 보리스 바르네트의 『모자 상자를 든 아가씨』(1927)에서 여자 모자 판매상 나타샤는 복권에 당첨되어 이만오천 루블을 받는다. 영화는 착취를 일삼는 모자상점 주인 이린과 그녀의 탐욕스러운 남편 타게르 같은 네프 시대 인물들을 풍자한다. 그러나 끝에 가서 나타샤(안나 스텐이 관능적으로 연기함)는 오직 큰 행운을 통해서만 환경을 딛고 일어나 승리할 수 있을 뿐인 것으로 드러난다. 야코프 프로타자노프의 『토르조크의 재봉사』(1926)에서도 행운의 복권(이번에는 백만 루블)이 나온다. 영화는 주인공 페텔킨('재단사')이 행운과 여자를 모두 거머쥐면서 행복한 결말로 끝난다. 프로타자노프의 영화에서는 옛것과 새것이 대비를 이루고 네프 시대의 부정적 인물들——성직자, 점쟁이, 자신의 노동 기계 카탸를 두들겨 패는 일 말고는 아무것도 생각하지 않는 상점 주인——이 다수 등장한다. 그러나 이것도 역시 마지막에 가서는 동화와 같은 결말을 보여 줘야만 했다. 이와 대조적으로 프로타자노프의 좀더 어두운 영화 『레스토랑에서 온 사나이』(1927)에서는 손쉬운 결말이 없다. 영화는 혁명 이전 시절에 방탕과 타락이 만연한 가운데 자행되는 착취 상황을 가차 없이 폭로한다.

1920년대 이후에는 사회주의 건설의 '더 큰' 주제들과 역사적 영웅이나 정치적 영웅들을 창조해야 할 명확한 필요성이 더 강조되면서 개인적 삶이나 가정생활은 거의 주목받지 못했다. 가족들이 존재하긴 했지만 개별적 가족은 소비에트 대가족 속에 포함됐고 갈등은 집단을 통해서만 해결될 수 있었다. 이런 점에서 1954년(스탈린 사망 일 년 후)에 출시된 이오시프 헤이피츠의 『대가족』은 전형적인 스탈린주의 영화로, 투철한 스탈린주의 작가 프세볼로드 코체토프가 1952년에 발표한 악명 높은 소설을 원작으로 한다. 물론, '가족'은 스탈린식 콧수염과 제복으로 맵시를 낸 엄격한 가부장 일리야가 주도하고 지배하는 레닌그라드 조선소의 네 세대에 걸친 주르빈가만을 의미하진 않는다. 그것은 사회 구성원 모두를 포함하는 더 큰 소비에트 가족도 의미한다. 따라서 집단을 통해 해결할 수 없는 문제도 없다. 지혜는 10월 혁명 가치의 수호자인 일흔일곱 살 마트베이가 대표하는 구세대에서 젊은 세대로 전승된다. 마트베이의 가족이 그의 이름을 따서 가장 어린 증손자 이름을 지어 주는 것처럼 조선소도 마트베이의 명예를 기리기 위해 최신 선박에 그와 똑같은 이름을 부여한다. 사회 조직을 위협하는 것은 더 큰 풍요의 유혹에 빠지는 여자들의 모순성밖에 없다.

『대가족』은 노동 계급(주르빈, 바스마노프, 이바노프, 스코벨레프 등의 성姓에서 알 수 있듯이 특히 러시아적인 노동 계급)의 힘에 관한 레닌주의 신화를 강화하기도 한다. 노동자들은 열심히 일하면 공장이 독립 숙소를 제공하므로 부모와도, 공동 아파트에서도 살 필요가 없다. 이들은 문화 수준이 높아 조선소에서 라흐마니노프 음악회도 열어 준다. 긍정적 감정들을 표현하는 위풍당당한 오케스트라 음악과 남성 민속 합창이 애국주의 열정을 전하고 있는 데서 알 수 있듯이 사운드트랙은 정치적 메시지를 강화해 주기도 한다. 영화는 물론 여름에 찍어서 태양이 항상 소비에트 노동자들 위로 반짝인다. 몇 년 후 알렉산드르 자르히의 『정상』(1957)은 분명히 개인들을 더 주의 깊게 바라본 해빙기 영화였음에도 『대가족』과 비슷하게 노동 계급 가치들을 옹호했다. 영화는 용광로를 건설하는 소비에트 노동자들을 보여 주면서 그들이 연애할 시간도 마련해 줬고 진정한 이념적 헌신도 장려했다.

'침체기'의 억압적 분위기에서는 공적 이미지와 사적 인물 사이의 불일치가 표현될 수 없었지만, 브레즈네프의 노인 정치가 막을 내릴 무렵에는 대담한 진술을 일부 찾아볼 수 있었다. '황금시대'부터 영화 일을 시작한(푸도프킨의 1925년 고전 영화 『체스 열기』에서 작은 역할을 맡아 연기한) 노장 감독 율리 라이즈만은 자신의 말년 영화들에서 개인들에 관한 사사로운 가족 드라마에 눈을 돌렸다. 『사생활』(1982)에서 고위 관료 아브리코소프(미하일 울랴노프가 연기함)는 강제로 조기 퇴직하여 집 안에서 더 많은 시간을 보내던 중 자신이 가족 사이에서 이방인임을 깨닫는다. 느릿느릿 움직이며 사색에 잠기는 노인을 다룬 이 영화에서 주변 사람들은 모두 아브리코소프가 삶에서 기대할 것이라곤 더는 아무것도 없이 쓰레기 더미에 버려진 것처럼 느낀다는 점을 이해하지 못한다. 위기가 찾아와서(아브리코소프의 첫번째 부인이자 그의 큰딸의 어머니인 여자가 사망하면서) 마침내 가족이 하나로 뭉칠 때서야 비로소 아브리코소프는 진정한 가치가 무엇인지 깨닫는다. 그런 다음에 아브리코소프는 정부에서 갑자기 소환 명령을 받고 복직 가능성이 열린다. 영화는 그가 옷을 차려입으며 거울을 들여다보는 장면에서 막을 내린다. 체호프의 단편소설 「개를 데리고 다니는 여인」(1899) 마지막 장면에 나오는 중년의 구로프처럼 아브리코소프도 여기서 어쩌면 진정한 자아를 처음으로 발견했을지 모른다. 하지만 관객은 아브리코소프가 이전의 관료로 되돌아갔는지, 아니면 구로프처럼 더 나은 사람이 됐는지 확실히 알 수 없다.

라이즈만의 『소망의 시간』(1984)에서 블라디미르 드미트리예비치 로바노프(아나톨리 파파노프)는 중년의 홀아비로, 자신보다 훨씬 더 어린 스베틀라나(베라 알렌토바)와 결혼한다. 그는 아주 품위 있고 겸손한 남자다. 반면 스베틀라나는 연줄이 좋은 데다 자신의 재능을 서슴없이 이용해 주변 상황을 자신에게 유리하게 만들기도 한다. 실제로 그녀는 억척스럽고 자립적이다. 그녀는 전 남자친구에게 강간을 당할 때도 의연하고 차분하게 대처한다. 그녀는 소위 말하는 도시 인텔리겐치아의 탐욕성과 물질주의 생활 양식을 폭로한 1970년대 유리 트리포노프의 모스크바 소설들에서 찾아볼 수 있는 인물이다. 하지만 로바노프가 심장마비에 걸려 죽으면서 그녀는 무력해진다. 스베틀라나는 "뭐라도 해 보세요!"라고 의사에게 울먹이며 소리치는데, 이 울음소리는 사실 쇠퇴 말기에 있는 사회 전체가 내지르는 소리다. 『사생활』에서 그렇듯이 여기서도 행복은 쉽게 달성할 수 없으며 공적 태도는 사적 고뇌와 실패를 감추기만 할 뿐이다.

가정의 행복, 또는 행복의 결핍은 포스트 소비에트 영화에서도 중요한 주제 가운데 하나다. 엘다르 랴자노프의 『예언』(1992)은 노상 총격, 강도 폭력, 거리 경찰 등 내전 조짐을 언급하는 시사성에도 불구하고, 사랑이 고난을 이겨 내고 승리하는 감상적 이야기——흥미롭게도 연하의 여자를 사랑하는 훨씬 더 연상의 남자가 또다시 나온다——를 들려준다. 이들 사이에서 태어나는 아이는 미래 희망을 가리키는 진부한 상징이 된다. 『그대는 나의 유일한 여자』(1993), 『다 괜찮을 거야』(1995) 같은 드미트리 아스트라한의 멜로드라마들은 새로운 러시아에서도 고난과 생존 투쟁이 이어지는 가운데 삶이 여전히 살 만하고 심지어 즐길 수도 있다는 점을 러시아 사람들에게 떠올려준다.

1990년대 영화에서 가정생활의 안전과 안정은 무엇보다도 폭력 범죄로 위험에 빠졌다. 도시 범죄 스릴러는 러시아 관객에게 가장 인기 있는 지배 장르였다. 스타니슬라프 고보루힌의 『보로실로프 사수』(1999)는 큰 화제를 낳은 복수자 역할에 노장 배우 미하일 울랴노프를 기용했다. 전시에 명사수였던 그는 십 대 손녀가 잔인하게 집단 성폭행을 당하자 무기를 다시 집어 든다. 강간이 불쾌할 정도로 자세히 묘사되는데, 이는 관객이 강간에 대한 보복을 지지하도록 하기 위한 것이 분명하다.

경찰은 무능력하거나 무관심하기 때문에——강간범 중 한 명의 아버지는 경찰 대령으로 수사를 중지시킨다——늙은 이반 표도로비치는 정의를 실현하기 위해 자신만의 방법에 의지해야만 했다. 첫번째 강간범은 사타구니에 총을 맞고 성기를 잃는다(완전한 불임 상태). 두번째 사람은 타고 있던 BMW 자동차가 폭발하면서 치명적 화상을 입는다(상징적 거세). 마지막 한 명은 자신이 언제 총에 맞을지 모르는 상태에서 공포에 떨다 미쳐 버린다(심리적 거세).

그러나 이 영화는 새로운 러시아판 『데스 위시』*Death Wish* 그 이상을 의미한다. 자신들을 '처벌할 수 없다'고 생각하는 거만하고 파렴치한 젊은 세 남자만이 단순히 표적이 되는 것은 아니다. 절망적인 경찰 세력, 자동차와 화려한 개인용 보석, 수입 위스키를 포함한 풍요의 상징들, 부모와 자녀 사이에서 확실히 감지되는 소외감 등 포스트 소비에트 러시아 자체의 장식들도 표적이 된다. 다시 말해 이반 표도로비치는 고성능 소총으로 악당 무리만을 조준하는 것이 아니라 상징적 차원에서 현대 러시아의 사회 조직 전체를 겨냥하기도 한다. 이 영화의 특징은 고보루힌이 1992년에 다큐멘터리 영화 『우리가 잃어버린 러시아』에서 보여준 과거의 절대 가치들을 향한 동경에서 나온다.

인기가 많았던 만큼 논란도 많았던 알렉세이 발라바노프의 『형제』 (1997)와 속편 『형제 2』(2000)에서 볼 수 있듯이 범죄와 살인은 사실상 가족들을 한데 뭉치게 한다. 두 영화는 냉혹하고 잔인한 폭력을 서슴없이 보여 준다. 다시 말해 두 영화는 도덕 관념은 없어도 솜씨만큼은 굉장히 뛰어난 암살자 다닐라가 상트페테르부르크에서 가난하고 힘없는 사람들만 아니라 곤경에 빠진 여자까지도 계속 도와주면서 체첸과 러시아 범죄단을 일망타진하는 모습을 보여 준다.

『형제』(알렉세이 발라바노프, 1997)에서 세르게이 보드로프 2세

　　가족 통합의 모티프는『형제』의 시작 장면부터 나온다. 여기서 다닐라는 자신과 마찬가지로 전문 암살자인 형을 도와주기 위해 총을 집어 든다. 속편『형제 2』에서 그는 처음에는 모스크바로, 그런 다음에는 시카고로 가서 러시아 범죄단은 물론이고, 흑인을 포함한 미국인 악당 전부를 쓸어버린다. 한편, 그의 형은 우크라이나 마피아를 단독으로 처리한다. 영화 발전 과정에서 볼 때 발라바노프의 영화들은 흥미롭게도 소비에트 영화의 전통에서 벗어나 현대 서구 영화로부터 아주 많은 요소를 빌려 왔다. 특히 그의 영화들은 록 음악을 사운드트랙으로 사용하고 극단적 폭력과 기묘한 유머를 구사하면서도 도덕적 태도는 전혀 보여 주지 않는다는 점에서 쿠엔틴 타란티노의 영향을 받았음을 드러낸다. 다닐라는 자비도 후회도 전혀 보이지 않고 살인을 자행한다. 그에게 희생되는 사람들은 모두 나쁜 놈들이기에 그들이 죽은 것은 인과응보나 다름없다. 체첸의 살육장에서 배운 것으로 보이는 다닐라의 직업은

비난받을 여지가 없다. 실제로 두 영화는 그것을 미화한다. 이들 영화는 암살자 직업이 현대 러시아에서 다른 어떤 생계 수단만큼이나 정당하다고 말한다. 두 영화의 마지막 장면은 다닐라의 관심이 돈에 있는 것이 아니라 정의의 실현에 있음을 보여 준다. 그의 장점은 비참한 일상생활 주변부에 사는 사람들을 돌봐 주는 데서 나온다. 결국, 그는 자신이 갈 수 있는 최선의 길을 가는 착실한 러시아 시골 청년이다.

다닐라를 연기한 보드로프 2세는 영화 『자매들』(2000)을 통해 영화감독으로 데뷔했다. 이 영화도 가족의 통합을 위협하는 범죄와 암살자들을 보여 준다. 여기서 배다른 자매들은 나름대로 재치와 재간을 발휘하여 마피아의 그늘에서 벗어나 살아남는다. 전반적으로 비루한 삶과 부패한 경찰, 무관심한 친척과 행인들의 틈바구니에서 이들은 때마침 나타난 폭력배 아버지에게 구조된다. 아버지는 딸들을 뒤쫓는 마피아보다 힘이 훨씬 더 센 데다 무자비하기까지 하다. 록 음악을 사용하는 데서 알 수 있듯이 『자매들』은 『형제』 영화들에서 많은 영향을 받았음이 분명하다. 이 영화들은 총을 드는 것만이 범죄로 얼룩진 포스트 소비에트 시대 러시아에서 살아남는 유일한 방법임을 말해 준다.

도시와 농촌

러시아 과거와 현재, 미래의 성찰에 비옥한 토양을 제공하는 농촌 생활은 영화감독들에게도 항상 인기 있는 주제였다. 1920년대에 농촌은 고된 삶과 '계급 모순들'로 가득 찬 곳이었다. 표도르 오체프의 『포로가 된 땅』(1927)에서 보통 사람들은 자연 세계와 하나가 된다. 한 쌍의 연인이 입맞춤을 나누는 장면은 바람에 일렁이는 밀밭을 배경으로 구조화돼 있다. 건초를 거둬들이는 한 어머니는 사람들에게 아낌없이 베푸는 어머니 대자연Mother Nature의 이미지를 분명하게 보여 준다. 하지만 지주들이 농부들의 불행을 비웃는 가운데 마리야(안나 스텐이 다시 한 번 생생한 연기를 보여 줬다)는 도시로 가서 가족을 위해 충분한 돈을 벌어야만 한다. 그런데 가족이 집에서 쫓겨나며 더 큰 불행에 빠질 때 마리야는 한 지주의 음탕한 시선 아래 놓인다. 마리야의 아기가 죽어 가는 시골에서, 삶의 빈곤은 그녀가 매춘부 혐의로 체포되어 유곽에서만 일할 수밖에 없는 도시의 빈곤과 상응한다. 마리야는 남편 야코프가 채석장에서 일하다 사고를 당했다는 소식을 듣고 가족에게 돌아간다. 그녀는 사방에 봄이 찾아올 때 고향에 돌아온다. 영화는 소생하는 자연을 배경으로 가족의 사랑을 통해 구원받는 타락한 여자의 이야기로 끝을 맺는다.

세르게이 에이젠시테인의 『일반 노선』(1929)은 1920년대 부농들에 대항하는 농부들의 투쟁을 인상적인 이미지에 담아 보여 준다. '착취자들'이 아주 절망스럽게도 자신들의 위력과 수입원이 무너지는 모습을 지켜보는 가운데 토지 경작을 돕는 기술이 위풍당당하게 도착할 때 영화는 막을 내린다. 영화가 시작할 때 집 한 채가 톱질로 두 조각난다. 이것은 상업적 착취로 가정이 파괴되는 모습을 보여 주는 시각적 상징이다. 농부들은 배불뚝이 부농들에게 굴욕을 당하면서 굶어 죽어 간다. 이들은 밭을 갈 수 있는 한 필의 말도 암소도 소유할 수 없을 정도로 가난하다. 농부들은 암소가 지쳐 죽어 가자 멍에를 벗겨 준다. 구원은 교회를 찾거나 기도를 한다고 해서, 다시 말해 전능하신 하느님에 직접 호소한다고 해서 이뤄지는 것이 아니라 자기 자신의 노력을 통해서 이뤄진다. 이들은 낙농장과 육류 조합을 만든다. 여기서는 동물도 행복하다. 동물들은 유대인 엑소더스를 떠올리게 하는 놀라운 이미지 속에 도살장

으로부터 달아난다. 농민의 변신은 마르파 랍키나의 형상 속에 구현돼
있다. 영화가 시작할 때 핍박받는 농부였던 마르파는 이후 조합 구성에
서 주요 발기인으로 나선다. 영화가 끝날 때 그녀는 정치적으로 계몽된
헌신적 트랙터 기사가 되어 기계와 그녀 주변의 남자들을 상징적으로
지배한다. 이제 실제 삶은 이데올로기 요구에 밀려 부차적 위치를 차지
한다.

1930년대에는 농촌이 아주 다른 장소로 변한다. 이반 피리예프의
십단농장 코미디 영화들에서 농촌은 농부들이 웃고 노래 부르며 사는
곳이다. 1939년 영화 『트랙터 기사들』에서 전직 전차 기사 클림은 외딴
농촌 공동체를 찾아온다. 이곳에서 그는 야비하고 정치적으로 적대적
인 나자르와 그의 약혼녀 마리안나 바잔과 곧바로 관계를 맺는다. 그런
데 클림이 나자르의 트랙터가 최고의 성과를 내게 해주자 나자르는 마
리안나를 클림에게 기꺼이 양보한다. 더 나아가 나자르는 클림과 마리
안나의 결혼식 마지막 장면에서 축가를 주도하기도 한다. 그 이후 영화
는 "삶이 더 좋아졌고, 더 즐거워졌습니다, 동지들"(Nove, 1982, p. 220)
이라는 스탈린의 구호를 찬미하고 사람들은 모두 행복하게 산다. 이를
달성하는 데서 드러난 잔인성이나 막대한 인명 피해는 언급되지 않았
지만, 십 년 전에 매우 강렬하게 묘사된 계급 구분은 이제 사라졌다.[1]

전후 초기는 질식할 듯한 이념적 통제와 문화적 범속성이 지배한
시대였다. 이때 영화와 문학에서 묘사한 국민의 삶은 구체적 현실과 전
혀 맞지 않았다. 이미 살펴봤듯이, 『쿠반의 카자크 사람들』은 동화 같은

---

1 부농 퇴치와 농업 집단화, 그로 말미암은 대기근으로 1930년과 1937년 사이에 약 1400만
명이 사망한 것으로 집계됐다. Conquest, 1986, pp. 306~307.

소비에트 현실의 결정판이었다. 스탈린 사망 이후, 특히 1950년대 초반에서 중반까지 다큐멘터리와 반⁴허구 문학, 일부 영화에서는 농업과 농촌 생활의 실상에 관한 진실이 드러나기 시작했다. 미하일 시베이체르의 영화『타인의 친척』(1954)은 농업이 직면한 문제가 사실은 농촌의 퇴행적 요소들과 과거의 부르주아 유물에서 기인한 것이라고 넌지시 말한다. 스타니슬라프 로스토츠키의 영화『펜코보에서 일어난 사건』(1957)은 농업의 참상을 보여 주면서 농업 개선을 위해서는 기술과 기계에 투자해야 한다고 주장한다.

그 이후 시기에는 '농촌 산문'과 이를 일부 각색한 영화에서 농촌은 민족주의 가치들과 결합했다. 이처럼 농촌이 러시아의 진정한 정신적 가치와 결합했다고 한다면, 도시는 분명히 농촌의 안티테제로서 악과 부도덕의 온상이었다. 바실리 슉신의『칼리나 크라스나야』(1973)가 적절한 예라 할 수 있는데, 이 영화는 슉신이 자신의 소설을 각색하고 주연을 도맡아 연기해 선풍적 인기를 끌었다.

슉신은 전작『그런 청년이 산다』(1964),『낙천적인 사람들』(1972)에서 농촌 사람들의 긍정적 도덕 자질들을 강조했다. 여기서 농촌 사람들은 유머와 개인적 용기를 갖고 있고 이웃 사람들에게도 순수한 선의를 베푸는 사람들로 제시됐다. 특히『낙천적인 사람들』은 러시아 농촌의 탁 트인 경치를 배경으로 발랄라이카 음악과 함께 시작하면서 소박한 풍습을 찬미한다. 여기서는 교통수단으로 자동차보다는 말을 더 선호한다. 물질적 측면에서 농촌은 도시에 뒤떨어져 있을지 모르지만, 슉신 영화에 나오는 시골 사람들의 본질적 선량함과 솔직성은 도회지 사람들의 거만함에 밀리지 않는다. 그러나 슉신이 마지막으로 감독한 영화『칼리나 크라스나야』에서 예고르 프로쿠딘은 전혀 다른 인물이다.

영화가 시작할 때 프로쿠딘은 감옥에서 막 석방된 직업 범죄자로 나온다. 그는 곧장 농촌으로 달려가 정직하게 노력하며 살고 싶어 한다. 이 영화에서 도시는 죄악과 범죄의 땅이다. 프로쿠딘이 과거에 몸담았던 범죄단에게 도시는 천국과도 같은 곳이다. 도시는 또한 프로쿠딘이 나중에 방탕한 파티를 여는 곳으로도 나온다. 이와 달리 농촌은 역사와 전통에 뿌리를 둔 정직한 사람들과 올바른 가치들의 땅이다. 일부 장면에서는 프로쿠딘이 교회를 배경으로 서 있는 모습이 나온다. 하지만 그가 트랙터로 밭을 갈고 있을 때 과거 범죄단 동료들이 찾아온다. 곧이어 그는 자작나무들 사이에서 총을 맞고 쓰러진다. 이와 함께 애국적인 주제도 강렬하게 고양된다. 프로쿠딘은 자신이 방금 갈아 놓은 러시아 땅에 쓰러져 러시아 농부로서 죽어간다. 다시 말해 그는 구원받은 죄인으로, 20세기의 폭력과 사회적 격변으로 황폐화된 러시아를 위한 순교자가 된다.[2]

숙신의 농촌 그림은 고도로 이상화돼 있어 민족주의 열망에 대한 암시 그 이상을 보여 준다. 한편, 소련 붕괴 이후 나온 영화들은 놀랄 만한 이미지들을 보여 준다. 안드레이 미할코프-콘찰롭스키가 『아샤의 행복』(1967) 속편으로 뒤늦게 내놓은 『암탉 랴바』(1994)에서 농촌은 우울하고 단조롭기 짝이 없는 데다 알코올 중독에 찌들어 있는 땅이다. 시

---

2 제프리 호스킹은 이렇게 쓰고 있다. "소비에트의 마지막 두 세대 삶에서는 완전한 뿌리 상실이 두드러졌다. 사람들은 전쟁, 도시화, 정치적 억압, 현대 산업의 창조, 농촌 집단화로 말미암아 자신들의 터전을 상실했다. 수백만 명이 공장, 건설 현장, 군대 막사, 노동수용소로 쏠려 들어갔고, 그런 다음에는 그들을 받아들일 준비가 잘 돼 있지 않은 세계로 다시 쫓겨나왔다. 그들의 교육은 주먹구구식이었고, 노동 경험도 혹독했다. 문화나 안정된 가정 생활의 측면에서 볼 때 이처럼 당혹스럽기만 한 존재의 급변을 완화해 줄 만한 것은 거의 없었다. 이들이 바로 바실리 숙신(1929~1974)이 대변하는 사람들이다." Hosking, 1980, p. 162.

무룩하고 심드렁한 이곳 사람들은 브레즈네프 시대의 곤경에 빠져 있다. 이들은 새로운 '자유'를 거부하면서 더 나은 삶을 건설하려고 하는 사람이 있다면 누구든지 상관없이 그에 적극 맞서 싸운다. 여기서는 개별 노동이나 사업이 용납되지 않는다. 이곳 사람들은 누군가가 나서서 해야 할 일을 말해 주고 주도해 주기만을 바랄 뿐이다. '두려움이 없는 곳에는 질서도 없다'고 이들은 주장한다.

파벨 룬긴의 『결혼』(2000)도 짓밟힌 농촌 공동체를 보여 준다. 이곳에서는 임금이 들쑥날쑥 지급되는 가운데서 결혼식이 일시적 유예, 즉 육체의 쾌락을 즐길 수 있는 기회를 제공해 준다. 마을 사람들은 이 기회를 최대한 활용하여 쾌락을 마음껏 탐닉한다. 이처럼 불확실한 시절에도 동화는 존재한다. 한 처녀가 모스크바에서 어느 정도 누리던 풍요를 포기하고 고향 마을로 돌아와 어린 시절 연인과 결혼하기 때문이다. 여기서도 꿈은 실현될 수 있다. 『결혼』은 도피주의적인 소원 성취를 그린 영화일 수도 있지만, 대공황 시대의 할리우드가 부러워했을 법한 좋은 느낌의 영화다.

도시 생활을 다룬 영화는 수십 년에 걸쳐 많이 발전했다. 모스크바는 1920년대의 일상생활을 다룬 영화 대부분에서 배경 장소가 됐다. 여기서 모스크바는 새로운 노동자 국가의 수도였을 뿐 아니라, 대규모로 성장하고 발전하는 활기 넘치는 도시이자 산업 미래의 상징이기도 했다. 지가 베르토프의 혁명적 다큐멘터리 영화 『카메라를 든 사나이』(1929)는 "기계와 도시에 담긴 소비에트 공산주의의 힘"(Roberts, 2000, p. 92)을 찬미했다. 영화에는 일출에서 일몰까지의 도시 모습이 촬영돼 있는데, 방해받지 않는 듯이 보이는 카메라는 길거리 사고, 신생아 출산, 나중에 이혼이 있을 것으로 암시되는 결혼식 등 다양한 사건 현장들을 찾아다닌다. 극영화에서와는 다르게 여기서 카메라는 사건들을 만들어 내지 않는다. 대신 아침 침대에서 기지개를 켜며 일어나는 여자든, 대중교통을 이용하는 군중이든, 어둡고 비좁은 환경에서 일하는 광부들이든, 아니면 우크라이나 해변에서 일광욕하는 사람들이든 상관없이 삶을 '불시에 포착해' 기록한다. 모스크바 중심 거리들은 교통과 인파로 부산하다. 담배 연기 가득한 바에서는 손님들이 맥주를 즐긴다. 이 모든 것은 촬영 기사가 모스크바의 큰 건물 지붕 위에서 찍었기 때문에 그야말로 실생활 재료를 내려다보며 촬영한 것이다. 이런 현실은 편집자의 최종 통제를 거친다. 편집자는 모더니즘의 대담하고 자의식적인 손질을 가해 현실 이미지들을 수정한다. 정지 화면과 분할 화면, 느린 동작과 중첩 쇼트, 심지어 애니메이션까지 동원하여 역동적인 인상을 창조한다. 그리하여 도시는 새로운 산업 시대에 걸맞게 인간과 기계가 융합하는 이상적 장소로 유토피아 차원에서 제시된다.

베르토프 영화의 핵심이 되는 정치적 이상주의는 그 이후 시대의 도시 생활 관련 영화들에서는 보이지 않는다. 그 이후 영화에서는 도시 현실의 냉혹성을 더는 무시하지 않았다. 사실, 그리고리 알렉산드로프의 1930년대 영화들에서 모스크바는 꿈이 실현되고 삶이 동화가 될 수 있는 곳이었다. 하지만 그 이후 시대 영화들에서는 현실이 끼어들었다. 파벨 룬긴의 『택시 블루스』(1990)와 마피아 스릴러 『삶의 노선』(1995)에서는 도시가 어둡고 위험하여 사람들이 자칫하면 치명적인 덫에 걸린다. 카렌 샤흐나자로프는 『만월의 날』(1998)에서 도시 생활 중 하루를 포착하여 1990년대 모스크바에서 벌어지는 일상과 꿈, 환상, 갑작스럽고 난폭한 죽음을 일련의 삽화에 담아 보여 준다. 소련 붕괴 이후에 모스크바는 잘못된 모든 것을 상징했다. 모스크바는 위대한 신세계 건설을 가리키는 제유提喩가 더는 아니었다. 오히려 모스크바는 과거가 부인되는 가운데 미래조차도 보이지 않는 누추한 데다 위험하기까지 한 도시로 나온다.

알렉산드르 젤도비치의 『모스크바』(2000)는 방아쇠를 당기는 사람들이 아니라 명령을 내리는 사람들을 그린 갱스터 스릴러다. 이 모스크바에서는 남자만 아니라 여자가 범죄단 두목이 되기도 하고 합법적 사업가가 되기도 한다. 이 영화에서 모스크바는 화려한 소비와 지금 여기서 최대한 누리고 싶은 욕망이 지배한다. 가장 그로테스크하고 잔인한 방식으로 전체주의 상징들을 해체하는 작가 블라디미르 소로킨이 쓴 영화 대본에서 포스트 소비에트 모스크바는 지상에 창조된 지옥의 은유가 되는데, 여기서는 음식과 술, 마약과 섹스 등 모든 것을 주문해 이용할 수 있다. 암흑가 살인이 발레 공연장에서 벌어지는 데서 알 수 있듯이 문화는 가치를 상실했고 절제할 줄도 모른다. 발레리나의 하얀 드레스는 피살자의 피로 흥건하게 젖는다. 이는 방종과 쾌락에 홀딱 빠진 죽은 세계에서 더럽혀진 순결함과 순수함을 은유적으로 보여 주는 것임이 틀림없다.

청년 문제

프리드리히 에르믈레르는 『파리의 구두 수선공』(1928)에서 젊은 콤소몰 대원들의 분명한 성적 위선을 공격했다. 이와 함께 1920년대 소비에트 청년 문제는 비평적 논평과 논쟁을 많이 불러일으켰다. 소비에트 최초의 유성 영화도 청년 문제를 다뤘다. 니콜라이 에크의 영화 『삶의 길』은 내전 직후 1923년을 배경으로 한다. 이때는 집 없는 고아들이 주요 도시 거리를 떠돌아다니고 있었다. 이들은 생존을 위해 절도와 소매치기 등 작은 범죄를 끊임없이 저질렀다. 영화에서는 다음과 같은 구호가 크게 들린다. "소비에트 공화국에서는 가난하고 집 없는 아이들이 절대 없어야 할 것이다. 젊고 행복한 시민이 살게 해야 한다."

이 아이들은 군대식 통제보다는 존중과 애정을 통해 사회로 되돌려 보낼 수 있었다. 소년들은 매춘부들과 상습 폭력배 지간의 부추김으로 불법 생활을 다시 하고 싶은 유혹을 받지만, 이를 극복한다. 이들은 지도자 무스타파가 더 큰 대의를 위한 희생양으로 살해되는 대가를 치르면서도 철로 레일을 제조하는 새로운 일에 충실하게 임한다.

하지만 스탈린주의 영화에서는 청년 문제도 다른 사회적 질병도 존재하지 않았다. 내전 직후 발생한 집 없는 아이들besprizorshchina 문제는 집단적 노동 윤리를 통해 해결된 것으로 간주됐기 때문에 이제 사회는 산업화와 현대화 운동에 매진해야 했다. 이미 살펴봤듯이, 아버지들과 아이들은 행복한 대가족에 포함됐고 대가족의 이상과 가치 속에 통합됐다. '청년' 문제는 해빙기에 이르러서야 비로소 당대 문학(대략 1956년에서 1964년까지 이어진 '청년 산문')과 영화를 통해 다시 부상한다.

게오르기 다넬리야의 『나는 모스크바를 걷는다』(1963)에서 젊은 출연진(동안인 니키타 미할코프와 십 대의 인나 추리코바)은 모스크바에서 하루 동안 신나게 돌아다니는 것 말고는 아무것도 하지 않는다. 여기서 그들은 경찰관과 시비도 붙고 저명 작가에게 조언도 듣지만, 도덕적 지도를 받기 위해서는 아버지를 찾아야 한다. 그러나 '아버지들'은 전면에 등장하지 않고 청춘의 넘치는 활기에만 초점이 집중된다. 외국 관광객들이 모스크바를 찾고 젊은 세대를 위한 더 많은 자유가 보장되는 데서 알 수 있듯이, 모스크바는 세계를 향해 열려 있는 사회로 제시된다.

율리 라이즈만의 영화 『만약 이것이 사랑이라면?』(1962)은 바로 이런 맥락에서 선구적 작품으로 간주할 수 있다. 라이즈만은 크세니야와 보리스의 풋사랑이 부모와 교사들에게 비난을 받는 가운데서 구세대가 지배하는 집단의 답답한 보수주의를 명확하게 보여 준다. 어른들은 보리스와 크세니야에게 지혜로운 조언을 들려주지 않는다. 어린 연인들에게 돌아오는 것은 비난과 협박뿐이다.

영화는 출근하는 사람들과 등교하는 아이들로 북적이는 안뜰과 거리 모습을 찍은 이동 쇼트들과 함께 시작한다. 그러나 젊은이들의 활력과 원기는 무자비할 정도로 엄격한 독일어 교사 마리야 파블로브나가 체현하고 있는 학교의 획일성에 억눌림을 당한다. 그녀의 독일어 문법 수업은 상상력과 진취성을 질식시킨다. 험담하기 좋아하는 어른들이 안뜰에 모여 보리스와 크세니야에게 비난을 퍼붓고 또 이런 어른들이 보는 앞에서 크세니야가 어머니에게 매를 맞는 데서 우리는 집단의 파괴적 힘이 어떤 것인지를 실감할 수 있다. 이 모든 것은 학교에서 발견된 한 통의 연애편지 때문에 일어났다.

어린 남녀가 할 수 있는 것이라곤 햇빛 한 줄기가 비쳐 드는 버려진 교회 안에서 몰래 입맞춤하는 것뿐이다. 두 사람 모두 제적 위협을 받던 중에 크세니야는 절망에 빠져 자살을 기도한다. 하지만 보리스와 헤어지고 나서 크세니야는 새로운 삶을 시작하기 위해 노보시비르스크로 떠난다. 이런 식으로 젊은이들의 진실한 관계는 집단에 의해, 특히 권위의 대표자들에 의해 파괴된다. 이 영화는 세대 차이를 그린 멜로드라마로만 단순히 그치지 않는다. 영화는 탈스탈린주의 시대에도 (마리야 파블로브나가 체현하는) 스탈린주의적 억압과 불관용이 계속 지배하고 위협의 압박이 작동하는 사회의 알레고리가 되기도 한다. 그러나 영화는 여기서 한 걸음 더 나아간다. 영화는 개인들의 삶을 간섭할 권리가 집단에 있는지 따져 묻기 때문이다. 조세핀 월은 영화의 의미에 대해 다음과 같이 쓰고 있다.

> 『만약 이것이 사랑이라면?』은 주요 금기들을 타파했다. 이 영화에는 긍정적 주인공이 없다. 영화는 '집단, 즉 전형적인 것을 지키는 영원히 현명한 버팀목'을 흠잡을 데 없는 것으로도, 현명한 것으로도 간주하지 않는다. 영화는 관객이 스스로 알아서 판단할 것을 주장할 뿐 아니라 자기 자신들에 관해서도 판단해봐야 한다고 주장하기도 한다. (Woll, 2000, p. 136)[3]

라이즈만의 영화는 당대 언론에서 많은 논평을 낳았으며 청년 문제와 관련해 논란이 가장 많았던 소비에트 영화 가운데 하나로 남아 있다. 당 중앙위원회도 신세대와 구세대 사이에 설정된 '대립' 이미지를 지적하면서, 구세대가 "프티 부르주아와 속물들로 (……) 아니면 젊은이들에게 무관심한 데다 그들을 이해하지도 못하는 사람들"로 규정된 것에 분노했다. 당 중앙위원회 문화 분과는 이 영화를 금지하려고 했다. "이 영화는 이념적으로 그릇된 작품이다. 『만약 이것이 사랑이라면?』은 어두운 측면들, 즉 우리 삶의 밝고 순수한 모든 것을 어둡게 하는 비정상적이고 부정적인 현상들의 묘사에만 관객의 시선을 집중시키면서 소비에트 현실을 일방적으로 왜곡했다."[4]

그러나 당대에 제작된 또 다른 청년 관련 영화로, 1962년에 완성했

---

3 이리나 실로바는 영화 개봉 당시 영화를 본 소감에 대해 이렇게 쓰고 있다. "이것은 두려움에 관한 영화이자 불복종이 치르는 대가에 관한 영화이기도 했다. 사회주의 현실 속에서 생성된 민족 유전자에 관한 영화였다." Shilova, 1993, p. 72.

으나 개작하여 1965년에서야 수정판으로 마침내 개봉한 마를렌 후치예프의『일리치 관문』를 둘러싸고 일어난 격론과 비교하면『만약 이것이 사랑이라면?』이 일으킨 논란은 아무것도 아니다. 후치예프의 영화는 확실히 주제뿐만 아니라 양식적 접근과 심지어 사운드트랙까지도 포함하여 거의 모든 면에서 급진적이었다.『일리치 관문』은 세 남자 친구의 일 년간 모스크바 생활을 보여 준다. 이 영화에는 사실상 플롯이 존재하지 않는다. 대신 거리와 안뜰 등 진정한 공적 공간만이 아니라 사적인 아파트까지도 끌어들이면서 전후 이탈리아 네오리얼리즘과 유사하게 다큐멘터리의 신빙성을 지향한다. 이리저리 움직이며 밀치락달치락 하는 모습으로 촬영된 군중의 모습에서는 어디에서 '진짜 사람들'이 끝나고 어디에서 배우들이 시작하는지 명확하게 알 수 없다. 러시아 젊은이들은 재미있는 일을 원하고, 재즈를 즐기며 예브게니 옙투센코와 당대의 다른 젊은 난폭자들이 참여하는 시 낭송회도 방문한다. 그러나 이들은 노동절 행진에도 참여하고 최근에 있었던 유리 가가린의 우주비행도 축하한다. 제3세계에서 온 학생들의 존재는 이 사회가 세계를 향해 열려 있음을 입증한다.

그러나 모든 것이 겉보기처럼 그렇게 순수한 것은 아니다. 우연히 만난 사람과의 섹스가 서구 영화에서는 자연스럽게 보일지 모르지만, '도덕 관념의 부재'는 소비에트 영화의 엄격한 이념 지침 아래서 어두운 정치적 측면을 갖고 있다. 니키타 흐루쇼프는 젊은이들이 어떻게 삶을 살아야 하고 무엇을 열망해야 하는지 알지 못한다고 말하며 그들을 공

---

4 율리 라이즈만의 영화『만약 이것이 사랑이라면?』에 관한 공산당 중앙위원회 문화 분과 보고서 기록. Fomin, 1998, pp. 130~131.

격했다. "아닙니다, 우리 사회는 그런 사람들에 의지할 수 없습니다. 그들은 전사들도 아니고 세계를 변화시키는 사람들도 아닙니다. 그들은 도덕적으로 병든 사람들이고, 젊은 나이인데도 삶에서 어떤 고상한 목표도 직업도 없이 늙어 버린 사람들입니다."[5]

호루쇼프는 물론이고 이 영화를 심의한 모스필름 고위 인사들도 영화에 나타난 '아버지들과 아들들'의 갈등에, 이 영화가 구세대를 젊은 세대의 도덕적 스승으로 내세우지 않은 사실에 격노했다. 세르게이는 여자친구 아냐의 아버지와 긴 대화를 나눈다. 아냐의 아버지는 젊은이들이 '저항'만 할 뿐 신념은 부족하다고 그들을 공격한다. 또한, 젊은이들이 건방지기만 할 뿐 경험은 모자란다고 악담을 퍼붓는다. '청년 산문' 작가들(바실리 악쇼노프, 아나톨리 글라딜린, 안드레이 비토프, 블라디미르 보이노비치 등)과 똑같은 노선을 지향하는 이 젊은이들은 맑스-레닌주의 교리는 절대 거부하지 않으면서도 어른들의 위선과 타협은 거부하고 나선다. 이들은 새로운 세계에서 개인이 되고 싶어 하지만, 암벽을 향해 무작정 달려들지는 않는다.[6] 순수하게 영화적 측면에서 볼 때 이 영화들은 카메라를 거리와 안뜰로 들고 나가 전혀 화려하지 않은 평범한 사람들의 삶을 찍어 보여 준다.

---

5 "당과 정부 지도자들이 문학과 예술 활동가들과 만난 자리에서 N. S. 흐루쇼프가 행한 연설에서." Fomin, 1998, p. 130.

6 자화자찬식 회고록에서 아나톨리 글라딜린은 '청년 산문'의 제한된 야망이 1962년의 핵심 순간까지 이어졌음을 이렇게 인정한다. "솔제니친의 『이반 데니소비치의 하루』의 출판을 촉발한 것은 단순히 흐루쇼프의 개혁이 아니라 젊은이들의 문학적 반란이었다. 그러나 『이반 데니소비치의 하루』 이후 분위기가 급변했다. 우리는 문학의 혁명을 요구했지만, 사실 솔제니친은 사회의 혁명적 변화를 요구했다. 솔제니친의 소설에는 직접적인 혁명적 호소는 사실상 없었다. 그러나 『이반 데니소비치의 하루』는 투쟁의 강조점을 문학에서 정치로 옮겨 놓았다. 물론, 그때 토대가 실제로 흔들리기 시작했다." Gladilin, 1979, p. 102.

1960년대 말과 1970년대 초에는 젊은이들을 위한 영화나 젊은이들에 관한 영화—스타니슬라프 로스토츠키의 『우리는 월요일까지 살아남는다』(1968)와 세르게이 솔로비요프의 『어린 시절 이후 백 일』(1974)이 가장 중요한 영화에 해당한다—가 부족하지는 않았지만, 균열을 실제로 보여 주기 시작한 영화들은 브레즈네프 시대 말기에 가서 나왔다. 디나라 아사노바의 『거친 아이들』(1983)은 비행 청소년들이 사회로 되돌아가기 위해 존중과 신뢰를 배우는 모습을 보여 준다는 점에서 『삶의 길』(1931)과 비슷하다. 그러나 이들은 『삶의 길』에서와는 달리 고아들이 아니다. 이들의 곤경은 내전과 같은 사회적 대변동에서 비롯된 것도 아니다. 오히려 이들은 알코올 중독 부모들 집에서 학대받는 아이들이거나 버려진 아이들이다. 또한, 이 영화는 결말이 열려 있다. 사랑과 존중이 마음을 다친 아이들을 책임 있는 시민으로 바꿔 놓을지는 확실하지 않기 때문이다.

롤란 비코프의 『허수아비』(1984)는 전혀 다른 유형의 영화로, 이십 년 전에 청춘의 불안을 사실적으로 그렸던 영화들과는 거리가 아주 멀다. 비코프의 영화는 러시아 지방 도시에 사는 열두 살 소녀 레나가 학교 친구들에게 억압받고 희생당하는 이야기다. 이 영화가 충격적인 이유는 순수성이 공격받기 때문만은 아니다. 레나는 자신이 저지르지도 않은 '범죄'를 자백하여 '배신 행위'를 했다는 이유로 학교 친구들에게 배척당한다. 그런 다음 학교 친구들은 레나를 닮은 인형으로 화형식을 거행하기도 한다. 여기서 더 나아가 영화는 겐나디 폴로카의 『ShKID 공화국』처럼 무도한 집단의 진짜 악의가 무엇인지를 보여 준다. 어른들은 나약하고, 냉담하거나 무관심한 사람들로 제시된다. 하지만 집단은 표면상 평화롭고 눈에 띄게 깔끔하다. 도시는 관광객들이 찾아오고 목조

건물들은 러시아 목조 건축의 위대한 기념비로 평가된다. 그러나 표면 아래를 들여다보면, 아이들은 경범죄와 희생양 만들기에 몰두해 있음이 드러난다. 레나와 늙은 할아버지가 도시를 떠나야만 하는 데서 알 수 있듯이, 행복한 결말도 나오지 않고 정의도 승리하지 못한다. 아이들은 결국 실수를 깨닫지만, 이들의 선처 호소는 너무 모자라거나 너무 뒤늦은 것이었다. 『허수아비』는 청소년 문제에 초점을 맞추고 있기는 하지만, 영화의 주제는 전체주의와 폭정 정치의 본질 자체도 공격한다.

이 영화는 민족주의적·정신적 반향을 울리기도 했다. 레나와 할아버지가 사는 아파트에는 할아버지(아이들은 잔인하게도 할아버지를 '누더기를 뒤집어쓴 사람'이라고 부른다)가 정성껏 수집한 그림들이 즐비하다. 이들은 대부분 집안 선조의 작품들이다. 그러므로 이 집은 그 밖의 속물적인 환경에서 문화와 정체성을 지키는 보루가 된다. 레나의 모습은 교회를 배경으로 자주 등장한다. 그녀는 표트르 대제 시절에 대의를 지키다 수난당한 구교도들처럼 머리에 숄을 쓴다. 얼굴은 성상화 인물처럼 빛이 난다. 레나의 자기희생 행위는 정교회 신앙과 일치한다. 영화 마지막 장면에서 레나는 순수성이 입증되면서 도덕적으로 승리한다. 따라서 '허수아비' 레나는 무자비한 악의 공격을 받은 순수성과 현대의 속물주의에 파괴된 문화, 세속적 물질주의 시대에 수난당하는 어머니 러시아 자체를 대표한다.[7]

몇 년 후 고르바초프의 글라스노스트 시대에는 이처럼 억눌렸거

---

7 벤야민 리프킨은 영화의 종교적 차원에 대해 이렇게 주장한다. "레나의 상징적 죽음과 부활, 그리스도를 모방한 그녀의 희생, 러시아 문화유산과 역사적 정신 가치들——중세 교회들——과의 동일시는 영화의 기독교 서브텍스트에서 가장 중요한 요소들이다." Rifkin, 1993, p. 191.

나 거의 감춰지지 않은 억압과 소외 감정들이 충분히 표현될 수 있었다. 1980년대 말에는 라트비아 출신 유리스 포드니엑스가 만든『젊다는 것이 쉬운 일인가?』(1986), 카렌 샤흐나자로프의『승무원』(1987), 바딤 압드라시토프의『플룸붐 또는 위험한 게임』(1987), 바실리 피출의『작은 베라』(1988), 라시드 누그마노프의『바늘』(1988), 발레리 오고로드니코프의『강도』(1988), 세르게이 솔로비요프의『아싸』(1988)와 같은 영화들이 나왔다. 몇 년 뒤 소비에트 영화 관객은 아마 개인적으로는 늘 알고 있던 것을 직접 확인할 수 있었다. 다시 말해 무목적성, 좌절과 소외로 고통당하는 젊은이들, 약물 흡입, 알코올 중독, 무작위 섹스가 만연했고 1980년대의 아이들은 아버지들의 가치와 기대를 거의 믿지 않았다.

『바늘』은 1990년에 자동차 사고로 사망한 1980년대 록 음악의 전설 빅토르 최Victor Choi를 주연으로 발탁했을 뿐 아니라, 마약 중독(이 초래하는 모습)을 사실적 이미지에 담아 보여 주기도 했다. 그러나『작은 베라』는 청년 문화를 긍정하고 성을 비교적 솔직하게 묘사하여 이 영화들 가운데서 논란이 가장 많았던 영화였다. 이와 동시에 감독은 낙후한 소비에트 산업 도시에서 벌어지는 젊은이들의 비행과 폭력단끼리의 싸움, 젊은이들과 경찰 사이, 아이들과 알코올 중독에 빠진 데다 학대를 일삼는 아버지들 사이의 피아 구분을 가차 없이 그려 보여 준다. 이 영화는 학대하는 아버지와 고집불통 딸아이를 감상주의식으로 화해시키는 가운데 쇠퇴와 붕괴의 양상들을 보여 준다. 소비에트 꿈의 종말과 '발전한 사회주의'가 얼마나 아득한지를 보여 준 영화가 있었다고 한다면,『작은 베라』가 바로 그런 영화였다.

발레리 오고로드니코프가 발레리 프리예미코프의 대본을 바탕으로,『거친 아이들』에서 이해심 많은 젊은 이상주의 사회복지사를 연기한 배우와 함께 처녀작 『강도』를 만들었을 때 그의 나이는 삼십 대 중반이었다. 이 영화는 당대의 다른 영화들보다 훨씬 더 전복적이었다. 『강도』는 피출의 영화보다 더 과격한 저항 영화였다. 젊은 주인공들은 폭력적인 혁명가들이자 암살자 지망생들이었기 때문이다. 구세대는 이들을 거의 지지하지도 이해하지도 못할뿐더러 이들과 접촉하지도 않는 것처럼 보인다.

영화는 열세 살 소년 세몬이 형 코스탸가 그의 팝 그룹에서 사용하도록 신시사이저를 훔쳐다 주는 일을 제외하면 플롯이 거의 없다. 록과 펑크 음악회를 찍은 장면이 많이 나오는데, 러시아 펑크족은 단지 외모만으로, 또 코스탸가 「나는 공기가 필요해」라는 노래를 불렀다는 이유만으로 경찰에 체포된다. 영화는 젊은이들이 자신들을 표현하고 그들 자신의 문화(십 년 전 서유럽의 문화와 아주 비슷하다)에 대한 권리를 주장하라고 호소한다. 영화는 또한 지나간 모든 것을 거부하기도 한다. 오고로드니코프의 영화는 획일적 발레 수업이나 브라스 밴드를 통해 젊은이들의 음악적 취향을 규제하려는 사회의 시도를 신랄하게 비난한다. 펑크족의 허무주의 역시 충격적이다. 이들은 엄격하고 편협한 사회에 근본적으로 도전하고 나섰기 때문이다.

영화의 결말은 낡은 위계질서의 재확립을 보여 준다. 이는 사회가 변화될 수 없으므로 아예 사회를 뜯어고쳐 놓아야만 한다는 것을 의미한다. 세몬이 절도죄로 체포되자 그의 아버지는 유력한 친구에게 선처를 베풀어달라고 부탁하는 오래된 소비에트식 방법으로만 세몬의 석방을 위해 노력할 뿐이다. 영화가 끝날 때는 적당히 얌전해 보이는 소녀가 부르는 민요가 흘러나온다. 그러나 이것은 인위적 종결이다. 『강도』는 젊은이들의 본능적 에너지와 규범을 거부하는 그들의 진지함을 보여 줌으로써 소비에트 시대에 가장 중요한 청년 영화가 될 수 있었고 근본적 변화 요구를 분명하게 가리켜 보일 수 있었다.

이 영화들은 과거 소비에트 스크린에서 전혀 보이지 않던 청년 하위문화와 손을 맞잡았고 젊은이들이 살고 싶은 대로 살 권리를 긍정하기도 했다. 부모들——특히 아버지들——은 자녀에게 모범을 보여 주지 못했고 그들에게 전해 줄 긍정적 경험도 갖고 있지 않았다. 『일리치 관문』을 정신적으로 계승하고 있는 이 영화들은 세대 사이의 유대 부재와 이데올로기의 부적절성에 대해 말해 준다. 젊은이들은 단순히 재미를 추구하고 싶었을 뿐인데, 왜 소년들은 귀걸이를 하지 못했던 것일까?

이 주제는 포스트 소비에트 영화를 통해서도 계속 발전했다. 세르게이 솔로비요프는 『사랑스러운 나이』(2000)에서 그가 좋아하는 청춘의 주제로 되돌아간다. 고르바초프의 글라스노스트가 절정에 달한 1988년에 제작된 그의 영화 『아싸』와 이 영화를 비교해 보면 흥미로울 것이다. 댄스홀과 디스코장의 불빛으로 번쩍이고 록 음악이 흘러나오는 『아싸』는 후기 소비에트 청년 문화를 찬미하는 영화이자 이 시대를 대표하는 영화다. 다시 말해 젊은이들의 문제들을 다룬 것이 아니라 사회를 전반적으로 변모시켜야 할 필요성을 다룬 것이다.

『아싸』는 범죄자인 크리모프(스타니슬라프 고보루힌이 연기함)에게 연루되는 세르게이를 통해 청년 주제를 폭력단 스릴러 모티프와 결합한다. 이로 말미암아 세르게이는 결국 크리모프의 수하들 손에 살해된다. 하지만 이때 크리모프도 세르게이와 관계를 맺고 있던 자신의 정부 알리카에 의해 살해된다. 『아싸』에서는 자연주의적인 대담함이 느껴진다. 플롯은 종잡을 수 없고 젊은이들의 속어——영화 내내 다양한 자막 '각주'를 통해 아주 혁신적인 설명이 나온다——도 많이 사용된다. 그러나 영화를 지탱하는 힘은 고보루힌이 연기한 인물에서 나온다. 그는 1930년대에 태어난 노인으로, 지금은 젊은 세대를 타락시키고 통제하려고 하는 신뢰 상실의 질서를 대표한다. 그가 실패한다는 사실은 별로 위안이 되지 않는다. 젊은이들은 그들의 이동을 제한하고 진취성을 의심하는 질식할 듯한 사회 분위기 안에 갇혀 있기 때문이다. 종결 크레디트가 올라갈 때는 빅토르 최와 그의 록 그룹 키노가 특별 출연한다. 이들은 가수가 부르는 고통스럽지만 더없이 솔직한 노래 속에 다음과 같이 영화의 메시지를 단단히 박아 넣는다.

우리는 변화를 기다린다.
변화는 우리 가슴이 요구한다.
변화는 우리 눈들이 요구한다.

『아싸』는 소련에 존재했다고 생각되지 않은 하위문화, 즉 '아버지' 세대와 상관없이 융성했던 현실의 일부를 드러내 보인다. 그러나 크리모프가 체현하는 세대의 해로운 영향은 계속 감지된다.

『사랑스러운 나이』는 다른 시대에서 나온 영화로, 문제를 단순히 강조하는 데만 만족하지 않고 그것을 분석하기도 한다. 고전음악이 사용되고, 초현실적 환상 비행이 나오고 류드밀라 사벨리예바(『전쟁과 평화』에서 나타샤 로스토바를 연기함), 발렌틴 가프트, 키릴 라브로프와 같은 기존의 성격파 배우들이 특별 출연하는 데서 알 수 있듯이 이 영화는 예술적 위상을 뽐내기도 한다.

그렇다고 『사랑스러운 나이』가 결점이 없다고 말하는 건 아니다. 영화는 지엽적 이탈이 잦은 데다 관련성 없는 사건이 많아 산만하다. 그러나 이런 실수들은 20세기 마지막 이십 년의 러시아 역사에 의미를 부여하려는 (지나치게) 야심적인 계획의 일부였다. 영화의 세 부분이 '백치,' '아버지와 아들,' '전쟁과 평화'라는 문학적 소제목을 각각 달고 있는 데서 알 수 있듯이 솔로비요프는 분명히 자신의 영화를 러시아 문화의 연속선상에 올려놓는다.

영화는 현실과 환상, 희극과 비극, (체첸)전쟁과 평화를 한데 뒤섞어 당대의 체념적 광기를 설명하고자 한다. 프로호르라는 이름의 원숭이가 BMW 자동차를 타고 있는 '새로운 러시아인'들을 흠씬 두들겨 패고, 깡패들이 단지 껌 몇 통 때문에 거리 간이 상점에 대고 기관총을 난사하고, 그로모프처럼 불행한 몇 사람만이 체첸에서 매복과 총격을 피해 간신히 살아남지만 낙하산으로 투하되는 보급품 상자에 머리를 맞고 쓰러지는 일은 오직 러시아에서만 일어날 수 있는 것이다. 영화 마지막 장면에 나오는 행복은 파리에서 올리는 꿈속의 결혼식뿐이다.

이 영화에는 부조리가 넘쳐난다. 학생 다가예프는 수업 시간에 옷을 벗어 글래머러스한 신임 화학 여교사를 자극한다. 그런 다음에는 실험실에서 불타는 붕산 버너를 앞에 둔 채 그녀를 유혹한다. 몇십 년 후 다가예프가 약물 문제로 정신병원에 입원해 있을 때 그를 찾아오는 사람은 오직 그녀 한 사람뿐이다. 말을 더듬는 군사 교관 베스팔치코프(글자 그대로 '손가락이 없는')는 자기 반 학생들을 앞에 두고 미국 제국주의의 위험에 대해 큰 소리로 선동하며 소련의 냉전 패배 이유를 장황하면서도 애절하게 설명하던 중에 쿵후를 하듯이 머리로 벽돌을 받아 격파하는 모습을 선보인다. 하지만 나중에 그는 체첸에서 허무하게 죽는다.

소련이 군사적 가치를 고수하며 보여 준 근엄성은 학생들이 군사 경축식이 열리는 강당 안에 풀어놓은 하얀 비둘기 한 마리가 전등에 부딪혀 일어나는 정전과 일대 혼란 속에서 무너져 내린다. 중심인물 그로모프는 전쟁이든 우주 프로그램이든 공인된 영광스러운 소비에트 과거와 연결된 친척들이 있지만, 정작 그 자신은 여자들한테만 관심을 기울일 뿐이다.

『사랑스러운 나이』는 병의 근원을 수십 년까지 추적하면서 포스트 소비에트 시대 청년 문제들에 관해 일련의 논점을 제시한다. 체첸 전쟁은 끔찍하기만 하고, 평화는 언제 찾아올지 알 수 없다. 돈과 빚에 대한 걱정도 끊이지 않는다. 이 영화는 과거를 언급하면서 현재의 상처를 짚어 본다. 영화는 물리적·도덕적으로 불구가 된 한 세대를 보여 준다. 이 세대가 그렇게 된 것은 그들이 견뎌 내야만 했던 대격변과 과거의 공식 가치 체계들에 스며 있는 태도들 때문이었다.

소비에트 국가가 수립됐을 때 이 국가는 '새로운' 소비에트 인간의 창조, 즉 자본주의의 상업적 압박과 착취에서 해방되어 사회주의와 공산주의 건설의 이데올로기에 헌신하는 인간의 창조를 목표로 내세웠다. 미래는 전기화된 도시 속에 존재했고, 농촌은 과거의 암흑과 무지를 대표했다. 현재는 미래를 위해 희생될 수 있었고, 청년은 새로운 정권의 당연한 지지자였으며, 구세대는 신중한 대우를 받았다. 이로부터 몇십 년 후에는 소비에트 거대 '가족'이 핵가족보다 더 중요해졌고 적어도 시각 이미지와 글에 나타난 것만 놓고 볼 때 농촌도 물질적 측면에서 도시와 대등해졌다. 스탈린 이후 영화는 당국이 사생활을 규제하지 못하는 가운데 이데올로기를 초월해 현실을 의미 있게 하려는 시도가 잇따랐다는 사실을 점점 더 말해 준다. 후기 소비에트와 포스트 소비에트 시대에 와서는 꿈이 실패했고, 도시와 농촌 모두 절망적이고 암울한 곳이며, 젊은이들의 전망도 우울하고 희망도 없다는 것이 분명해졌다.

그러나 1917년 이전 시대와 연결되는 연속성도 존재했다. 톨스토이와 체호프가 공인된 도덕성에 대한 어떤 도전도 수용하지 않은 한 사회의 위선에 관해 말했다고 한다면, 1970년대와 1980년대 영화는 공적 태도와 사적 도덕, 말과 행동 사이에 큰 틈새가 존재했음을 드러내 보여 줬다. 야코프 프로타자노프와 예브게니 바우에르의 영화들에서는 개인적 문제들이 대체로 암담한 종말을 맞이했다. 이와 비슷하게 포스트 소비에트 시대 영화들에서도 소비에트 멜로드라마에서 흔했던 이념적 손질을 통한 인위적인 행복한 결말은 찾아보기 어려웠다. 소비에트 시대에 집단에 대한 저항은 개인이 집단의 포용을 버리고 떠나는 것으로 종말을 맞이했다. 그 이후 시대에는 사회적 윤리나 일반화된 정신적 가치가 부재하는 상황에서 개인들은 고성능 소총과 총신이 짧은 산탄총으로 '무장'하는 일도 서슴치 않으면서 자신의 기지와 역량에 의지하다가 사회적 붕괴와 부정만을 목격해야 했다.

영화 목록

- 『타인의 친척』*Chuzhaia rodnia*(미하일 시베이체르, 1954)
- 『만약 이것이 사랑이라면?』*A esli eto liubov?*(율리 라이즈만, 1962)
- 『아샤의 행복』*Asino schaste*(안드레이 미할코프-콘찰롭스키, 1967)
- 『아싸』*Assa*(세르게이 솔로비요프, 1988)
- 『침대와 소파』*Tretia Meshchanskaia*(아브람 룸, 1927)
- 『대가족』*Bolshaia semia*(이오시프 헤이피츠, 1954)
- 『형제』*Brat*(알렉세이 발라바노프, 1997)
- 『형제 2』*Brat 2*(알렉세이 발라바노프, 2000)
- 『강도』*Vzlomshchik*(발레리 오고로드니코프, 1988)
- 『체스 열기』*Shakhmatnaia goriachka*(프세볼로드 푸도프킨, 1925)
- 『암탉 랴바』*Kurochka Riaba*(안드레이 미할코프-콘찰롭스키, 1994)
- 『대도시의 아이들』*Ditia bolshogo goroda*(예브게니 바우에르, 1914)
- 『모셀프롬에서 온 담배 파는 아가씨』*Papirosnitsa ot Mosselproma*(유리 젤랴부시키, 1924)
- 『승무원』*Kurier*(카렌 샤흐나자로프, 1987)
- 『백일몽』*Grezy*(예브게니 바우에르, 1915)
- 『만월의 날』*Den polnoluniia*(카렌 샤흐나자로프, 1998)
- 『죽어 가는 백조』*Umiraiushchii lebed*(예브게니 바우에르, 1916)
- 『다 괜찮을 거야』*Vse budet khorosho*(드미트리 아스트라한, 1995)
- 『일반 노선』*Generalnaia liniia*(세르게이 에이젠시테인, 1929)(이후 『옛것과 새것』*Staroe i novoe*으로 출시됨)
- 『모자 상자를 든 아가씨』*Devushka s korobkoi*(보리스 바르네트, 1927)
- 『낙천적인 사람들』*Pechki-lavochki*(바실리 슉신, 1972)
- 『정상』*Vysota*(알렉산드르 자르히, 1957)
- 『어린 시절 이후 백 일』*Sto dnei posle detstva*(세르게이 솔로비요프, 1974)
- 『일리치 관문』*Zastava Ilicha*(마를렌 후치예프, 1962~1965)
- 『젊다는 것이 쉬운 일인가?』*Legko li byt molodym?*(유리스 포드니엑스, 1986)
- 『펜코보에서 일어난 사건』*Delo bylo v Penkovo*(스타니슬라프 로스토츠키, 1957)
- 『나는 모스크바를 걷는다』*Ia shagaiu po Moskve*(게오르기 다넬리야, 1963)

- 『행복의 열쇠』*Kliuchi schastia*(야코프 프로타자노프와 블라디미르 가르딘, 1913)
- 『쿠반의 카자크 사람들』*Kubankie kazaki*(이반 피리예프, 1949)
- 『포로가 된 땅』*Zemlia v plenu*(표도르 오체프, 1927)
- 『삶을 위한 삶』*Zhizn za zhizn*(예브게니 바우에르, 1916)
- 『삶의 노선』*Liniia zhizhi*(파벨 룬긴, 1995)
- 『작은 베라』*Malenkaia Vera*(바실리 피출, 1988)
- 『하녀 제니』*Gornichnaia Dzhenni*(야코프 프로타자노프, 1917)
- 『레스토랑에서 온 사나이』*Chelovek iz restorana*(야코프 프로타자노프, 1927)
- 『카메라를 든 사나이』*Chelovek s kinoapparatom*(지가 베르토프, 1929)
- 『삼각관계』*Retro vtroem*(표트르 토도롭스키, 1998)
- 『모스크바』*Moskva*(알렉산드르 젤도비치, 2000)
- 『바늘』*Igla*(라시드 누그마노프, 1988)
- 『파리의 구두 수선공』*Parizhskii sapozhnik*(프리드리흐 에르믈레르, 1928)
- 『삶의 길』*Putevka v zhizn*(니콜라이 에크, 1931)
- 『플룸붐 또는 위험한 게임』*Plimbum, ili opasnaia igra*(바딤 압드라시토프, 1987)
- 『예언』*Predskazanie*(엘다르 랴자노프, 1992)
- 『사생활』*Chastnaia zhizn*(율리 라이즈만, 1982)
- 『칼리나 크라스나야』*Kalina krasnaia*(바실리 슉신, 1973)
- 『ShKID 공화국』*Respublika ShKID*(겐나디 폴로카, 1966)
- 『우리가 잃어버린 러시아』*Rossiia, kotoruiu my poteriali*(스타니슬라프 고보루힌, 1992)
- 『허수아비』*Chuchelo*(롤란 비코프, 1984)
- 『토르조크의 재봉사』*Zakroishchik iz Torzhoka*(야코프 프로타자노프, 1926)
- 『택시 블루스』*Taksi-bliuz*(파벨 룬긴, 1990)
- 『사랑스러운 나이』*Nezhnyi vozrast*(세르게이 솔로비요프, 2000)
- 『그런 청년이 산다』*Zhivet takoi paren*(바실리 슉신, 1964)
- 『소망의 시간』*Vremia zhelaniia*(율리 라이즈만, 1984)
- 『거친 아이들』*Patsany*(디나라 아사노바, 1983)
- 『트랙터 기사들』*Traktoristy*(이반 피리예프, 1939)

- 『여성 영혼의 황혼』*Sumerki zhenskoi dushi*(예브게니 바우에르, 1913)
- 『보로실로프 사수』*Voroshilovskii strelok*(스타니슬라프 고보루힌, 1999)
- 『우리는 월요일까지 살아남는다』*Dozhivem do ponedelnika*(스타니슬라프 로스토츠키, 1968)
- 『결혼』*Svadba*(파벨 룬긴, 2000)
- 『그대는 나의 유일한 여자』*Ty u menia odna*(드미트리 아스트라한, 1993)

9장

자서전, 기억, 정체성
안드레이 타르콥스키의 영화

> 진실은 기억 속에 있다. 기억이 없는 사람은 삶이 없다.
> (Rasputin, 1990, II, p. 351)

소비에트 시대 러시아 영화를 지배한 정치적 명령은 개인적·사적 영역의 지속과 충돌하는 것처럼 보일지 모른다. 소련에서 어쩌면 가장 위대한 영화감독인 세르게이 에이젠시테인은 무엇보다도 역사, 혁명, 사회적 진보와 같은 '거대' 주제들에 관심을 기울였다. 두번째 자리(혹자는 첫번째 자리라고 말한다)를 쉽사리 주장할 수 있는 안드레이 타르콥스키는 개인적인 것을 다른 어떤 러시아 영화감독보다도 더 중시했다. 그는 수백만 명의 러시아인에게 호소력을 발휘한 개인적이고 매우 사적인 의미를 이미지와 상징——그 자신은 상징의 의미를 부인했을지라도——에 부여했다. 결국, 타르콥스키의 영화는 모든 사람이 공통으로 가진 본질들에 관한 것이다.

> 내 모든 영화에서는 항상 근원의 주제가 중요했다. 다시 말해 고향 집, 어린 시절, 조국, 대지와의 연결 고리가 중요했다. 나는 나 자신이 특정 전통, 문화, 사람이나 사상들의 집단에 속해 있다는 사실을 확립하는 것이 중요하다고 항상 느끼고 있었다. (Tarkovsky, 1991, p. 193)

타르콥스키의 영화는 이 책의 각 장에서 다룬 쟁점들——전쟁, 여성 이미지, 역사, 정치——과도 관련돼 있지만, 여기서는 가장 위대한 러시아 작가주의 감독의 작품을 총체적으로 논의하는 것이 아주 적절할 것 같다.

거울은 타르콥스키가 선호하는 장치다. 개인적인 것이 그의 시대를 반영한다면, 시대는 개인적인 것을 성찰한다. 공식 매체에서 적대적인 비판을 받은 일 외에는 공적인 논의가 별로 없었던 『거울』(1974)이 개봉되고 나서 타르콥스키는 전국 각지 사람들로부터 대체로 긍정적인 반응을 받았다고 기록하고 있다. 그는 고리키[현 '니즈니 노브고로드'] 시에 사는 한 여성에게서 받은 반응을 이렇게 전한다. "『거울』에 감사드립니다. 나의 어린 시절도 영화와 똑같았습니다. 그런데 당신은 어떻게 제 이야기를 알 수 있었습니까?" 이 감사 편지와 관련하여 타르콥스키는 이렇게 쓰고 있다.

> 우리는 확실히 우리 일에 대해 큰 감사를 바랄 순 없다. 나는 언제나 내 영화들에서 터놓고 얘기하고 싶었고, 나 자신의 관점을 다른 사람들에게 강제하지 않는 가운데 깊은 진정성을 갖고 모든 것을 말하고 싶었다. 그런데 다른 사람들이 영화 속 세계의 비전을 여태 한 번도 표현되지 않은 그들 자신의 일부로 인식한다면, 우리 작업에 이보다 더 좋은 동기가 또 있을까? (Tarkovsky, 1991, p. 12)

달리 말하자면, 전체주의 문화에서는 사적인 것이 사회적 기능을 담당한다. 여기서는 사적인 것이 공적으로 내세울 수 없는 논쟁이나 토론을 위한 연단이 된다.

『거울』(안드레이 타르콥스키, 1974)에서 올레크 얀콥스키와 이그나트 다닐체프

타르콥스키의 영화는 자기 자신의 삶과 예술 사상을 다룬다는 점에서만 아니라, 특별한 러시아 문화 전통의 일부라는 점에서도 자서전 영화다. 자서전이 창조적 의식의 발전 과정은 물론이고, 개인과 시대의 상호 작용까지도 추적한다는 것은 일반적인 사실이다. 하지만 러시아에서 자서전은 또 다른 기능이 있다. 다시 말해 자서전은 시대에 논평도 하고 개인의 삶이 민족 전체의 운명을 어떻게 집약하고 상징하는지도 보여 준다. 이 주제는 알렉산드르 게르첸의 기념비적 저작 『과거와 사상』(1852~1869), 자서전 장르의 고전으로 인정되는 막심 고리키의 삼부

작(『나의 유년 시절』,『나의 견습기』,『나의 대학 시절』)(1913~1923)까지 거슬러 올라간다. 안나 아흐마토바에게도 서사시 「진혼곡」에서 남편을 강제노동수용소에서 잃고 비탄에 빠진 모든 러시아 여성을 대표한다고 주장할 만한 충분한 근거가 있다.

> 언제 어디서나 나는 그들을 회상한다.
>
> 새로운 재앙 속에서도 나는 그들을 잊지 않을 테다.
>
> 수백만 명의 사람이 내지르는 외침을 전하는
>
> 내 고통스러운 입에 재갈이 물릴지라도
>
> 그들이 내 장례식 전야에
>
> 나를 기억하도록 할 테다.
>
> (Anna Akhmatova, 1998, III, 29)[1]

안드레이 타르콥스키는 1932년에 태어났다. 『거울』의 주요 모티프 가운데 하나인 그의 유년 시절은 전쟁 시기와 일치한다. 타르콥스키는 1951년에 고등학교를 졸업한 뒤 아랍어를 배우기 위해 대학에 진학했다. 하지만 곧 대학을 포기했다. 일 년 후 그는 시베리아에서 지질학자들과 함께 일하며 시간을 보내던 중 1954년에 모스크바 전연방국립영화학교에 들어가 영화감독 미하일 롬의 지도로 영화를 공부하기 시

---

1 데이비드 웰스는 이렇게 논평한다. "아흐마토바는 러시아 시의 장구한 전통에서 시인으로서 사회적·도덕적·정치적 쟁점들에 관한 의견을 솔직히 말해야 하는 책임감을 예민하게 인식하고 있었다. 1930년대 무렵에 아흐마토바는 자신이 견뎌 내며 살고 있던 시대를 여전히 역사로 기록할 수 있고 기꺼이 기록하고, 또 과거의 문학적 전통을 보존할 수 있고 보존하는 몇 사람 중 한 명이라는 점을 그 어느 때보다도 많이 느끼고 있었다." Wells, 1996, p. 64.

작했다. 1960년에는 졸업 작품으로『증기기관차와 바이올린』을 만들었고, 1962년에는 첫번째 장편영화『이반의 어린 시절』을 제작했다. 이후 1986년 사망할 때까지 이십 년 동안 타르콥스키는 여섯 편의 장편영화를 만들었다.『안드레이 루블료프』는 1966년에 제작됐지만, 소련에서는 1971년에서야 개봉됐다. 이어 1972년에는『솔라리스』, 1975년에는『거울』이 나왔다. 1979년에 나온『스토커』는 타르콥스키가 소련에서 만든 마지막 영화였다. 그는 1979년에서 1983년까지 여러 차례 이탈리아를 여행하면서 장편영화『향수』와 다큐멘터리『여행의 시간』을 만들었다. 1985년에 말기 암 진단을 받은 타르콥스키는 1986년 12월에 마지막 영화『희생』을 (스웨덴에서) 완성해 출시한 직후 사망했다.

『이반의 어린 시절』은 고아 소년 이반 본다레프의 시각에서 전쟁을 묘사한다. 이런 점에서 이 영화는 엘렘 클리모프의『와서 보라』(1985)가 예증한 전통의 일부로 수렴된다. 더욱이 이 영화는 발렌틴 카타예프의 동명 소설을 각색한 바실리 프로닌의 1946년 사회주의 리얼리즘 영화『연대의 아들』을 리메이크한 것——그에 대한 반론——으로 좀더 쉽게 볼 수 있다. 프로닌의 영화에서 바냐는 소련군 연대가 입양해 '꼬마 양치기'라는 별명을 붙여 준 어린 소년이다. 소년은 연대의 마스코트일 뿐 아니라, 그 또래의 아들을 잃은 연대장 예나키예프의 양자이기도 하다. 예나키예프는 작전 중 전사하는데, 이 사건은 소년에게 통과 의례로 작용한다. 이를 계기로 바냐는 장교 후보생이 되고 마침내 붉은 광장에서 펼쳐지는 승전 행진에도 참가하기 때문이다.

『연대의 아들』은 전쟁을 선악 투쟁으로 솔직하게 바라본다. 이 투쟁에서 독일 여자들은 잔인하고 가학적이다. 제복을 수놓은 메달 장식들에서 알 수 있듯이 붉은 군대 병사들은 죄다 영웅들이다. 달빛 부서지는 러시아 시골은 고도로 이상화돼 있다. 그런데 타르콥스키의 영화는 이 모든 이미지와 영웅적 상징주의를 해체해 버린다.

물론, 타르콥스키의 영화는 제목이 아이러니하다. 이반의 어린 시절은 이반이 고아가 되면서 사실상 끝났기 때문이다. 이반은 전선에서 첩자로 활동하면서 독일군 동태에 관한 정보를 수집해 붉은 군대 소속 홀린 대위에게 보고한다. 이반의 활동 사이로 엿보이는 풍경은 처참하게 파괴돼 있다. 소련의 필승이 예상되는데도 밝은 결말은 나오지 않는다. 내러티브도 몇 갈래로 나뉘어 있다. 그중에서 가장 생생한 대목은 이반이 전쟁 발발 전 햇빛 가득한 목가 시절을 꿈꾸는/기억하는 장면이다. 이때 이반은 어머니와 함께 우물 속을 들여다보거나 쏟아지는 빗속에서 사과를 줍거나 한다.

영화는 전쟁 영화 장르의 관습을 부분적으로만 준수한다. 조국을 위한 희생이라는 애국주의 주제는 유지된다. 후견인 노병 카타소니치와 마찬가지로 홀린 대위 역시 전사한다. 갈체프 중위가 베를린에서 입수한 군사 서류 속에서 이반의 사진을 목격하는 영화 마지막 장면에 가서 우리는 이반이 교수당한 사실을 알게 된다. 민중의 수난도 우리 앞에 펼쳐진다. 정신이 나간 늙은 농부는 맹폭을 받아 석조 난로(가정성과 정신적 힘의 상징)만 덩그렇게 서 있는 집에서 가족을 잃은 슬픔에 빠져 있다. 이 노인은 "주여, 이 모든 것이 언제나 끝나려는지요?"라고 묻는다.

이와 비슷하게 러시아 민속음악이 영화 음악——드물게 사용됨——으로 나온다. 종전과 소련 승리를 의미하는 민요 「카추샤」가 곧바로 흘러나오는 데서 알 수 있듯이 이것은 분명히 애국적 모티프다. 또 다른 곳에서는 교회 종소리——버려진 성상화는 풍경 곳곳에 흩어져 있는 민간인 희생자의 일부다——가 들리고 부드럽게 깔리는 하프 선율은 이반이 어린 시절의 기억/꿈으로 '돌아가는' 순간을 표시해 준다.

　이런 부분을 제외하면 『이반의 어린 시절』은 소비에트 특유의 전쟁 영화라고 할 수 없다. 해빙기의 일반적 경향이었다 하더라도 이 영화에는 대규모 전투가 나오지 않는다. 밤에 숲 속에서 이반을 스치고 지나가는 유령 같은 형상들을 제외하면 독일군도 찾아볼 수 없다. 조명탄이 터지고 총알이 공기를 가르고, 포탄이 땅에 구멍을 내고 나무들이 쓰러지는 데서 알 수 있듯이 전쟁은 추상적 스펙터클에 가까울 만큼 무시무시하다. 땅에 코를 처박고 거꾸로 우뚝 서 있는 비행기처럼 놀라운 이미지도 나온다.

　이와 반대로 보이는 이미지도 나온다. 우리는 햇빛 찬란한 어린 시절 이미지가 이반의 기억인지 꿈인지 전혀 확신할 수 없다. 숲과 들과 강의 자연 배경——이반의 얼굴은 숲 속에서 거미줄 사이로 처음 보인다——은 이반이 독일군과 러시아군 진영 사이를 오가면서 물에 잠긴 겨울 숲을 기어 통과하는 모습과 그로테스크하게 병치된다. 홀린은 자작나무 숲 속에서 간호사 마샤와 낭만적 밀회를 나눈다. 이들의 관계는 전쟁 극복을 위해 노력하는 국민의 단결을 상징한다. 홀린은 시베리아 크라스노야르스크 출신이다. 그는 화가 바실리 수리코프가 이곳에 잠시 살았다고 주장한다. 한편, 마샤는 모스크바 근교의 페레델키노 출신이다. 그녀는 이곳에서 작가 알렉세이 톨스토이가 산책하는 모습을 볼 수 있었다고 말한다. 불과 물은 대립 관계가 아니라 양립 관계로 제시된다. 이는 목욕하는 이반 뒤에서 활활 타는 난롯불에서 알 수 있다. 물과 불은 나중에 타르콥스키가 선호하는 이미지로 발전한다. 전쟁 영화 장르의 관습과는 다르게 영화에서 독일군은 악마화되지 않는다. 이는 이반이 획득한 미술 책들을 쭉 펼쳐 보던 중에 특히 알브레히트 뒤러가

1498년에 그린 충격적 목판화 「묵시록의 네 기사」를 자세히 살펴보는 대목에서 찾아볼 수 있다.

그러나 『이반의 어린 시절』은 무엇보다도 완벽한 양식적 기교로, 다시 말해 위대한 영화적 비전과 상상력을 입증하는 이미지의 환기로 두드러진다. 이반의 어머니가 우물가에서 살해될 때 그녀의 몸에 튀기는 물은 쏟아지는 피를 그로테스크하게 패러디한 것으로 보인다. 이는 목에 칼을 맞고 피를 뿜어 내며 죽어 가는 한 남자 옆에서 톱이 맥박치듯 리듬을 타며 굽어졌다 펴졌다 하는 『안드레이 루블료프』의 한 장면을 예고한다. 이반이 빗속에서 사과를 주울 때는 나무들이 번갯불에 환히 드러나고 말들이 아작아작 씹어 먹는 사과들 위로는 비가 후두두 쏟아져 내린다. 말은 타르콥스키의 후기 작품에서도 등장하여 예술적 자유와 묵시적 죽음을 동시에 상징한다. 이반이 화사하고 평화로운 어린 시절로 흠뻑 빠져드는 마지막 장면에서 죽은 나무의 이미지는 전시에 파괴된 나무들을 상기시킬 뿐 아니라 종말을 고한 이반의 순수성을 가리키기도 한다.

『이반의 어린 시절』 이후에 타르콥스키는 세 시간짜리 역사 서사시 『안드레이 루블료프』를 만들었다. 그러나 이 영화는 역사 영화의 관습을 준수하고 있음에도 러시아에서 가장 유명한 성상화가(1360~1430)의 삶만을 다루고 있지는 않다. 예술가를 다룬 영화들에서는 거대한 화폭 속에서 예술가의 영감이 싹트고 인격이 발전하곤 한다. 하지만 타르콥스키의 영화에서는 그런 것이 존재하지 않는다. 우리는 루블료프가 그림을 그리는 모습을 전혀 볼 수 없다. 그의 삶에 관해서도 알 수 있는 것이 별로 없다. 감독은 오히려 예술가와 억압적이고 잔인한 시대의 상호 관계에 초점을 맞춘다.

예술가로 등장하는 사람은 루블료프만이 아니다. 도입부 장면에서는 손수 제작한 기구를 타고 하늘로 날아오르는 사람이 나온다. 이런 식으로 영화가 시작하자마자 우리 앞에는 창조적 상상력의 추동력을 가리키는 은유가 제시된다. 그러나 기구가 땅 위를 질주하는 말들이 내려다보이는 공중에서 즐거운 한때를 잠시 보내다 땅에 추락하자 (글자 그대로) 날아오르는 경험은 이내 끝나고 만다. 기구가 땅에 떨어질 때 카메라는 땅 위에서 고통스럽게 뒹구는 말 한 마리를 비춰 주는데, 이는 좌절된 예술적 야망을 상징한다. 이 밖에도 영화에서 예술가들은 관헌에 의해 즉결 처분을 받는다. 관헌은 미의 이미지들을 더는 창조하지 못하도록 석공의 눈을 멀게 한다. 외설적인 광대는 대공을 조롱하는 노래를 부른 죄로 혀 절반이 잘리는 벌을 받는다.

안드레이에게 예술은 광대와 마찬가지로 잔인하게 취급되며 억압받는 민중에게 그들의 삶에서 두려움을 떨쳐내게 하는 이미지들을 제공해 주는 것이다. 반면 그의 스승 그리스인 테오파네스는 민중은 무지하고 미개하므로 그들에게 최후의 심판을 영원히 상기시켜 줘야 한다고 주장한다. 테오파네스에게 예술의 목적은 신 앞에 민중의 마땅한 자리를 정해 주고 그들이 높은 권위에 굴종해야 함을 상기시켜 주는 것이다. 그러나 안드레이는 송진 속에 끓고 있는 죄인들을 차마 그리지 못한다. 에필로그에 나오는 놀랄 만큼 생생하고 선명한 색채에서 분명히 알수 있듯이, 그는 신이 창조한 세계의 아름다움을 축복하는 깨끗하고 산뜻한 색채 반점들에 기뻐한다.

타르콥스키의 영화는 예술가의 시련과 고난뿐만 아니라 그의 승리감도 보여 준다. 예술가는 진정한 내적 자유를 달성하려면 정교 신학에서처럼 자기 자신의 일부나 전부를 희생해야 한다. 예술가는 사람들이 자유롭도록 자기 자신을 희생하는 그리스도적 인물이다. 영화 속에서 우리가 목격하는 구세주는 확실히 러시아적인 그리스도로, 그는 피가 흐르는 것처럼 보이는 겨울 풍경 속 언덕 위에서 십자가에 못 박힌다. 십자가형 이미지들은 풍부하게 존재한다. 안드레이는 이교도들이 벌이는 축제를 방해했다가 그들에게 붙잡혀 기둥에 묶인다. 광대는 병사들에게 맞아 의식을 잃는데, 이때 그들은 광대의 양팔을 한쪽씩 잡고 그의 머리를 나무줄기에 처박는다. 안드레이는 살인 이후 침묵을 다짐하고 신의 세계에 대한 그의 믿음이 기적으로 되돌아오게 한다. 즉 어떻게 만드는지 경험하지도 못한 데다 그에 관해 선행 지식도 없었던 어린 소년이 거대한 종을 만들어낸다('민중을 위한 축제').

그러나 『안드레이 루블료프』는 억압적 시대에 사는 예술가와 그의 수난, 창조성을 그린 우화 그 이상이라고 할 수 있다. 영화는 러시아 문화에서 차지하는 루블료프의 위상과 세계에서 차지하는 러시아의 위치를 다루기도 한다. 영화 마지막에 가서 루블료프와 '거장' 종 제작자 보리스카가 민중을 위해 아름다운 작품들을 창조하고 러시아가 1380년에 쿨리코보에서 타타르인들에게 승리를 거두고──흥미롭게도 영화에서는 암시돼 있지 않았어도 러시아 역사에서 엄청나게 중요한 사건이다──암흑기에서 벗어날 때 러시아는 이탈리아 대사들이 종을 검사하러 오는 데서 알 수 있듯이 바깥 세계를 향해 열린다.

역사 영화의 제작, 특히 계급적 적대감과 경제적 결정론을 고집하는 당의 요구와는 무관한 역사에 대한 개인적 비전에 토대를 둔 영화의 제작에 내재하는 문제는 당 중앙위원회의 『안드레이 루블료프』 '비평'에서 찾아볼 수 있다. 당 중앙위원회 발표에 의하면 이 영화는 "착상이 그릇됐다"는 점에서, 또 몽골 지배에 맞선 민중의 투쟁이 충분히 제시되지 않은 데다 "높은 수준의 문화"도, 블라디미르, 수즈달, 트베리, 모스크바와 같은 주요 도시의 제조업과 산업 발전이나 성장도 언급되지 않았다는 점에서 "반反역사적"이었다. 달리 말하자면, 사실들(물론 적절하게 재단된)이 빠졌다면, 그것은 역사가 될 수 없었다. 당은 "영화의 이념적 오류가 의심의 여지없다"(Fomin, 1998, p. 147)고 결론지었다.

　타르콥스키의 다음 영화는 이상하게 들릴지 모르지만, 많은 부분에서 땅과 뿌리, 소속감을 다룬다. 『솔라리스』는 스탠리 큐브릭의 1968년 영화 『2001: 스페이스 오디세이』에 대한 소련의 응답으로 요란하게 선전된 영화로, 공상과학 영화의 장식을 걸치고 있다. 영화는 솔라리스 행성 위에 건설된 우주정거장을 배경으로 하지만, 특수효과나 극적 에피소드가 거의 없다. 오히려 우주의 바깥 세계는 인간이 지구와 그의 집, 가족과 맺고 있는 관계를 철학적으로 성찰하는 데서 단순한 배경에 머물 뿐이다. 『안드레이 루블료프』에서처럼 인간의 삶과 야망에서 중심 위치는 예술이 차지한다.

　『솔라리스』는 사랑과 교감에 관한 영화이기도 하고, 과학이나 합리적 이성으로는 경험만 할 수 있을 뿐 설명할 수는 없는 인간 삶의 특성에 관한 영화이기도 하다. 크리스 켈빈은 심리학자로, 승무원의 이상 행동을 조사하기 위해 솔라리스 우주정거장으로 날아간다. 그는 승무원 중 한 명(기바리안)이 자살했고 나머지 두 사람(스노우트와 사르토리우스)도 정신이 불안정하다는 것을 발견한다. 이런 혼란의 원인으로는 솔라리스 대양이 지목된다. 솔라리스 대양이 개인의 과거 삶이나 무의식에서 특정 양상 또는 인물들을 되살려 놓기 때문이다. 켈빈은 십 년 전에 자살한 전 부인 하리가 자기 곁에 와 있는 것을 목격한다. 그는 자신의 과거와 양심을 대면한 뒤 다시 정상화되고 나서야 비로소 지구로 되돌아갈 수 있다.

『솔라리스』는 분명히 과학적 발견이 인간 삶에 끼친 영향을 공상과
학식으로 성찰하고 있지만, 사실은 예술과 시의 우월성을 주장하는 반
反공상과학 영화다. 브뤼헐, 바흐, 레오나르도 다 빈치, 세르반테스, 도스
토옙스키가 영화 전반에 걸쳐 자세히 인용되는 것도 이런 이유 때문이
다. 사르토리우스는 (여기서도 반복된) '과학의 위대성'이라는 소비에트
공식 이데올로기를 되울리면서 자연을 지배하기 위해서는 지식을 획득
해야만 한다고 주장한다. 그러나 동료 과학자 스노우트는 이렇게 말하
면서 그의 요구를 묵살한다. "우리는 다른 세계가 필요 없어요. 우리는
거울이 필요해요. 인간은 인간이 필요하단 말입니다." 영화에서 갈등은
영혼과 마음, 정신과 지성 사이에서 발생한다. 지상의 과학자들이 솔라
리스 프로젝트 폐기를 요구하는 데서 알 수 있듯이 인간은 자신들이 이
해하지 못하는 것이 있다면 그것을 파괴하려 든다. 한편, 문화는 과거와
현재 사이를 이어 주는 가교가 된다. 이런 면에서 의미심장한 점은 영화
전체에 걸쳐 유일한 사운드트랙이 켈빈의 과거가 되살아나는 순간들에
드문드문 사용되는 바흐의 코랄 전주곡 F단조라는 사실이다.

영화는 자체의 균형미를 갖고 있다. 현재는 과거가 그 안으로 통합
될 때만 경험할 수 있다. 그래서 영화의 도입부와 종결부는 모두 물속에
서 촉수처럼 움직이는 갈대를 보여 주는데, 이는 하리의 물결치는 머리
카락을 예고하는 것이자 상기시키는 것이다. 영화 마지막 부분에서도
시작 부분에 나오는 것과 똑같은 것이 등장한다. 즉 켈빈의 시골집, 정
원, 연못, 아버지와 충직한 개가 다시 나온다. 타르콥스키는 자연에 인간
형식을 부여한다. 솔라리스 대양은 살아 있는 몸처럼 움직이면서 잔물
결을 일으키므로 과학자들은 이것이 뇌와 같다고 생각한다. 그 밖에 시

각적 직유도 자연과 대칭을 이룬다. 깃털 이불의 주름들도 마치 물로 만들어진 듯이 움직이면서 잔물결을 일으킨다. 냉풍기에 달린 종잇조각들은 밤에 나뭇잎처럼 바스락거린다. 켈빈은 하리의 약물 과다 복용에 대해 양심의 가책과 자책감을 느끼고서야 비로소 지구로 되돌아온다. 솔라리스 대양의 섬들이 영화 마지막 부분에서 한데 모이는 것처럼 보일 때 켈빈이 사랑한 두 여자——하리와 어머니——의 이미지도 합일된다. 그러나 켈빈이 돌아온 집은 인류와 단절된 섬과 같다.

타르콥스키 자신이 다음과 같이 긍정한 것처럼 예술은 인류의 통합에 봉사한다.

> 더욱이, 예술의 위대한 기능은 소통이다. 상호 이해가 사람들을 통합하는 힘이기 때문이다. 소통의 정신은 예술 창작에서 가장 중요한 측면 가운데 하나다. 과학과 달리 예술 작품들은 물질적으로 의미 있는 실용적 목적을 절대 추구하지 않는다. 예술은 메타언어다. 이 언어의 도움으로 사람들은 서로 소통한다. 이를 통해 자기 자신을 알리고 다른 사람들의 경험을 자기 것으로 만들려고 한다. 다시 말해 이것은 실제적 이익과는 전혀 관련 없고, 실용주의와는 정반대되는 희생에 의미를 부여하는 사랑의 실현과 관련돼 있다. (Tarkovsky, 1991, pp. 39~40)

『솔라리스』에서 타르콥스키는 개인들 사이에 접촉이 없어지면 인류에 위험이 닥친다고 경고한다. 우주 시대에 인간이 자기 자신을 이해하고 자기 자신의 내적 존재와 대면하기 위해 지구를 떠나 여행해야 한다는 것은 물론 아이러니하다. 켈빈은 하리가 '부활'할 때 지구와 감정적으로 접촉한다. 그러나 스노우트와 사르토리우스는 모두 지적으로 접촉하려다 실패한다. 지적 접촉의 가능성 자체는 영화가 시작하기도 전에 기바리안을 자살로 내몬다. 영혼의 중요성과 순수 이성의 위험성은 서로 맞물려 있는 쌍둥이 개념으로, 타르콥스키의 또 다른 '공상과학' 영화 『스토커』의 핵심에 놓여 있다.

『스토커』에서도 영혼과 지성, 예술과 과학의 대립이 두드러진다. 제목에 나오는 스토커는 수년 전 외계인의 방문 이후 방사능에 둘러싸여 거주할 수 없는 곳으로 추정되는 '구역'에 들어갈 수 있는 능력의 소유자다. 그는 익명의 과학자와 작가로부터 자신들을 구역과 가장 내밀한 소원이 이뤄진다고 하는 중심부의 방까지 데려다 달라는 부탁을 받는다. 우리는 '호저'Dikobraz로 불린 스토커가 이전에 그 방에 들어갔다가 자살을 기도했다는 사실을 알게 된다. 형의 재산을 물려받기 위해 형이 죽었으면 좋겠다는 내밀한 욕망이 드러났기 때문이다. 작가는 예술적 영감을 고대하고, 과학자는 자신이 획득한 지식으로 위대한 발견을 이룰 수 있기를 기대한다. 결국, 그는 방을 파괴하려고 준비하는데, 이는 『솔라리스』에서 솔라리스 프로젝트를 파괴하려는 과학자들을 상기시킨다.

영화의 주제는 물론 다양한 알레고리로 해석할 수 있다. 구역은 핵전쟁 이후 방사능에 오염된 곳일 수 있다. 이런 견해는 선천성 장애를 앓는 스토커의 딸 마르티시카('몽키')가 뒷받침해 준다. 그녀는 걷지 못하지만, 염력으로 물건을 움직일 수 있다. '구역'은 강제노동수용소, 더 나아가 소련 자체를 암시하기도 한다. 철조망과 기관총을 통과해 방까지 도달하려는 세 사람의 험난한 여정은 전체주의 사회에서 진실과 이상에 이르는 힘겨운 도정으로 볼 수 있다. 하지만 영화의 미덕은 무엇보다도 시각 양식에서 나온다.

구역에 들어갈 때 세 사람은 흑백의 황량한 산업 불모지를 뒤로하고, 나무와 수풀, 들판으로 이뤄진 녹색의 활기찬 풍경 속으로, 인간의 손길을 탔어도 여전히 원시 그대로인 자연으로 진입한다. 휴식을 취하던 중에 스토커는 탄피, 총, 성상화, 주사기 등 20세기 갈등을 암시하는 물건들 위로 물이 흐르는 꿈을 꾼다. 스토커가 잠이 들었을 때는 신비한 검은색 개가 나타나 그를 지켜 준다. 그는 물에 둘러싸인 조그만 땅 위에 드러누운 채 일행과도, 인류와도 잠시 단절된다. 이는 『솔라리스』의 핵심 이미지를 다시 한 번 반영하는 것이다.

스토커는 구역의 땅과 지형에 깊은 감정적 애착을 느낀다. 애착이 너무 강한 나머지 그는 자신을 많이 사랑하는 아내에게서 자주 이탈하곤 한다. 스토커는 구역의 공기를 들이마시고 흙을 냄새 맡으며 마치 신부나 되는 양 품에 끌어안는다. 그는 구역의 윤곽을 숭배하고 (우리는 영화에서 위험한 것을 전혀 볼 수 없을지라도) 부주의한 사람들을 교란하고 위험에 빠뜨리는 구역의 능력을 깊이 존중한다. 스토커는 물질적 부를 경멸하는 가운데 가정의 편의를 최소한으로만 누리면서 순수한 정신성을 구현한다. 한 지점에서 작가는 스토커가 철조망으로 가시면류관을 만들어 쓰고 있는 모습을 보고 그를 경멸한다. 과학자와 작가는 합리주의와 회의론을 신봉한다. 믿음이 모자란 이들은 방에 들어가서도 어떤 깨달음도 얻지 못한다. 끝에 가서 세 사람은 각자 다른 길을 간다. 스토커는 동료가 깨달음을 얻지 못한 것에 실망하고, 두 동료는 이 여행 경험으로 냉담해진다. 이들에게 구역 여행은 시간 낭비였기 때문이다.

『거울』도 믿음과 소통 필요성을 다룬 영화다. 이는 말을 심하게 더듬는 소년이 치료를 통해 정상 발화를 회복한다는 프롤로그에 분명히 나타나 있다. "나는 말할 수 있습니다." 소년은 자랑스레 유창하게 말한다.『거울』은 공식 매체에 의해 '엘리트주의'라고 비판받았고 제한적 개봉만 허용됐다. 영화는 난해한 곳이 아주 많아서, 타르콥스키의 유년 시절과 청년 시절, 현대 소비에트 역사에 관한 일부 지식이 있다면 관객에게는 도움이 될 만했다. 타르콥스키는 2차 세계대전 당시 시바시 Sivash[우크라이나 본토와 크림 반도 사이를 흐르는 강]를 건너는 소련군, 1945년 세계 최초의 원자폭탄 폭발, 중국의 문화혁명, 1960년대 말 중소 국경 분쟁 등 시대의 이정표를 담은 다큐멘터리를 자신의 개인적 오디세이에 첨가했다. 그러나『거울』은 지성적 차원에서가 아니라 감정적 차원에서, 더 나아가 무의식 차원에서 (앞서 언급한 고리키 시의 여인이 완벽한 사례를 보여 준다) 어린 시절과 근원, 정체성의 주제로 관객에게 다가갈 수 있는 영화다. 감독은 자신의 삶을 시대의 '거울'로서, 민족적 경험의 반영으로서 제시한다.

그러나 타르콥스키는 여기서 자서전의 본질과 관련하여 자신만의 방식을 고집한다고 할 수 있지만, 단순히 박학한 에세이를 쓰는 것만으로는 만족하지 않는다. 타르콥스키는 이미지들과 다층적 내러티브를 사용하고 꿈과 현실을 끊임없이 서로 교차시켜 장르를 재창조하면서 예술과 현실에 대한 개인적 비전을 강하게 주장한다. 하지만 이러한 비전은 전체주의 사회를 지배한 문화의 요구와는 근본적으로 상충한다.

『거울』은 물론 매우 사적인 영화다. 영화는 타르콥스키가 소년이었을 때 어머니, 누이와 함께 살았던 시골집의 재구성으로 완성되는 감독의 어린 시절을 중심으로 전개될 뿐만 아니라, 자기 자신을 연기하는 감독의 어머니와 몇몇 주요 장면에 걸쳐 영화의 '텍스트'에 삽입된 아버지 아르세니 타르콥스키의 시를 핵심으로 내세우기도 한다. 마르가리타 테레호바는 감독(여기서는 알렉세이로 불린다)의 부인을 연기하기도 하고 과거 회상에서는 그의 어머니를 연기하기도 한다. 이그나트 다닐체프는 알렉세이의 현재 아들을 연기하기도 하고 중요한 한 장면에서는 어린 알렉세이(알료샤)를 연기하기도 한다.

균형미는 배역에서만이 아니라 감독이 자신의 어린 시절을 감각적으로 묘사할 때도 나타난다. 시골 장면은 개 짖는 소리, 멀리서 들리는 기관차 소리와 함께 제시된다. 이와 똑같은 소리는 타르콥스키의 동일한 시골집을 배경으로 하는 영화의 종결부에서도 나온다. 여기서 자연은 나뭇잎이 미풍에 살랑거릴 때 숨을 쉬며 미동한다. 갑자기 부는 돌풍은 폭풍우가 임박했음을 알려 준다. 영화가 시작할 때 등장하는 아나톨리 솔로니친이 연기한 의사는 자연이 '이해하고' '느낄' 수 있는지 궁금해한다. 꿈과 현실이 겹칠 때는 젖은 머리카락으로 얼굴을 덮은 채 양팔을 쭉 뻗는 테레호바의 좀비 같은 외모에서 유령 같은 이미지가 나온다. 전경에서는 물이 지붕에서 뚝뚝 떨어지는 가운데 후경에서는 헛간이 불탄다. '현재' 속에 나오는 이 놀라운 이미지는 나중에 이그나트가 말다툼을 벌이는 부모의 아파트 밖 뜰에서 쏟아지는 빗속에 불을 지를 때 다시 나타난다.

이러한 균형미는 영화의 주제로도 확대된다. 레닌그라드 소년 아샤페프는 2차 대전 당시 포위 상태에서 부모를 모두 잃었다. 이는 스페인 내전에서 부모들과 떨어지는 모습이 뉴스릴 필름에 찍힌 스페인 아이들을 비추는 거울 이미지다. 알렉세이의 부인 나탈리야로 나오는 테레호바는 몇 장의 낡은 사진을 들여다보다가 자신이 알렉세이의 어머니를 많이 닮았다는 것을 깨닫는다. 그녀는 거울 속을 들여다보다가 자신을 뒤돌아 응시하는 감독의 어머니 마리야 타르콥스카야를 바라본다. 스페인 망명자들이 다시는 보지 못할 고국에 대한 향수와 고통을 느끼는 데서 알 수 있듯이 과거와 현재는 쉽사리 분리되지 않는다. 알렉세이의 과거와 현재도 끊임없이 서로 방해한다. 과거 직장 동료 엘리자베타 파블로브나의 사망 소식을 전하는 알렉세이 어머니의 애타는 전화 통화는 그녀의 1930년대 기억 속으로 우리를 갑자기 밀어 넣는다. 이때는 정부 출판물 속에 오식이 발생하면 인쇄소 전체를 재앙에 빠뜨리는 결과를 낳을 수 있었다. 인쇄소 십장은 "누구는 일할 것이고 누구는 두려워할 것이다"라고 말한다. 타르콥스키는 빛과 그림자를 사용하여 시대의 악과 이것이 불러일으키는 거의 히스테리에 가까운 공포, 모든 불안이 해소됐을 때의 안도감까지도 암시한다.

역사적 과거는 현재에도 유효하다. 찻잔이 놓여 있던 테이블에서 김이 급속히 사라지는 모습은, 이그나트가 표트르 차다예프에게 보낸 푸시킨의 편지를 어쩌면 유령에게 읽어 준 것이 아니었을지 모른다는 점을 말해 준다. (1836년 10월에 쓴) 푸시킨의 편지는 유럽에서 러시아가 차지하는 위치와 역할에 대해 숙고한다. 이 편지는 러시아가 현대 유럽 국가가 되기 위해 나아가야 할 길은 로마 가톨릭교를 받아들이는 것이라고 믿는 차다예프에 대한 응답이었다. 푸시킨의 편지는 러시아의 힘과 '사명'을 다음과 같이 강력히 주장한다.

물론, 종교 분열로 말미암아 우리는 유럽에서 단절됐고 유럽을 일깨운 어떤 위대한 사건에도 참여하지 못했다. 그러나 우리는 우리 자신만의 사명이 있었다. 러시아와 러시아의 광대한 영토가 몽골의 침입을 흡수해 줬던 것이다. 그리하여 타타르인들은 우리의 서쪽 국경을 감히 넘어가지 못했고 우리를 그들의 후위에 남겨 놓고 떠났다. 그들은 사막 지역으로 물러났고 그럼으로서 기독교 문명은 구원받았다. 이때까지 우리는 완전히 단절된 존재로 살아야 했다. 우리는 기독교도였음에도 기독교 세계에서 완전히 이방인이었다. 그리하여 우리의 순교는 가톨릭 유럽의 활기찬 발전에 전혀 영향을 끼치지 못했다. (Tarkovsky, 1991, p. 195)

타르콥스키가 좀더 가까운 과거의 뉴스릴 필름을 사용한 것은 이번에도 러시아가 처음에는 나치로부터, 다음에는 중국으로부터 20세기 서유럽과 세계를 구했다고 암시한다. 러시아 병사들은 고함치며 몰려드는 홍위군 물결을 글자 그대로 팔짱을 끼고 막아낸다. 타르콥스키가 보기에 러시아와 유럽은 서로 역사적으로는 분리될 수 있어도 문화적으로는 공통점이 많다. 타르콥스키의 어린 시절 이미지들에는 바흐의 오르간과 코랄 음악이 깔려 나온다. 또 타르콥스키는 눈 덮인 언덕에서 뛰노는 아이들을 찍은 장면으로 영화 속에 브뤼헐풍의 풍경화를 창조하는데, 여기서 전경과 아주 세밀한 후경에는 사람들이 움직이는 모습이 보인다.

그러나 균형미와 잠재적 통일성은 여기서 끝난다. 타르콥스키는 자신의 삶과 작품에서 일부 요소를 융합시킬 수 없었기 때문이다. 그의 아버지는 어머니에게 돌아가지 않는다. 그가 이것을 아무리 꿈꾸었을지라도 말이다. 알렉세이도 나탈리야에게 돌아가지 않는다. 인간사는 역사적 패턴이나 미학적 기준과 달라서 통제하기가 쉽지 않다.

융화될 수 없는 것을 융화시키려는 욕망은 『향수』의 핵심에 놓여 있다. 여기서 작가 고르차코프——타르콥스키를 위한 또 다른 암호——는 러시아를 이탈리아로 옮겨 온다. 하지만 그가 연구하는 작곡가 소스놉스키처럼 이탈리아를 러시아로 옮겨 오지는 못한다. 제목에서 풍기는 멜랑콜리는 영화가 시작할 때부터 느껴진다. 『거울』에서 타르콥스키는 어린 시절 기억의 러시아 시골을 살아 숨 쉬는 유기체로 보여 줬다. 이곳에서 카메라——관객의 눈——는 궁극적으로 시원적 숲의 심연으로 되돌아간다. 한편,『향수』에서 토스카나의 시골은 안개에 휩싸인 채 잿빛으로 생기가 없다. 여기서는 어떤 시각적 척도나 조망의 느낌도 흐려지기 마련이다. 실제로, 언제나 흑백으로 나오는 고르차코프의 러시아 시골집 기억은 사람들과 활기찬 소리, 가슴을 저미는 민요로 가득 차 있다. 이와 달리 보통 아름다움으로 연상되는 토스카나는 그런 아름다움이 사라진 채 그저 수수해 보일 뿐이다. 고르차코프 자신도 '아름다운 풍경'에 싫증났다고 농담조로 말한다. 이탈리아 풍경을 찍은 장면들은 작고 둥근 톱이 내는 귀에 거슬리는 금속성 소리가 뒤따른다. 방에서처럼, 또 문과 창을 통해서처럼 우리가 조망할 수 있는 유일한 곳은 공적 공간이 아닌 사적 장소들이다.

고르차코프의 아리따운 통역사 유제니아를 포함하여 이탈리아에서는 거의 모든 것이 피상적이고 공허하다. 고르차코프가 유제니아로 하여금 자신에게 이탈리아어로 말하도록 요구하고 유제니아도 러시아 시를 번역으로 읽는다고 인정하는 데서 알 수 있듯이 영화 속에서 유제니아는 러시아어를 잘하지 못한다. 시는 소련의 일류 시인 가운데 한 사람이자 영화감독의 아버지이기도 한 아르세니 타르콥스키가 지은 것이다. 그런데 고르차코프는 시가 원어로만 이해될 수 있을 뿐이라는 생각에 반대한다. 이러한 교환은 서구는 러시아를 이해하지 못하고 러시아는 서구에 수용될 수 없다는 것이 이 두 인물에게서 분명해지는 것처럼 중심 주제를 위한 환유로 기능한다. 유제니아는 고르차코프를 유혹하지만, 왜 자신이 거부당하는지 이해하지 못한다. 그녀에게 남자들은 죄다 '돼지들'일 뿐이다. 로마에서 유제니아가 근엄한 사무실 책임자(서구

식으로 말하면 해방된)의 옷차림새를 하고 '정신적 문제들'에 관심을 기울이는 부유한 집안 출신의 남자친구 비토리오와 함께 인도 여행을 떠나려 한다고 자랑스레 말할 때 감독은 그런 유제니아를 비웃음거리로 만든다. 타르콥스키는 유제니아의 열망과 생활 양식을 진실한 이상과 정신적 가치를 잃은 물질주의 사회의 병폐로 간주한다.

유제니아만이 비웃음거리가 되는 것은 아니다. 타르콥스키는 이탈리아 지방 음악을 "그릇된 감상적 울부짖음"이라고 깎아내리고 중국 음악을 선호한다. 서구는 거리를 둔 부정적 관점(타르콥스키 자신의 관점)에서 제시된다. 그래서 가톨릭 이미지들은 아이러니한 의미가 있다. 출산의 성모상 품에서 새들이 날아오르고, 고르차코프의 러시아인 아내는 마리야로 불리며, 절반이 물에 잠긴 집에서 고르차코프가 말을 건네는 이탈리아 소녀는 안젤라로 불린다. 그러나 이 '천사'조차도 고르차코프를 그의 (악마) 보드카 병으로부터 지켜주지 못한다.

하지만 러시아와 이탈리아는 점점 더 혼미해지는 고르차코프의 의식 속에서 융합되고 고르차코프는 유제니아와 자기 아내의 이미지들을 혼동하기 시작한다. 유제니아와 고르차코프가 호텔 복도에서 얘기를 나눌 때 개를 데리고 다니는 여인——얄타를 배경으로 하는 체호프의 단편소설에서 바로 나온——이 걸어서 지나간다. 셰퍼드 개 한 마리가 토스카나와 고르차코프의 고향 집 기억 속에 동시에 등장한다. 영화가 시작할 때는 새 깃털이 하늘에서 떨어져 내린다. 고르차코프가 물을 조금 마시고 잠에서 깨어날 때도 새 깃털이 또다시 떨어져 내려온다. 영화 마지막 장면에서는 눈이 땅에 서서히 내리는 가운데 관객은 고르차코프의 고동색 머리카락에 생긴 '하얀 깃털 무늬'가 무엇을 '의미하는지' 궁금하게 된다. 하지만 고르차코프의 마음속에서 러시아와 이탈리아

『향수』(안드레이 타르콥스키, 1983)에서 올레크 얀콥스키와 얼랜드 조셉슨

문화를 이어 주는 사람은 은둔자 도메니코다.

지역 사람들은 도메니코가 정신이 나갔다고 생각한다. 플레시백에서는 도메니코의 아이들을 그에게서 강제로 떼어 놓는 모습이 나온다. 그는 핵 재앙과 세계 종말을 두려워한 나머지 자녀와 아내를 칠 년 동안이나 집안에 감금해 놓았던 것이다. 그러나 고르차코프에게 도메니코는 세계의 진실을 계시하고 세계를 구원하려는 신의 '성스러운 바보' 가운데 한 명이다. 과거에 도메니코는 자신의 가족만을 구하고 싶었으나 이제는 인류를 구하기 위해 희생할 준비를 한다. 이러한 순교는 고르차코프가 이해하고 동일시할 수 있는 정신성을 발현하는 것이다. 곧이어 고르차코프는 거울 속을 들여다보고 거기서 자신의 모습이 아닌 도메니코의 모습을 본다. 도메니코가 가족을 그렇게 오랫동안 감금한 것을 후회할 때는 도메니코의 생각이 고르차코프의 생각으로 ('나'로서) 러시아어를 통해 표현된다. 도메니코는 고르차코프의 러시아 기억 속에 등장하는 것과 똑같은 셰퍼드 개도 갖고 있다.

도메니코의 집 내부 역시 고르차코프에게 러시아 풍경을 떠올려 준다. 『거울』에서 언덕처럼 보이는 흙 둔덕과 나무들, 뚝뚝 떨어지는 물이 두 사람의 대화 장면에도 나온다. 도메니코가 믿음의 행위로서 촛불을 켜 들고 바뇨 비뇨니Bagno Vignoni 온천을 건너려 했을 때도 이전 영화에 나왔던 불과 물의 모티프가 또다시 등장한다. 도메니코는 스토커의 집에서 볼 수 있는 것과 같은 물질적 풍요를 깡그리 무시한다.

도메니코는 사람들을 통합하기 위해 자신을 희생하는데도 '사회는 분열되지 않고 통합되어야 한다'는 그의 말은 여기저기 흩어져 가만히 서 있는 이탈리아 사람들의 주의를 끌지 못한다. 사람들은 도메니코가 몸에 불을 붙이고 땅에 쓰러지는 모습을 보고도 무덤덤할 뿐이다. 도메니코의 분신인 바보와 셰퍼드 개만이 이 광경을 보고 슬퍼할 뿐이다. 이때 베토벤의 「환희」가 끊길 듯 말 듯 단속적으로 흘러나온다. 이와 거의 동시에 고르차코프는 촛불을 켜 들고 이제는 물이 빠진 온천 안을 횡단한다. 지역 사람들은 고르차코프가 땅에 쓰러져 죽어도 그저 냉담하게 지켜볼 뿐이다. 이것이 고르차코프가 희생을 치르는 방식이다. 그러나 무엇을 위한 희생인 것일까?

고르차코프는 18세기에 이탈리아에서 살다가 러시아로 돌아와서 자살한 농노 출신 음악가 파벨 소스놉스키의 삶을 연구하러 이탈리아에 왔다. 그는 영혼 없는 사회에 정신의 차원을 제공하는 도메니코에게서 자신의 '거울' 이미지를 발견한다. 또 고르차코프의 죽음은 소스놉스키의 죽음을 '반영한다'. 게다가 소스놉스키는 죽기 바로 직전에 술을 아주 많이 마셨다고 하는데, 고르차코프도 이런 행동을 따라 한다. 그러나 도메니코도 고르차코프도 상징적 희생 행위 외에는 아무것도 이루지 못한다. 이탈리아와 러시아는 고르차코프의 죽음 속에서만 융합될 뿐이다. 마지막 장면에서는 고르차코프의 러시아 시골집이 가톨릭 성당의 거대한 벽 안으로 점점 들어간다.[2]

여기서 우리는 타르콥스키의 이론과 실제 방법 사이에 존재하는 분명한 긴장감에도 주목해야 한다. 타르콥스키는 『봉인된 시간』에서 어떤 개념의 상징도 시종일관 거부하지만, 그의 영화는 상징과 알레고리로 가득하다. 이와 비슷하게 타르콥스키는 '몽타주 시네마' —— "에디팅은 두 가지 관념을 한데로 모아 제삼의 새로운 관념을 낳는다" —— 를 "시네마의 본질과 양립할 수 없는 것"(Tarkovsky, 1991, p. 114)으로 무시한다. 하지만 『거울』, 특히 『향수』는 '플롯'은 물론이고, 서사 발전에도 전혀 의존하지 않고 오직 관객에게서 일어나는 시각적·감정적 연상에만 의지한다. 이것은 성당-속-농가를 찍은 마지막 쇼트처럼 병치가 관념을 암시하는 지적 몽타주에서 특히 분명하게 드러난다. 이것은 동물 이미지들에서도 마찬가지다. 말과 개는 죽음, 자유 또는 충성을 암시한다.

---

2 타르콥스키 자신도 은유의 '의미'를 확신하지 못했던 것 같다. 그는 어떤 개념의 '저속한 상징주의'도 거부했다. "이탈리아 성당의 한가운데에 러시아 시골 농가가 나타나는 『향수』의 마지막 장면은 최소한 부분적으로 은유적이라는 사실을 인정하지 않을 수 없다. 이 의도적으로 구성된 이미지는 문학성을 조금 담고 있다. 이는 말하자면 고르차코프의 내면 상태에 대한 하나의 모델이며, 지금까지의 삶의 방식대로 더는 살 수 없게 하는 그의 갈기갈기 찢어진 내면 상태에 대한 일종의 모델인 것이다. 물론, 정반대의 주장도 있을 수 있다. 즉 이 마지막 장면은 이탈리아 토스카나 지방의 언덕과 러시아 시골 농가가 하나의 유기적이고 분리될 수 없는 전체로 합일되는 새로운 통일성의 이미지다. 이 이미지는 러시아로 돌아가게 되면 현실에 의해 다시 분리될 것이라는 주장도 있을 수 있다." Tarkovsky, 1991, pp. 213~216.

그러므로 양식이 거의 모든 것이라고 할 수 있다. 『향수』에는 긴 롱 테이크가 몇 차례 이어진다. 절정은 고르차코프가 바뇨 비뇨니 온천을 촛불을 켜 들고 횡단할 때 8분여에 걸쳐 이어지는 시퀀스에서 나온다. 미장센은 빛과 그림자로 자주 구성되는데, 이는 이탈리아에서 고르차 코프가 침대에 누워 러시아를 추억할 때 그의 분열된 의식을 암시한다. 일부 모티프는 타르콥스키의 전작으로 거슬러 올라간다. 스토커의 꿈 속에서 보이는 갖가지 물건처럼 물속에 쓰러져 있는 자전거와 『이반의 어린 시절』에 나오는 첩자 소년처럼 물속에 손목을 깊이 담그는 고르차 코프의 이미지가 단적인 예라 할 수 있다. 러시아 시골 배경에서 개들이 짖는 소리는 『거울』의 도입부와 종결부 장면을 떠올리게 한다.

타르콥스키의 더 중요한 모티프들, 그중에서 특히 죽음과 자살은 다소 혼란스럽다. 도메니코의 자살은 세계 구원을 의미하는 최고의 희 생이다. 『안드레이 루블료프』에도 순교의 예가 많이 나온다. 하지만 그 밖의 자살에서는 긍정적 의미의 정신적 차원이 빠져 있다. 『스토커』에 서 호저의 자살 기도는 자기혐오에서 나온 순전한 절망 행위다. 『솔라리 스』에서 하리는 크리스가 자신을 더는 사랑하지 않는다고 생각한 끝에 약을 과다 복용하고 자살한다. 기바리안은 솔라리스가 풀어놓을지도 모르는 내면의 악마들을 맞닥뜨릴까 봐 두려운 나머지 자살한다. 한편, 희생 개념은 정교에서 매우 중요한 것으로, 제목도 적절히 정한 타르콥 스키의 마지막 영화 『희생』에서 최대한으로 발전한다.

'희생'은 중심인물 알렉산더가 세계 구원을 위해 수행해야만 하는 것이다. 그는 신에게 기도를 드리면서 가족과 친구들을 구할 수만 있다 면 자기 가정과 꼬마Little Man로 불리는 소년과의 관계도 희생하겠다고 다짐한다. 그는 영화 마지막 부분에서 (불길을 비추는 웅덩이와 연못의 풍경 한가운데서) 자신의 소중한 집에 불을 질러 희생을 수행한다. 알렉산더는 전직 배우로, 도스토옙스키의 미시킨 공작(타르콥스키는 『백치』를 영화로 만들고 싶었다는 사실을 숨기지 않았다)과 셰익스피어의 리처드 3세를 연기하기도 했다. 미시킨과 리처드 3세는 모두 자신의 역사적 운명을 피하지 못하고 파멸하는 비극의 주인공들이다. 곧 알 수 있듯이, 세계는 핵전쟁을 앞두고 있다. 영화 초반부에서 멀리서 들리는 천둥소리는 나중에 집을 뒤흔들 듯이 지나가는 전투기의 먹먹한 굉음 소리를 알리는 전조가 된다.

알렉산더는 『향수』에 나오는 '성스러운 바보' 도메니코의 또 다른 판박이다. 흥미로운 점은 두 인물 모두 얼랜드 조셉슨이 연기했다는 사실이다. 알렉산더의 독백은 현대 세계의 물질주의와 정신성 결핍을 통렬하게 비판한다. 그는 러시아 성상화나 레오나르도 다 빈치의 「동방 박사의 경배」 등 오직 예술 속에서만 미를 찾는다. 진정한 '정신성'은 예술 속에 깃들어 있기 때문이다. 가족과 친구들은 알렉산더가 정신병을 앓고 있다고 생각한다. 이들은 알렉산더가 집에 불을 지르자 마침내 그를 구급차에 실려 보낸다. 하지만 알렉산더도 도메니코와 마찬가지로 러시아 정교 사상에 기반을 둔 정신적 차원, 더 나아가 형이상학적 차원에서만 이해할 수 있다. 알렉산더는 선각자다. 그는 세계의 진실을 이해하는 가운데 자기 주변에서 벌어지는 일들에 괴로워한다. 그는 문명을 위협하게 될 핵 교착 상태에 관한 뉴스를 듣자마자 평생 기다렸던 행동의 순간이 왔다고 생각한다. 말은 더 이상 필요 없고 오직 행동만 있을 뿐이다.

도메니코처럼 알렉산더 역시 주변 사람들을 이해하지도 그들에게 이해되지도 못한다. 아내 아델라이데와 의사 빅터는 불륜 관계처럼 보

『희생』(안드레이 타르콥스키, 1986)에서 얼랜드 조셉슨

인다. 의붓딸 마르타와 하녀 줄리아도 알렉산더를 무시한다. 그와 인간
적 접촉을 하는 유일한 사람은 집배원 오토와 꼬마, '마녀' 마리아뿐이
다. 오토와 그는 무의미한 유사類似 철학 논쟁을 벌인다. 꼬마와는 죽은
나무를 심고 거기에 물을 준다. 가정부 마리아는 자신의 육체와 영혼으
로 그의 고통을 '치유'해 준다.

　타르콥스키의 다른 작품들과 마찬가지로 『희생』의 양식도 정교할
정도로 자의식적이다. 시작 장면은 십 분 이상 이어진다. 여기서 알렉산
더와 꼬마는 해변에 죽은 나무를 심고 거기에 물을 주고 나서 뭍으로 돌
아온다. 플루트 연주, 멀리서 들려오는 듯한 일본 샤쿠하치尺八[일본의
전통 악기] 소리와 러시아 민요를 제외하면 사운드트랙도 거의 없다. 영
화 시작과 마지막 부분은 바흐의 「마태수난곡」 중 아리아 '주여, 저를 불
쌍히 여기소서'로 구조화돼 있다. 『스토커』에서처럼 여기에도 망가져

버려진 자동차와 잔해들이 널려 있고, 물이 흐르는 묵시적 풍경 속에 여기저기 나뒹구는 물건들을 찍은 긴 트래킹 쇼트가 나온다. 사실 영화는 대부분 실내에서 찍었기 때문에 『거울』이나 『향수』에서 두드러지는 문과 창을 통한 조망은 거의 없다.

TV와 전화가 끊기고 인물들이 바깥 세계와 단절될 때 공간의 밀폐감은 심화된다. 이들은 자기 삶의 진실과 대면하기 시작한다. 아델라이데는 스토커 아내의 경험을 떠올리게 하는 신경 발작을 겪고, 다가올 파멸의 조짐도 고조된다. 오토는 쓰러져서 죽은 것처럼 보인다. 하지만 『솔라리스』의 하리처럼 곧 소생한다. 옆방에서 벨 소리가 울리고 있는데도 아무도 받지 않는 전화기처럼 다른 모티프들은 인간적 소통의 붕괴를 암시한다.

알렉산더가 허둥대며 달아나는 사람들 머리 위로 날아가고, 마리아와 동침하던 중에 『솔라리스』의 크리스와 하리가 무중력 '춤'을 추는 것과 비슷하게 부양하는 데서, 타르콥스키는 꿈 시퀀스들을 포함시킨다. 알렉산더는 겨울 풍경을 꿈꾸기도 한다. 여기서 나무들은 앙상하고 땅은 축축하다. 하지만 곧 불길과 열기에 휩싸인다. 마지막 꿈에서 깨어날 때 흥미롭게도 알렉산더는 거울 속 가득한 자신의 모습을 마치 처음으로 보는 듯이 바라본다.

『희생』에서 타르콥스키의 주제는 『스토커』의 주제와 일관성을 유지한다. 즉 인간은 자연과의 연결 고리를 상실했기 때문에 파멸에 직면해 있다는 것이다. 알렉산더는 마리아에게 노모를 찾아가서 정원을 손질해 준 이야기를 들려준다. 이어서 그는 인위적으로 다듬어 놓은 정원에서 자연미가 사라진 것을 보고 울었다고 말한다. 핵 강대국들이 서로 충돌하면 유럽이 맞이할 운명도 그와 같았을 것이다. 탈출 가능성은 오스트레일리아(여기서 아델라이데Adelaide의 이름에 담긴 의미가 분명해진다)에서 직장을 구한 빅터에게만 있을 뿐이다. 그런가 하면 알렉산더는 일본식 복장과 음악을 선호한다.

그러나 절망과 사태의 종말을 그린 이 영화에서도 마지막에 가서는 희망이 엿보인다. 영화가 끝날 때 꼬마는 생명의 나무에 계속 물을 주면서「창세기」를 인용하며 이렇게 묻는다. "태초에 말씀이 있었다니 이게 무슨 말이에요, 아빠?" 이처럼 대화와 소통은 이해와 수용을 낳고, 도스토옙스키가 말한 것처럼 "아름다움이 세계를 구한다".

안드레이 타르콥스키의 영화는 심미적 인식의 차원에서뿐 아니라, 더 심오한 감정적 지평에서, 또 도덕적 의무와 헌신이라는 기독교 사상의 측면에서도 이해할 수 있다. 그의 영화는 무신론을 공개 천명한 전체주의 국가의 요구와 근본적으로 충돌했다. 따라서 그가 이룬 업적은 영화적 업적이기도 했지만, 도덕적 항거이기도 했다.

타르콥스키는 자기 시대를 거부했다. 그는 민족적 경험을 평가하기 위해 자기 자신의 기억을 사용했고 현재를 이해하는 수단으로서 자기 자신의 과거를 탐구했던 영화감독이었다. 타르콥스키는 굉장히 러시아적인 예술가이자 사상가로서, 서로 다른 것처럼 보이는 요소들을 융합시키고 생각과 행동을 형이상학적으로 통합하고자 했다. "결국, 타르콥스키가 보여 준 것은 오직 영화만이 성취할 수 있는 독특하고 유기적인 결합에서는 말도 이미지도 모두 필요하다는 것이었다"(Johnson and Petrie, 1994, p. 261).

영화 목록

- 『안드레이 루블료프』*Andrei Rublev*(안드레이 타르콥스키, 1966)(소련에서는 1971년에 출시됨)
- 『이반의 어린 시절』*Ivanovo detstvo*(안드레이 타르콥스키, 1962)
- 『거울』*Zerkalo*(안드레이 타르콥스키, 1970)
- 『향수』*Nostalgiia*(안드레이 타르콥스키, 1973)
- 『희생』*Zhertvoprinoshenie*(안드레이 타르콥스키, 1986)
- 『솔라리스』*Soliaris*(안드레이 타르콥스키, 1972)
- 『연대의 아들』*Syn polka*(바실리 프로닌, 1946)
- 『스토커』*Stalker*(안드레이 타르콥스키, 1979)
- 『증기기관차와 바이올린』*Katok i skripka*(안드레이 타르콥스키, 1960)
- 『여행의 시간』*Vremia puteshestviia*(안드레이 타르콥스키, 1982)
- 『2001: 스페이스 오디세이』*2001: A Space Odyssey*(스탠리 큐브릭, 1968)

저자 후기

일부 영화가 장르 영역에서 벗어났고 소비에트 영화 제작의 제한된 공간에서조차도 주옥 같은 비순응주의 영화 몇 편이 존재했다는 점도 물론 이야기해야 할 것이다. 소비에트의 스크린을 강타한 초창기 괴짜 영화 가운데 하나는 야코프 프로타자노프가 1924년에 만든 공상과학 영화 『아엘리타』다. 영화는 화성에서 받은 무전 메시지와 외계 공간에 혁명을 일으키고 사회적 정의를 확립하려는 지구인의 노력에 관한 것이 분명하다. 그러나 이것은 주인공의 꿈이었던 것으로 밝혀진다. 사회적 진보도 파괴된다. 하지만 영화의 진정한 관심은 구성주의자 알렉산드르 롯첸코가 디자인한 거대한 세트와 알렉산드라 엑스터가 화성의 배경 장면을 위해 제작한 기상천외한 이국적 복장에 있다. 더욱이 주인공을 지구로부터 실어 가는 상상력의 비행은 무자비하고 활기 없는 지구의 경찰국가와 현저히 대비되는 이미지를 낳는다. 『아엘리타』는 당대 비평가들에게 공격을 받았어도 네프NEP 사회와 그 지배자들을 기탄없이 비판했다. 타르콥스키의 공상과학 영화처럼 『아엘리타』도 풍자, 코미디, 꿈, 모험, 에로티카erotica를 혼합함으로써 이 장르에 도전했고, 더 나아가 이 장르를 초월해 시대를 앞서 갔다. 그런데 『아엘리타』에는 또 다른 기능이 숨어 있었다. 소비에트 권력이 출범한 지 얼마 되지 않은 상황에서 이 영화는 혁명과 근본적 변화가 한낱 꿈과 환상에 불과할 뿐이라고 암시했던 것이다. 물론, 프로타자노프는 이 영화가 사실상 그에게 악몽으로 되돌아오리라고는 생각지 못했다.

환경이 매우 열악했음에도, 포스트 프로덕션과 배급·검열 문제들이 있었음에도, 실제로 제작된 영화들 역시 악몽으로 되돌아왔다. 최근 공개된 문서를 고려하여 제작되지 못한 영화에 대해서도 마지막으로 한마디 해야 할 것 같다. 소비에트 영화는 존재한 것으로만이 아니라 존재하지 못한 것으로도 규정할 수 있다. 사실 고스키노는 러시아군을 위해 일하는 캅카스 부족에 관한 레프 톨스토이의 소설 『하지 무라트』(1896년과 1904년 사이에 집필되어 사후 출판됨)와 우크라이나-폴란드의 갈등 관계를 다룬 니콜라이 고골의 소설 『타라스 불바』(1842)의 각색을 승인하지 않았다. 톨스토이의 소설은 피비린내가 진동했고 고골의 소설은 반폴란드적이었기 때문이다. 칭기즈칸 관련 영화 기획도 철회됐다. 반러시아적일까 봐 두려웠기 때문이다(Fomin, 1996, p. 334). 달리 말하자면, 인종 관계를 다룬 복잡한 영화들은 아물지 않은 상처를 건드릴수 있었다. 당 중앙위원회는 몰도바 귀족 드미트리 칸테미르의 삶을 영화로 만들고자 한 소련과 루마니아의 공동 기획에 대해서도 부정적 의견을 표명했다.

칸테미르와 표트르 1세의 이미지는 본래 모험 영화를 찍기 위한 구실에 불과했다. 이 영화에서 유사 역사의 핵심은 중요한 주제를 손상시키기만 할 뿐이었다. 더욱이, 대본은 러시아를 포함한 강대국들이 몰도바 국민의 이익과는 상관없이 몰도바의 운명을 갖고 놀게 할 목적으로 루마니아 지도자들의 현 정책에 반영된 근거 없는 개념을 표현했다. 만약 이 영화가 루마니아 영화 스튜디오에 의해서만 제작됐다면, 우리의 영감이 몰도바 역사, 몰도바와 러시아의 전통적 관계를 모독하는 생각에서 나왔다는 것만큼은 적어도 이해할 수 있을 것이다. (Fomin, 1998, pp. 152~153)

그러나 소비에트 러시아 영화에서 가장 큰 손실은 어쩌면 1960년대 말에 바실리 슉신이 카자크 지도자 스텐카 라진에 관해 기획한 영화가 거부당한 일이었을지 모른다. 대본에 폭력이 난무하는 데다 라진의 형상 자체도 너무 원초적이고 즉흥적이어서 '민족 영웅의 완전한 이미지'(Fomin, 1996, p. 332)에 대한 요구에 부합하지 않았기 때문이다. 슉신의 대본은 영화로 만들어지지 못했지만, 아이러니하게도 처음에는 잡지 형식으로, 나중에는 책(Shukshin, 1971)으로 출판됐다.

19세기 문학 유산의 문화적·미학적·도덕적 지침 가운데 많은 부분이 영화의 등장과 함께 영화 속에 흡수·통합된 데서 알 수 있듯이, 러시아 영화의 역사는 연속성뿐만 아니라 단절성도 보여 준다. 소비에트 영화는 더는 존재하지 않는다. 『아엘리타』가 예언한 것처럼 소비에트 국가도 인간과 사회를 개조하려는 실험에서 실패했다. 조지 패러데이가 말하고 있듯이, 소비에트와 포스트 소비에트 러시아 영화감독들은 자신들을 그 뿌리가 19세기로 거슬러 올라가는 인텔리겐치아의 적자로 계속 간주했다. 19세기에 "진정한 예술가는 당국에 영합하지 않고 '민중'에 대한 이타적 헌신에서 영감을 찾는 사람으로 정의됐다"(Faraday, 2000, p. 22). 진정한 관객을 찾고 있는 데서 알 수 있듯이, 포스트 소비에트 영화는 확실히 20세기 영화의 전통과 모티프, 주제 가운데 대부분은 아니더라도 많은 부분을 계속 계승·발전시킬 것이다.

영화 목록

- 『아엘리타』*Aelita*(야코프 프로타자노프, 1924)

추천 도서

Beumers, B. (ed.) (1999) *Russia on Reels: The Russian Idea in Post-Soviet Cinema* (I. B. Tauris, London).

1991년 이후 러시아 영화에 관한 논문과 연설문, 문서 자료 모음집이다. 일부 논문은 개별 영화감독들(아스트라한, 무라토바, 소쿠로프)을 논의하고, 다른 일부는 영화 경향과 주제들(각색, 지도자 이미지, 풍경 신화들)을 다룬다.

Christie, I. and Taylor, R. (eds) (1994) *The Film Factory: Russian and Soviet Cinema in Documents, 1896-1939* (Routledge, London and New York).

소비에트 시대 이전 영화와 소비에트 시대 첫 20년간의 영화 관련 자료들을 모아 놓은 귀중한 책이다. 문서들이 1년 단위로 배치되어 있고 당대 영화 클립들이 풍부하게 삽입돼 있다. 소비에트 시대에 종종 허약했던 정치와 영화의 관계를 추적하는 데 특히 유용하다. 영화감독들과 문화계 인사들, 비평가들, 정치인들이 쓴 논문과 저서 발췌문들이 실려 있다. 영화 제작과 배급, 이 책에 언급된 영화들에 관한 사실적 정보가 담긴 부록도 포함하고 있다.

Fomin, V. I. (1996) *Kino i vlast: Sovetskoe kino, 1965-1985 gody* (Materik, Moscow).

타르콥스키의 『안드레이 루블료프』와 『거울』, 셰피트코의 『상승』, 클리모프의 『고뇌』, 판필로프의 『주제』 같은 영화들의 금지 또는 제한된 배급에 관한 문서보관서 자료와 편지, 당 결의문, 전문들을 모아 놓은 매우 흥미로운 책이다.

Kenez, P. (1992) *Cinema and Soviet Society, 1917-1953* (Cambridge University Press, Cambridge and New York).

1953년 스탈린 사망에서 1970년대 초까지 영화를 대하는 전반적으로 고압적인 당의 태도와 관련된 자료들을 모아 놓은 매우 흥미로운 책이다. 타르콥스키의 『안드레이 루블료프』, 라이즈만의 『만약 이것이 사랑이라면?』, 후치예프의 『일리치 관문』, 에르믈레르의 『역사의 심판 앞에서』를 둘러싼 심의 기록문들이 특히 주목할 만하다.

Lawton, A. (1992) *Kinoglastnost: Soviet Cinema in Our Time* (Cambridge University Press, Cambridge and New York).

개별 영화와 영화감독들에 주목하면서 특히 스탈린 치하의 소비에트 영화 발전을 분석해 놓은 권위 있고 적절한 책이다. 영화 산업 자체와 당과 스탈린이 영화 산업을 어떻게 이용하고 통제했는지에 관해서도 개관하고 있다.

Leyda, J. (1973) *Kino: A History of the Russian and Soviet Film* (George Allen & Unwin, London).
1960년에 처음 출판된 러시아 영화사에 관한 고전적인 책의 재판이다. 1920~1930년대 영화 관련 내용이 특히 알찬 이 책은 저자가 당시 소비에트 러시아에서 겪은 경험에서 나온 개인적 통찰과 관찰로 생동감이 넘친다.

Taylor, R. (1979) *The Politics of the Soviet Cinema, 1917-1929* (Cambridge University Press, Cambridge and New York).
당의 통제 확립으로 완결된 소비에트 권력 초창기의 정치와 영화 관계를 다룬 획기적인 책이다.

Woll, J. (2000) *Real Images: Soviet Cinema and the Thaw* (I. B. Tauris, London and New York).
스탈린 사망에서 1960년대까지 소비에트 영화를 연대순으로 검토하면서 영화가 어떻게 정치적 변화에 반응했고 관습의 변화를 반영했는지를 설명하고 있다.

Youngblood, D. J. (1992) *Movies for the Masses: Popular Cinema and Soviet Society in the 1920s* (Cambridge University Press, Cambridge and New York).
정치적 계몽의 수단이 아니라 오락으로 계획된 영화들에 중점을 두고 야코프 프로타자노프와 보리스 바르네트처럼 잘 알려지지 않은 영화감독들을 검토하면서 소비에트 초창기 영화를 분석하고 있다.

Youngblood, D. J. (1999) *The Magic Mirror: Moviemaking in Russia, 1908-1918* (University of Wisconsin Press, Madison and London).

이 책은 일부 핵심 영화들을 자세하게 분석하면서 소비에트 시대 이전 영화 산업을 상세하게 검토한 최초의 진정한 시도였다. 저자는 볼셰비키 혁명이 영화를 완전히 새롭게 인식하기 전에 영화가 사회적 변화를 가리켜 보이는 기표이자 여전히 다소 후진적이었던 사회에서 현대성의 도래를 보여주는 징후였음을 성공적으로 밝혀냈다.

참고 문헌

Akhmatova, A. (1998) *Sobranie sochinenii v shesti tomakh* (Ellis Lak, Moscow).

Andrews, M. (1999) *Landscape and Western Art* (Oxford University Press, Oxford and New York).

Attwood, L. (1998) "Gender Angst in Russian Society and Cinema in the Post-Stalin Era", in Kelly, C. and Shepherd, D. (eds) *Russian Cultural Studies: An Introduction* (Oxford University Press, Oxford and New York), pp. 352~367.

Bakhtin, M. (1981) "Forms of Time and of the Chronotope in the Novel", in *The Dialogic Imagination. Four Essays*, Translated by Caryl Emerson and Michael Holquist (University of Texas Press, Austin).

Bakhtin, M. (1984) *Rabelais and His World*, Translated by Hèlène Iswolsky (Indiana University Press, Bloomington).

Barthes, R. (1977) *Image, Music, Text*, Translated by Stephen Heath (Fontana, London).

Beardow, F. (1997a) "Soviet Cinema - War Revisited (Part 1)", *Rusistika*, 15, pp. 19~34.

Beardow, F. (1997b) "Soviet Cinema - War Revisited (Part 2)", *Rusistika*, 16, pp. 8~21.

Beardow, F. (1997c) "Soviet Cinema - War Revisited (Part 3)", *Rusistika*, 17, pp. 11~24.

Beardow, F. (2000a) "Soviet-Russian Cinema: From Adolescence to Alienation - The Representation of Youth (Part 2)", *Rusistika*, 21, pp. 19~25.

Beardow, F. (2000b) "Soviet-Russian Cinema: From Adolescence to Alienation - The Representation of Youth (Part 3)", *Rusistika*, 22, pp. 13~26.

Beevor, A. (1999) *Stalingrad* (Penguin Books, London and New York).

Beja, M. (1979) *Film and Literature: An Introduction* (Longman, London and New York).

Bergan, R. (1997) *Eisenstein: A Life in Conflict* (Little, Brown and Company, London).

Bergson, H. (1999) *Laughter: An Essay on the Meaning of the Comic*, Translated by Cloudesley Brereton and Fred Rothwell (Green Integar, Copenhagen and Los Angeles).

Bethea, D. (1989) *The Shape of Apocalypse in Modern Russian Literature* (Princeton University Press, Princeton).

Beumers, B. (2000) *Burnt By the Sun* (I. B. Tauris, London and New York).

Boardman, J. (1986) "Greek Art and Architecture", in Boardman, J., Murray, O. and Griffin, J. (eds), *The Oxford History of the Classical World* (Oxford University Press, Oxford).

Bodrov, S. (1996a) "Ne tolko o chechenskoi voine", *Literaturnaia gazata*, 7 August, p. 8.

Brown, Royal S. (1994) *Overtones and Undertones: Reading Film Music* (University of California Press, Berkeley, Los Angeles and London).

Christie, I. and Taylor, R. (eds) (1991) *Inside the Film Factory: New Approaches to Russian and Soviet Cinema* (Routledge, London and New York).

Christie, I. and Taylor, R. (eds) (1994) *The Film Factory: Russian and Soviet Cinema in Documents, 1986-1939* (Routledge, London and New York).

Clark, K. (2000) *The Soviet Novel: History as Ritual*, 3rd edn (Indiana University Press, Bloomington and Indianapolis).

Conquest, R. (1986) *The Harvest of Sorrow: Soviet Collectivization and the Terror-Famine* (Oxford University Press, Oxford and New York).

Dolinskii, I. L. (1969) "Tridsatye gody", in Zhdan, V. (ed.) *Kratkaia istoriia sovetskogo kino, 1917-1967* (Iskusstvo, Moscow).

Dovzhenko, A. (1967) *Ia prinadlezhu k lageriu poeticheskomu...* (Sovetskii pisatel, Moscow).

Eremin, Dm. (1948) "O konflikte v kinokomedii", *Iskusstvo kino*, 5, pp. 9~12.

Everett, W. (2000) "Singing our Song: Music, Memory and Myth in Contemporary European Cinema", in Holmes, D. and Smith, A. (eds) *100 Years of European Cinema: Entertainment or Ideology?* (Manchester University Press, Manchester and New York).

Faraday, G. (2000) *Revolt of the Filmmakers: The Struggle for Artistic Autonomy and the Fall of the Soviet Film Industry* (Pennsylvania State University Press, University Park, Pennsylvania).

Fomin, V. I. (comp.) (1998) *Kinematograf ottepeli. Dokumenty i svidetelstva* (Materik, Moscow).

Forbes, J. and Street, S. (2000) *European Cinema: An Introduction* (Palgrave,

Basingstoke and New York).

Frayling, C. (2000) *Spaghetti Westerns: Cowboys and Europeans from Karl May to Sergio Leone* (I. B. Tauris, London and New York).

Furmanov, D. (1966) *Chapaev* (Deskaia Literature, Moscow).

Genis, A. (1999) *Dovlatov i okrestnosti* (Vagrius, Moscow).

Gillespie, D. (2000) *Early Soviet Cinema: Innovation, Ideology and Propaganda* (Wallflower Press, London).

Gillespie, D. and Zhuravkina, N. (1996) "Sergei Bodrov's A Prisoner in the Caucasus", *Rusistika*, 14, pp. 56~59.

Givens, J.(1999) "Vasilii Shukshin and the 'Audience of Millions': 'Kalina Krasnaia' and the power of Popular Cinema", *The Russian Review*, 58, 2, pp. 268~285.

Gladilin, A.(1979) *The Making and Unmaking of a Soviet Writer: My Story of the 'Young Prose' of the Sixties and After*, Translated by David Lapeza (Ardis, Ann Arbor).

Graffy, J. (1998) "Soldier, Soldier", *Sight and Sound*, 3, pp. 34~35.

Graffy, J. (1999) "Dmitri Astrakhan: A Popular Cinema for a Time of Uncertainty", in Beumers (1999).

Gray, C. (1986) *The Russian Experiment in Art, 1863-1922*, Revised and Enlarged Edition (Thames & Hudson, London).

Haynes, J. (2000) "Brothers in Arms: The Changing Face of the Soviet Soldier in Stalinist Cinema", *Modern Language Review*, 95, 1, pp. 154~167.

Heldt, B. (1987) *Terrible Perfection: Women and Russian Literature* (Indiana University Press, Bloomington and Indianapolis).

Holmes, D. and Smith, A. (eds) (2000) *100 Years of European Cinema: Entertainment or Ideology?* (Manchester University Press, Manchester and New York).

Hosking, G. (1980) *Beyond Socialist Realism: Soviet Fiction Since 'Ivan Denisovich'* (Paul Elek and Granada, London).

Hosking, G. (1985) *A History of the Soviet Union* (Fontana/Collins, London).

Hutchings, S. C.(2000) "Word and Image in El'dar Riazanov's "S legkim parom" Or, The Irony of (Cinematic) Fate", *Essays in Poetics*, 25, pp. 236~255.

Iukhtman, A. S.(comp.) (2000) *Ia khochu, chtoby pesni zvuchali: Zastolnye pesni* (Folio, Feniks and Abris Kharkov, Rostov-on-Don, Kiev).

Iurenev, R. (1964) *Sovetskaia kinokomediia* (Nauka, Moscow).

Iurenev, R. (1976) "Kinoiskusstvo voennykh let", in M. P. Kim (ed.) *Sovetskaia kultura v gody velikoi otechestvennoi noiny* (Nauka, Moscow), pp. 235~251.

Johnson, V. T. and Petrie, D. (1994) *The Films of Andrei Tarkovsky: A Visual Fugue* (Indiana University Press, Bloomington and Indianapolis).

Jones, W. G. (1998) "Politics", in Jones, M. and Feuer Miller, R. (eds) *The Cambridge Companion to the Classic Russian Novel* (Cambridge University Press, Cambridge and Newyork).

Kenez, P. (1992) *Cinema and Soviet Society, 1917-1953* (Cambridge University Press, Cambridge and New York).

Kheifits, I. (1966) *O Kino* (Iskusstvo, Leningrad and Moscow).

Khrushchev, N, S.(1957) *Za tesnuiu sviaz iskusstva s zhizniu naroda* (Politizdat, Moscow).

Kim, M. P.(ed.) (1976) *Sovietskaia Kultura v gody velikoi otechestvennoi voiny* (Nauka, Moscow).

Kornienko, N. (1975) *Kino sovetskoi Ukrainy: Stranitsy istorii* (Iskusstvo, Moscow).

Kozintsev, G. (1983) *Sobranie sochinenii v piati tomakh* (Iskusstvo, Leningrad).

Kuleshov, L. and Khokhlova, A. (1975) *50 let v kino* (Iskusstvo, Moscow).

Lawton, A. (1992) *Kinoglasnost: Soviet Cinema in Our Time* (Cambridge University Press, Cambridge and New York).

Layton, S. (1994) *Russian Literature and Empire: Conquest of the Caucasus from Pushkin to Tolstoy* (Cambridge University Press, Cambridge and New York).

Lenin, V. I. (1981) "The Military Programme of the Proletarian Revolution", in *Collected Works*: Volume 23, August 1916~March 1917 (Progress and Lawrence & Wishart, Moscow and London).

Likhachev, D. (1987) "Smekh v drevnei Rusi", in *Izbrannye raboty v trekh tomakh* (Khudozhestvennaia Literatura, Leningrad), III, pp. 343~417.

Lipatov, V. (1978) "Povest bez nazvaniia, siuzheta I kontsa", *Novyi mir*, 4~6, pp. 4~55, 118~185, 153~192.

Lunacharskii, A. (1924) *Teatr I revoliutsiia* (Moscow).

McFarlane, B. (1996) *Novel to Film: An Introduction to the Theory of Adaptation* (Clarendon Press, Oxford).

Mariamov, G. (1992) *Kremlevskii tsenzor: Stalin smotrit kino* (Kinotsentr, Moscow).

Mawdsley, E. (1987) *The Russian Civil War* (Allen & Unwin, Boston).

Mayne, J. (1989) *Kino and the Woman Question: Feminism and Soviet Silent Film* (Ohio State University Press, Columbus).

Mitta, A. (2000) *Kino mezhdu adom i raem (kino po Eizenshteinu, Chekhovu, Shekspiru, Kurosave, Fellini, Khichkoku, Tarkovskomu...)* (Podkova, Moscow).

Mordiukova, N. (1998) *Ne plach, kazachka!* (Olimp, Moscow).

Nove, A. (1982) *An Economic History of the USSR*, Revised Edition (Penguin, Harmondsworth).

Orwell, G. (1954) *Nineteen Eight-Four* (Penguin, Harmondsworth)

Parfenov, L. A. (comp.) (1999) *Zhivye golosa kino: Govoriat vydaiushchiesia mastera otechestvennogo kinoiskusstva (30-e-40-e gody). Iz neopublikovannogo* (Belyi bereg, Moscow).

Parthé, K. (1992) *Russian Village Prose: The Radiant Past* (Princeton University Press, Princeton).

Pasternak, B. (1992) *Doctor Zhivago*, Translated by Max Hayward and Manya Harari (Harvill Press, London).

Pritulenko, V. (1996) "Svoinmi slovami", *Iskusstvo kino*, 9, pp. 65~71.

Rasputin, V. (1984) "Proshchanie s Materoi", in *Izbrannye proizvedeniia v dvukh tomakh* (Molidaia Gvardiia, Moscow), II, pp. 201~380.

Richardson, R. (1969) *Literature and Film* (University of Indiana Press, Bloomington and Indianapolis).

Rifkin, B. (1993) "The Christian Subtext in Bykov's Čućelo", *Slavic and East European Journal*, 37, 2, pp. 178~193

Roberts, G. (1991) "Esfir Shub: A Suitable Case for Treatment", *Historical Journal of Film, Radion and Television*, 11, 2, pp. 149~159

Roberts, G. (1999) "The Meaning of Death: Kira Muratova's Cinema of the Absurd", in Beumers, B. (ed.) (1999), pp. 44~60.

Roberts, G. (2000) *The Man with the Movie Camera* (I. B. Tauris, London and New York).

Room, A. (1994) "Cinema and Theatre", in Christie and Taylor (1994).

Schama, S. (1995) *Landscape and Memory* (Fontana, London).

Shilova, I. (1993) *...I moe kino* (Kinovedcheskie Zapiski, Moscow).

Shukshin, V. (1971) "Ia prishel dat vam voliu", *Sibirskie ogni*, 1~2, 3~95, pp. 3~122; (1974); *Ia prishel dat vam voliu* (Sovetskii Pisatel, Moscow).

Shumiatskii, B. (1994) "A Cinema for the Milions", in Christie and Taylor (1994)

Solzhenitsyn, A. I. (1975) *The Gulag Archiepelago 2. 1918-1956.* Parts III–IV, Translated by Thomas P. Whitney (Collins/Fontana, London).

Sorlin, P. (1980) *The Film in History: Restaging the Past* (Barnes & Noble, Totowa, New Jersey).

Stites, R. (1991) "Soviet Movies for the Masses and for Historians", *Historical Journal of film, Radio and Television*, 11, 3, pp. 243~252.

Surkov A. (1965) *Sobranie sochinenii v chetyrekh tomakh* (Khudozhestvennaia Literatura, Moscow).

Synessions, N. (2001) *Mirror* (I. B. Tauris, London and New York).

Tarkovsky, A. (1991) *Sculpting in Time: Reflections on the Cinema*, Translated by Kitty

Hunter-Blair (University of Texas Press, Austin).

Taylor, R. (1979) *The Politics of the Soviet Cinema, 1917-1929* (Cambridge University Press, Cambridge and New York).

Taylor, R. (1999) "Singing on the Steppes for Stalin: Ivan Pyr'ev and the Kolkhoz Musical in Soviet Cinema", *Slavic Review*, 58, pp. 143~159.

Taylor, R. (2000) *The Battleship Potemkin* (I. B. Tauris, London and New York).

Taylor, R. (ed.) (1998) *The Eisenstein Reader* (BFI, London).

Taylor, R. and Spring, D. (eds) (1993) *Stalinism and Soviet Cinema* (Routledge, London and New York).

Taylor, R, Wood, N, Graffy, J. and Iordanova, D. (eds) (2000) *The BFI Companion to Eastern European and Russian Cinema* (BFI, London).

Tolstoi, L. (1960) *The Cossacks; Happy Ever After; The Death of Ivan Ilyich*, Translated by Rosemary Edmonds (Penguin, Harmondsworth).

Tolstoi, L. (1977) *Anna Karenina*, Translated by Rosemary Edmonds (Penguin, Harmondsworth).

Troianovskii, V. (ed.) (1996) *Kinematograf ottepeli. Kniga pervaia* (Materik, Moscow).

Turovskaya, M. (1993) "The Tastes of Soviet Moviegoers during the 1930's", in Lahusen, T. and Kuperman, G. (eds) *Late Soviet Culture: From Perestroika to Novostroika* (Duke University Press, Durham and London), pp. 95~107.

Vlasov, M. P. (1970) *Sovetskaia Kinokomediia segodnia* (Znanie, Moscow).

Wells, D. N. (1996) *Anna Akhmatova: Her Poetry* (Berg, Oxford and Washington).

Youngblood, D. J. (1999) *The Magic Mirror: Moviemaking in Russia, 1908-1918* (University of Wisconsin Press, Madison and London).

Zemlianukhin, S. and Segida, M. (1996) *Domashniaia sinematika. Otechestvennoe kino, 1918-1996* (Dubl-D, Moscow).

Zemlianukhin, S. and Segida, M. (2001) *Filmy Rossii: Igrovoe kino, 1995-2000* (Dubl-D, Moscow).

〈웹사이트〉

여기에 소개하는 웹사이트는 마지막 사이트를 제외하고 모두 러시아어와 영어로 이용할 수 있다.

www.museikino.ru
원고 자료, 도서관 시설과 전시관이 있는 모스크바 영화 박물관 사이트.

www.film.ru

영화 뉴스와 최신 영화 리뷰를 포함한 무수한 링크가 있는 사이트.

www.miff.ru

연례 모스크바 영화제 프로그램을 포함하고 있다.

www.ntvprofit.ru

최신 러시아 영화 뉴스를 전문으로 하는 가장 크고 훌륭한 사이트. 1997년까지 포괄하는 문서고가 있다. 또한, 주요 배우와 여배우, 영화감독에 관한 자세한 목록과 제작 중인 영화에 관한 보고서도 있다.

www.kinoizm.ru

러시아 사람들이 관람하는 영화들(대개 할리우드 블록버스터)에 관한 정보를 제공하는 흥미로운 사이트로, 최신 영화와 스타 배우에 관한 뉴스를 포함하고 있다(러시아어로만 제공된다).

〈잡지〉

Iskusstvo kino

세계 영화를 중점적으로 다루는 월간잡지. 하지만 최신 러시아 개봉 영화와 감독들을 소개한다. (웹사이트 www.kinoart.ru)

Kinovedcheskie zapiski

러시아와 소비에트 영화사를 중점적으로 다루는 부정기 잡지. 보통 진본 원고나 문서고 자료를 게재한다. (웹사이트 www.museikino.ru)

찾아보기

§ 인명

| ㄱ, ㄴ, ㄷ |

가린, 에라스트(Erast Garin) 150

가이다이, 레오니드(Leonid Gayday) 90~92

기자로프, 세르게이(Sergey Gazarov) 47

가프트, 발렌틴(Valentin Gaft) 205, 274

게라시모프, 세르게이(Sergei Gerasimov) 38, 59

게르만, 알렉세이(Aleksei German) 130, 139, 234

겔로바니, 미하일(Mikhail Gelovani) 119

고고베리제, 라나(Lana Gogoberidze) 154

고골, 니콜라이(Nikolai Gogol) 34, 59, 68, 107

고르바초프, 미하일(Mikhail Gorbachev) 15, 41, 131, 198~199, 270, 273

고리키, 막심(Maxim Gorkii) 32, 34, 283

고보루힌, 스타니슬라브(Stanislav Govoru-khin) 137, 253~254, 273

곤차로프, 바실리(Vasily Goncharov) 107

곤차로프, 이반(Ivan Goncharov) 196

골드시타브, 세묜(Semen Goldshtab) 119

골딩, 윌리엄(William Golding) 195

구르첸코, 류드밀라(Lyudmila Gurchenko) 156, 171

군다레바, 나탈리야(Natalya Gundareva) 154

그로스만, 바실리(Vassili Grossman) 122, 125

그리모프, 유리(Iurii Grymov) 58

글라딜린, 아나톨리(Anatolii Gladilin) 268

나로디츠키, 아르카디(Arkadii Naroditskii) 59

나르비코바, 발레리야(Valeriia Narbikova) 163

나우모프, 블라디미르(Vladimir Naumov) 193

네고다, 나탈리야(Natalia Negoda) 169

네엘로바, 마리나(Marina Neelova) 47

네크라소프, 니콜라이(Nikolai Nekrasov) 120, 176

니콜라이 2세(Tsar Nicholas II) 126, 136

니쿨린, 유리(Iurii Nikulin) 91~92

닐린, 파벨(Pavel Nilin) 153

다넬리야, 게오르기(Georgii Daneliia) 93, 264

다프쿠나이테, 잉게보르가(Ingeborga Dap-kunaite) 49

데먀넨코, 알렉산드르(Alexander Demia-nenko) 92

도르프만, 아리엘(Ariel Dorfman) 164

도브젠코, 알렉산드르(Alexander Dovzhen-ko) 19, 72, 117, 182, 213~214

도블라토프, 세르게이(Sergei Dovlatov) 68

도스탈, 니콜라이(Nikolai Dostal) 47

도스토옙스키, 표도르(Fedor Dostoevskii) 30, 40, 52, 59, 101, 142, 176, 246, 309

돈스코이, 마르크(Mark Donskoi) 47, 120, 222

뒤러, 알브레히트(Albrecht Dürer) 287

| ㄹ |

라넵스카야, 파이나(Faina Ranevskaia) 150

라디니나, 마리나(Marina Ladynina) 77, 80, 148, 223

라브로프, 키릴(Kirill Lavrov) 274

라스푸틴, 그리고리(Grigorii Rasputin) 126, 136~137

라스푸틴, 발렌틴(Valentin Rasputin) 198

라이즈만, 율리(Iulii Raizman) 222, 252, 264

라포포르트, 게르베르트(Gerbert Rappoport) 220

랴자노프, 엘다르(Eldar Riazanov) 84~85, 87, 91, 156, 170~171, 253

레닌, 블라디미르(Vladimir Lenin) 118, 138, 210~211

레르몬토프, 미하일(Mikhail Lermontov) 20, 53

레베데프-쿠마치, 바실리(Vasilii Lebedev-Kumach) 218

레비탄, 이삭(Isaak Levitan) 19, 21, 115

레빈, 블라디미르(Vladimir Levin) 96

레스코프, 니콜라이(Nikolai Leskov) 48~50

레오네, 세르조(Sergio Leone) 215~216

레오노프, 예브게니(Evgenii Leonov) 235

레이, 만(Man Ray) 177

레이튼, 수전(Susan Layton) 56

레핀, 일리야(Ilia Repin) 21~22

로고보이, 야라디미르(Vladimir Rogovoi) 240

로고시킨, 알렉산드르(Alexander Rogozhkin) 97, 241

로마쇼프, A. V.(A. V. Romashov) 121

로마시코프, 블라디미르(Vladimir Romashkov) 107

로샬, 그리고리(Grigorii Roshal) 116

로스토츠키, 스타니슬라프(Stanislav Rostotskii) 259, 269

롬, 미하일(Mikhail Romm) 119, 138, 188, 194, 284

롬킨, 세르게이(Sergei Lomkin) 47

루나차르스키, 아나톨리(Anatolii Lunacharskii) 69

루스벨트, 프랭클린(Franklin Roosevelt) 75

루카셰비치, 타티야나(Tatiana Lukashevich) 78, 150~151

루코프, 레오니드(Leonid Lukov) 224

룬긴, 파벨(Pavel Lungin) 99, 261~262

룸, 아브람(Abram Room) 191, 246~247

리샤르, 피에르(Pierre Richard) 94

리트비노바, 레나타(Renata Litvinova) 164, 166

리펜슈탈, 레니(Leni Riefenstahl) 227

리프킨, 벤야민(Benjamin Rifkin) 270

리하초프, 드미트리(Dmitrii Likhachev) 67~68, 99, 110

| ㅁ, ㅂ |

마레츠카야, 베라(Vera Maretskaia) 120, 149

마리야모프, 그리고리(Grigorii Mariamov) 226, 228

마민, 유리(Iurii Mamin) 97~98, 206

마시코프, 블라디미르(Vladimir Mashkov) 49, 157

마일스톤, 루이스(Lewis Milestone) 213

말, 루이(Louis Malle) 218

먀흐코프, 안드레이(Andrei Miagkov) 86, 89

멘쇼프, 블라디미르(Vladimir Menshov) 153

멘시코프, 올레크(Oleg Menshikov) 55, 134, 157

멜리에스, 조르주(Georges Méliès) 177

모르구노프, 예브게니(Evgenii Morgunov) 91

모르듀코바, 논나(Nanna Mordiukova) 92, 122, 156

모스칼렌코, 니콜라이(Nikolai Moskalenko) 25

모옴, 서머셋(Somerset Maugham) 160

모즈고보이, 레오니드(Leonid Mozgovoi)

138~139

모틸, 블라디미르(Vladimir Motyl) 27, 48, 214

무라토바, 키라(Kira Muratova) 27, 152, 159, 171

미로노프, 안드레이(Andrei Mironov) 92

미로노프, 예브게니(Evgenii Mironov) 47, 157, 238

미할코프, 니키타(Nikita Mikhalkov) 22, 47, 125~126, 132, 135, 139, 156, 196, 264

바라놉스카야, 베라(Vera Baranovskaia) 146~147

바르네트, 보리스(Boris Barnet) 72, 145, 149, 213, 246, 249

바벨, 이삭(Isaak Babel) 212

바보치킨, 보리스(Boris Babochkin) 36

바실라시빌리, 올레크(Oleg Basilashvili) 87, 155

바우에르, 예브게니(Evgenii Bauer) 246, 277

바탈로프, 니콜라이(Nikolai Batalov) 247

바탈로프, 알렉세이(Alexei Batalov) 38

바흐틴, 미하일(Mikhail Bakhtin) 66~68, 99~100

발라바노프, 알렉세이(Alexei Balabanov) 28, 100, 254

발라얀, 로만(Roman Balaian) 50, 155

발루예프, 알렉산드르(Alexander Baluev) 238

베르그송, 앙리(Henri Bergson) 66

베르토프, 지가(Dziga Vertov) 118~119, 182~183, 261~262

벨린스키, 비사리온(Vissarion Belinskii) 176

보고몰로프, 블라디미르(Vladimir Bogomolov) 238

보드로프, 세르게이(Sergei Bodrov Sr.) 55~56

보드로프 2세, 세르게이(Sergei Bodrov Jr.) 54, 256

보이노비치, 블라디미르(Vladimir Voinovich)

68, 268

본다르추크, 세르게이(Sergei Bondarchuk) 32, 38~39, 231

부뉴엘, 루이스(Luis Buñuel) 177

부닌, 이반(Ivan Bunin) 59

부어맨, 존(John Boorman) 218

불가코바, 마야(Maia Bulgakova) 197

불가코프, 미하일(Mikhail Bulgakov) 47, 59, 68

브라운, 블라디미르(Vladimir Braun) 229

브레즈네프, 레오니드(Leonid Brezhnev) 27, 41, 130, 155, 198, 236, 251, 261, 269

비버, 앤터니(Antony Beevor) 211

비소츠키, 블라디미르(Vladimir Vysotskii) 27, 153, 159

비스콘티, 루키노(Luchino Visconti) 53

비신스키, 안드레이(Andrei Vyshinskii) 202

비친, 게오르기(Georgii Vitsin) 91

비코프, 롤란(Rolan Bykov) 123, 269

비코프, 바실(Vasil Bykov) 236

비토프, 안드레이(Andrei Bitov) 268

| ㅅ |

사모일로바, 타티아나(Tatiana Samoilova) 151

사모일로프, 예브게니(Evgenii Samoilov) 223

사벨리예바, 류드밀라(Liudmila Saveleva) 274

사비나, 이야(Iia Savvina) 38, 89

샤흐나자로프, 카렌(Karen Shakhnazarov) 131, 262

세겔, 야코프(Iakov Segel) 193

세로바, 발렌티나(Valentina Serova) 148~149

세르반테스, 미구엘(Miguel de Cervantes) 45~46

세묘노바, 류드밀라(Liudmila Semenova) 247

셰익스피어, 윌리엄(William Shakespeare) 17, 43~45, 80, 164, 306,

셰피트코, 라리사(Larisa Shepitko) 151~152, 197, 235

소로킨, 블라디미르(Vladimir Sorokin) 163, 263

소로킨, 콘스탄틴(Konstantin Sorokin) 221

소쿠로프, 알렉산드르(Alexander Sokurov) 136, 139

솔로구프, 표도르(Fedor Sologub) 47

솔로니친, 아나톨리(Anatolii Solonitsyn) 237, 297

솔로비요프, 세르게이(Sergei Solovev) 269, 273, 275

솔린, 피에르(Pierre Sorlin) 105

솔제니친, 알렉산드르(Alexander Solzhenitsyn) 197, 200, 204, 268

쇼스타코비치, 드미트리(Dmitrii Shostakovich) 23

숄로호프, 미하일(Mikhail Sholokhov) 231

수르코프, 알렉세이(Alexei Surkov) 218

슈니트케, 알프레드(Alfred Shnittke) 24

슈먀츠키, 보리스(Boris Shumiatskii) 74

슈브, 에스피르(Esfir Shub) 108

슈킨, 보리스(Boris Shchukin) 119

슉신, 바슐리(Vasilii Shukshin) 25~26, 122, 259~260, 313

슐긴, 바실리(Vasilii Shulgin) 121

스네즈킨, 세르게이(Sergei Snezhkin) 48

스모크투놉스키, 인노켄티(Innokentii Smoktunovskii) 33, 42

스미르노프, 안드레이(Andrei Smirnov) 59, 235

스베르들로프, 야코프(Iakov Sverdlov) 187

스빌로바, 엘리자베타(Elizaveta Svilova) 182

스타소프, 블라디미르(Vladimir Stasov) 101, 116~117

스탈린, 이오시프(Iosif Stalin) 21, 75, 81~83, 107~110, 113, 116, 119, 121, 135~138, 151,

200, 203~205, 217, 225~226, 230, 250, 259

스텐, 안나(Sten Anna) 145, 250, 257

스톨페르, 알렉산드르(Alexander Stolper) 233

시바르츠, 예브게니(Evgenii Shvarts) 205

시베이체르, 미하일(Mikhail Shveitser) 41, 259

시트라우흐, 막심(Maxim Shtraukh) 221

실로바, 이리나(I. Shilova) 266

| ㅇ |

아르테미예프, 에두아르드(Eduard Artemev) 27~28

아른시탐, 레온(Leo Arnshtam) 115, 222

아말리크, 안드레이(Andrei Amalrik) 197

아불라제, 텐기즈(Tengiz Abuladze) 199

아사노바, 디나라(Dinara Asanova) 269

아스콜도프, 알렉산드르(Alexander Askoldov) 122, 124~125, 152, 214

아스트라한, 드미트리(Dmitrii Astrakhan) 97, 170, 253

아헤자코바, 리야(Liia Akhedzhakova) 171

아흐마토바, 안나(Anna Akhmatova) 284

악쇼노프, 바실리(Vasilii Aksenov) 268

알렉산드로프, 그리고리(Grigorii Alexandrov) 21, 24, 74~76, 148, 262

알렉산드르 3세(Tsar Alexander III) 133

알렉세예프, 미하일(Mikhail Alexeev) 25

알렌토바, 베라(Vera Alentova) 155, 252

알로프, 알렉산드르(Alexander Alov) 193

압드라시토프, 바딤(Vadim Abdrashitov) 153, 206

애트우드, 린(Lynne Attwood) 152

얀콥스키, 올레크(Oleg Iankovskii) 47, 155, 283, 302

에드워즈, 블레이크(Blake Edwards) 94

에르믈레르, 프리드리흐(Fridrikh Ermler) 121, 182~183, 222, 246, 263

에이젠시테인, 세르게이(Sergei Eisenstein)

21, 23, 107~108, 110, 145, 178~182,
184~185, 191, 205, 257, 281
　「소비에트의 역사 영화」 21
에크, 니콜라이(Nikolai Ekk) 195, 263
영블러드, 드니스(Denise Youngblood) 16
예레민, 드미트리(Dmitrii Eremin) 82
예로페예프, 베네딕트(Venedikt Erofeev) 68
옙스티그녜예프, 데니스(Denis Evstigneev)
156
옙스티그녜예프, 예브게니(Evgenii Evstig-
neev) 205
옙투셴코, 예브게니(Evgenii Evtushenko) 96
오고로드니코프, 발레리(Valerii Ogorod-
nikov) 203~204, 271
오를로바, 류보피(Liubov Orlova) 75~76, 79,
148
오몬드, 줄리아(Julia Ormond) 134
오스트롭스키, 니콜라이(Nikolai Ostrovskii)
193
오스트롭스키, 알렉산드르(Alexander Ost-
rovskii) 32, 61, 63, 245
오웰, 조지(George Orwell) 106
오제로프, 유리(Iurii Ozerov) 234
오체프, 표도르(Fedor Otsep) 256
오쿠자바, 불라트(Bulat Okudzhava) 27, 214
와일더, 빌리(Billy Wilder) 94
우르반스키, 예브게니(Evgenii Urbanskii)
234
우치텔, 알렉세이(Alexei Uchitel) 59
울랴노프, 미하일(Mikhail Ulianov) 158, 252,
253
월, 조세핀(Josephine Woll) 266
유딘, 콘스탄틴(Konstantin Iudin) 78~79,
149, 220
유레네프, 로스티슬라프(Rostislav Iurenev)
79, 225
이바노프, 알렉산드르(Alexander Ivanov)
220
이바놉스키, 알렉산드르(Alexander Ivanov-

skii) 37, 77
이스칸데르, 파질(Fazil Iskander) 205
이스트우드, 클린트(Clint Eastwood) 215
일린스키, 이고르(Igor Ilinskii) 73, 75, 84
입첸코, 빅토르(Viktor Ivchenko) 194

| ㅈ, ㅊ |

자로프, 미하일(Mikhail Zharov) 221, 224
자르히, 알렉산드르(Alexander Zarkhi) 117,
251
자하로프, 마르크(Mark Zakharov) 205
제이모, 아니나(Ianina Zheimo) 221
젤도비치, 알렉산드르(Alexander Zeldovich)
263
젤딘, 블라디미르(Vladimir Zeldin) 33
젤랴부시키, 유리(Iurii Zheliabuzhskii) 144,
249
조셉슨, 얼랜드(Erland Josephson) 302,
306~307
존스, 가레스(W. Gareth Jones) 176
차다예프, 표트르(Petr Chaadaev) 298
체르니솁스키, 니콜라이(Nikolai
Chernyshevskii) 176
체르카소프, 니콜라이(Nikolai Cherkasov)
42, 79, 110, 112, 117
체호프, 안톤(Anton Chekhov) 38, 48, 68,
196, 245, 252, 277, 300
최, 빅토르(Viktor Tsoi) 271, 274
추리코바, 인나(Inna Churikova) 32,
157~158, 264
추흐라이, 그리고리(Grigorii Chukhrai) 133,
139, 230
추흐라이, 파벨(Pavel Chukhrai) 132, 168
치스탸코프, 알렉산드르(Alexander Chistia-
kov) 146
치아우렐리, 미하일(Mikhail Chiaureli) 9, 29,
225~227, 243~244
침발, 예브게니(Evgenii Tsymbal) 201~202

| ㅋ, ㅌ |

카넵스키, 비탈리(Vitalii Kanevskii) 202

카라, 유리(Iurii Kara) 205

카우프만, 미하일(Mikhail Kaufman) 182

카이다놉스키, 알렉산드르(Alexander Kaida-
novskii) 203, 217

칼라토조프, 미하일(Mikhail Kalatozov) 21,
83, 189

케네즈, 피터(Peter Kenez) 113, 226

케오사얀, 에드몬드(Edmond Keosaian) 217

케인, 제임스 M.(James M. Cain) 53

코롤렌코, 블라디미르(Vladimir Korolenko)
160

코셰베로바, 나데즈다(Nadezhda Kosheve-
rova) 150~151

코진체프, 그리고리(Grigorii Kozintsev) 19,
21, 34, 42, 46, 144~145, 180~181, 186, 221

코체토프, 프세볼로드(Vsevolod Kochetov)
250

코폴라, 프랜시스 포드(Francis Ford Co-
ppola) 55

콘찰롭스키, 안드레이 미할코프(Andron
Mikhalkov-Konchalovskii) 33, 126, 152,
158, 260

쿠즈네초바, 마리야(Mariia Kuznetsova) 138

쿠즈네초프, 아나톨리(Anatolii Kuznetsov)
215

쿨레쇼프, 레프(Lev Kuleshov) 18, 69, 145,
178

쿨리자노프, 레프(Lev Kulidzhanov) 193

쿱첸코, 이리나(Irina Kupchenko) 33, 171

큐브릭, 스탠리(Stanley Kubrick) 242, 291

크류치코바, 스베틀라나(Kriuchkova Sve-
tlana) 171

크토로프, 아나톨리(Anatolii Ktorov) 73

클라크, 카테리나(Katerina Clark) 35

클레르, 르네(René Clair) 177

클루조, 앙리-조르주(Henri-Georges
Clouzot) 53

클리모프, 엘렘(Elem Klimov) 24, 136, 197,
199, 239, 285

키카비제, 바흐탕(Vakhtang Kikabidze) 93

타란티노, 쿠엔틴(Quentin Tarantino) 28,
255

타르콥스키, 아르세니(Arsenii Tarkovskii)
296, 300

타르콥스키, 안드레이(Andrei Tarkovskii)
27~28, 122, 238, 281, 304

　『봉인된 시간』 304

타바코프, 올레크(Oleg Tabakov) 164

테일러, 리처드(Richard Taylor) 80, 210

토도롭스키, 발레리(Valerii Todorovskii) 48,
172

토도롭스키, 표트르(Petr Todorovskii) 169,
248

토마스, 브랜든(Brandon Thomas) 95

톨스토이, 레프(Lev Tolstoi) 20, 30, 38, 40,
53~54, 59, 134, 142, 176, 245, 277

투르게네프, 이반(Ivan Turgenev) 20, 33,
58~59, 142, 176, 246

튯체프, 표도르(Fedor Tiutchev) 20, 120

트라우베르크, 레오니드(Leonid Trauberg)
21, 34, 144~145, 180~181, 186, 221

티냐노프, 유리(Iurii Tynianov) 190~191

티모센코, 세묜(Semen Timoshenko) 79, 224

티토프, 빅토르(Viktor Titov) 95

| ㅍ, ㅎ |

파라자노프, 세르게이(Sergo Paradzhanov)
48, 127~130

파벨 1세(Tsar Paul I) 190~191

파스테르나크, 보리스(Boris Pasternak) 42,
59, 142

파인침메르, 알렉산드르(Alexander
Faintsimmer) 29, 118, 140, 142, 190, 208,
244

파테, 샤를(Charles Pathé) 177

파트, 캐슬린(Kathleen Parthé) 22

파파노프, 아나톨리(Anatolii Papanov) 92, 235, 252

판필로프, 글레프(Gleb Panfilov) 136, 157, 214

패러데이, 조지(George Faraday) 313

페레스탸니, 이반(Ivan Perestiani) 212

페트, 아파나시(Afanasii Fet) 20, 120

페트렌코, 알렉세이(Alexei Petrenko) 205, 238

페트로프, 블라디미르(Vladimir Petrov) 112

페트루솁스카야, 류드밀라(Liudmila Petru-shevskaia) 162~163

포도베드, 포르피리(Porfirii Podobed) 71

폴레보이, 보리스(Boris Polevoi) 233

폴로카, 겐나디(Gennadii Poloka) 195~196, 269

푸도프킨, 프세볼로드(Vsevolod Pudovkin) 23, 34, 72, 108~109, 146, 181~182, 185, 212, 221

푸르마노프, 드미트리(Dmitrii Furmanov) 34~35

푸시킨, 알렉산드르(Alexander Pushkin) 20, 30, 37, 53, 58~59, 115~116, 142, 176, 246, 298

프레인들리흐, 알리사(Alisa Freindlikh) 87

프릴링, 크리스토퍼(Christopher Frayling) 216

프레즈, 일리야(Ilia Frez) 154

프로닌, 바실리(Vasilii Pronin) 285

프로시킨, 알렉산드르(Alexander Proshkin) 58, 200

프로코피예프, 세르게이(Sergei Prokofev) 23, 101, 111, 191

프로타자노프, 야코프(Iakov Protazanov) 72~73, 144, 149, 212, 246, 250, 277, 311

프리툴렌코, V.(V. Pritulenko) 47

프타슈크, 미하일(Mikhail Ptashuk) 237~238

플레밍, 빅터(Victor Fleming) 82

플리야트, 로스티슬라프(Rostislav Pliatt) 150

피리예프, 이반(Ivan Pyrev) 24, 76~77, 148, 183, 223, 258

피출, 바실리(Vasilii Pichul) 169

함라예프, 알리(Ali Khamraev) 217

해리스, 리처드(Richard Harris) 134

허칭스, 스티븐(Stephen Hutchings) 87

헤이피츠, 이오시프(Iosif Kheifits) 27, 38, 117, 149, 153, 250

헬트, 바버라(Barbara Heldt) 142

호스킹, 제프리(Geoffrey Hosking) 231, 260

호티넨코, 블라디미르(Vladimir Khotinenko) 240

호프만, 더스틴(Dustin Hoffman) 94

홀로드나야, 베라(Vera Kholodnaia) 144

후치예프, 마를렌(Marlen Khutsiev) 267

흐루쇼프, 니키타(Nikita Khrushchev) 40, 80, 267~268

흐리시토포비치, 뱌체슬라프(Viacheslav Khrishtofovich) 167~168

§영화

| ㄱ |

『가을 마라톤』(다넬리야) 155

『강도』(오고로드니코프) 272

『개 바르보스』(가이다이) 91

『개를 데리고 다니는 여인』(헤이피츠) 38

『개인적 문제들에 관한 몇 가지 인터뷰』(고고베리제) 154

『거울』(타르콥스키) 282, 284~285, 295~296, 299, 303~306

『거친 아이들』(아사노바) 269, 271

『검찰관』(가자로프) 47

『겨울철 민족 사냥의 특성』(로고시킨) 98

『결혼』(룬긴) 99, 261

『고녀』(클리모프) 24, 126

『고요한 돈 강』(게라시모프) 38

『구레나룻』(마민) 206
『귀머거리의 나라』(발레리 토도롭스키) 172
『귀족의 둥지』(콘찰롭스키) 33
『그녀는 조국을 수호한다』(에르믈레르) 222
『그대는 나의 유일한 여자』(아스트라한) 170,
253
『그런 청년이 산다』(슉신) 259
『그렇게 나를 기억해 주세요』(추흐라이) 168
『그의 아내의 일기』(우치텔) 59
『글린카』(아른시탐) 115~116
『금잔화의 색깔』(스네즈킨) 48
『기계 피아노를 위한 미완성 희곡』(미할코프)
196
『기형들과 사람들에 관하여』(발라바노프)
100~101
『긴 이별』(무라토바) 159
『꿈』(롬) 188~189
『꿈속의 비행』(발라얀) 155

| ㄴ, ㄷ |
『나는 모스크바를 걷는다』(다넬리야) 264
『나의 유일한 그녀……』(헤이피츠) 27, 153
『나의 친구 이반 랍신』(게르만) 130, 137
『나히모프 제독』(푸도프킨) 114~115
『낙천적인 사람들』(슉신) 26, 259
『날개』(셰피트코) 151
『내가 사는 집』(쿨리자노프·세겔) 193
『노상 심판』(게르만) 234
『늙은 말들』(랴자노프) 156, 170
『다 괜찮을 거야』(아스트라한) 253
『다이아몬드 팔』(가이다이) 92, 156
『당신의 아들과 형제』(슉신) 25
『당원증』(피리예프) 183
『대가족』(헤이피츠) 250~251
『대경주』(에드워즈) 94
『대지』(도브젠코) 19
『대책』(에르믈레르·유트케비치) 183
『도둑』(파벨 추흐라이) 132~133
『도망자』(푸도프킨) 185, 189

『돈 디에고와 펠라게야』(프로타자노프) 203
『돈키호테』(코진체프) 42, 45
『동―서』(레지스 와그니어) 135
『돼지치기 처녀와 양치기 총각』(피리예프) 77
『두 사람을 위한 기차역』(랴자노프) 88, 156
『두브롭스키』(이바놉스키) 37
『등유 판매인의 아내』(카이다놉스키) 203
『뜨거운 것이 좋아』(와일더) 94

| ㄹ, ㅁ |
『라콤 루시앙』(말) 218
『러시아 들녘』(모스칼렌코) 25
『러시아 봉기』(프로시킨) 58
『레닌에 관한 세 가지 노래』(베르토프) 118
『레스토랑에서 온 사나이』(프로타자노프)
144, 250
『레프 톨스토이』(게라시모프) 59
『로마노프 왕가의 몰락』(슈브) 108
『로마노프가의 사람들』(판필로프) 136
『리어 왕』(코진체프) 23, 42, 44~45
『마마』(옙스티그네예프) 156~157
『마센카』(라이즈만) 222
『마흔한번째 사람』(프로타자노프) 212
'막심 고리키 삼부작'(돈스코이) 47
'막심 삼부작'(코진체프·트라우베르크)
23~24, 186
『막심의 귀환』(코진체프·트라우베르크) 187
『만약 이것이 사랑이라면?』(라이즈만)
265~267
『만월의 날』(샤흐나자로프) 262
『말들은 나를 실어가고……』(모틸) 48
『말하고 싶어요』(판필로프) 158
『맑은 하늘』(그리고리 추흐라이) 231
『모셀프롬에서 온 담배 파는 아가씨』(젤랴부
시키) 144, 249
『모스크바 방어전』(오제로프) 234
『모스크바』(젤도비치) 263
『모스크바는 눈물을 믿지 않는다』(멘쇼프)
153, 155

『모자 상자를 든 아가씨』(바르네트) 145, 249

『몰록』(소쿠로프) 136

『무기력 증후군』(무라토바) 161~162, 166

『무-무』(그리모프) 58

『무슬림』(호티넨코) 240

『무지개』(돈스코이) 222

『므첸스크의 맥베스 부인』(발라얀) 50

『미넌과 포자르스키』(푸도프킨) 109

『미미노』(다넬리야) 93

『민족 사냥의 특성』(로고시킨) 97

『밀주업자들』(가이다이) 91

| ㅂ |

『바깥 세상을 알게 되면서』(무라토바) 160

『바냐 아저씨』(콘찰롭스키) 33

『바싸』(판필로프) 32

『발레리 치칼로프』(칼라토조프) 189

『발타자르의 잔치 또는 스탈린과의 하룻밤』
(카라) 205

『발트의 대표자』(자르히·헤이피츠) 117

『버려진 아이』(루카셰비치) 78~79, 150

『법에 따라서』(쿨레쇼프) 145

『베를린 함락』(치아우렐리) 23, 184, 226

『벨로루스키 기차역』(스미르노프) 27, 235

『벨린스키』(코진체프) 59

『변두리』(바르네트) 213

『변호사 세도프』(침발) 201

『변호의 말』(압드라시토프) 153

『병기고』(도브젠코) 124, 213~214

『병사의 발라드』(그리고리 추흐라이) 133,
230, 234

『보디가드』(함라예프) 217

『보로실로프 사수』(고보루힌) 253

『볼가-볼가』(알렉산드로프) 21, 75~76, 85

『볼셰비키 나라에서 웨스트 씨가 겪은 특이한
모험』(쿨레쇼프) 70

『봄』(알렉산드로프) 79

『부유한 신부』(피리예프) 77

『불길 속에는 여울이 없다』(판필로프) 214

『붉은 마귀들』(페레스탸니) 212

『붙잡기 어려운 복수자들』(케오사얀) 217

『비보르크 방면』(코진체프·트라우베르크)
187~188

『비상사태』(입첸코) 194

| ㅅ |

『사랑스러운 나이』(솔로비요프) 273~274,
276

『사랑스러운 네 사람』(유딘) 79, 149

『사랑의 노예』(미할코프) 125

『사랑의 딸기』(도브젠코) 72

『사랑했으나 결혼하지는 않은 아샤 클랴치나
의 이야기』(콘찰롭스키) 152

『사막의 하얀 태양』(모틸) 27, 214~216

『사생활』(라이즈만) 252

『삶의 길』(에크) 195, 263, 269

『삶의 노선』(룬긴) 262

『삼각관계』(표트르 토도롭스키) 248~249

『삼백만 달러 소송』(프로타자노프) 73

『상승』(셰피트코) 235~237

『상트페테르부르크의 종말』(푸도프킨) 108,
212

『새로운 바빌론』(코진체프) 23

『새로운 바빌론』(코진체프·트라우베르크)
145, 180~181

『서부전선 이상 없다』(마일스톤) 213

『서커스』(알렉산드로프) 75

『석류의 색깔』(파라자노프) 127

『성 요르겐 축일』(프로타자노프) 73, 95

『성격 있는 아가씨』(유딘) 78, 149

『세 가지 이야기』(무라토바) 160, 163, 166

『세계의 육분의 일』(베르토프) 182

『세바스토폴 방어』(곤차로프) 107

『소란한 집안』(자로프) 224~225

『소망의 시간』(라이즈만) 252

『소비에트여, 전진하라!』(베르토프) 182

『소수자들』(무라토바) 165~166

『솔라리스』(타르콥스키) 285, 291~293, 305

『쇼르스』(도브젠코) 117, 213

『수람 요새의 전설』(파라자노프) 128

『스탈린그라드』(오제로프) 234

『스텐카 라진』(로마시코프) 107

『스토커』(타르콥스키) 280, 285, 294, 305, 307~308

『시골 여교사』(돈스코이) 120

『시베리아 서사시』(콘찰롭스키) 126

『시베리아의 이발사』(미할코프) 132~133

『시인의 청년 시절』(나로디츠키) 59

『10월』(에이젠시테인) 107~108, 136

『10월의 레닌』(롬) 119

『시작』(판필로프) 157

『신데렐라』(코셰베로바) 150

『신부 세르기』(프로타자노프) 31

|ㅇ|

『아시아를 덮친 폭풍』(푸도프킨) 181

『아싸』(솔로비요프) 273~274

『아엘리타』(프로타자노프) 311, 325

『I. I. 오블로모프 인생의 며칠』(미할코프) 196

『알렉산드르 넵스키』(에이젠시테인) 108

『악마의 바퀴』(코진체프·트라우베르크) 144

『안녕하세요, 내가 여러분 아줌마입니다!』(티토프) 95

『안드레이 루블료프』(타르콥스키) 67, 122, 238, 285, 288, 305

『안토샤 립킨』(유딘) 220~221

『안톤 이바노비치가 화나다』(이바놉스키) 77~78

『암탉 랴바』(콘찰롭스키) 158, 260

『어린 시절 이후 백 일』(솔로비요프) 269

『어린 프리츠』(코진체프·트라우베르크) 221

『어머니』(코진체프·트라우베르크) 34

『어머니』(푸도프킨) 146

『어머니와 아들』(소쿠로프) 168

『얼지 마, 죽지 마, 부활할 거야』(카넵스키) 203

『ShKID 공화국』(폴로카) 195, 269

『엘베 강에서의 만남』(알렉산드로프) 23

『여행의 시간』(타르콥스키) 285

『역사의 심판 앞에서』(에르믈레르) 121

『연대의 아들』(프로닌) 285

『열두 개 의자』(가이다이) 91

『열정』(무라토바) 160, 163

『열한번째 해』(베르토프) 182

『예민한 경찰관』(무라토바) 163

『예언』(랴자노프) 253

『오즈의 마법사』(플레밍) 81

『와서 보라』(클리모프) 239, 285

『외로운 여자가 반려자를 찾습니다』(흐리시토포비치) 167

『외투』(푸도프킨) 34

『용 죽이기』(자하로프) 205

『우리 도시에서 온 청년』(알렉산드르 스톨페르·보리스 이바노프) 219

『우리가 잃어버린 러시아』(고보루힌) 137, 254

『우리는 월요일까지 살아남는다』(로스토츠키) 269

『운명의 변화』(무라토바) 160

『운명의 아이러니, 혹은 목욕 잘하세요!』(랴자노프) 86~87

『운명의 알』(롬킨) 47

『위대한 노인의 서거』(프로타자노프·티만) 59

『위대한 삶』(루코프) 224

『유쾌한 친구들』(알렉산드로프) 74

『음악 이야기』(이바놉스키) 77~78

『의지의 승리』(리펜슈탈) 227

『이반 뇌제』(에이젠시테인) 109~112, 204

『이반 바실리예비치가 직업을 바꾸다』(가이다이) 91

『이반의 어린 시절』(타르콥스키) 238, 285, 287~288, 305

『이별』(클리모프) 197~199

『인간의 운명』(본다르추크) 231~234

『인터걸』(표트르 토도롭스키) 169

『1년의 9일』(롬) 194
『일리치 관문』(후치예프) 267, 273
『일반 노선』(에이젠시테인) 145, 257
『잊힌 선조들의 그림자』(파라자노프) 127

| ㅈ, ㅊ |

『자동차를 조심하시오!』(랴자노프) 85
『자매들』(보드로프 2세) 256
『작은 베라』(피출) 169, 271
『작은 악마』(도스탈) 47
『작전명 '의'와 슈리크의 또 다른 모험들』(가이다이) 91
『잘 있어라 애들아』(말) 218
『잠수함 T-9』(이바노프) 220
『장교들』(로고보이) 240
『재앙의 신호』(프타슈크) 237
『저승에서 온 약혼자』(가이다이) 90
『전쟁과 평화』(본다르추크) 38~40
『전쟁이 끝나고 저녁 여섯 시에』(피리예프) 223, 234
『전함 포템킨』(에이젠시테인) 107~108, 204
『정부의 일원』(자르히·헤이피츠) 149
『정상』(자르히) 251
『제로 시티』(샤흐나자로프) 131
『조야』(아른시탐) 222
『주콥스키』(푸도프킨) 115
『죽음의 광선』(쿨레쇼프) 178
『준엄한 청춘』(롬) 191~192
『증기기관차와 바이올린』(타르콥스키) 285
『진정한 인간 이야기』(스톨페르) 233
『짧은 만남』(무라토바) 27, 152, 159
『차고』(랴자노프) 88~90
『차파예프』(바실리예프 형제) 34, 36, 213
『찬란한 길』(알렉산드로프) 75~76
『참회』(아불라제) 199
『창공의 급사』(라포포르트) 220
『창공의 나무늘보』(티모셴코) 79, 224~225
『1944년 8월에』(프타슈크) 238
『1918년의 레닌』(롬) 119

『1953년의 추운 여름』(프로시킨) 200
『체스 열기』(푸도프킨) 72, 251
『체크포인트』(로고시킨) 241
『충직한 친구들』(칼라토조프) 83~84
『친족』(미할코프) 156
『침대와 소파』(롬) 247, 249

| ㅋ, ㅎ |

『카니발의 밤』(랴자노프) 84~85
『카라마조프가의 형제들』(피리예프) 41
『카메라를 든 사나이』(베르토프) 182, 261
『카탸 이즈마일로바』(토도롭스키) 48~49, 53, 172
『칼리나 크라스나야』(슉신) 26, 259
『캅카스의 여자 포로』(가이다이) 91
『캅카스의 포로』(보드로프) 53~57, 241
『코미사르』(아스콜도프) 122, 125, 152, 156, 163, 214
『코톱스키』(파인침메르) 118, 213
『쿠반의 카자크 사람들』(피리예프) 80~81, 258
『쿠투조프』(코진체프·트라우베르크) 113
『크로이체르 소나타』(시베이체르) 41
『키스하세요!』(마민) 98~99
『키제 중위』(파인침메르) 23, 190~191
『타인의 친척』(시베이체르) 259
『태양에 지친 사람들』(미할코프) 132, 135
『택시 블루스』(룬긴) 262
『토르조크의 재봉사』(프로타자노프) 250
『투씨』(폴랴) 94
『트랙터 기사들』(피리예프) 258
『파리의 구두 수선공』(에르믈레르) 263
『파벨 코르차긴』(알로프·나우모프) 193
『파업』(에이젠시테인) 178~181
『판사 이바노바의 개인적 사건』(프레즈) 154
『펜코보에서 일어난 사건』(로스토츠키) 259
『평화로운 나날에』(브라운) 229
『포로가 된 땅』(오체프) 256
『표트르 1세』(페트로프) 112

『프리시빈의 종이 눈』(오고로드니코프) 203~204

『피로고프』(코진체프) 114

『피오네르 소녀 메리 핑크포드』(레빈) 96

『하인』(압드라시토프) 206

『학이 날다』(칼라토조프) 151, 230

『해방』(오제로프) 234

『햄릿』(코진체프) 23, 42~45

『향수』(타르콥스키) 163, 285, 299~300, 304

『허수아비』(비코프) 269~270

『형제』(발라바노프) 28, 254~255

『형제 2』(발라바노프) 28, 254~255

『황소자리』(소쿠로프) 138

『황야의 7인』(존 스터지스) 201

『회색 돌 사이에서』(무라토바) 160

『흐루스탈료프, 차를!』(게르만) 137

『희망과 영광』(부어맨) 218

『희생』(타르콥스키) 285, 305, 307~308

옮긴이 후기

이 책의 원제는『러시아 영화』다. 이러한 원제에 '문화적 기억과 미학적 전통'이란 부제를 굳이 덧붙인 일차적 이유는 제목이 너무 단순하고 담백하기 때문이기도 했지만, 저자 자신이 강조하고 있는 것처럼, 러시아 영화의 생산과 수용, 발전 과정에서 오랜 세월에 걸쳐 이어져 온 러시아 특유의 문화적 기억과 미학적 전통이 핵심 기능을 수행해 왔기 때문이기도 했다. 이러한 특성은 무엇보다도 풍경과 영화의 상호 관계에서 가장 분명하게 찾아볼 수 있다. 실제로 소비에트 시절에나 포스트 소비에트 시대에도 러시아 영화감독들은 자연 풍경을 묘사하고 거기에 상징적 의미를 부여하는 데서 19세기 러시아 예술이 확립한 미학적 전통을 강하게 의식해 왔다. 예를 들면, 1995년 영화『무슬림』에서 블라디미르 호티넨코는 그리고리 알렉산드로프의 1937년 스탈린주의 뮤지컬 영화『볼가-볼가』의 풍경 요소를 새로운 시각 이미지로 재구성할 때 19세기 후반 '이동전람파'의 풍경화 전통을 확실하게 기억하고 있었다. 호티넨코의『무슬림』에 나오는 강과 배의 시각 이미지는 이 책의 저자도 인정하고 있듯이 무엇보다도 먼저 알렉산드로프의『볼가-볼가』에 나오는 것과 매우 흡사하다. 그런데 알렉산드로프의 강과 배는 대표적인 '이동 전람파' 화가 이삭 레비탄이 그린 풍경화 「신선한 바람. 볼가」를 인용한 것이다. 따라서 호티넨코는 『볼가-볼가』에서 알렉산드로프가 레비탄의 「신선한 바람. 볼가」를 인용한 것을 재인용했다고 말할 수 있다. 그러나 레비탄의 그림과 알렉산드로프의 영화에서 강과 배는 풍요롭고 아름다운 '어머니 러시아'의 위대함을 상징하지만, 호티넨코의 영화에서는 그러한 상징적 의미가 정반대로 뒤집힌다.

　이처럼 『러시아 영화: 문화적 기억과 미학적 전통』은 러시아 영화가 탄생 당시부터 현재까지 한 세기 이상 미술과 음악, 문학 등 다른 예술 분야들과 주고받은 긴밀한 영향 관계 안에서 러시아 '민족 영화'의 주요 특성을 다양한 장르에 걸쳐 분석하고 있다. 이 책이 러시아 영화 전문서이기는 하지만, 독자가 이 책을 읽으면서 단순히 러시아 영화에 관한 정보와 지식만을 습득하는 데 그치지 않고 더 나아가 러시아 예술과 문화 전반에 관류하는 미학적 전통과 이상을 새롭게 접할 기회도 바로 여기에서 나온다고 할 수 있다. 이 책의 또 다른 특징은 러시아 작가주의 영화의 원칙을 확립한 안드레이 타르콥스키의 특별한 영화 세계에 관해 한 장을 따로 할애해 두고 있다는 점이다. 저자가 밝히고 있듯이, 타르콥스키는 소비에트 상황에서는 매우 드물게 개인적 기억과 인식 경험을 통해 역사와 현실을 탐구함으로써 러시아 영화사에서 특별한 위치를 차지했다. 특히, 타르콥스키의 작가주의 전통은 오늘날 러시아 영화에서 알렉산드르 소쿠로프 같은 원로 영화감독과 이 책에서는 다루지 않고 있는 알렉세이 게르만 2세 같은 신진 영화감독들의 작업에서 면면히 이어지고 있다.

　한편, 이 책은 2003년에 출판된 까닭에 소련 붕괴 이후 '격동의

1990년대'를 지나 2000년대 푸틴 시대에 들어와 활력을 되찾은 21세기 러시아 영화 산업을 다루고 있지 못해 많은 아쉬움이 남는다. 21세기 러시아 영화 역시 새로운 현실에서도 이전 시대의 영화와 마찬가지로 러시아의 문화적 기억과 미학적 전통에서 크게 벗어나지 않았다. 예를 들면, 이 시기 러시아 영화 산업을 지배한 문화 현상 가운데 하나로는 휘황찬란한 글래머 이미지의 범람을 들 수 있는데, 일부 러시아 영화가 피상 숭배를 부추기고 행복한 삶에 대한 환상만을 심어 주는 글래머 이미지에 천착한 것은 1930년대 스탈린주의 뮤지컬 영화의 현실 왜곡과 크게 다르지 않다. 이와 함께 최근 러시아 영화에서는 『가가린: 최초의 우주인』(2013)처럼 과거의 문화적 영웅들을 전면에 내세우며 애국주의를 고취하는 전기 영화들이 속속 제작되고 있는데, 이러한 경향 역시 소비에트 시대의 영화 문맥에서도 쉽게 찾아볼 수 있다. 하지만 이런 현상과 경향은 이 책의 분석 범위에서 벗어나 있어 추가적인 소개 작업이 시급하다.

이 책은 그린비출판사의 '슬라비카 총서'를 기획한 최진석 선생님의 추천이 없었으면 빛을 보지 못했을 것이다. 번역을 추천해 주시고 출판사와의 조율 작업도 기꺼이 맡아 주신 최진석 선생님께 특별히 감사드린다. 번역 원고를 꼼꼼히 교열하고 편집하며 많은 도움을 주신 그린비 출판사의 김효진 선생님께도 고마움을 전한다. 이 책이 우리나라에서는 아직도 생소하기만 한 러시아 영화를 이해하는 데 작으나마 도움이 되길 바라마지 않는다.

2015년 11월

라승도